DEUTSCHE ROMANTIK

C. BERTELSMANN MONOGRAPHIEN

Dieter Struss

DEUTSCHE ROMANTIK

Geschichte einer Epoche

Mit einem Essay von Eckart Kleßmann

C. Bertelsmann

Einband und Graphik
HTG Werbung Tegtmeier + Grube KG, Bielefeld

Gesamtherstellung Mohndruck Graphische Betriebe GmbH, Gütersloh
Printed in Germany
ISBN 3-570-07192-8

Vorwort

Einen neuartigen Buchtyp mit einer einheitlichen Gliederung in die drei Hauptbestandteile Chronik, Lexikon und Essay bilden die C. Bertelsmann Monographien.
Ihre Themen sind Gegenstände, die eine deutliche historische Basis haben, d. h. die sich in einer **Chronik** sinnvoll in zeitlicher Abfolge darstellen und in einem **Lexikon** in Einzelinformationen aufgliedern lassen. Dafür eignen sich z. B. Persönlichkeiten, Ereignisse, Epochen, Städte, Länder oder politische, kulturelle, religiöse und andere Gruppen.
Die Themen sind zugleich so gewählt, daß sie nicht nur eine interessante Vergangenheit spiegeln, sondern auch eine bis in die Gegenwart reichende Wirkungsgeschichte oder eine Zukunftsperspektive haben, die ihnen Aktualität sichern. Dieser Aktualität ist der **Essay** gewidmet.
Die **Chronik** bietet das Datengerüst zum Ablauf der kulturellen Epoche der deutschen Romantik. Gleichzeitig verweist sie durch *Kursivdruck* immer wieder auf die Stichwörter des **Lexikons**, das durch zahlreiche Literaturangaben außerdem Wege zum vertieften Studium des Themas öffnet.
Lexikonstichwörter sind die namhaftesten Literaten, Künstler, Musiker, Philosophen und Naturwissenschaftler der Zeit, ihre Hauptthemen sowie zusammenfassende Rahmenartikel, die den Geist und die Lebensbedingungen der Epoche verdeutlichen.
Der **Essay** geht der unterschiedlichen Rezeption der Romantik bis heute nach und macht die bleibende Wirkung der Epoche deutlich:
»Die deutsche Romantik ist nicht eine abgeschlossene, an ihrem Ende geistig erstarrte Epoche der Geschichte geblieben. Sie hat mächtige Impulse gegeben, sie hat Künste und Wissenschaften beeinflußt und zum Teil sogar auch verändert. Seit der Landschaftsmalerei der Romantik ist der Blick des Malers für die Landschaft verändert worden; seit Schubert und Weber haben sich Lied und Oper nachhaltig gewandelt, ist auch erstmals das Interesse für alte Musik geweckt worden. Die romantische Poesie hat uns gelehrt, uns und unsere Umgebung anders zu sehen und anders zu empfinden. Das romantische Denken, entgrenzt und alle Bereiche des Geistes mit- und untereinander verbindend, hat unser gesamtes Weltbild in einem Maße verändert, wie wir es uns heute nur noch schwer vorstellen können . . .« (aus dem Essay von Eckart Kleßmann) Der Verlag

Chronik

Die Chronik ist im wesentlichen nach politisch-historischen Gesichtspunkten in vier Teile gegliedert:

1. Teil: 1749–1788,
vor der Romantik – Von Goethes Geburt bis zur Französischen Revolution

2. Teil: 1789–1806,
frühe Phase der Romantik – Von der Französischen Revolution bis zur Auflösung des Reiches und zum Zusammenbruch Preußens

3. Teil: 1807–1818,
mittlere Phase der Romantik – Von der Auflösung des Reiches und dem Zusammenbruch Preußens bis zu den Karlsbader Beschlüssen

4. Teil: 1819–1848,
späte Phase der Romantik – Von den Karlsbader Beschlüssen bis zur 48er Revolution.

Es sind keineswegs nur Daten aufgenommen worden, die offensichtlich in einem direkten Zusammenhang mit der Romantik stehen, sondern auch ergänzende Daten, die ein Bild von der Vielfalt der Epoche geben. Nach 1820 sind diese zusätzlichen Daten allerdings auf ein Minimum zurückgedrängt worden, da die damit verbundenen Ereignisse keine größeren Auswirkungen mehr auf die Romantik gehabt haben. Nach 1848 sind nur noch einzelne Daten zur Abrundung angeführt.
Am Anfang eines jeden Jahres stehen zuerst die übergreifenden Daten, zum Beispiel 1800–1848, 1800–1832 usw. Dann folgen die Angaben zu »um 1800«, dann die Angaben, die sich auf das Jahr selbst direkt beziehen. Die Angaben sind geordnet nach dem Abc der wichtigsten Verweisstichworte. Es folgen die wichtigsten Neuerscheinungen oder Kunstwerke des Jahres und dann wichtige Geburts- und Sterbedaten des Jahres. Darauf folgen Angaben zu »seit 1800«, »nach 1800« usw.

1. Teil: 1749–1788

1749
28. August. Johann Wolfgang v. *Goethe* in Frankfurt am Main*

1750
31. Mai. Karl August v. Hardenberg in Essenroda bei Braunschweig* *(Reformen).*
28. Juli. Johann Sebastian Bach in Leipzig† *(Musik).*
13. September. Friedrich Ludwig Sckell in Weilburg an der Lahn* *(Landschaftspark).*

1751
Tiepolo stattet den Kaisersaal und das Treppenhaus der Würzburger Barock-Residenz mit Fresken aus (bis 1753) *(Nazarener, Reisen).*

1752
14. Mai. Albrecht Thaer in Celle* *(Landwirtschaft).*

1754
Lessing, »Die Juden«, Lustspiel *(Judenemanzipation).*
Ein »Hanswurst« in *Wien* erfindet das Wort »walzen« *(Tanzmusik).*

1755
Winckelmann läßt sich in Rom nieder *(Kunst).*
Preußen führt das Staatsexamen für Juristen ein *(Universitäten).*
10. April. Samuel Hahnemann in Meißen* *(Medizin).*
12. November. Gerhard v. Scharnhorst in Bordenau* *(Militär, Reformen).*

ab 1755
Von England greift die Wiederbelebung der *Gotik* auf Deutschland über.

1756–1763
Siebenjähriger Krieg, Preußen wird Großmacht *(Kriege).*

1757
Der französische Finanzminister Silhouette fördert um 1757 aus Sparsamkeit die billige Technik des Schattenrisses *(Porträt).*
26. Oktober. Karl Heinrich vom Stein in Nassau an der Lahn* *(Reformen).*

1759
10. November. Friedrich Schiller in Marbach am Neckar* *(Goethe).*

1760
In England werden um 1760 die Folgen der industriellen Revolution spürbar. Sie greift aber nur langsam auf Deutschland über *(Industrie).*
27. Oktober. August Wilhelm Anton v. Gneisenau in Schildau, Sachsen* *(Kriege, Militär, Reformen).*

1761
3. Mai. August v. Kotzebue in Weimar* *(Nationalismus, Theater, Unterhaltungsroman).*

1762
Rousseau, »Der Gesellschaftsvertrag« *(Gesellschaft, Philosophie).*
23. Januar. Christian August Vulpius, der Schwager *Goethes,* in Weimar* *(Theater, Unterhaltungsroman).*
19. Mai. Johann Gottlieb *Fichte* in Rammenau, Oberlausitz*.
12. August. Christoph Wilhelm Hufeland in Langensalza, Thüringen* *(Medizin).*

1763
21. März. *Jean Paul* in Wunsiedel, Fichtelgebirge*.
2. September. *Caroline* Michaelis, spätere Böhmer, Schlegel, v. *Schelling,* in Göttingen*.

1764
Zum ersten Mal findet die Buchmesse in Leipzig statt *(Bücher).*
Der Engländer Watt erfindet die Dampfmaschine, durch die Energie in einem bisher unvorstellbaren Ausmaß produziert werden kann *(Industrie).* 1775 geht die erste Dampfmaschine in Betrieb.
Winckelmann, »Geschichte der Kunst des Altertums« *(Kunst).*
20. Mai. Johann Gottfried Schadow in Berlin* *(Plastik).*
5. September. Henriette *Herz* in *Berlin**.

1765
In Hamburg wird die erste deutsche Patriotische Gesellschaft zur Förderung der Künste, Vorläuferin der *Kunst*vereine, gegründet.
Rousseau, »Bekenntnisse« (bis 1770) *(Erziehung, Philosophie).*
27. März. Franz v. *Baader* in München*.

ab 1765
Kaiser Joseph II. beginnt, die Wiener Museen der Öffentlichkeit zugänglich zu machen *(Kunst).*
Von England ausgehend, findet der *Landschaftspark* (englischer Garten) in Deutschland Nachahmer, zuerst in Wörlitz.

1766
Kaiser Joseph II. öffnet den Prater für das allgemeine Publikum *(Landschaftspark).*
22. April. Anne Louise Germaine Necker, die spätere Madame de Staël, in Paris* *(Chamisso,* A. W. *Schlegel).*

1767
In Hamburg wird das National*theater* gegründet *(Theater).*
22. Juni. Wilhelm v. Humboldt in Potsdam* *(Universtitäten).*
5. September. August Wilhelm *Schlegel* in Hannover*.
22. November. Andreas *Hofer* in St. Leonhard, Südtirol*.

1768
Zum ersten Mal wird »The Castle of Otranto« von Horace Walpole ins Deutsche übersetzt, Vorbild aller künftigen deutschen *Unterhaltungsromane.*
8. Juni. Johann Joachim Winckelmann in Triest† *(Kunst).*
27. Juli. Joseph Anton *Koch* in Obergiblen, Tirol*.
18. November. Zacharias *Werner* in Könisberg*.
21. November. Friedrich Daniel Ernst *Schleiermacher* in Breslau*.

1769
Die Perkussion wird in die *Medizin* eingeführt.
Auf der Jakobikirche in Hamburg wird der erste Blitzableiter in Deutschland installiert *(Naturwissenschaften).*
26. Dezember. Ernst Moritz *Arndt* in Schoritz, Rügen (noch schwedisch)*.

um 1770 – um 1780
Die literarische Periode des »Sturm und Drang«, auch »Geniezeit« genannt, erreicht ihren Höhepunkt *(Goethe).*
Um zukünftigen Ernährungskrisen vorzubeugen, wird der Anbau der Kartoffel stark gefördert *(Landwirtschaft).*
Von den deutschen Großstädten dehnt sich die Konzertpflege auf die Mittel- und Kleinstädte aus *(Musik).*

1770
Ein mißlungener Aufstand der Griechen gegen die Türken beeindruckt manche Deutschen so, daß sie in Zukunft gerne ihre politischen Utopien in antiker Verhüllung anbieten *(Hölderlin, Politik).*
Die Barock-Schlösser in Bruchsal und Brühl werden vollendet *(Tieck, Wackenroder).*
20. März. Friedrich *Hölderlin* in Lauffen am Neckar*.
27. August. Georg Friedrich Wilhelm *Hegel* in Stuttgart*.
16. Dezember. Ludwig van *Beethoven* in Bonn*.

1771/72
Mißernten vergrößern die Teuerung und die Not der *Bevölkerung (Landwirtschaft).*

1771
Herder findet das Wort »Volkslied« und gibt 1774 die erste Sammlung »Alter Volkslieder« heraus. 1807 wird die Sammlung neu unter dem Titel »Stimmen der Völker in Liedern« veröffentlicht *(Lied).*
Der Sauerstoff wird entdeckt, ein Jahr darauf der Stickstoff *(Naturwissenschaften).*
Herder, »Abhandlung über den Ursprung der Sprache« *(Historismus).*
16. Februar. Friedrich Gilly in Altdamm bei Stettin* *(Architektur).*
26. Mai. Rahel Levin, spätere *Varnhagen von Ense,* in *Berlin**.

1772
Die Wallfahrtskirche Vierzehnheiligen am Obermain, ein Hauptwerk des süddeutschen Barock, wird eingeweiht *(Tieck, Wackenroder).*

4. Januar. Anton Thibaut in Hameln* *(Historismus).*
10. März. Friedrich *Schlegel* in Hannover*.
2. Mai. Friedrich v. Hardenberg *(Novalis)* in Oberwiederstedt, Mansfeld*.

1773–1810
»Teutscher Merkur«, herausgegeben von Wieland *(Bücher).*

1773
Kursachsen erläßt das erte deutsche Urheberrecht, 1781 folgt Preußen *(Bücher).*
Goethe entdeckt in Straßburg die *Gotik* wieder. Gleichzeitig erscheint sein Drama »Götz von Berlichingen« über einen Helden des Mittelalters.
Goethe wird nach Weimar berufen.
Österreich grenzt die Rechte der katholischen Kirche deutlich ein. Der Papst verbietet den Jesuitenorden *(Religion).*
2. Mai. Henrik Steffens in Stavanger, Norwegen* *(Jena, Politik).*
31. Mai. Ludwig *Tieck* in Berlin*.
13. Juli. Wilhelm Heinrich *Wackenroder* in *Berlin**.

1774
Basedow gründet in Dessau das Philanthropinum, eine Erziehungsanstalt nach dem Modell der Aufklärung, nicht der Kirche, sondern dem Staat unterstellt. Gleichzeitig wandelt Pestalozzi sein Gut in der Schweiz in eine Erziehungsanstalt für arme Kinder um *(Erziehung).*
Lavoisier entwickelt die Lehre von der Verbrennung *(Naturwissenschaften).*
Goethe »Die Leiden des jungen Werther«, Roman.
10. Juni. Karl Haller v. Hallerstein in Hilpoltstein* *(Architektur).*
5. September. Caspar David *Friedrich* in Greifswald (noch schwedisch)*.

1775
Mesmer beginnt mit seinen Forschungen über die Natur des »Tierischen Magnetismus« (Mesmerismus), einer Vorstufe der Hypnose *(Medizin).*
Die Schwefel- und die Salzsäure werden entdeckt *(Naturwissenschaften).*
In Kempten wird zum letzten Mal in Deutschland eine Hexe verbrannt *(Religion).*
Lavater, »Physiognomische Fragmente zur Beförderung der Menschenkenntnis und Menschenliebe« (bis 1778) *(Porträt).*
27. Januar. Friedrich Wilhelm Joseph v. *Schelling* in Leonberg, Württemberg*.

1776
4. Juli. Die Vereinigten Staaten von Amerika erklären sich für unabhängig *(Politik).*
In Ingolstadt wird der Illuminatenbund gegründet, ein Geheimorden, der sich die Reform der Gesellschaft vornimmt, aber 1784/85 verboten wird *(Politik).* *Goethe* wird Mitglied.
Österreich schafft die Folter ab *(Reformen).*
In *Wien* wird das Burgtheater zum Nationaltheater erklärt. Damit beginnt die Öffnung der Hoftheater für das allgemeine Publikum *(Theater).*
6. Januar. Ferdinand v. Schill in Wilmsdorf bei Dresden* *(Freikorps).*
24. Januar. E. T. A. *Hoffmann* in Königsberg*.

25. Januar. Joseph v. *Görres* in Ehrenbreitstein bei Koblenz*.
10. März. Die spätere Königin *Luise* von Preußen als Prinzessin von Mecklenburg-Strelitz in Hannover*.
14. August. Christian Friedrich Tieck in Berlin* *(Plastik).*
27. August. Barthold Georg Niebuhr in Kopenhagen* *(Historismus).*
16. Dezember. Johann Wilhelm *Ritter* in Samitz, Schlesien*.

1777
Durch eine »Hamlet«-Aufführung in Hamburg wird Shakespeare auf dem deutschen *Theater* durchgesetzt.
12. Februar. Friedrich de la Motte-*Fouqué* in Brandenburg*.
23. Juli. Philipp Otto *Runge* in Wolgast, Vorpommern (noch schwedisch)*.
18. Oktober. Heinrich v. *Kleist* in Frankfurt an der Oder*.

1778
In Hamburg wird die erste Sparkasse in Deutschland eröffnet *(Industrie).*
2. Juli. Jean-Jacques Rousseau in Ermenonville, Oise† *(Erziehung, Philosophie).*
11. August. Friedrich Ludwig Jahn, »Turnvater«, in Lanz, Priegnitz* *(Nationalismus).*
8. September. Clemens *Brentano* in Ehrenbreitstein bei Koblenz*.

1779
C. C. L. Hirschfeld, »Theorie der Gartenkunst« (bis 1785) *(Landschaftspark).*
21. Februar. Friedrich Carl v. Savigny in Frankfurt am Main* *(Historismus).*
30. Juni. Adam *Müller* in Berlin*.

1780
In Berlin gelingt es, aus Zuckerrüben Zucker herzustellen *(Landwirtschaft).* 1801 läuft jedoch erst die Fabrikation von Rübenzucker in Schlesien an.
Das erste Netz meteorologischer Stationen erstreckt sich von Frankreich bis Ungarn *(Naturwissenschaften).*
11. Februar. Caroline v. *Günderrode* in Karlsruhe*.
Kaiser Joseph II. beginnt, Österreich zu reformieren. Die *Reformen* bleiben jedoch stecken, zum Teil, weil sie für ihre Zeit zu radikal sind, zum Teil, weil der Kaiser bereits 1790 stirbt.
Die Lesegesellschaften erreichen ihren Höhepunkt *(Bücher).*

1781
In Leipzig begründet zum ersten Mal eine bürgerliche Vereinigung Privatkonzerte auf Subskriptions- bzw. Abonnementsbasis (»Gewandhaus«) *(Musik).*
13. Oktober. Kaiser Joseph II. hebt im Zuge seiner aufklärerischen *Reformen* die Leibeigenschaft der Bauern auf, verkündet Toleranz zwischen den Religionen und Pressefreiheit.
Pestalozzi, »Lienhard und Gertrud«, Erziehungsroman (bis 1787) *(Erziehung).*
Dohm, »Über die bürgerliche Verbesserung der Juden« *(Judenemanzipation).*
Kant, »Kritik der reinen Vernunft« *(Philosophie).*
26. Januar. Achim v. *Arnim* in Berlin*.
27. oder 30. Januar. Adelbert v. *Chamisso* auf Schloß Boncourt, Champagne*.
13. März. Karl Friedrich *Schinkel* in Neuruppin, Mark Brandenburg*.

ab 1781
In *Wien* werden nach und nach neben dem Burgtheater gute, populäre Vorstadtbühnen gegründet *(Theater).*

1782
21. April. Friedrich Fröbel in Oberweißbach, Thüringen* *(Erziehung).*
18. Mai. Ludwig v. Lützow in Berlin* *(Freikorps).*

1783
In Frankreich steigt zum ersten Mal ein Ballon mit Menschen an Bord auf *(Industrie).*
2. August. Sulpice *Boisserée* in Köln*.
23. September. Peter v. *Cornelius* in Düsseldorf*.

1784
Henriette *Herz* eröffnet in einem Nebenzimmer ihres Hauses in *Berlin* ein Teekränzchen, aus dem sich ihr berühmter Salon entwickelt. Der Höhepunkt ist 1803 mit dem Tod ihres Mannes überschritten *(Erotik, Frauen-, Judenemanzipation).*
Herder, »Ideen zur Philosophie der Geschichte der Menschheit« (bis 1791) *(Nationalismus).*
Kant, »Was ist Aufklärung?« *(Philosophie).*
29. Februar. Leo v. *Klenze* in Schladen, Harz*.
5. April. Louis *Spohr* in Braunschweig*.

ab 1784
Von England ausgehend setzt sich in Deutschland die Dampfmaschine durch. In Deutschland entstehen langsam neben den Manufakturen auch mechanisierte Großbetriebe (Fabriken) *(Industrie).*

1785–1803
Der Verleger Friedrich Justin Bertuch aus Weimar veröffentlicht in *Jena* die »Allgemeine Literatur-Zeitung«, deren 120 Mitarbeiter (1787) für 2400 Abonnenten (1795) praktisch jede Neuerscheinung besprechen *(Bücher).*

1785
In *Dresden* ist jeder fünfte Mann Hofmeister (Hauslehrer) *(Erziehung).*
4. Januar. Jacob *Grimm* in Hanau*.
6. Januar. Carl Friedrich v. *Rumohr* in Reinhardsgrimma bei Dresden*.
1. April. Ferdinand *Olivier* in Dessau*.
4. April. Bettina v. *Arnim*, geb. Brentano, in Frankfurt am Main*.

ab 1785
Deutsche Fürsten wenden sich mit Hilfe von Gesetzen und Verboten gegen die aufklärerische, rationalistische Theologie und ihre Vertreter *(Religion).*

1786–1823
Bei Bertuch in Weimar erscheint das »Journal des Luxus und der Moden«, die erste und bald führende deutsche Modezeitschrift *(Mode).*

1786–1788
Goethe bereist zum ersten Mal Italien. Eine zweite Reise folgt 1790.

1786
Zum ersten Mal werden versuchsweise in Deutschland und England Innenräume mit Gas beleuchtet *(Industrie).*
17. August. Mit dem Tod König Friedrichs des Großen von Preußen endet die Ära des aufgeklärten Absolutismus. Sein Nachfolger, Friedrich Wilhelm II., ist stark den religiösen und mystischen Strömungen der Zeit verbunden *(Kriege, Religion).*
Mozart, »Figaros Hochzeit«, Oper *(Musik).*
24. Februar. Wilhelm *Grimm* in Hanau*.
23. April. Melchior *Boisserée* in Köln*.
25. August. Der spätere König Ludwig I. von Bayern in Straßburg* *(Nazarener, Reisen).*
18. September. Justinus *Kerner* in Ludwigsburg*.
18. November. Carl Maria v. *Weber* in Eutin*.

ab 1786
Galvani entdeckt die Elektrizität des Muskels (Galvanismus) *(Naturwissenschaften, Ritter).*

1787–1811
In den Revieren an der Saar und um Aachen verdreifacht sich die Kohleproduktion. Im gleichen Zeitraum verdoppelt Krefeld die Zahl seiner Einwohner wie der Seidenmanufakturen *(Industrie).*

1787
Beethoven besucht zum ersten Male Wien.
Aufgrund einer akuten Finanzkrise werden in Frankreich revolutionäre Tendenzen immer deutlicher *(Politik).*
Mozart, »Don Giovanni«, Oper *(Hoffmann, Musik).*
26. April. Ludwig *Uhland* in Tübingen*.

1788
Preußen führt das Abitur als Voraussetzung zum Besuch einer *Universität* ein. Vorher konnte jeder, der 16 Jahre alt war, eine Universität beziehen.
Knigge, »Über den Umgang mit Menschen« *(Gesellschaft).*
Kant, »Kritik der praktischen Vernunft« *(Philosophie).*
22. Februar. Arthur *Schopenhauer* in Danzig*.
10. März. Joseph v. *Eichendorff* auf Schloß Lubowitz bei Ratibor*.
5. April. Franz *Pforr* in Frankfurt am Main*.
16. Mai. Friedrich *Rückert* in Schweinfurt*.
21. Juni. Johann Georg Hamann in Münster† *(Religion).*

ab 1788
Die österreichischen Juden werden für wehrfähig erklärt *(Judenemanzipation).*

2. Teil: 1789–1806

1789
14. Juli. Mit dem Sturm auf die Bastille bricht die Französische Revolution aus *(Kriege).*
Im Anschluß an die Französische Revolution *(Politik)* wird Deutschland bis 1794 von zahlreichen lokalen Unruhen heimgesucht, besonders im Rheinland und in Sachsen.
Das preußische Heer ist 190 000 Mann stark. In Frankreich ist jeder 140. Mann Soldat, in Rußland jeder 91., im Habsburger Staat jeder 64., in Preußen jeder 32. *(Militär).*
Österreich stiftet zum ersten Mal eine Tapferkeitsmedaille für den einfachen Soldaten, Preußen folgt 1793 *(Militär).*
Zum ersten Mal wird Wasser in zwei Elemente, Sauerstoff und Wasserstoff, zerlegt *(Naturwissenschaften).*
Tieck begegnet Mozart.
3. Januar. Carl Gustav *Carus* in Leipzig*.
3. Juli. Johann Friedrich *Overbeck* in Lübeck*.
29. September. Peter Joseph Lenné in Bonn* *(Landschaftspark).*

1790–1840
Blütezeit des *Salons* in Deutschland. Bis 1806 herrscht der Damensalon vor *(Erotik, Frauenemanzipation),* ab 1810 setzen sich nach und nach patriotische Herrensalons stärker durch.

1790–1800
In diesem Jahrzehnt erscheinen 2500 neue belletristische *Bücher.* In den vier Jahrzehnten zuvor waren es genausoviel *(Unterhaltungsroman).*

um 1790
Haydn komponiert Arrangements schottischer Volkslieder *(Lied).*

1790
Es erscheinen etwa 5000 neue *Bücher* in deutscher Sprache mit einer Durchschnittsauflage von 1000 Exemplaren.
Die Familie v. *Chamisso* flieht vor der Französischen Revolution nach Deutschland.
Man schätzt, daß es zu diesem Zeitpunkt in Deutschland 1800 Zollgrenzen gibt *(Industrie).*
Die verwitwete Caroline Böhmer (später Caroline v. *Schelling*) geht nach Mainz, um sich den Anhängern der Französischen Revolution um Georg Forster anzuschließen.
Goethe, »Faust, ein Fragment«, Drama.

seit 1790
Die Hansestadt Hamburg entwickelt sich bis zur Kontinentalsperre 1806 zum führenden Ort für Banken, Handel und Versicherungen im festländischen Europa *(Industrie).*

1791
Es erscheinen etwa 1300 deutschsprachige Zeitschriften *(Bücher).*
In Hamburg kommt es zum ersten Mal in Deutschland zu einem Generalstreik *(Industrie).*
In Berlin wird von Carl Fasch die Singakademie gegründet, der erste trainierte Chor in Deutschland, dessen Leitung 1800 Zelter übernimmt *(Lied).*
Schiller, »Geschichte des Dreißigjährigen Krieges« *(Kriege, Historismus).*
Mozart, »Die Zauberflöte«, Oper *(Schinkel, Musik).*
15. Januar. Franz *Grillparzer* in Wien*.
23. September. Theodor *Körner* in Dresden*.
5. Dezember. Wolfgang Amadeus Mozart in Wien† *(Hoffmann, Musik).*

1792–1799
Kleist ist Offizier im Potsdamer Garderegiment.

1792–1797
1. Koalitionskrieg, in dem Österreich und Preußen bis 1795 gemeinsam erfolglos gegen Frankreich kämpfen *(Kriege).*

1792–1796
Baader lernt auf einer Studienreise durch Westeuropa die ersten Slums kennen.

1792/93
In Mainz wird eine Republik nach französischem Vorbild ausgerufen. Eine ihrer Anhängerinnen und Augenzeugin ist die spätere Caroline v. *Schelling.*

1792
Beethoven siedelt endgültig nach Wien über.
Kant übermittelt *Fichtes* erstes Manuskript, »Versuch einer Kritik aller Offenbarung«, seinem Verleger, der es anonym druckt.
In England erscheint eine Programmschrift der *Frauenemanzipation,* »A Vindication of the Rights of Women« von Mary Wollstonecraft, das 1832 von Henriette *Herz* ins Deutsche übersetzt wird (erste deutsche Übersetzung 1793).
20. September. Die Kanonade von Valmy demonstriert, daß die Koalition nicht in der Lage ist, die neue französische Nationalarmee zu schlagen. Ein Augenzeuge, *Goethe,* begreift, welche Umwälzung nun einsetzen wird *(Kriege, Politik).*
Johann Paul F. Richter legt sich das Pseudonym *Jean Paul* zu, vermutlich aus Verehrung für den Philosophen Jean-Jacques Rousseau.
Im deutschen Sprachraum gibt es 42 *Universitäten,* von denen bis 1818 über die Hälfte geschlossen wird.
Hippel, »Über die bürgerliche Verbesserung der Weiber« *(Frauenemanzipation).*
19. Juni. Gustav *Schwab* in Stuttgart*.

1793
Deutschland erlebt den ersten Maschinensturm in der schlesischen Textilindustrie *(Industrie).*
Die mecklenburgische Prinzessin *Luise* heiratet den späteren preußischen König Friedrich Wilhelm III. Die Liebesehe wird von den Romantikern zum Inbegriff ihrer Idee von der *Familie* erklärt.

In Frankreich wird der Gedanke der Nationalarmee verwirklicht (»levée en masse«) *(Militär, Nationalismus).*
Aufgrund der Schrift »Warum hat Deutschland noch kein großes öffentliches Seebad?« von Lichtenberg wird in Heiligendamm bei Doberan das erste Seebad eröffnet. Travemünde folgt 1802 *(Medizin, Reisen).*
Die Bestäubung der Pflanzen durch Insekten wird entdeckt *(Naturwissenschaften).*
21. Januar. König Ludwig XVI. wird in Paris öffentlich guillotiniert. Die noch im selben Jahr einsetzende Schreckensherrschaft der Jakobiner führt dazu, daß selbst fortschrittlich gesinnte Deutsche sich von der Französischen Revolution abwenden *(Politik).*
Die Wallfahrt der Romantiker zur »Sixtinischen Madonna« von *Raffael* in *Dresden* setzt ein.
Nach der Eroberung von Mainz durch die Preußen wird die spätere Caroline v. *Schelling* auf einer Festung inhaftiert. Das uneheliche Kind eines französischen Offiziers bringt sie, wieder in Freiheit, heimlich zur Welt.
Tieck und *Wackenroder* wandern durch Franken *(Reisen).* Sie entdecken dabei den katholischen Süden des Reiches, die Kirchen*musik, Gotik* und Barock für den protestantischen, »aufgeklärten« Norden neu.
Jean Paul, »Die unsichtbare Loge«, Roman.
Schiller, »Über Anmut und Würde«, Essay *(Goethe).*

1794–1805
Goethe und Schiller schließen Freundschaft. Höhepunkt der Klassik.

1794–1796
In Gleiwitz (Oberschlesien) wird der erste deutsche Kokshochofen gebaut *(Industrie).*

1794/95
Hungersnot im Winter, besonders im Rheinland *(Bevölkerung, Landwirtschaft).*

1794
Friedrich Gilly *(Architektur)* entdeckt die Marienburg wieder *(Gotik).* 1804 verhindert Max v. Schenkendorf ihren Abriß.
Fichte ist der erste Romantiker, der an die Universität *Jena* berufen wird.
Das Preußische Landrecht spricht der Frau gewisse, aber im Vergleich zum Mann mindere Rechte zu *(Frauenemanzipation).*
Rahel Levin, spätere *Varnhagen,* eröffnet ihren *Salon* in einer Dachstube in *Berlin.* Ab 1803 übernimmt sie von Henriette *Herz* die führende Rolle *(Frauenemanzipation).*
26. März. Julius *Schnorr v. Carolsfeld* in Leipzig*.
7. Oktober. Wilhelm *Müller* in Dessau*.

1795/96–1801/02
Die Brüder *Schlegel* bilden in *Jena* den Kreis der Frühromantiker.

1795–1797
Schiller gibt die Zeitschrift »Die Horen« heraus *(Bücher).*

1795

Beethovens Ohrenleiden setzt ein, das schließlich zu völliger Taubheit führt (etwa ab 1819).
Caspar David *Friedrich* läßt sich in *Dresden* nieder und wird im Laufe der Zeit Mittelpunkt einer kleinen Künstlergruppe *(Carus, Malerei).*
Frankreich legt den Meter als Maßeinheit zugrunde *(Industrie).*
Koch läßt sich in Rom nieder und wird in Zukunft Mittelpunkt der romantischen Künstlerkolonie.
Hufeland gründet die »Zeitschrift für praktische *Medizin*«.
24. Oktober. Mit der dritten Teilung Polens – die ersten beiden Teilungen erfolgten 1772 und 1792 – zwischen Österreich, Preußen und Rußland verschwindet das Land von der Karte, was bei vielen Deutschen eigene nationale Gefühle weckt *(Nationalismus).* Preußen wird dadurch ein Zweivölkerstaat. Etwa zwei Fünftel seiner Bevölkerung sind Polen *(Bevölkerung).*
Novalis verlobt sich mit Sophie v. Kühn, die kurz darauf an Schwindsucht stirbt.
Goethe, »Wilhelm Meisters Lehrjahre«, Roman (bis 1796).
Jean Paul, »Hesperus«, Roman.
Kant, »Zum ewigen Frieden« *(Philosophie).*
Schadow, Doppelfigur der Prinzessinnen *Luise* und Friederike von Mecklenburg (bis 1796) *(Plastik).*
Schiller, »Über naive und sentimentalische Dichtung«, Essay *(Goethe).*
Tieck, »Geschichte des Herrn William Lovell«, Roman.
9. Februar. Heinrich Hübsch in Weinheim, Baden* *(Architektur).*
16. August. Heinrich *Marschner* in Zittau*.
26. November. Carl Philipp *Fohr* in Heidelberg*.
21. Dezember. Leopold v. Ranke in Wiehe, Thüringen* *(Historismus).*

1796–1800

Schiller gibt den »Musen-Almanach« heraus *(Bücher).*

1796–1798

Hölderlin arbeitet als Hauslehrer beim Bankier Gontard in Frankfurt am Main und hat ein Verhältnis mit dessen Frau Susette (»Diotima«) *(Erotik).*

1796

Friedrich Gilly entwirft ein monumentales Denkmal für Friedrich den Großen *(Architektur).*
Napoleon beginnt in Italien seinen Siegeszug als französischer Feldherr *(Kriege).*
Hahnemann begründet die Homöopathie *(Medizin).*
Die Impfung gegen Pocken wird eingeführt *(Medizin).*
Fichte, »Naturrecht«.
Jean Paul, »Siebenkäs«, »Leben des Quintus Fixlein«, Romane.
Hufeland, »Die Makrobiotik oder die Kunst, das Leben zu verlängern« *(Medizin).*
Tieck/Wackenroder, »Herzensergießungen eines kunstliebenden Klosterbruders«.

seit 1796

Aufgrund der Besetzung der linksrheinischen Gebiete durch Frankreich entsteht dort, nach Schlesien, ein weiteres modernes Industriezentrum, besonders am Niederrhein und im Saarland *(Industrie)*.

1797–1810

August Wilhelm *Schlegel* übersetzt, zusammen mit *Tieck*, die Werke von Shakespeare.

1797

Um Hungersnot und Armut zu begegnen, wird in München zum ersten Mal öffentlich Essen ausgeteilt (Rumford-Suppe), ab 1800 auch in Berlin *(Bevölkerung, Landwirtschaft)*.
Senefelder entwickelt die Lithographie *(Industrie)*. Damit wird es möglich, breiten Massen Bilder zugänglich zu machen *(Kunst)*.
Schiller dichtet mit »Wohlauf Kameraden, aufs Pferd« ein Muster für das neue romantische Soldatenlied *(Lied, Militärmusik)*.
30. Dezember. Durch einen Geheimvertrag der deutschen Großmächte mit Frankreich wird der Reichsdeputationshauptschluß von 1803 in wesentlichen Teilen vorweggenommen. Die linksrheinischen Gebiete werden an Frankreich abgetreten, die geschädigten größeren deutschen Staaten dafür rechtsrheinisch zu Lasten der kleineren entschädigt *(Politik)*.
Karl Friedrich *Schinkel* wird Schüler von David Gilly und seinem Sohn Friedrich *(Architektur)*.
Friedrich *Schlegel* lernt im *Salon* von Henriette *Herz* Dorothea (Brendel) Veit kennen, die ihren Mann verläßt und 1804 Schlegel heiratet.
Hölderlin, »Hyperion oder der Eremit in Griechenland«, Roman (bis 1799).
Schelling, »Ideen zu einer Philosophie der Natur«.
Friedrich *Schlegel*, »Über das Studium der griechischen Poesie«; »Die Griechen und die Römer«.
Tieck, »Volksmärchen«, unter dem Pseudonym Peter Leberecht; »Ritter Blaubart«, »Der gestiefelte Kater«, Märchenspiele.
11. Januar. Carl *Rottmann* in Handschuhsheim bei Heidelberg*.
31. Januar. Franz *Schubert* in Lichtenthal, Wien*.
13. Dezember. Heinrich *Heine* in Düsseldorf*.

1798–1800

In *Jena* erscheint die literarische Zeitschrift »Athenäum«, herausgegeben von Friedrich *Schlegel*, das wichtigste Organ der Frühromantik und das erste einer Vielzahl von Zeitschriftengründungen durch Schlegel und andere Romantiker *(Bücher)*.

1798

Friedrich Gilly entwirft ein Nationaltheater, an dem zum ersten Mal schon außen die Funktion seiner Einzelteile ablesbar ist *(Architektur, Theater)*.
Der Engländer Malthus stellt das Malthussche Gesetz auf, wonach die *Bevölkerung* sich schneller vermehre als die Nahrungsgrundlage.
Cotta, der Verleger von *Goethe* und Schiller, aber auch vieler Romantiker, besonders der Schwaben *(Hauff, Kerner, Schwab, Uhland)*, gibt in Tübingen, ab 1810 in Stuttgart, die bedeutendste politische Tageszeitung heraus, mit über 10000 Abonnenten *(Bücher)*.

Friedrich v. Hardenberg nennt sich als Dichter *Novalis,* der »Neuland Bebauende«.
Runge wird durch *Tiecks* »Franz Sternbalds Wanderungen« dazu angeregt, sich zum Maler ausbilden zu lassen.
Novalis, »Blütenstaub«-Fragmente in der Zeitschrift »Athenäum« *(Bücher,* F. *Schlegel).*
Schelling, »Von der Weltseele«.
Tieck, »Franz Sternbalds Wanderungen«, Roman.
13. Februar. Wilhelm Heinrich *Wackenroder* in Berlin †.
29. Juli. Karl *Blechen* in Cottbus*.

seit 1798
Aufgrund westeuropäischer Anregungen beginnt in Deutschland die Reform der *Landwirtschaft* durch Thaer und Thünen. Um die Fruchtbarkeit zu vergrößern, geht man von der Zwei- bzw. Dreifelderwirtschaft zum Fruchtwechsel über *(Bevölkerung).*

1799–1804
Der Naturwissenschaftler Alexander v. Humboldt unternimmt eine großangelegte wissenschaftliche Forschungsreise durch den amerikanischen Kontinent *(Reisen).* An der Illustration des daraus entstehenden Reisewerkes ist *Koch* beteiligt.

1799–1802
2. Koalitionskrieg, in dem Österreich allein gegen Frankreich kämpft. Das linke Rheinufer fällt an Frankreich *(Kriege).*

1799
Fichte muß Jena verlassen, weil er des Atheismus verdächtigt wird, und geht nach *Berlin,* wo er Privatvorlesungen hält.
Goethe beginnt, Preisaufgaben für bildende Künstler zu stellen. An dem Wettbewerb werden sich verschiedentlich Romantiker beteiligen, wie zum Beispiel *Friedrich,* der 1805 prämiert wird *(Kunst).*
Görres führt eine Delegation nach Paris, die über die Einverleibung der linksrheinischen Gebiete nach Frankreich verhandeln soll, legt jedoch sein Amt nieder, als er die französischen Zustände durch Augenschein kennenlernt.
In Berlin beginnt die erste Dampfmaschine zu arbeiten *(Industrie).*
In Berlin wird zum ersten Mal in Deutschland ein Jude zum Stadtrat ernannt *(Judenemanzipation).*
Von England angeregt, wird in Deutschland das erste *Panorama* ausgestellt. 1800 betrachten *Goethe* und *Kleist* Panoramen *(Schinkel).*
9. November. Napoleon wirft sich zum Herrscher Frankreichs auf. Viele Deutsche betrachten ihn daraufhin als den Vollstrecker der Französischen Revolution *(Politik).*
Hölderlin, erste reife Gedichte in verschiedenen Almanachen *(Bücher).*
Vulpius, »Rinaldo Rinaldini der Räuberhauptmann. Eine romantische Geschichte unseres Jahrhunderts«, Roman (bis 1800) *(Goethe, Unterhaltungsroman).*
Friedrich *Schlegel* veröffentlicht den ersten Teil seines unvollendeten Romans »Lucinde«, in dem die Zeitgenossen unschwer eine Darstellung seiner erotischen

Beziehungen u.a. zu Dorothea Veit, seiner späteren Frau, erkennen können *(Erotik, Frauenemanzipation).*
Schleiermacher, »Reden über die Religion an die Gebildeten unter ihren Verächtern«.
Tieck, Übersetzung des »Don Quijote« von Cervantes (bis 1801).

1800–1848
An den deutschen Universitäten im späteren Reichsgebiet studieren um 1800 6000 Studenten, um 1820 9000, um 1830 16000 und nach 1835 12000 *(Universitäten).*

1800–1832
Die Zahl der Buchhandlungen in Deutschland steigt von 500 auf 729 *(Bücher).*

1800–1830
554 deutsche Künstler besuchen in diesen drei Jahrzehnten Rom *(Raffael, Reisen).*

1800–1811
1800 gibt es in Aachen neun, 1807 42 und 1811 90 Tuchmanufakturen *(Industrie).*

um 1800
In Deutschland leben knapp 25 Millionen Menschen, einschließlich Österreichs 37 Millionen *(Bevölkerung).* Davon leben noch 80% auf dem Land *(Landwirtschaft).* Ein Haushalt umfaßt etwa 15 Personen *(Familie).*
Die Bevölkerung Deutschlands ist noch in Stände gegliedert. Etwa 75% sind Bauern, 24% Bürger, 1% Adelige. Eine genauere Differenzierung der beiden größten Stände ergibt folgendes Bild: 3–5% gehören der städtischen Oberschicht an, 10–12% der städtischen Mittelschicht, 11–13% der städtischen Unterschicht (Gesinde, Tagelöhner, Arme), 18–22% sind Bauern, 20–25% Kleinstellenbesitzer, 6–8% Landhandwerker und 20–25% sind Landlose. Nur etwa 35–40% der Bevölkerung leben in gesicherten und einigermaßen erträglichen materiellen Verhältnissen *(Gesellschaft).*
Auf einen Leser kommen drei Nichtleser *(Bücher).*
In Deutschland gibt es etwa 300 Lesegesellschaften *(Bücher).*
Bezogen auf das Gebiet des späteren Deutschen Reiches gibt es etwa 50000 adelige Familien, von denen allerdings nur 80 zu den regierenden Fürsten und Grafen zählen *(Gesellschaft).*
Von den 125000 Menschen, die in *Wien* leben, gehören 1000 dem Hochadel an, 4000–5000 dem Besitzbürgertum, 40000 sind Dienstboten *(Gesellschaft).*
In Deutschland gibt es etwa 1000 Manufakturen mit 100000 freien Lohnarbeitern *(Industrie).*
In Berlin leben 8000 Juden (1700 waren es erst 2500) bei 172000 Einwohnern *(Judenemanzipation).*
Nur etwa die Hälfte der deutschen Bevölkerung hat Gelegenheit, außerhalb der Kirchen Bilder zu sehen *(Kunst).*
Große deutsche *Universitäten* haben zwischen 500 und 700 Studenten, kleine keine 50.

1800
Hegel geht nach *Jena,* wo er sich 1801 habilitiert.
Der Großglockner wird zum ersten Mal bestiegen *(Reisen).*
In diesem Jahr erscheinen 375 neue Romane, 50 Jahre zuvor waren es erst 28 *(Unterhaltungsroman).*
Fichte, »Der geschlossene Handelsstaat«.
Jean Paul, »Titan«, Roman (bis 1803).
Novalis, »Hymnen an die Nacht«.
Schelling, »System des transzendentalen Idealismus«.
Tieck, »Leben und Tod der heiligen Genoveva«, Märchenspiel.
3. August. Friedrich Gilly in Karlsbad † *(Architektur).*

nach 1800
Die ersten Trachtenbücher erscheinen und regen die *Mode* an.

1801–1804
August Wilhelm *Schlegel* hält in *Berlin* viel beachtete Privatvorlesungen.

1801
Kaiser Franz II. baut bei Laxenburg vor *Wien* die Franzensburg im Stil der *Gotik* und führt Turnierspiele wieder ein.
15. Juli. Der Papst schließt mit Frankreich ein Konkordat *(Religion).*
Ritter entdeckt die ultravioletten Strahlen.
Brentano, »Godwi«, Roman.
Hölderlin, späte Lyrik, ein Teil seiner berühmten Elegien und Hymnen verstreut in verschiedenen Almanachen und Taschenbüchern (bis 1808).
Schleiermacher, »Vertraute Briefe über Schlegels Lucinde«.
25. März. Friedrich v. Hardenberg *(Novalis)* in Weißenfels, Saale †.
23. Oktober. Albert *Lortzing* in Berlin *.

1802–1809
Bremen – ein frühes Beispiel – verwandelt seine Wallanlagen in einen *Landschaftspark.*

1802
Treviranus führt den Begriff »Biologie« ein *(Naturwissenschaften).*
Friedrich *Schlegel* reist nach Paris, um dort in der Nationalbibliothek altdeutsche, persische und indische Handschriften zu studieren.
Beethoven, »Heiligenstädter Testament«.
Novalis, »Fragmente«, posthum herausgegeben in einer kleinen Auswahl von Friedrich *Schlegel* und *Tieck.*
Novalis, »Heinrich von Ofterdingen«, »Die Lehrlinge zu Sais«, Romanfragmente, posthum erschienen; das erste enthält die »blaue Blume«.
Runge, »Tageszeiten«, unvollendet (bis 1810).
29. November. Wilhelm *Hauff* in Stuttgart *.

1803–1809
August Wilhelm *Schlegel* übersetzt die Werke spanischer Dramatiker ins Deutsche.

1803/04
Madame de Staël unternimmt eine Deutschlandreise. In Weimar lernt sie *Goethe* und Schiller kennen, in *Berlin* u. a. Romantikern August Wilhelm *Schlegel,* der sie in den folgenden Jahren häufig begleitet.

1803
Brentano heiratet Sophie Mereau, die Frau eines Jenenser Professors, die sich seinetwegen scheiden läßt. Sie ist selbst Schriftstellerin. Sie stirbt bereits 1806.
In Mainz wird der berühmteste Räuber seiner Zeit, der Schinderhannes, durch den Henker hingerichtet *(Gesellschaft).*
Die Universität *Heidelberg* wird neu gegründet. In der Folge sammelt sich hier ein Kreis von Romantikern, u.a. *Arnim, Brentano,* Creuzer, *Eichendorff, Görres,* Caroline v. *Günderrode.*
25. Februar. Durch den Reichsdeputationshauptschluß wird die innere Ordnung des Reiches zerstört. Die geistlichen Fürstentümer und kleine weltliche sowie viele Reichsstädte werden an die größeren Länder verteilt, um sie für den Verlust ihrer linksrheinischen Gebiete zu entschädigen *(Politik).*
Kotzebue macht sich in seinem Drama »Die deutschen Kleinstädter« über den deutschen Bürgermief lustig *(Politik).* Den Namen »Krähwinkel« hat 1801 *Jean Paul* erfunden.
Schelling heiratet Caroline v. *Schelling,* die sich gütlich von ihrem bisherigen Mann August Wilhelm *Schlegel* getrennt hat.
Schinkel reist zum ersten Mal nach Italien.
An der Universität *Jena* werden im ersten Halbjahr 100 Duelle gezählt.
Savigny, »Recht des Besitzes« *(Historismus).*
Schleiermacher, »Grundlinien der Kritik der bisherigen Sittenlehre«.
Tieck, »Minnelieder aus dem Schwäbischen Zeitalter« *(Lied).*
28. September. Ludwig *Richter* in Dresden*.
18. Dezember. Johann Gottfried von Herder in Weimar† *(Lied).*

1804–1812
August Wilhelm *Schlegel* übernimmt die Erziehung der Kinder von Madame de Staël.

1804
Die Brüder *Boisserée* beginnen mit ihrer Rettungsaktion altdeutscher Malerei vor den Folgen des Reichsdeputationshauptschlusses *(Gotik).*
Jean Paul läßt sich endgültig in Bayreuth nieder.
Der Franzose Gay-Lussac erreicht mit einem Ballon die Rekordhöhe von 7000 Metern *(Naturwissenschaften).*
2. Dezember. Napoleon wirft sich zum Kaiser der Franzosen auf, für viele fortschrittlich gesinnte Deutsche eine Enttäuschung. *Beethoven* streicht angeblich verärgert die Widmung seiner 3. Symphonie »Eroica« an Napoleon *(Politik).*
In Frankreich wird der »Code civil« eingeführt. Dieses moderne Gesetzeswerk wird Vorbild für viele *Reformen* in Deutschland.
Schleiermacher demonstriert an Platons Dialogen, wie man durch textkritische Untersuchungen ein neues, genaueres Bild der platonischen Philosophie gewinnen kann, und gibt damit der historischen Forschung entscheidende Anregungen *(Historismus).*

An den fünf preußischen *Universitäten* lehren 135 Professoren (1775 vier Universitäten mit 80 Professoren). 135 Studenten studieren Geisteswissenschaften und Mathematik. Davon hat nur die Hälfte eine Chance auf eine Anstellung. 868 Studenten studieren Jura, 625 Theologie und 164 Medizin.
Bonaventura, »Nachtwachen«, Roman.
Clemens *Brentano,* »Ponce de Leon«, Lustspiel.
Hölderlin, Übersetzung der Trauerspiele des Sophokles.
Jean Paul, »Flegeljahre«, Roman (bis 1805).
Koch, »Heroische Landschaft mit Regenbogen«.
21. Januar. Moritz v. *Schwind* in Wien*.
12. Februar. Immanuel Kant in Königsberg† *(Philosophie).*

1805–1825
Zum ersten Mal wird ein großer Strom, der Oberrhein unterhalb von Basel, zum Schutz der Kulturlandschaft reguliert *(Industrie, Landwirtschaft).*

1805/06
3. und 4. Koalitionskrieg; Österreich und Preußen verlieren.

1805
In Preußen gehören 69% der Bevölkerung dem Bauernstand an, 27,5% dem Bürgerstand und 3,3% dem Adel *(Bevölkerung, Gesellschaft).*
Die preußische *Industrie* trägt erst 4,5% zum Nationaleinkommen bei.
21. Oktober. Die englische Flotte schlägt bei Trafalgar die französische vernichtend. Dadurch wird in Zukunft Napoleons Aktivität auf Kontinentaleuropa beschränkt *(Kriege).*
Runge, »Wir drei«, 1931 verbrannt; »Die Hülsenbeckschen Kinder«; »Die Lehrstunde der Nachtigall«, Gemälde.
9. Mai. Friedrich v. Schiller in *Jena*† *(Goethe).*

1806–1843
Hölderlin verbringt die restlichen Jahrzehnte seines Lebens geistig umnachtet in der Obhut eines Schreiners.

1806
In den vergangenen 40 Jahren ist die Zahl deutschsprachiger Schriftsteller von 3000 auf 11 000 gestiegen *(Bücher).*
In Prag wird ein Polytechnisches Institut gegründet, die erste Keimzelle einer Technischen Hochschule auf dem Reichsgebiet *(Erziehung, Industrie).*
In Zürich wird der erste Kunstverein im modernen Sinn gegründet. Bis 1848 sind es allein in Deutschland 140 *(Kunst).*
12. Juli. Der Rheinbund wird gegründet. Ihm gehören praktisch alle deutschen Länder mit Ausnahme der ehemaligen Großmächte Österreich und Preußen an. Die Rheinbund-Staaten sind mit Napoleon liiert und übernehmen von Frankreich viele *Reformen.* Gleichzeitig beginnt Napoleon in Deutschland und Europa Vasallenstaaten zu gründen, auf deren Throne er Verwandte setzt. Die Herrschaft der Franzosen über große Teile Deutschlands führt zu einer spürbaren Stärkung des *Nationalismus.*
Aus Anlaß der Gründung des Rheinbundes legt Kaiser Franz II. die deutsche

Kaiserkrone nieder. Das Reich hat damit aufgehört zu existieren. Er nennt sich ohnedies schon seit 1804 Kaiser Franz I. von Österreich *(Politik).*

10. Oktober. Prinz Louis Ferdinand von Preußen fällt in einem Vorhutgefecht. Der beliebte Prinz verkehrte in den *Salons* der Henriette *Herz* und Rahel Levin, spätere *Varnhagen.*

14. Oktober. In der Doppelschlacht von Jena und Auerstedt werden die preußischen Truppen von Napoleon vernichtend geschlagen. Die alte friderizianische Armee hat damit aufgehört zu existieren *(Kriege).*

Nach dem Zusammenbruch Preußens löst sich der *Salon* von Henriette *Herz* endgültig auf.

Schelling folgt einem Ruf nach München als Generalsekretär der Akademie der Künste. 1827 wird er Professor für Philosophie an der Universität.

Arnim/Brentano, »Des Knaben Wunderhorn«, Sammlung von Volksliedern (bis 1808) *(Lied).*

Fichte, »Anweisungen zum seligen Leben«.

Runge, »Die Eltern des Künstlers«, Gemälde.

26. Juli. Caroline v. *Günderrode* in Winkel, Rhein †, durch Selbstmord.

3. Teil: 1807–1818

1807

Baader erreicht den Gipfel seiner Karriere als bayerischer Bergwerksbeamter.
Madame de Staël bereist ein zweites Mal Deutschland. Diesmal lernt sie neben Weimar auch *Dresden* kennen.
Fultons erstes Dampfschiff fährt *(Industrie)*.
In Wien wird die Nähmaschine erfunden *(Industrie, Mode)*.
Königin *Luise* verhandelt erfolglos mit Napoleon, um Preußens Demütigung abzuwenden. Sie wird trotzdem zum Idol des 19. Jahrhunderts.
Stein leitet in Preußen *Reformen* ein. Zuerst werden die Bauernbefreiung *(Landwirtschaft)*, die Städteordnung und die Reform der Staatsverwaltung eingeführt. Gleichzeitig setzt das Reformwerk in den Rheinbund-Staaten nach französischem Muster ein.
Clemens *Brentano*/Joseph *Görres*, »Wunderbare Geschichte von BOGS dem Uhrmacher«.
Fichte, »Reden an die deutsche Nation« (bis 1808).
Görres, »Die romantischen Volksbücher«, Sammlung mittelalterlicher Sagen.
Hegel, »Phänomenologie des Geistes«.
Kleist, »Amphytrion«.
Runge, »Pauline mit dem zweijährigen Sohn Otto Sigismund«, Gemälde.
Werner, »Martin Luther oder die Weihe der Kraft«, Tragödie.

1808–1880

Angeregt durch die Forschungen der Brüder *Boisserée* wird der Kölner Dom zu Ende geführt *(Gotik)*.

1808

Arnim gibt die »Zeitung für Einsiedler« (Buchausgabe »Trösteinsamkeit«) heraus und druckt darin zwei Märchen ab, die *Runge* aufgezeichnet hat.
Im Zuge seiner Reformen gibt Preußen seinen Städten eine moderne Ordnung und leitet nach französischem Vorbild die Einführung der allgemeinen Wehrpflicht ein *(Politik)*.
Friedrich *Schlegel* konvertiert im Kölner Dom *(Gotik)* mit seiner Frau Dorothea zum katholischen Glauben *(Freundschaft, Religion)*.
In *Wien* wird das »Apollo« eröffnet, ein Tanzhaus für 6000 Gäste *(Tanzmusik)*.
Beethoven, 5. Symphonie, »Schicksalssymphonie«.
Goethe, »Faust«, 1. Teil.
Kleist, »Penthesilea«, Tragödie; »Michael Kohlhaas«, Erzählung.
Friedrich *Schlegel*, »Über die Sprache und Weisheit der Indier«.
Schubert, »Ansichten von der Nachtseite der Naturwissenschaft« *(Hoffmann)*.

1809–1811

Der »Turnvater« Jahn u.a. führen in den Schulen den Sport- und Schwimmunterricht ein *(Nationalismus)*.

1809

Zelter gründet in Berlin die »Liedertafel«, einen informellen, geselligen Treff-

punkt von Liederfreunden, an dem sich u. a. *Arnim, Brentano* und *Kleist* beteiligen *(Lied).*
Mit der Errichtung der ersten Lehrerseminare für Volksschullehrer (in Bayern) beginnt der systematische Aufbau der Schulen für alle Bevölkerungsschichten *(Erziehung).*
Der Major Schill versucht, Preußen zum Aufstand gegen Napoleon mitzureißen, jedoch ohne Erfolg *(Freikorps).*
Über dem Tetschener Altar von *Friedrich* (1808) bricht der Ramdohr-Streit aus: Wie weit darf *Landschaftsmalerei* religiös sein?
Nachdem sich *Hoffmann* bereits in vielen Berufen vergeblich versucht hat, beginnt seine erfolgreiche Schriftstellerlaufbahn mit dem Märchen »Ritter Gluck«.
5. Koalitionskrieg, auch Österreich sinkt danach zu einer zweitklassigen Macht ab *(Kriege).*
10 Juli. *Overbeck* und *Pforr* gründen in Wien den Lukasbund, aus dem ab 1812 die *Nazarener* werden.
Arnim, »Der Wintergarten«, Novellenkranz.
Beethoven, Yorckscher Marsch.
Cornelius, Illustrationen zu *Goethes* »Faust«, erster Teil.
Adam *Müller,* »Von der Idee des Staates«.
Pforr, »Der Graf von Habsburg und der Priester«, »Hl. Georg den Drachen tötend«, Gemälde.
Runge, »Bildnis seiner Kinder Otto Sigismund und Maria Dorothea«, Gemälde.
Schelling, »Über das Wesen der menschlichen Freiheit«.
August Wilhelm *Schlegel,* »Über dramatische Kunst und Literatur« (bis 1811).
Thaer, »Grundsätze der rationellen *Landwirtschaft*« (bis 1812).
3. Februar. Felix *Mendelssohn Bartholdy* in Hamburg*.
7. September. Caroline v. *Schelling* in Maulbronn †.
31. Mai. Ferdinand v. Schill in Stralsund † *(Freikorps),* im Straßenkampf gefallen.

seit 1809
Auch in dem Raum zwischen Magdeburg und Merseburg beginnt jetzt ein Industriezentrum zu entstehen *(Industrie).*

um 1810
52% der arbeitenden *Bevölkerung* Deutschlands sind in der *Landwirtschaft* tätig, 21% in den produzierenden Gewerben (davon über die Hälfte in der Herstellung von Textilien in der ländlichen und kleinstädtischen Heimindustrie, die ihren Rohstoff hauptsächlich aus der Landwirtschaft bezieht) und 17% in Handel, Verkehr und anderen Dienstleistungen (in erster Linie im Handel und Transport von Nahrung und Textilien) *(Gesellschaft, Industrie).*

1810
In *Berlin* wird eine *Universität* gegründet, an der viele Romantiker lehren, u. a. *Fichte,* die Brüder *Grimm, Hegel,* Ranke, Savigny *(Historismus), Schelling, Schleiermacher.* Fichte wird der erste Rektor der Berliner Universität. Ferner sind von Anfang an dabei: Hufeland *(Medizin),* Niebuhr, Savigny, Wolf *(Historismus), Schleiermacher,* Thaer *(Landwirtschaft) (Universitäten).*
Die Brüder *Boisserée* stellen in *Heidelberg,* ab 1817 in Stuttgart, ihre Kunstsamm-

lung öffentlich aus. Die Sammlung wird schließlich 1827 von König Ludwig I. von Bayern erworben.
17. Oktober. Auf der Theresienwiese in München findet zum ersten Mal das Oktoberfest statt *(Gesellschaft)*.
Hoffmann führt am Beispiel von *Beethovens* 5. Symphonie den Begriff »romantische *Musik*« ein.
Die erste Flachdruckmaschine beginnt zu arbeiten, Voraussetzung für eine Verbilligung des Drucks *(Bücher, Industrie)*.
Kleist gibt in Berlin die »Berliner Abendblätter« heraus, die erste Zeitung, die täglich erscheint (bis 1811) *(Bücher)*.
November. In Preußen werden durch Gesetz die Bauern aus der Leibeigenschaft befreit *(Landwirtschaft, Reformen)*.
Scharnhorst gründet in Preußen die erste Kriegsakademie, ihr erster Leiter wird v. Clausewitz *(Militär)*.
Im Zuge der Bildungsreform führt Preußen das Staatsexamen für Gymnasiallehrer ein *(Erziehung, Reformen, Universitäten)*.
In Oberammergau werden die Passionsspiele in »gereinigter« Form wieder aufgenommen, nachdem der Erzbischof von Salzburg 1779 die Profanierung von Passionsspielen beklagt hat und 1800 alle Spiele verboten worden sind *(Religion, Theater)*.
Madame de Staël, die französische Freundin von *Chamisso* und August Wilhelm *Schlegel*, veröffentlicht ihr Werk »De l'Allemagne«, um den Franzosen Deutschland näher zu bringen. Die erste Auflage wird auf Napoleons Geheiß sofort beschlagnahmt, die Autorin muß fliehen. Das Buch leitet trotzdem die Begegnung der Franzosen mit *Goethe* und den deutschen Romantikern ein.
In *Wien* wird die Oper vom Schauspiel getrennt und damit allgemein in Deutschland eine Spezialisierung der *Theater* eingeleitet.
Arnim, »Armut, Reichtum, Schuld und Buße der Gräfin Dolores«, Roman.
Friedrich, »Der Mönch am Meer«, Gemälde.
Görres, »Mythengeschichte der asiatischen Welt«.
Kleist, »Das Käthchen von Heilbronn«.
Pforr, »Der Einzug Kaiser Rudolfs von Habsburg in Basel 1273«; »Sulamith und Maria«, Gemälde.
Ritter, »Fragmente aus dem Nachlaß eines jungen Physikers«.
Werner, »Wanda, Königin der Sarmaten«, Tragödie.
23. Januar. Johann Wilhelm *Ritter* in München †.
20. Februar. Andreas *Hofer* in Mantua †, standrechtlich erschossen.
8. Juni. Robert *Schumann* in Zwickau *.
19. Juli. Königin *Luise* von Preußen in Hohenzieritz bei Neustrelitz †.
2. Dezember. Philipp Otto *Runge* in Hamburg †.

ab 1810
Nach der auf Napoleons Druck hin erfolgten Entlassung Steins setzt Hardenberg die *Reformen* fort. Durchgeführt werden jetzt die Gewerbe-, Steuer-, Heeres- und Bildungsreform sowie die *Judenemanzipation (Berlin, Erziehung, Militär, Universitäten)*.

1811
Arnim heiratet Bettina, geborene *Brentano*.

Peter v. *Cornelius* reist zum ersten Mal nach Rom und wird Mitglied der *Nazarener (Reisen).*
Goethe wird von den Brüdern *Boisserée* für die altdeutsche Malerei und den Wiederaufbau des Kölner Doms gewonnen *(Gotik).*
Im linksrheinischen Gebiet an der Rur arbeiten in 2500 Baumwollmanufakturen 65 000 Arbeiter oder 10% der *Bevölkerung*, ein extrem hoher Prozentsatz zu dieser Zeit *(Industrie).*
Von den rheinisch-westfälischen Unternehmern haben 41,7% eine höhere Schulbildung genossen, 1,4% haben die Universität besucht *(Industrie, Erziehung).*
Jahn gründet in Berlin den ersten Turnplatz. Das Wort »turnen« hat der »Turnvater« bewußt vom mittelalterlichen Turnier abgeleitet *(Nationalismus).*
In *Berlin* wird die »Christlich-deutsche Tischgesellschaft« gegründet, eine Vereinigung patriotisch gesinnter Männer *(Arnim, Brentano, Chamisso, Fouqué*, Adam *Müller* u. a.), durch die der *Salon (Frauenemanzipation*, Bettina von *Arnim, Herz, Varnhagen)* nach und nach abgelöst wird.
Kerner, »Reiseschatten«, Reisebericht.
Fouqué, »Undine«, Märchen.
Kleist, »Der zerbrochene Krug«, Lustspiel.
Koch, »Der Schmadribachfall«, Gemälde.
Overbeck, »Germania und Italia«, Gemälde (bis 1828).
21. November. Heinrich v. *Kleist* am Kleinen Wannsee bei Berlin †, Selbstmord zusammen mit Henriette Vogel.

1812/13
Napoleon zieht gegen Rußland, unterstützt von deutschen Hilfstruppen, und wird vernichtend geschlagen *(Kriege).*

1812
Beethoven begegnet dem glühend verehrten *Goethe*, der sein Genie erkennt, ihm aber fremd bleibt.
Wilhelm (und Jacob) *Grimm*, »Kinder- und Hausmärchen« (bis 1822).
Hegel, »Logik« (bis 1816).
Friedrich *Schlegel*, »Geschichte der alten und der neuen Literatur« (bis 1815).
16. Juni. Franz *Pforr* in Rom †.

1813–1815
Freiheitskriege, in denen Österreich und Preußen mit Rußlands Hilfe Napoleons Joch abschütteln *(Kriege).*

1813
Arndt verfaßt als Mitarbeiter Steins patriotische Schriften wie »Katechismus für den deutschen Kriegs- und Wehrmann« und »Der Rhein, Deutschlands Strom, aber nicht Deutschlands Grenze«, und übt dadurch einen großen Einfluß aus *(Kriege, Nationalismus).*
In Preußen werden die Kriegsfreiwilligen in *Freikorps* gesammelt, die Nichtpreußen im Freikorps Lützow (z. B. *Eichendorff, Körner).*
Grillparzer wird zur Sicherung seiner Existenz Finanzbeamter in Wien und bleibt es bis zu seiner Pensionierung 1856.
10. März. König Friedrich Wilhelm III. von Preußen stiftet das Eiserne Kreuz,

einen Tapferkeitsorden für Gemeine wie Offiziere, das von *Schinkel* gestaltet wird.
17. März. König Friedrich Wilhelm III. von Preußen ruft zu den Befreiungskriegen auf *(Kriege)*.
Chamisso, »Peter Schlemihls wundersame Geschichte«, Erzählung.
22. Mai. Richard Wagner in Leipzig* *(Dresden, Gesamtkunstwerk, Musik, Tieck, Weber)*.
28. Juni. Gerhard v. Scharnhorst in Prag† *(Militär, Reformen)*.
26. August. Theodor *Körner* in Gadebusch, Mecklenburg†.

1814 bzw. 1816–1829
Die Brüder *Grimm* arbeiten als Bibliothekare in Kassel.

1814/15
Auf dem Wiener Kongreß wird Europa nach Beendigung der revolutionären und napoleonischen *Kriege* neu geordnet.

1814
Arnim zieht sich auf sein Gut Wiepersdorf in der Niederlausitz zurück.
Carus wird Direktor der Gynäkologie in Dresden *(Medizin)*.
Görres gründet den »Rheinischen Merkur«. Die Zeitung wird 1816 verboten, 1819 muß Görres fliehen.
Stephensons erste Lokomotive fährt. In London werden zum ersten Mal Straßen mit Gas beleuchtet *(Industrie)*.
Werner wird katholischer Priester und begeistert während des Wiener Kongresses als Kanzelredner.
Fohr, Gruppenporträt Heidelberger Studenten, Zeichnung.
Hoffmann, »Fantasiestücke in Callot's Manier«, Erzählungen (bis 1815).
Körner, »Leier und Schwert«, Gedichte, posthum.
29. Januar. Johann Gottlieb *Fichte* in Berlin†.

1815–1818
Chamisso nimmt an einer Weltumsegelung teil *(Reisen)*.

um 1815
Unter Mitwirkung von *Arndt* wird die »altdeutsche« Tracht kreiert, setzt sich jedoch nicht durch *(Mode)*.

1815
26. September. Zwischen Österreich, Preußen und Rußland wird die Heilige Allianz gestiftet, auf deren Ideologie wahrscheinlich *Baader* Einfluß genommen hat.
Das Metronom wird erfunden *(Beethoven)*.
Der Wiederaufbau der Marienburg beginnt *(Gotik)*. Bei der Wiedereröffnung des Remters begrüßt *Eichendorff* den preußischen Kronprinzen.
Hoffmann streicht aus Verehrung für Mozart seinen dritten Vornamen Wilhelm und setzt an seine Stelle Amadeus.
In *Jena* wird die Urburschenschaft gegründet, die nach dem Vorbild des Lützowschen *Freikorps* die Farben Schwarz-Rot-Gold trägt.

Klenze beginnt das Gesicht von München zu prägen *(Architektur).*
18. Juni. Englische und preußische Truppen unter Wellington und Blücher schlagen die französische Armee unter Napoleon bei Waterloo *(Kriege, Militärmusik).*
20. November. Mit dem Zweiten Frieden von Paris sind die napoleonischen *Kriege* endgültig beendet. Napoleon wird auf die Insel St. Helena verbannt.
Mit dem *Wiener* Kongreß setzt sich auch die Wiener *Mode* durch.
Schinkel arbeitet auch als Bühnenmaler in *Berlin,* u.a. stattet er 1816 Mozarts »Zauberflöte« mit Bühnenbildern aus.
Schubert vertont zum ersten Mal Gedichte, und zwar von *Goethe* »Gretchen am Spinnrad« und »Der Erlkönig« *(Lied).*
Eichendorff, »Ahnung und Gegenwart«, Roman.
Hoffmann, »Die Elixiere des Teufels«, Roman (bis 1816).
Olivier, Graphikzyklus über das Salzburger Land, veröffentlicht 1818–1822.
Schinkel, »Mittelalterliche Stadt an einem Fluß«, Gemälde.
Savigny, »Geschichte des römischen Rechts im Mittelalter« (bis 1831) *(Historismus).*
Uhland, »Gedichte«, erste Auflage; die folgenden Auflagen werden fortlaufend erweitert.
5. März. Franz Anton Mesmer in Meersburg/Bodensee † *(Medizin).*

nach 1815
Immer noch liefert die deutsche *Landwirtschaft* zwei Drittel der deutschen Exportgüter.

1816
In Preußen besuchen erst 60% der Schulpflichtigen die Volksschule. Anstelle der 400 Lateinschulen um 1750 gibt es jetzt in Preußen 91 Gymnasien *(Erziehung).*
Hegel erhält eine Professur für *Philosophie* an der Universität Heidelberg.
Von Frankreich ausgehend, beginnt auch in Preußen der Kult des unbekannten Soldaten *(Militär).*
Schinkel beginnt, das Gesicht *Berlins* zu prägen.
Jacob *Grimm,* »Deutsche Sagen« (bis 1818).
Klenze, Leuchtenbergpalais (bis 1821) und Glyptothek (bis 1831), München.
Cornelius, Overbeck, Schadow und Veit *(Malerei, Nazarener)* statten in Rom die Casa Bartholdy *(Mendelssohn)* mit Fresken nach der Josephslegende aus (bis 1817).
Hoffmann, »Undine«, Oper.
Schinkel, Neue Wache, Berlin (bis 1818).
Spohr, »Faust«, Oper.

seit 1816
Der *Landschaftspark* von Muskau an der Oder, der berühmteste in Deutschland, wird angelegt.
Der Sprachwissenschaftler Franz Bopp entdeckt den Zusammenhang aller indogermanischen Sprachen über das Sanskrit (Friedrich *Schlegel*).

1817
Brentano konvertiert zum katholischen Glauben *(Freundschaft, Religion)* und verzichtet zeitweise ganz auf weltliche Dichtung.

Österreich adelt die jüdische Bankiersfamilie Rothschild und erhebt sie 1822 in den Freiherrnstand *(Judenemanzipation)*.
Zum ersten Mal in Deutschland stiftet ein Bürger ein Museum, Städel in Frankfurt/Main *(Kunst)*.
29./30. April. Die deutschen Künstler in Rom *(Nazarener)* geben dem bayerischen Kronprinzen, dem späteren Ludwig I. von Bayern, ein Abschiedsfest, das in einem Bild von Catel *(Malerei)* verewigt wird. Als König wird er später viele von ihnen fördern.
17./18. Oktober. Zum 300jährigen Jubiläum der Reformation treffen sich auf der Wartburg studentische Abordnungen verschiedener deutscher *Universitäten* und verbrennen »undeutsche« Schriften sowie Symbole der Vergangenheit, z. B. Zöpfe, Korporalstöcke *(Nationalismus)*.
Weber übernimmt die Leitung der Oper in Dresden, die unter ihm einen großen Aufschwung erfährt.
Arnim, »Die Kronenwächter«, Roman, unvollendet.
Grillparzer, »Die Ahnfrau«, Drama.
Hegel, »Enzyklopädie der philosophischen Wissenschaften«.
Hoffmann, »Nachtstücke«.
Cornelius, Führich, *Koch*, *Overbeck*, *Schnorr* und Veit *(Malerei, Nazarener)* statten in Rom das Casino Massimo mit Fresken nach den Dichtungen von Ariost, Dante und Tasso aus (bis 1819).
5. November. Karl Haller v. Hallerstein in Ampelakia, Thessalien † *(Architektur)*.

1818

Von den 30 Millionen Einwohnern des Deutschen Bundes lebt etwa ein Viertel in den 2500 Städten, von denen allerdings nur 70 über 10 000 Einwohner haben. 75 % der Bevölkerung leben in 2100 Märkten (Orte mit Marktrecht, aber ohne Stadtrecht), 90 000 bis 100 000 Dörfern und 70 000 Weilern (ländliche Orte ohne Dorfrecht) *(Bevölkerung, Gesellschaft)*.
Hegel wird als Philosophieprofessor nach Berlin berufen. Seine Lehre erlangt von dort aus Weltgeltung.
Eine einzige Spindel einer Spinnereimaschine leistet 100mal mehr als ein Handspinner *(Industrie)*.
Die Burschenschaften kommen unter der Mitwirkung von *Arndt* zu dem Schluß, daß Juden durch Konversion zum Christentum nicht Deutsche werden können *(Judenemanzipation, Nationalismus)*.
In Hessen wird die erste deutsche Denkmalschutzverordnung erlassen *(Kunst)*.
24. Dezember. Zum ersten Mal erklingt das berühmteste Weihnachtslied »Stille Nacht, heilige Nacht«. Es gerät allerdings in Vergessenheit, bis es aufgrund der »Tyrolerey« *(Hofer)* im Laufe des Jahrhunderts in Norddeuschland bekannt wird *(Lied)*.
Schubert gibt seinen Beruf als Lehrer auf und arbeitet fortan als freier Komponist.
Schinkel errichtet in Berlin das Schauspielhaus (bis 1821).
29. Juni. Carl Philipp *Fohr* im Tiber bei Rom †.

ab 1818

Kerner läßt sich endgültig in Weinsberg nieder, wo er den Mittelpunkt der »Schwäbischen Dichterschule« bildet.

4. Teil: 1819–1848

1819–1824
Brentano lebt bei der stigmatisierten Nonne Emmerich und zeichnet ihre Visionen auf *(Religion).*

1819
6.–31. August. Auf der Karlsbader Konferenz beschließen die deutschen Staaten gemeinsam, die politische und die Meinungsfreiheit einzuschränken. Es beginnt die bis 1848 andauernde Restauration *(Politik).* Opfer der Karlsbader Beschlüsse werden bis 1848 u. a. *Arndt, Görres,* die Brüder *Grimm, Schleiermacher* und der Mann der Rahel *Varnhagen,* in dem sie ihrer Ämter enthoben oder verfolgt und verurteilt werden. Allein zwischen 1833 und 1839 werden 2000 Personen verfolgt.
Die Schmidt'sche Leihbibliothek in Dresden führt 26 »gelehrte und politische Zeitungen« und 146 jährlich erscheinende Periodika *(Bücher).*
Cornelius wird von König Ludwig I. nach München berufen und stattet dort bis zu seinem Bruch mit dem König 1839 u. a. die Ludwigskirche 1830–1839 und die Glyptothek 1820–1830 aus *(Nazarener).* Bis 1825 arbeitet er gleichzeitig in Düsseldorf als Akademiedirektor.
Eichendorff wird preußischer Staatsbeamter, da sein väterliches Gut ruiniert ist (1822 verkauft).
In Gotha wird die erste Feuerversicherung gegründet *(Gesellschaft).*
Zum ersten Mal überquert ein Dampfschiff den Atlantik *(Industrie, Reisen).*
Die Auskultation und das Stethoskop werden in die *Medizin* eingeführt.
Uhland beginnt seine politische Laufbahn als Abgeordneter in der verfassungsgebenden Versammlung der württembergischen Landstände.
Der Engländer Walter Scott veröffentlicht »Ivanhoe«, das wichtigste Vorbild aller deutschen historischen Romane *(Hauff, Unterhaltungsroman).*
Eichendorff, »Das Marmorbild«, Erzählung.
Friedrich, »Kreidefelsen auf Rügen«, Gemälde.
Grillparzer, »Sappho«, Tragödie.
Jacob *Grimm,* »Deutsche Grammatik« (bis 1837).
Hoffmann, »Seltsame Leiden eines Theater-Direktors«, Erzählungen; »Klein-Zaches genannt Zinnober«, Märchen; »Die Serapionsbrüder«, Erzählungen (bis 1821).
Schopenhauer, »Die Welt als Wille und Vorstellung« (bis 1844).
Weber, »Aufforderung zum Tanz«, Klavierstück *(Tanzmusik).*
23. März. August v. Kotzebue in Mannheim †, ermordet *(Nationalismus, Theater).*

um 1820
Die Trennung zwischen Alltags- und Abendkleid beginnt *(Mode).*

1820
Arndt wird seines Lehrstuhls für Geschichte an der Universität Bonn, den er seit 1818 inne hat, wegen demokratischer Umtriebe enthoben und erst 1840 rehabilitiert.

In England wird der Stahlstich erfunden *(Industrie, Kunst).*
Das Altertumsmuseum für die rheinisch-westfälischen Provinzen in Bonn ist das erste von einer Gruppe von Bürgern gegründete Museum *(Kunst).*
Aufgrund der Bildungsreform gibt es jetzt in Preußen über 17 500 Dorfschulen mit über 18 000 Lehrern und fast 2500 städtische Elementarschulen mit 3750 Lehrern *(Erziehung, Reformen).*
Im Rahmen der Berliner Universität gibt es inzwischen sieben medizinische und drei theologische bzw. philosophische Institute *(Universitäten).*
Peter v. *Cornelius,* Fresken der Glyptothek in München (bis 1830).
Hoffmann, »Lebens-Ansichten des Katers Murr nebst fragmentarischer Biographie des Kapellmeisters Johannes Kreisler« (bis 1822).

1821–1823
In Wien wird zum ersten Mal ein »Volksgarten« eingerichtet und allgemein zugänglich gemacht *(Landschaftspark).*

1821
Carus und *Goethe* schließen eine *Freundschaft,* die bis zum Tod Goethes bestehen bleibt.
Der Freiheitskampf der Griechen gegen die Türken begeistert die Deutschen und schlägt sich vielfach in der Literatur nieder (Wilhelm *Müller*).
Faschingsdonnerstag. In Wien finden an diesem Tag gleichzeitig 1600 Bälle statt *(Tanzmusik).*
Hegel, »Rechtsphilosophie«.
Hoffmann, »Prinzessin Brambilla«, Märchen.
Kleist, »Der Prinz von Homburg«, posthum.
Wilhelm *Müller,* »Gedichte aus den hinterlassenen Papieren eines reisenden Waldhornisten« (bis 1824), enthält die Texte der *Schubert*-Zyklen »Die schöne Müllerin« und »Winterreise«; »Lieder der Griechen«.
Pforr, »Dürer und Raffael vor dem Thron der Kunst«, Gemälde.
Schleiermacher, »Der christliche Glaube nach den Grundsätzen der evangelischen Kirche im Zusammenhang dargestellt« (bis 1822).
Weber, »Der Freischütz«, Oper.

1822
Baaders Bemühungen um eine Einigung der Christenheit unter Führung der russisch-orthodoxen Kirche scheitern.
In Preußen besuchen rund 15 000 Schüler Gymnasien. Das Lehrer-Schüler-Verhältnis beträgt 1:20 und ist damit viel besser als an den Volksschulen *(Erziehung, Universitäten).*
In Preußen wird der erste wissenschaftliche Gartenbauverein gegründet *(Landschaftspark).*
Grillparzer, »Das Goldene Vlies«, Tragödie, Trilogie.
Hoffmann, »Meister Floh«, Märchen.
Schinkel, Schloß Tegel bei Berlin (bis 1824).
Schubert, 2. Symphonie.
Uhland, »Walther von der Vogelweide«, Monographie.
25. Juni. E. T. A. *Hoffmann* in Berlin †.
26. November. Karl August v. Hardenberg in Genua † *(Reformen).*

1823
Im Rahmen der Wiederbelebung der Volkskultur wird in Köln der Karneval wieder eingeführt, 1843 in Nürnberg *(Gesellschaft)*.
Waagen beginnt mit der Vorbereitung für die Gründung einer Gemäldegalerie in Berlin, deren erster Direktor er 1830 wird *(Kunst)*.
Tieck beginnt ein neues Genre zu veröffentlichen, Gesellschaftsnovellen, wie man sie bisher in Deutschland nicht kennt.
Rumohr, »Geist der Kochkunst«, Essay.
Schinkel, Altes Museum in Berlin (bis 1830).
Schubert, »Die schöne Müllerin«, Liederzyklus, nach Gedichten von Wilhelm *Müller (Lied)*.
Weber, »Euryanthe«, Oper.
17. Januar. Zacharias *Werner* in Wien †.
24. Februar. Friedrich Ludwig von Sckell in München † *(Landschaftspark)*.

ab 1823
Kerner beginnt mit seinen parapsychologischen Studien.

1824–1829
In *Berlin* werden im Zusammenhang mit der Einrichtung des Alten Museums zum ersten Mal in Deutschland alte Bilder in großem Umfang restauriert. 10 Restauratoren arbeiten an 845 Gemälden *(Kunst)*.

1824
Friedrich wird Professor an der Dresdener Kunstakademie.
In Köln stiftet der Bürger Wallraff der Stadt seine Kunstsammlung *(Kunst)*.
Beethoven, 9. Symphonie.
Friedrich, »Das Eismeer«, Gemälde.
Schinkel, Friedrichwerdersche Kirche (bis 1830).

1825
Das Nettosozialprodukt des Deutschen Reiches hat sich, gerechnet in Preisen von 1913, seit 1800 von 5700 Millionen Mark auf 7300 gesteigert, das Nettosozialprodukt pro Kopf im selben Zeitraum und auf derselben Preisbasis von 250 auf 261 Mark *(Industrie)*.
In der deutschen *Industrie* müssen Kinder zwischen sechs und 16 Stunden täglich arbeiten.
Auf dem Territorium des Deutschen Bundes inklusive der Provinz Posen leben 373 000 Juden, davon in Preußen 153 000 (allein in der Provinz Posen 65 000), in Österreich 85 000 *(Judenemanzipation)*.
Cherubini sorgt durch sein positives Urteil dafür, daß sich *Mendelssohn Bartholdy* ganz der Musik widmen darf.
13. Oktober. In Bayern wird Ludwig I. inthronisiert. Er ist der Mäzen vieler Romantiker *(Maler, Nazarener, Reisen)*.
Julius *Schnorr v. Carolsfeld* beginnt an den Fresken in der Münchener Residenz zu arbeiten, die die Nibelungen und die deutschen Kaiser verherrlichen *(Nazarener)*.
Grillparzer, »König Ottokar's Glück und Ende«, Tragödie.
14. November. *Jean Paul* in Bayreuth †.

1826

Baader wird Honorarprofessor für spekulative Dogmatik an der von Landshut nach München verlegten Universität.
Görres wird als Professor für Geschichte nach München berufen.
Wilhelm von Schadow *(Malerei, Nazarener)* wird nach Düsseldorf berufen und gründet die seinerzeit weltberühmte Düsseldorfer Malerschule.
Schinkel reist nach England, um die fortgeschrittene englische Technik zu studieren *(Industrie).*
Eichendorff, »Aus dem Leben eines Taugenichts«, Erzählung.
Hauff, »Der Mann im Mond«, Erzählungen; »Mitteilungen aus den Memoiren des Satans«, Roman; »Lichtenstein«, historischer Roman.
Heine, »Reisebilder« (bis 1831).
Hölderlin, Gedichte, herausgegeben von *Uhland.*
Kerner, »Gedichte«.
Klenze in München: Alte Pinakothek (bis 1836); Königsbau der Residenz (bis 1835); Hofgartenarkaden (bis 1831).
Novalis, »Die Christenheit oder Europa«, Essay, posthum.
Rumohr, »Italienische Forschungen« *(Kunst).*
Schubert, 8. Symphonie.
Weber, »Oberon«, Oper.
5. Juni. Carl Maria v. *Weber* in London †.

1827

Aus Anlaß von *Beethovens* Tod wird schulfrei gegeben. 20000 bis 30000 Menschen folgen in Wien dem Sarg.
König Ludwig I. von Bayern kauft für die Alte Pinakothek in München die Sammlung altdeutscher Malerei der Brüder *Boisserée.*
Rottmann erhält den Auftrag von König Ludwig I., die Hofgartenarkaden in München mit einem Zyklus von 28 italienischen Landschaftsfresken auszustatten.
Heine, »Buch der Lieder«.
Schubert, »Die Winterreise«, Liederzyklus, nach Gedichten von Wilhelm *Müller.*
17. Februar. Johann Heinrich Pestalozzi in Brugg, Aargau † *(Erziehung).*
26. März. *Beethoven* in Wien †.
26. Juni. Christian August Vulpius in Weimar † *(Theater, Unterhaltungsroman).*
30. September. Wilhelm *Müller* in Dessau †.
18. November. Wilhelm *Hauff* in Stuttgart †.

1828/29

Blechen bereist Italien.
Im Haus von *Kerner* lebt die Seherin von Prevorst.

1828

Die deutschen Künstler geben aus Anlaß des 300. Todestages von Dürer ein Dürer-Fest *(Gotik, Raffael).*
Karl *Blechen,* »Semnonenlager«, Gemälde, im 2. Weltkrieg verbrannt.
Grillparzer, »Das Kloster von Sendomier«, Erzählung.
Jacob *Grimm,* »Deutsche Rechts-Altertümer«.
Hauff, »Novellen«; »Phantasien und Skizzen«.

Heinrich Hübsch, »In welchem Stile sollen wir bauen?« *(Architektur).*
Friedrich *Schlegel,* »Philosophie des Lebens«.
26. Oktober. Albrecht Thaer in Möglin, Brandenburg† *(Landwirtschaft).*
19. November. Franz *Schubert* in Wien†.

1829
Mendelssohn Bartholdy führt zum ersten Mal Bachs Matthäus-Passion werkgerecht auf.
Schumann entschließt sich, von Paganini beeinflußt, Klaviervirtuose zu werden, muß jedoch seine Laufbahn bald wegen einer Lähmung der rechten Hand aufgeben.
Schwind läßt sich vorläufig in München nieder und bleibt ab 1847 für immer dort, nachdem er eine Professur erhalten hat.
Wilhelm *Grimm,* »Die deutschen Heldensagen«.
Mendelssohn Bartholdy, »Lieder ohne Worte«, Klavierstücke (bis 1845).
Overbeck, »Der Triumph der Religion in den Künsten«.
Friedrich *Schlegel,* »Philosophie der Geschichte«.
12. Januar. Friedrich *Schlegel* in Dresden†.
17. Januar. Adam *Müller* in Wien†.

1830–1840
Der Bildhauer Christian Daniel Rauch errichtet auf dem Dürer-Platz in Nürnberg ein Denkmal für Dürer aus Anlaß von dessen 300. Todestag. Es ist in Europa das erste öffentliche Denkmal für einen Künstler *(Gotik, Raffael).*

um 1830
Die Gruppe der *Nazarener,* seit langem von *Overbeck* allein geführt, fällt endgültig auseinander.

1830
Goethe erklärt in einem abschließenden, einseitigen Urteil die Romantik für »krank«.
In Preußen stehen inzwischen fast 250 Dampfmaschinen mit rund 4500 PS. Die knappe Hälfte wird im Rheinland, in Westfalen und in Schlesien zum Betrieb der Bergwerke und Hütten eingesetzt *(Industrie).*
Cornelius, Fresken in der Ludwigskirche in München (bis 1839).
Grillparzer, »Ein treuer Diener seines Herrn«, Tragödie.
Klenze, Walhalla oberhalb von Donaustauf (bis 1842).

1831
Bettina v. *Arnim* bemüht sich um die medizinische Versorgung der an Cholera erkrankten Armen von *Berlin* und entdeckt in den nördlichen Vorstädten die ersten Slums. Aus ihrem sozialen Engagement entsteht 1843 die Anklageschrift »Dies Buch gehört dem König«.
Blechen wird Professor für *Landschaftsmalerei* in Berlin, kann jedoch sein Amt wegen geistiger Umnachtung nur bis 1835 ausüben.
Heine läßt sich nach vielen schlechten Erfahrungen in seinem Vaterland endgültig in Paris nieder.
Lenau lernt in Stuttgart die schwäbischen Dichter um *Uhland* und *Kerner* kennen

und findet in Cotta einen Verleger. 1832 wandert er nach Amerika aus, kehrt jedoch 1833 enttäuscht zurück.
Carus, »Briefe über die Landschaftsmalerei«, Kunsttheorie.
Heine, Berichte aus Paris (bis 1832).
2. Januar. Barthold Georg Niebuhr in Bonn † *(Historismus).*
21. Januar. Achim v. *Arnim* in Wiepersdorf, Niederlausitz †.
29. Juni. Karl Heinrich vom Stein auf Schloß Cappenberg bei Dortmund † *(Reformen).*
23. August. August Wilhelm Anton v. Gneisenau in Posen † *(Kriege, Militär, Reformen).*
14. November. Georg Friedrich Wilhelm *Hegel* in Berlin †.

1832
Karl *Blechen,* »Das Palmenhaus auf der Pfaueninsel«, Gemälde.
Clausewitz, »Vom Kriege«, posthum (bis 1834) *(Militär).*
Schinkel, Bauakademie in Berlin (bis 1835), 1961/62 abgerissen.
22. März. Johann Wolfgang v. *Goethe* in Weimar †.

1833
Franz Hanfstaengl gründet in München den ersten deutschen Spezialverlag für *Kunst.*
Clemens *Brentano,* »Die bitteren Leiden unseres Herrn Jesu Christi«.
Marschner, »Hans Heiling«, Oper.
Rahel *Varnhagen,* Auswahl aus ihren Briefen, posthum (bis 1834).
7. März. Rahel *Varnhagen* von Ense in Berlin †.

1834
7. Dezember. Zwischen Nürnberg und Fürth wird die erste deutsche Eisenbahnlinie in Betrieb genommen *(Industrie).*
Klenze reist in denkmalpflegerischer Absicht nach Griechenland.
Schumann gründet mit Erfolg die »Neue Zeitschrift für Musik«, das Sprachrohr der jungen Musikergeneration.
Blechen, »Eisenwalzwerk bei Eberswalde«, Gemälde.
Eichendorff, »Dichter und ihre Gesellen«, Roman.
Friedrich, »Die Lebensstufen«, Gemälde.
12. Februar. Friedrich Daniel Ernst *Schleiermacher* in Berlin †.
6. Dezember. Ludwig v. Lützow in Berlin † *(Freikorps).*

1835
In Deutschland werden alle Bücher von *Heine* verboten.
Mendelssohn Bartholdy übernimmt die Leitung des Leipziger Gewandhausorchesters. Es wird unter seiner Leitung berühmt.
Bettina v. *Arnim,* »Goethes Briefwechsel mit einem Kinde«, Briefroman.
Jacob *Grimm,* »Deutsche Mythologie«.
8. April. Wilhelm v. Humboldt in Tegel bei Berlin † *(Universitäten).*

1836
Heine, »Die romantische Schule«, Literaturgeschichte.
25. August. Christoph Wilhelm Hufeland in Berlin † *(Medizin).*

1837
Die Brüder *Grimm* gehören zu den »Göttinger Sieben«, die sich einem Verfassungsbruch des hannoverschen Königs widersetzen und deswegen ihrer Ämter enthoben werden.
Eichendorff, »Gedichte«; »Schloß Dürande«, Roman.
Lortzing, »Zar und Zimmermann«, Komische Oper.
Richter, »Die Überfahrt über die Elbe am Schreckenstein«, Gemälde.
Schumann, »Fantasiestücke«; »Davidsbündlertänze«, Klavierstücke.

1838
Brentano, »Gockel, Hinkel und Gackeleia«; »Geschichte vom braven Kasperl und dem schönen Annerl«, Märchen.
Schwab, »Die schönsten Sagen des klassischen Altertums«.
21. August. Adelbert v. *Chamisso* in Berlin †.

1839
Peter v. *Cornelius* bricht mit dem bayerischen König und verläßt München. 1841 folgt er einem Ruf des preußischen Königs nach Berlin.
Passavant, »*Raffael* von Urbino und sein Vater Giovanni Santi«, Monographie (bis 1858) *(Kunst)*.
12. Januar. Joseph Anton *Koch* in Rom †.

ab 1839
Klenze reist mehrfach nach St. Petersburg, um dort architektonische Aufträge zu erfüllen.

1840/41
In Preußen arbeiten jetzt – Lokomotiven und Dampfschiffe nicht mitgerechnet – über 600 Dampfmaschinen mit fast 12 000 PS, davon zwei Drittel in der Kohle- und Eisenindustrie. Österreich verfügt demgegenüber nur über knapp 3000 PS *(Industrie)*.

1840
Fröbel gründet den ersten Kindergarten *(Erziehung)*.
Schelling verläßt München und folgt einem Ruf an die *Universität Berlin*, wo er jedoch keine Geltung erlangt.
Schumann obsiegt vor Gericht über seinen zukünftigen Schwiegervater und darf die Klaviervirtuosin Clara Wieck heiraten.
Bettina v. *Arnim*, »Die Günderode«, Gedenkschrift.
Grillparzer, »Der Traum ein Leben«, Drama; »Des Meeres und der Liebe Wellen«, Tragödie; »Weh dem, der lügt«, Lustspiel.
28. März. Anton Thibaut in Heidelberg † *(Historismus)*.
7. Mai. Caspar David *Friedrich* in Dresden †.
23. Juli. Karl *Blechen* in Berlin †.

1841
Cornelius, Kartons für den Campo Santo der Hohenzollern (bis 1867).
Schumann, Klavierkonzert op. 54 (bis 1845).
11. Februar. Ferdinand *Olivier* in München †.

23. Mai. Franz v. *Baader* in München †.
9. Oktober. Karl Friedrich *Schinkel* in Berlin †.

1842
Der »Verein zur Verbreitung religiöser Bilder« wird gegründet, der Devotionalien in der Nachfolge von *Overbeck (Nazarener)* verbreitet.
Lortzing, »Der Wildschütz«, komische Oper.
28. Juli. Clemens *Brentano* in Aschaffenburg †.

1843
In Preußen wird die erste Stelle für Denkmalpflege eingerichtet *(Kunst).*
Bettina v. *Arnim,* »Dies Buch gehört dem König«, soziale Anklageschrift.
23. Januar. Friedrich de la Motte-*Fouqué* in Berlin †.
7. Juni. Friedrich *Hölderlin* in Tübingen †.
2. Juli. Samuel Hahnemann in Paris † *(Medizin).*
25. Juli. Carl Friedrich v. *Rumohr* in Dresden †.

1844
Eichendorff läßt sich vorzeitig pensionieren, da er durch seine katholische Einstellung in Konflikt mit dem preußischen Staat gerät.
Waagen erhält in Berlin die erste ordentliche Professur für Kunstgeschichte in Deutschland *(Kunst).*
Lenau fällt in geistige Umnachtung.
Wagner, der 1843 Nachfolger von *Weber* als Kapellmeister an der Oper in Dresden geworden ist, veranlaßt, daß Webers Sarg von London nach Dresden überführt wird.
Bettina v. *Arnim,* »Clemens Brentanos Frühlingskranz«.
Heine, »Deutschland, Ein Wintermärchen«, Versepos.
Lenau, »Waldlieder«, Gedichte.
Uhland, »Alte hoch- und niederdeutsche Volkslieder«.

1845
Lortzing, »Undine«, komische Oper nach einem Stoff von Fouqué.
13. Februar. Henrik Steffens in Berlin † *(Jena, Politik).*
12. Mai. August Wilhelm *Schlegel* in Bonn †.

1846
Carus, »Psyche«, Psychologie des Unbewußten.
Klenze, Propyläen in München (bis 1860).
Lortzing, »Der Waffenschmied«, komische Oper.

1847
Wagner lernt *Tieck* kennen, durch dessen Schriften er auf den Tannhäuser-Stoff hingewiesen worden war *(Musik).*
Grillparzer, »Der arme Spielmann«, Erzählung.
Heinrich Hübsch, »Die *Architektur* und ihr Verhältnis zur heutigen Malerei und Skulptur«.
22. Oktober. Henriette *Herz* in Berlin †.
4. November. Felix *Mendelssohn Bartholdy* in Leipzig †.

1848
Mit der März-Revolution ist das Zeitalter der Spätromantik und des Biedermeiers endgültig zu Ende, auch wenn noch einige Romantiker leben und weiterhin ihre Werke veröffentlichen. Die Auswirkungen der Romantik reichen bis in die Gegenwart hinein.
Jacob *Grimm*, »Geschichte der deutschen Sprache«.
Schumann, »Waldszenen«, Klavierstücke (bis 1849).
Schwind, »Im Walde«, Gemälde, auch unter dem Titel »Des Knaben Wunderhorn« bekannt.
29. Januar. Joseph v. *Görres* in München †.

Ausklang

1849
Kerner, »Das Bilderbuch aus meiner Knabenzeit«.

ab 1849
Klenze, Befreiungshalle oberhalb von Kelheim/Donau (bis 1863).

1850
28. Januar. Johann Gottfried Schadow in Berlin † *(Plastik).*
7. Juli. Carl *Rottmann* in München †.
4. November. Gustav *Schwab* in Stuttgart †.

1851
21. Januar. Albert *Lortzing* in Berlin †.
12. Mai. Christian Friedrich Tieck in Berlin † *(Plastik).*
14. Mai. Melchior *Boisserée* in Bonn †.

1852
Schnorr v. Carolsfeld, »Bibel in Bildern«.
Schwind, »Die Symphonie«, Gemälde.
21. Juni. Friedrich Fröbel in Marienthal, Thüringen † *(Erziehung).*
15. Oktober. Friedrich Ludwig Jahn in Freyburg, Unstrut † *(Nationalismus).*

ab 1852
Die Brüder *Grimm* beginnen mit ihrer Arbeit am »Deutschen Wörterbuch«, das sie selbst nicht mehr vollenden können.

1853
Schwind, Wettstreit der Minnesänger, Fresken auf der Wartburg bei Eisenach (bis 1855).
28. April. Ludwig *Tieck* in Berlin †.

1854
2. Mai. Sulpice *Boisserée* in Bonn †.
20. August. Friedrich Wilhelm Joseph v. *Schelling* in Bad Ragaz †.

1856
17. Februar. Heinrich *Heine* in Paris †.
29. Juli. Robert *Schumann* in Endenich bei Bonn †.

1857
26. November. Joseph v. *Eichendorff* in Neiße †.

1859
20. Januar. Bettina v. *Arnim* in Berlin †.
22. Oktober. Louis *Spohr* in Kassel †.
16. Dezember. Wilhelm *Grimm* in Berlin †.

1860
29. Januar. Ernst Moritz *Arndt* in Bonn †.
21. September. Arthur *Schopenhauer* in Frankfurt am Main †.

1861
25. Oktober. Friedrich Carl v. Savigny in Berlin † *(Historismus).*
14. Dezember. Heinrich *Marschner* in Hannover †.

1862
21. Februar. Justinus *Kerner* in Weinsberg †.
13. November. Ludwig *Uhland* in Tübingen †.

1863
3. April. Heinrich Hübsch in Karlsruhe † *(Architektur).*
20. September. Jacob *Grimm* in Berlin †.

1864
27. Januar. Leo v. *Klenze* in München †.

1866
23. Januar. Peter Joseph Lenné in Potsdam † *(Landschaftspark).*
31. Januar. Friedrich *Rückert* in Neuseß bei Coburg †.

1867
6. März. Peter v. *Cornelius* in Berlin †.

1868
29. Februar. König Ludwig I. von Bayern in Nizza † *(Nazarener, Reisen).*

1869
28. Juli. Carl Gustav *Carus* in Dresden †.
12. November. Johann Friedrich *Overbeck* in Rom †.

1871
8. Februar. Moritz v. *Schwind* in München †.

1872
Grillparzer, »Libussa«; »Ein Bruderzwist im Hause Habsburg«, Tragödien.
21. Januar. Franz *Grillparzer* in Wien †.
24. Mai. Julius *Schnorr v. Carolsfeld* in Dresden †.

1884
19. Juni. Ludwig *Richter* in Dresden †.

1886
23. Mai. Leopold v. Ranke in Berlin † *(Historismus).*

Lexikon

Architektur
Die Architektur der Romantik stellt sich dar in vier repräsentativen Aufgaben: *Landschaftspark*, Denkmal, Museum und *Theater*, die sich auch etwa in dieser Reihenfolge entwickeln. Leo von *Klenze* und Karl Friedrich *Schinkel* sind die bekanntesten deutschen Baumeister dieser Zeit. An ihrem Beginn stehen David Gilly (* 1748, † 1808) und sein früh verstorbener Sohn Friedrich (* 1772, † 1800).
David Gilly war Hugenotte, seit 1771 Landbaumeister und ab 1779 Baudirektor von Pommern. Er errichtete anfangs hauptsächlich Nutzbauten (Häfen von Swinemünde und Kolberg, Wohnhäuser und Speicher in Danzig und Pillau, Mühlen, Kolonistendörfer). Für Friedrich Wilhelm III. baute er Schloß Paretz (1796 bis 1800) und für Königin *Luise* Schloß Freienwalde (1798). In Berlin gründete David Gilly 1793 eine Bauschule und veröffentlichte 1797 sein »Handbuch der Landbaukunst«.
Friedrich Gilly studierte bei Carl Gotthard Langhans (* 1732, † 1808), Friedrich Wilhelm von Erdmannsdorff (* 1736, † 1800) und Johann Gottfried Schadow *(Plastik)*. Er besuchte 1793 Paris und bezog seine wesentlichen Impulse aus der französischen Revolutionsarchitektur, übernahm von ihr jedoch nicht die einmaligen Experimente, die alle Gesetze der Statik auf den Kopf zu stellen scheinen – Denkmäler in Kugelform u. a. –, sondern nur die gigantischen Ausmaße. Doch ist es für den einzelnen Menschen angesichts solcher Architektur unerheblich, ob das Denkmal einer technischen Utopie folgt oder dem klassizistischen Ideal: In Relation zu diesen Bauvisionen ist er winzig klein, ein Nichts.
Von entwicklungsgeschichtlicher Bedeutung ist Friedrich Gillys Entwurf eines monumentalen Denkmals für Friedrich den Großen (1796). Es ist jedoch nicht, wie die Entwürfe für die Walhalla von Haller von Hallerstein, für eine bestimmte Landschaft gedacht, sondern ein über alles hoch erhobenes Denkmal ohne konkrete Festlegung für einen bestimmten Ort. In ihm, in seinem dunklen Inneren, sind sozusagen der Tod und die Einsamkeit eingekerkert. Die ewige Nacht, die hier gefangengehalten wird, ist eine Umkehrung der Vision, die der Romantiker hat, wenn ihm im *Panorama* oder vom Gipfel eines Berges *(Reisen)* ein Rundblick möglich ist. Solche Denkmäler haben Friedrich Gillys Schüler (Haller von Hallerstein, Schinkel) jedoch nicht gebaut.
Karl Haller von Hallerstein (* 1774, † 1817) studierte an der Karlsschule in Stuttgart und bei Vater und Sohn Gilly auf der Berliner Bauakademie. Er entwarf für den bayerischen Kronprinzen (den späteren König Ludwig I.) die Glyptothek in München und die Walhalla bei Regensburg und besorgte während seiner Reisejahre in Griechenland und der Türkei (1810 bis 1817) die Äginetengiebel als Grundstock für die Glyptothek in München.
Schinkel legte vor allem Wert darauf, eine Architektur zu schaffen, die nicht nur in ihren Ausmaßen »menschlichen« Dimensionen entspricht, sondern auch tatsächlich allen Menschen, vom einfachen Mann bis zum König, dem ganzen Volk zugänglich sein sollte – im Unterschied zur Revolutionsarchitektur, de-

ren Monumente oft nur einem großen Toten oder der Verherrlichung eines Ideals gewidmet sind. Was er mit seiner Utopie eines Nationaldoms erreichen wollte, zeigt Schinkels Gemälde »Mittelalterliche Stadt an einem Fluß« (1815): Das ganze Volk mit dem König an der Spitze zieht zum Dom. Das Bild zeigt eine Abendstimmung, der Dom wird von der untergehenden Sonne angestrahlt. Nicht ohne Absicht, denn: wie in der Revolutionsarchitektur das Licht im Innern ausgeschlossen wird, so wird es in der romantischen Architektur in den Effekt der Kulisse einbezogen *(Klenze).*
Der Architekt folgte nicht mehr einem bestimmten Stilprinzip, das, wie etwa im Barock, die Lichtwirkung immer in der gleichen Weise berücksichtigte, sondern unterwarf jetzt seine Bauten den wechselnden Einflüssen des Lichts. Je nach den Gegebenheiten von Tages- oder Kunstlicht oder auch nach dem Blickpunkt des Betrachters änderte sich auch die Wirkung des Baus. Einerseits wurde sie der subjektiven Empfindung des Betrachters anheimgestellt – Claude-Nicolas Ledoux (* 1736, † 1806) malte ein Auge, in dem sich das Theater von Besançon (1784) spiegelt –, andererseits dem Einfall des Lichts. In beiden, in der Stimmung wie im Licht, ist der Faktor Zeit enthalten. Es ist daher auch kein Zufall, daß ab 1800 die Zeitstile dem Architekten verfügbar schienen.
Gottfried Semper (* 1803, † 1879) machte sich über Klenze lustig, der je nach Bedarf die Stile wechselte: »Der Kunstjünger durchläuft die Welt, stopft sein Herbarium voll mit wohl aufgeklebten Durchzeichnungen aller Art und geht getrost nach Hause in der frohen Erwartung, daß die Bestellung einer Walhalla à la Parthenon, einer Basilika à la Monreale, eines Boudoirs à la Pompeji, eines Palastes à la Pitti, einer byzantinischen Kirche oder gar eines Bazars in türkischem Geschmack nicht lange ausbleiben könne . . .«
Heinrich Hübsch (* 1795, † 1863), ein

Architektur: Friedrich Gilly, »Entwurf zu einem Denkmal für Friedrich II.«, 1796. Berlin (C

Weinbrenner-Schüler und viel gereist, veröffentlichte 1828 seine berühmte Programmschrift »In welchem Stile sollen wir bauen?« Hübsch war seit 1824 Lehrer am Städel in Frankfurt am Main, seit 1827 Residenzbaumeister in Karlsruhe, seit 1829 badischer Landesbaumeister und ab 1832 Direktor der neuen Baufachschule in Karlsruhe. Er bevorzugte – aus technischen wie aus persönlichen Gründen – den frühchristlichen und den romanischen Stil; zu seinen Werken zählen die Kunsthalle (1836 bis 1845) und die Orangerie (1853 bis 1857) in Karlsruhe sowie die Rekonstruktion der Westfassade des Speyrer Domes. 1847 veröffentlichte er »Die Architektur und ihr Verhältnis zur heutigen Malerei und Skulptur«.

Der Versuch, den individuellen Geschmack mit irgendwelchen Stilelementen und neuen Techniken zu realisieren, führte dazu, daß die einzelnen Bauteile auf ihren technischen und ästhetischen Wert hin genau geprüft wurden. So hieß es z.B. über Schinkels Bauakademie (1832 bis 1835), in der zum ersten Mal konsequent Backstein angewandt wurde: »Der Bau wird in Backstein aufgeführt und bleibt in seinem Äußeren ohne Übertünchung und Abputz. Das Material ist deshalb mit besonderer Sorgfalt bearbeitet worden, alle Ornamente ... sind in gebrannter Erde auf das genaueste ausgeführt ... Durch die Fassade ist jedesmal in regelmäßiger Höhe von 5 Steinschichten eine Lagerschicht in glasierten Steinen in einer sanften, mit dem Ganzen harmonischen Farbe angeordnet, teils um die rötliche Farbe des Backsteins in der Masse etwas zu brechen, teils um durch die horizontalen Linien, welche das Lagerhafte des ganzen Baues bezeichnen, eine architektonische Ruhe zu gewinnen.«

In der Romantik spielte die gotische Ruine eine große Rolle. Seit 1740 entstanden in England künstliche Ruinen. Bald wurde es auch in Deutschland Mode, die neuen *Landschaftsparks* mit ihnen zu zie-

atliche Museen, Sammlung der Zeichnungen in der Nationalgalerie.

Architektur: Friedrich Gilly, »Entwurf zu einer Börse«, 1799. Berlin (West), Staatlich und Grafik-Design.

ren, so z. B. in Wörlitz und Veitshöchheim. In der Romantik gewann die Ruine als Zitat aus der *Gotik* eine nationale Bedeutung: Sie verwies auf den gegenwärtigen Zustand des Vaterlandes im Vergleich zu der hohen Zeit des Mittelalters. *Görres'* Aufruf 1815, den Kölner Dom zu vollenden, war auch ein Aufruf, ein neues Vaterland aufzurichten.
Wichtig war jedoch für die deutschen Architekten nicht so sehr das Vorbild der *Gotik,* auch wenn man sich in der Romantik Nationalheiligtümer nicht in einem anderen Stil vorstellen konnte – insofern vertrat die romantische Architektur genauso wie die Revolutionsarchitektur auch ein politisches Programm –, sondern das der Antike. Der einfache Tempel mußte nach Friedrich Gilly zeigen, »daß er einen einzigen unvergeßlichen Gegenstand für die Nachwelt enthalten solle ..., und es wird dadurch als ein einziges, der Menschheit ehrenvolles Monument erscheinen. – Pantheon des Weltalls.« Ähnlich hehr klang es bei Ludwig I. (* 1786, † 1868), wenn er über die Funktion der Walhalla sagte, »auf daß teutscher der Teutsche aus ihr trete, besser als er gekommen«.
Die besondere Leistung der romantischen Architektur bestand darin, daß nicht, wie seit der Renaissance üblich, ein antikes Element, wie z. B. der Säulenportikus, vor den Bau »geklebt«, sondern daß das ganze Bauwerk aus vielen Elementen der Antike zu einer neuen Einheit zusammengefügt wurde.
So schrieb Schinkel über den Bau des Alten Museums (1823 bis 1830): »Was den Stil der Architektur betrifft, welcher sowohl im Äußeren als durch das ganze Innere herrscht«, [was also keineswegs selbstverständlich ist] »so war die Einfachheit der Hauptformen dabei der vorzüglichste Gesichtspunkt ... deshalb habe ich es vorgezogen, eine einzige [große] Ordnung durchzuführen, die aus der vorderen großen Säulenhalle hervorgeht.«
Doch der Versuch, eine Einheit zwischen Kern und Schale zu bewahren bzw. neu herzustellen, wurde bald aufgegeben. Die Architektur des 19. Jahrhunderts zeichnete sich dadurch aus, daß beliebige Stilformen wahllos auf Rauminhalte aufgeklebt wurden. So hat sich z. B. die von Alfred Rethel (* 1816, † 1859) um 1834 gemalte Harkortsche Fabrik in eine echte alte Burg eingenistet, und bald gab es antike oder gotische Fabriken, und noch die Malakoff-Fördertürme im Ruhrgebiet sollten an mittelalterliche Burgen erinnern.
Tatsächlich führt ein Weg von der romantischen »Lichtregie« zur Hollywood-Architektur und zu Leni Riefenstahls Lichtdomen, von Gillys gigantischen Denkmälern zu Speers Neuer

Museen Preußischer Kulturbesitz, Kunstbibliothek mit Museum für Architektur, Modebild

Reichskanzlei (aber auch zu Tessenows Hellerau), von Klenzes Stilversuchen zu all den barocken Postämtern oder byzantinischen Kirchen, von Schinkels oder Hübschs Untersuchungen zur Erneuerung des Kunsthandwerks im Jugendstil usw.
Aber man kann eine Zeit nicht nur an ihren Folgen messen. Festzuhalten bleibt, daß die romantische Architektur im Anschluß an Gilly trotz aller traditionell-klassizistischen Bindungen die Parole der Französischen Revolution – »Freiheit, Gleichheit, Brüderlichkeit« – auf eine einzigartige Weise verwirklichte: indem sie Stile autonom anwendete, indem sie eine Idee für alle Menschen gelten ließ, indem sie das Licht bzw. die Zeit zum wesentlichen Element der Architektur machte.
LITERATUR: H. Beenken, Schöpferische Bauideen der deutschen Romantik. 1952. – Revolutionsarchitektur. Katalog. 1970. – 5 Architekten des Klassizismus in Deutschland. Katalog. 1977.

Ernst Moritz **Arndt**
* 26. Dezember 1769 Groß Schoritz, Rügen, † 29. Januar 1860 Bonn.
Der Sohn eines Gutsinspektors, der in seiner Jugend noch leibeigener Bauer gewesen war, studierte Theologie und Geschichte, u. a. bei *Fichte* in *Jena.* Anschließend war er Hauslehrer. Nach einer Bildungsreise durch halb Europa lehrte er von 1800 bis 1806 Geschichte an der Universität Greifswald. Vor Napoleon floh er nach Schweden – Vorpommern war noch schwedisch –, kehrte 1810 zurück, wurde 1811 Mitglied der »Christlich-deutschen Tischgesellschaft« in *Berlin (Arnim, Brentano, Kleist,* Adam Heinrich *Müller)* und war 1812 bis 1816 Mitarbeiter des Freiherrn Karl vom und zum Stein (* 1757, † 1831) *(Reformen).*
1818 wurde er Professor für Geschichte an der neuen Universität Bonn, 1820 jedoch wegen angeblicher demokratischer Umtriebe seines Amtes enthoben und erst 1840 rehabilitiert. 1848 wurde er Mitglied der Nationalversammlung in der Frankfurter Paulskirche, trat jedoch 1849 zurück, als der preußische König das Erbkaisertum ablehnte. 1854 wurde er emeritiert.
Die Haupteindrücke seiner Jugend waren das harte Leben der leibeigenen Bauern – die aufgrund seiner Schriften in Vorpommern von Schweden freigelassen wurden – und die lutheranische Erziehung im Geiste der Erweckungsbewegung. So wurde er ein Erneuerer des protestantischen Kirchenliedes – »O lieber heiliger frommer Christ«, »Ich weiß, woran ich glaube« u. a. Während seiner Studienzeit waren Fichtes Lehre und das Erlebnis des Volkstums auf seinen *Rei-*

sen von nachhaltiger Wirkung auf seine Entwicklung.
Aus der Vielzahl seiner Werke ragten seine Flugschriften mit patriotischen Aufrufen und Liedern hervor, die während der Befreiungs*kriege* seinen Ruhm begründeten. Einige bekannte Gedichttitel sind: »Was ist des Deutschen Vaterland«, »Der Gott, der Eisen wachsen ließ«, »Was blasen die Trompeten«. Unter den Aufrufen finden sich Titel wie: »Deutscher Volkskatechismus«, »Der Rhein, Deutschlands Strom, aber nicht Deutschlands Grenze«, »Über Volkshaß«, »Über Sitte, Mode und Kleidertracht«. So wenig man ihm eine aufrechte Gesinnung absprechen kann, so peinlich wirkt heute oft die Mischung aus lutherischer Frömmigkeit und aggressiver Vaterlandsliebe. Zu seiner Zeit war jedoch sein Einfluß auf die breiten Massen enorm.

Achim von Arnim, Clemens Brentano, »Des Knaben Wunderhorn«. Titelblatt der Erstausgabe des 1. Bandes, 1806. Frankfurt a. M., Freies Deutsches Hochstift, Frankfurter Goethemuseum.

Achim von **Arnim**
*26. Januar 1781 Berlin, †21. Januar 1831 Wiepersdorf, Niederlausitz
Der Diplomatensohn studierte in Halle und Göttingen Jura und Naturwissenschaften, ehe er sich aufgrund einer Begegnung mit *Brentano* der Literatur zuwandte. 1801 bis 1804 unternahm er eine Bildungsreise, die ihn u. a. nach der Schweiz, Österreich, Italien, Paris, England und Schottland führte. In diese Zeit, 1802, fällt auch seine Rhein-Reise mit Brentano, Ausgangspunkt der gemeinsamen Herausgabe der Volksliedersammlung »Des Knaben Wunderhorn«. Die Sammlung wurde 1808 in *Heidelberg* abgeschlossen – Höhepunkt der Heidelberger Romantik.
1811 heiratete Arnim Bettina Brentano. Von ihrer Ehe zeugt ein lesenswerter Briefwechsel, da sie mit ihren Kindern oft in *Berlin* lebte, nachdem er sich 1814 auf sein Gut Wiepersdorf zurückgezogen hatte. Wie *Eichendorff* und *Fouqué* war er nicht auf seine Buchhonorare angewiesen.
Seine Hauptwerke sind: »Des Knaben Wunderhorn« 1806 bis 1808 (zusammen mit Brentano), die Romane »Armut, Reichtum, Schuld und Buße der Gräfin Dolores« 1810 und »Die Kronenwächter« 1817 (unvollendet) sowie Erzählungen.
Arnim schrieb auch Gedichte und Dramen und war Herausgeber der Zeitschrift »Zeitung für Einsiedler« (Buchausgabe »Trösteinsamkeit« 1808) und Mitbegründer der »Christlich-deutschen Tischgesellschaft« in Berlin 1811.
»Des Knaben Wunderhorn« *(Lied)* vereinigt rund 700 Volkslieder bekannter und unbekannter Autoren sowie der beiden Herausgeber. Auch die Brüder Grimm gehören zu den vielen Mitarbeitern. Berühmte Beispiele sind: »Guten Abend, gute Nacht«, »Schlaf, Kindlein, schlaf«, »Wenn ich ein Vöglein wär«, »Es ist ein Schnitter, der heißt Tod«. Die Sammlung beeindruckte viele Lyriker, z. B. *Eichendorff, Uhland, Heine.* Einige Gedichte wurden von *Schumann,* Brahms (*1833, †1897), Mahler (*1860, †1911) u. a. vertont.
Die Absicht der Herausgeber war, den nationalen Geist der Deutschen gegenüber Napoleon zu stärken. Zu diesem Zweck formten sie die Lieder durch starke redaktionelle Eingriffe zu einer

Achim von Arnim, Clemens Brentano, »Des Knaben Wunderhorn«.
Titelblatt der Erstausgabe des 2. Bandes, 1808.
Frankfurt a. M., Freies Deutsches Hochstift, Frankfurter Goethemuseum.

Einheit. Sie widmeten das Werk *Goethe*, der ihre Arbeit unterstützt hatte.
Der Gedanke der Restauration durchzieht Arnims Leben und Werk. Denkt er nur an »Deutschland, mein armes, armes Vaterland, liefen uns beiden, mir und dem Publikum, die Tränen von den Augen« (1808). Er besuchte den König im Exil in Königsberg, um ihn für seine nationalen Ideen zu interessieren – ohne Erfolg. Er verachtete das dekadente Berlin, wie man dem realistischen Briefwechsel mit seiner Frau entnehmen kann, und liebte, trotz aller Mühsal, das urwüchsige Landleben. Diese konservative Tendenz könnte seine Werke beeinträchtigen, würde sie nicht überspielt einerseits durch seinen frischen Stil, andererseits durch seine oftmals groteske Phantasie: »... und es erschien überall durch den Bau dieser Welt eine höhere, welche den Sinnen nur in der Phantasie erkenntlich wird: in der Phantasie, die zwischen beiden Welten als Vermittlerin steht und immer neu den toten Stoff der Umhüllung zu lebender Gestaltung vergeistigt, in dem sie das Höhere verkörpert.« So restaurierte er in den »Kronenwächtern« die Welt des Mittelalters, in »Dolores« die Ehe als tragende Stütze

der Gesellschaft, im Novellenkranz »Der Wintergarten« 1809 eine barocke Form, aber immer mit großer, die romantischen Klischees sprengender Kraft. Allerdings trugen sein Konservativismus und seine Phantastik dazu bei, daß er ein umstrittener Dichter blieb.
LITERATUR: I. Seidel: A. v. A. 1944. – H. M. Kastinger Riley, A. v. A. in Selbstzeugnissen und Bilddokumenten. 1979.

Bettina von **Arnim,** geb. Brentano
* 4. April 1785 Frankfurt am Main, † 20. Januar 1859 Berlin
Die Tochter eines Großkaufmanns italienischer Abstammung hatte eine bekannte Unterhaltungsschriftstellerin, Sophie von La Roche (* 1731, † 1807), zur Großmutter, eine Freundin *Goethes,* die schöne Maximiliane von La Roche (* 1757, † 1793), zur Mutter und einen Dichter, Clemens *Brentano,* zum Bruder. 1806 freundete sie sich, gebildet und couragiert, wie sie war, mit Goethes Mutter Elisabeth (* 1731, † 1808) an und notierte deren Erinnerungen an ihren Sohn. Im selben Jahr beging ihre Freundin Caroline von *Günder(r)ode* Selbstmord. 1807 traf sie zum ersten Mal Goethe und verliebte sich in ihn. Ihre Freundschaft wurde 1811 durch ihr taktloses Benehmen gegenüber Goethes Frau Christiane (* 1765, † 1816) unterbrochen. 1808 bis 1810 lebte sie bei der Familie ihres Schwagers Savigny *(Historiker).* 1811 heiratete sie Achim von *Arnim,* der als Schönheit gerühmt wurde, und gebar ihm sieben Kinder. Nach Arnims Tod zog sie endgültig nach *Berlin,* wo sich in ihrem *Salon* die Berühmtheiten ihrer Zeit trafen. Außerdem entfaltete Bettina eine reiche schriftstellerische und soziale Aktivität.
Ihre Hauptwerke sind: »Goethes Briefwechsel mit einem Kinde« 1835, die Gedächtnisschrift »Die Günderode« 1840, die soziale Anklageschrift »Dies Buch gehört dem König« 1843 und »Clemens Brentanos Frühlingskranz« 1844 (Briefe von und an ihren Bruder Clemens). Vor ihrer Heirat war Bettina ein außerordentlich unruhiges Persönchen, das alle Welt durch ihre Energie beeindruckte. Sie wollte Teil von allem sein, »was zugleich mit mir auf dieser Welt ist«.
Entdeckt wurden ihre Talente von ihrem Bruder Clemens, der sie nach seinem Bilde formen wollte: »Ich will, daß Du so vernünftig werdest, daß alle Welt einst ... Dich hochstelle, und dann will ich Dir's wieder ablernen.« Sie suchte nicht nur die Nähe bedeutender Menschen wie Goethe, sie besaß auch einen sicheren Instinkt für die unerkannte Größe: So suchte sie *Beethoven* auf und entdeckte *Hölderlin.*
Doch ihre Fähigkeit, sich rauschhaft zu begeistern, führte mitunter auch zu Peinlichkeiten. Zwar behauptete sie hinterher: »So außerordentlich war ich gar nicht in Goethe verliebt; ich mußte nur jemand haben, an dem ich meine Gedanken usw. [!] auslassen konnte.« Doch ihr Bruder schrieb dazu: »Ich kenne ganz dieses Leiden, sich einen Götzen schaffen zu müssen und, mit allen Kräften der Seele und der Natur liebend, ihn zu beleben und anzubeten, trotz selbst der innersten Mahnung, es sei Wahnsinn!« Und in ihrem ersten Brief an Goethe steht u. a.: »Ich hab dich einzig lieb« und das Wort »lieb« umkreiste sie. Goethe schrieb ihr: »... eigentlich kann man Dir nichts geben, weil Du Dir alles entweder schaffst oder nimmst.« Ihre Lebhaftigkeit stand in einem reizenden Kontrast zu ihrer Zierlichkeit. Mit einer Körpergröße von weniger als 1,55 Metern war sie selbst für ihre Zeit recht klein.
Das alles wäre der Erwähnung kaum wert, hätte sie nicht, nach 20jähriger Ehe, in der sie zurückgezogen lebte (ihr anschaulicher Briefwechsel mit *Arnim,* an dessen Genie sie unbeirrt glaubte, wurde erst der Nachwelt bekannt), die deutsche Literatur um eine neue Form bereichert: den Briefroman auf dokumentarischer Grundlage. Sie druckte ihren Briefwechsel mit *Goethe,* der *Günderrode* oder ihrem Bruder nicht einfach ab, sie ergänzte ihn vielmehr, ließ fort, erfand neue Briefe dazu usw. Manche Leser waren ob dieser Mixtur entsetzt, aber Jacob *Grimm,* kein unkritischer Bewunderer Bettinas, schrieb: »Es gibt kein anderes Buch, das diesen Briefen in Gewalt der Sprache wie der Gedanken an die Seite zu setzen wäre.« Denn sie schrieb nicht nur einen guten Stil, sie traf bei aller Freiheit auch den Geist ihrer Partner.
Heute wird zudem eine Seite an Bettina wiederentdeckt, die schon zu ihrer Zeit Aufsehen erregt hat: ihr soziales und politisches Engagement. 1831 sorgte sie

persönlich für die medizinische Versorgung der Armen während der Cholera-Epidemien und wurde dabei mit den ersten »Slums« in Berlin konfrontiert: Zunehmende Landflucht und Industrialisierung zeitigten ihre ersten städtebaulichen Mißerfolge. Darüber berichtete sie 1843 in »Dies Buch gehört dem König« (mit einem Anhang über die Zustände der Berliner Armenkolonie).
Bettina gehörte zu dem Personenkreis, der polizeilich überwacht wurde und dessen Briefe erbrochen wurden. Das hinderte sie nicht, auch über die schrecklichen Verhältnisse zu berichten, in denen die schlesischen Weber leben mußten (»Armenbuch«). Eingriffe der Zensur war sie gewöhnt. So trat sie auch 1839 für die »Göttinger Sieben« *(Grimm)* ein.
Der »Wenn« und »Aber« überdrüssig, die ihre Zeitgenossen erfanden, um nicht helfen zu müssen, schrieb sie in einem offenen Brief an ihren alten Freund Savigny *(Historiker)*, der auf dem Höhepunkt seines Ruhms stand und als Haupt der konservativen historischen Rechtsschule zum politischen Gegner Bettinas wurde: »Ja, Savigny, was hilft Dich Dein Ruhm in und außer den deutschen Landen, wenn Du scheu und kalt an jenem Hause vorübergehest, in dem Du sonst vor allem mit freudiger Begeisterung aufgenommen warst, wo Dein erster Schüler wohnt ...« Und: »Ihr haltet den Fürsten nur die Reden, auf die sie eingerichtet sind zu antworten, ohne aufzuwachen; denn die Wahrheit würde sie wecken, und sie wären dann keine Automaten mehr, sondern selbständige Herrscher, und die Staatsklugheit würde dann nicht mehr mit Niederträchtigkeit verbunden sein.« Bettina wollte wekken!
LITERATUR: I. Drewitz, B. von A. Romantik – Revolution – Utopie. 1969; Neuausgabe 1980

Franz von **Baader**
*27. März 1765 München, †23. Mai 1841 München
Der Sohn eines Hofmedikus studierte Medizin, konnte jedoch nicht Arzt werden, da er Menschen nicht leiden sehen konnte. Daher wechselte er ins Bergfach, studierte ab 1788 in Freiberg und bereiste 1792 bis 1796 Frankreich, England und Schottland. Dort erschütterte ihn der Anblick der Elendsquartiere der Arbeiter. Nach Bayern zurückgekehrt, machte er Karriere und wurde nach zehn Jahren, 1807, bereits Oberstbergrat, dem sämtliche Bergwerke, Hütten u.a. in Kurbayern und in den böhmischen Krongütern unterstanden. 1826 wurde er Honorarprofessor für spekulative Dogmatik an der neuen Münchener Universität.
Derweilen war er längst in die tiefsten philosophischen Diskussionen seiner Zeit verwickelt, insbesondere mit *Görres*, *Schelling* und *Hegel*. *Brentano*, Friedrich *Schlegel* u.a. waren ebenfalls mit ihm befreundet.
Baader kam jedoch aus einer ganz anderen Tradition als diese Protestanten. Er hatte die Kirchenväter und die Scholastiker studiert, insbesondere aber die Theosophen wie Jakob Böhme und Saint-Martin. Ihm ging es um die Vereinigung von Religion und Philosophie. Nicht die Erkenntnis stand vornan, sondern die Offenbarung. Sein Wahlspruch hieß: »Cogitor (a Deo) ergo cogito et sum« – Ich bin von Gott erkannt worden, daher erkenne ich und existiere.
Seine Wirkung litt unter seiner Streitbarkeit, die zu Zerwürfnissen mit seinen romantischen Freunden führte, und unter der Dunkelheit seines Stils, die die Lektüre seiner Bücher schwierig macht. Brentano nannte ihn »Salbaader«, Görres das »elektrische Blitzgenie«. Schelling schrieb: »Einen kenne ich, der ist von Natur ein unterirdischer Mensch, in dem das Wissen substantiell und zum Sein geworden ist, wie in den Metallen der Klang und das Licht zu gediegener Masse. Dieser erkennt nicht, sondern ist eine lebendige, stets bewegliche und vollständige Persönlichkeit des Erkennens.«
Baader wollte kein System, sondern nur »Anregungen zum Erkennen« geben. Seine Bedeutung liegt heute in der Entdeckung des Slums (lange vor Engels), in der Bildung des Begriffs »Proletair« (lange vor Marx), in seinem philosophischen Einfluß auf die Heilige Allianz (1815), in seinem gescheiterten Bemühen um eine Einigung der Christenheit durch die russisch-orthodoxe Kirche (1822) und in seiner Lehre von der Androgyne (Gott hebt in der Ehe das Paar zu sich empor und vereinigt es zu einem Wesen).

Doch hält sein vielfältiges Werk vermutlich für jede Epoche »Anregungen« parat.

LITERATUR: Hans Graßl (Hrsg.), Einleitung und Lebensweg, in: F. v. B., Über Liebe, Ehe und Kunst. Aus den Schriften, Briefen und Tagebüchern. 1953.

Ludwig van **Beethoven**
*16. (?) Dezember 1770 Bonn, †26. März 1827 Wien

Die große Begabung des Musikersohns wurde frühzeitig erkannt, er wurde großzügig vom Kölner Kurfürsten gefördert und zum Hoforganisten bestellt. 1787 kam Beethoven zum ersten Mal nach *Wien,* um sich von Mozart (*1756, †1791) unterrichten zu lassen, mußte jedoch wegen einer tödlichen Erkrankung seiner Mutter den Aufenthalt abbrechen. In Bonn entwickelte er vielfältige Interessen und ließ sich 1789 als Student der philosophischen Fakultät an der Kölner Universität eintragen. 1792 erhielt er ein Stipendium des Kurfürsten für ein Studium bei Haydn (*1732, †1809), war jedoch mit seinem Lehrer nicht zufrieden.

Nachdem 1795 aufgrund des Einmarsches der Franzosen der Kurfürst abgedankt hatte, verlor Beethoven seine Hoforganistenstelle. Von da an nahm er nie wieder eine Stelle an, sondern bestritt seinen Lebensunterhalt durch Stundengeben, den Verkauf seiner Kompositionen und als Klaviervirtuose, dessen Improvisationsgenie berühmt war. In Wien, seiner neuen Heimat, gewann er zahlreiche adelige Gönner, die ihn unterstützten, die für und mit ihm Konzerte veranstalteten und denen er – gegen Honorar, wie damals noch üblich – die meisten seiner Werke widmete. Die freundschaftlichste Verbindung pflegte er zum Fürsten Lichnowsky, der ihm ab 1800 jährlich 600 Gulden schenkte.

Auf der Höhe seines Ruhms als Virtuose, im Jahr 1800, stellte er fest, daß sich sein 1795 aufgetretenes Ohrenleiden verschlimmert hatte. Das »Heiligenstädter Testament« 1802, ein Abschiedsbrief an seine Brüder, spiegelt seine seelische Not. Aber erst jetzt begann die Serie der Uraufführungen seiner eigenen Werke. 1808 war er bereits stark schwerhörig, zog sich mehr und mehr zurück, gab das Konzertieren auf und wurde zum Sonderling. Ab 1818, als er praktisch taub war, führte er, um sich mit seiner Umwelt zu verständigen, »Konversationshefte«, die einen deprimierenden Einblick in den Alltag des Komponisten bieten, in ihrer überlieferten Form allerdings z. T. als gefälscht gelten.

Vorher, 1812, hatte Beethoven während einer Kur in Bad Teplitz *Goethe* kennengelernt, den er glühend verehrte. 1810 hatte er bereits die »Egmont«-Ouvertüre geschrieben. Er vertonte Goethe-Gedichte und schrieb dem Dichter rührende Briefe. Goethe erwiderte diese Verehrung nur begrenzt, der Komponist war ihm unheimlich.

Beethovens wesentliche Werke sind 9 Symphonien, die Oper »Fidelio«, die Missa solemnis, 5 Klavierkonzerte, 32 Klaviersonaten und 16 Streichquartette. Sein Œuvre ist also im Vergleich zu dem Mozarts und Haydns nicht umfangreich.

Sein Leben lang blieb Beethoven der Kantschen Ethik von der höheren Sittlichkeit des Menschen verbunden. Wie viele seiner Zeitgenossen wurde auch er von den Ereignissen der Französischen Revolution enttäuscht. Als er erfuhr, daß Napoleon sich zum Kaiser erklärt hatte, zerriß er zwar nicht – wie die Legende erzählt – das Titelblatt der 3. Symphonie (Eroica), die er ihm widmen wollte, rief aber aus: »Ist der auch nichts anderes wie ein gewöhnlicher Mensch! Nun wird er auch alle Menschenrechte mit Füßen treten, nur seinem Ehrgeiz frönen; er wird sich nun höher wie alle anderen stellen, ein Tyrann werden!« Doch das änderte nichts daran, daß er mit äußerster Disziplin fortfuhr, aus »2 Kräften, welche beide gleich gewiß, gleich einfach und zugleich ursprünglich und allgemein sind, nämlich die Anziehungs- und Zurückstoßungskraft«, dialektisch sein idealistisches Prinzip zu entwickeln: »Meinen erhabensten Gedanken leihe Hoheit, führe ihnen Wahrheiten zu, die es ewig bleiben!« In diesem Sinne ist er, wie Johann Gottfried Schadow *(Plastik)* von Rembrandt sagt, »ein konsequenter Lügner«.

Die Romantiker, insbesondere Bettina von *Arnim, Brentano* und E. T. A. *Hoffmann,* erkannten auch bereits bei Mozart (»Don Giovanni«, »Zauberflöte«) romantische Züge; Beethoven nahmen sie ganz und gar für sich in Anspruch. Bettina war es, die ihn mit *Goethe* bekannt machte, und Hoffmann, der aus Anlaß der 5. Symphonie (1804 bis 1808) 1810 den Begriff »romantische Musik« prägte. Unabhängig davon, ob die Romantiker Beethoven zu Recht für sich beanspruchten, finden sich in Biographie und Werk viele gemeinsame zeitgenössische Züge. Für vieles, was den romantischen Künstler auszeichnet, könnte er als Beispiel stehen. So könnte seine Ertaubung vielleicht in Parallele mit dem Wunsch der Maler *(Friedrich)* verstanden werden, nicht mit den Augen, sondern mit der Seele zu sehen – eine tragische Erprobung: mit der Seele zu hören, wenn die Ohren den Dienst verweigern. So ist für ihn die Landschaft ein Medium, in dem plötzliche Umschwünge offenbar werden können: Ein Gewitter beendet das »heitere Leben auf dem Lande« in der 6. Symphonie »Pastorale« 1808, und in der Entstehung der Klaviersonate »Appassionata« op. 57 1807 spielt ebenfalls ein nächtliches Gewitter eine Rolle. In seiner Schlachtenmusik *(Militärmusik)* »Wellingtons Sieg oder die Schlacht bei Vittoria« 1813, im Eingangsmotiv der 5. Symphonie 1808 – »So klopft das Schicksal an die Pforte« –, im Trompetensignal der Oper »Fidelio« 1814, in »Die Wut über den verlorenen Groschen«, ausgetobt in einer Caprice für Klavier – überall fällt seine Neigung für den überraschenden Effekt auf, die den Hörer in Extreme stürzt, ihn in Angst und Schrecken versetzt.

Seine Zeitgenossen waren auf diese Neuheiten nicht vorbereitet und reagierten darauf mit Unverständnis. Bisher war es nicht üblich gewesen, eine Symphonie mit einer Dissonanz zu eröffnen (1. Symphonie op. 21, 1800). Bei der Uraufführung des Streichquartetts op. 59, 2 1806 wurde ob des ungewohnten pochenden Rhythmus im Kopfsatz gelacht. Berühmt wurde der Zuruf während der Uraufführung der 3. Symphonie »Eroica« op. 55, 1805: »Ich gäb noch einen Kreuzer, wenn's nur aufhörte!« Eine Symphonie mit einem Chor zu verquikken (9. Symphonie op. 125, 1824) war genauso ungewöhnlich wie Moll- und Dur-Tonarten gleichwertig zu behandeln, innerhalb eines Stückes die Tonart überraschend zu wechseln u. a.

Beethoven erlebte in extremer Form die Kluft, die sich zwischen Publikum und Künstler aufgetan hatte, reagierte darauf jedoch mit einer gehörigen Portion Stolz, so wenn er sich gegenüber einem »Gutsbesitzer« als »Hirnbesitzer« bezeichnete oder seinem Gönner, dem Fürsten Lichnowsky, schrieb: »Fürst, was Sie sind, sind Sie durch Zufall und Geburt. Was ich bin, bin ich durch mich. Fürsten hat es und wird es noch Tausende geben. Beethoven gibt es nur einen!« Es wäre falsch anzunehmen, daß seine Mäzene immer Musikkenner waren, die seine Kunst zu schätzen wußten. Das Publikum rächte sich auf seine Weise. Populär wurde Beethoven als Komponist ausgerechnet mit seiner Schlachtenmusik. Diejenigen seiner Werke, die er selbst durchaus auch mit Empfindungen in Verbindung brachte – »Man behandle dieses Stück (op. 59,2) mit sehr viel Gefühl« oder »Gesangvoll mit innigster Empfindung« –, apostrophierte das Publikum mit einer einzigen platten Formel, wie z. B. »Mondscheinsonate« (1802). Mit anderen Worten: Beethoven nahm zwar viele Möglichkeiten der modernen Musik vorweg, wurde aber paradoxerweise gleichzeitig »romantisch« interpretiert.

Nicht nur die Laien, auch die Rezensenten seiner Zeit standen vor Beethovens Werk oft ratlos. Einer bezeichnete ihn als einen »Seelenmaler auf fremden, nie betretenen Wegen, gleichsam an Ariadnes Faden durch das Labyrinth der Krümmungen wandelnd«. Er selbst sagte: »Eine Fuge zu machen, ist keine Kunst ... Aber die Phantasie will auch ihr Recht behaupten ... heutzutage muß in die althergebrachte Form ein anderes, ein wirklich poetisches Element kommen.« In einer anderen Rezension wiederum hieß es: »... die Phantasie des Herrn van Beethoven ist eine Sonne, die selbst die dichtesten Dünste der niederen Atmosphäre zu durchbrechen vermag.« Viele zeitgenössische Zitate weisen darauf hin, daß Beethovens Werk tatsächlich in einem engen Zusammenhang mit der romantischen Kunst steht. Es ist nicht schwer, sich bei seiner Musik *Friedrichs* Landschaftsbilder vorzustellen: Schon damals wurde beschrieben, wie, z. B. in der 9. Symphonie, das Thema sich wie aus einem Nebel erhebe. Im »Fidelio« (1803–1805) wird das Gefängnis geöffnet, der Held erlangt die Freiheit, das Licht. Der musikalische Ausdruck

steht im Dienst einer großen Idee.
Im romantischen »Takt« schlägt auch Beethovens Zeitgefühl. Das Metronom lehnte er ab: »Gar kein Metronom! Wer richtiges Gefühl hat, braucht ihn nicht, und wer das nicht hat, dem nützt er doch nichts ...« Es hieß, er richte sich stets nach seinem eigenen Herzschlag. Eine maschinelle Festlegung des Zeitgefühls war für ihn eigentlich undenkbar. Allerdings hat Beethoven seine Werke selber mit Metronomangaben versehen, die bis heute für Diskussionen sorgen, weil sie an der Grenze der Unausführbarkeit liegen. Auch hier fühlte er lieber in Extremen, in außergewöhnlich langsamen Largos und hexenhaften Prestos, wie es schon *Goethe* empfand, der aus Teplitz berichtete: »Sein Talent hat mich in Erstaunen gesetzt; allein, er ist leider eine ganz ungebändigte Persönlichkeit, die zwar nicht Unrecht hat, wenn sie die Welt detestabel [ungenießbar] findet, aber sie freilich dadurch weder für sich noch für andere genußreicher macht.«
Beethovens Vereinsamung, die auch Goethe spürte und mit dessen Ertaubung entschuldigte, führte dazu, daß er zu seinen Lebzeiten eine Gemeinsamkeit nur mit Freunden *(Freundschaft)* fühlte: »Es ist der Geist, der edle und bessere Menschen auf diesem Erdenrund zusammenhält und den keine Zeit [!] zerstören kann ...«
LITERATUR: F. Zobeley, L. v. B. in Selbstzeugnissen und Bilddokumenten. 1965. – M. Solomon, B. Biographie, 1979.

Berlin
Die Hauptstadt Preußens hatte 1800 172000 Einwohner und war damit hinter *Wien* (250000) und vor Hamburg (130000) die zweitgrößte Stadt des Reiches. Mit einem durchschnittlichen Jahreszuwachs von 1,8 Prozent zählte sie zu den am schnellsten wachsenden Städten. Nur noch ein Drittel aller Bewohner waren Hausbesitzer, die Mehrzahl lebte bereits zur Miete. Obwohl Berlin keine reiche Stadt war, gab es eine Akademie der Künste (1696), eine Akademie der Wissenschaften (1700), eine Bauakademie (1799) und ab 1810 eine Universität, gegründet von Wilhelm von Humboldt (* 1767, † 1835).
Dank Friedrich II., des Großen (* 1712, † 1786), war Berlin eine Stadt der Aufklärung. Der Philosoph Moses Mendelssohn (* 1729, † 1786) und der Schriftsteller und Verleger Friedrich Nicolai (* 1733, † 1811) wirkten hier und gründeten zusammen mit Lessing (* 1729, † 1781) die Zeitschriften »Bibliothek der schönen Wissenschaften und der freien Künste« (1757) *(Bücher)*, »Briefe, die neueste Literatur betreffend« (1759) und »Allgemeine deutsche Bibliothek« (1765). So schufen sie ein Klima, von dem sich auch die Romantiker angezogen fühlten.
Jean Paul urteilte 1800: »Berlin ist mehr ein Weltteil als eine Stadt«, *Brentano* 1809: »Dies ist vielleicht die einzige Stadt, wo die sogenannten genialen Menschen nicht für Narren gehalten werden«, und Heine 1828: »Berlin ist gar keine Stadt, sondern Berlin gibt bloß den Ort dazu her, wo sich eine Menge Menschen, und zwar darunter viele Menschen von Geist, versammeln, denen der Ort ganz gleichgültig ist, diese bilden das geistige Berlin.«
Tieck und *Wackenroder* wurden hier geboren, *Kleist* setzte am Kleinen Wannsee seinem Leben ein Ende. August Wilhelm *Schlegel* und *Fichte* hielten hier Privatvorlesungen, als es noch keine Universität gab, Fichte u.a. die »Reden an die deutsche Nation« 1807/08. Er wurde auch der erste Rektor der Universität, an der von Anfang an *Schleiermacher*, ab 1818 *Hegel*, ab 1840 *Schelling* lehrten. Hier entstand die historische Schule *(Historiker)*.
Rahel *Varnhagen* und Bettina von *Arnim* führten hier ihre *Salons*. *Kleist* gab in Berlin die erste Zeitung heraus, die tatsächlich täglich erschien (»Berliner Abendblätter« 1810/11). Und *Hoffmann* pokulierte in dem berühmten Weinkeller von Lutter & Wegner. Die »Christlich-deutsche Tischgesellschaft«, aber auch die »Serapionsbrüder« waren hier zu Hause. Achim von *Arnim*, *Fouqué* und *Chamisso* lebten lange in dieser Stadt. Während der Romantik machten sich in ihr auch Magnetiseure, Spiritisten u.a. breit.
Berlin war aber nicht nur ein Zentrum der Philosophie, Literatur und Geschichte, es wurde durch Zelter *(Lied)*, den Leiter der Singakademie und der »Liedertafel«, auch eine Musikstadt. Durch *Schinkel* erhielt die Stadt ab 1816 ihr unverwechselbares Gesicht und

durch den romantisierenden König Friedrich Wilhelm IV. (* 1795, † 1861) viele die deutsche Geschichte verherrlichende Denkmäler. In ihren Mauern verkam aber auch der Maler *Blechen*, der auf den Realismus vorauswies.
LITERATUR: Berlin zwischen 1789 und 1848. Facetten einer Epoche. Katalog 1981.

Bevölkerung
Um 1800 lebten in Deutschland knapp 25 Millionen Menschen, im Schnitt 55 pro Quadratkilometer. Einschließlich Österreich waren es 37 Millionen. Die Bevölkerungsdichte war regional unterschiedlich. Sie nahm von Südwesten nach Nordosten ab – genauso wie das Bildungsniveau. Um seine nordöstlichsten Provinzen zu besiedeln und z.T. erst urbar zu machen, hatte Preußen im 18. Jahrhundert Emigranten, hauptsächlich Glaubensflüchtlinge aus Salzburg und Frankreich, aufgenommen.
Seit Beginn, spätestens ab der Mitte des 18. Jahrhunderts war zu beobachten, daß sich die Bevölkerung trotz aller Kriege, Seuchen und Hungersnöte stark vermehrte. Sie hatte sich in diesem Jahrhundert praktisch verdoppelt, eine Entwicklung, die auch dem Buch des Engländers Thomas R. Malthus (* 1766, † 1834) »Essay on the Principles of Population« 1798, deutsch 1807, zu Grunde lag. Er stellte das »Malthussche Gesetz« auf, daß sich die Bevölkerung dank des wirtschaftlichen Fortschritts schneller vermehre als ihre landwirtschaftlichen Ressourcen – eine irrige Behauptung, die jedoch bald von konservativen Deutschen aufgegriffen wurde, um vor der Entstehung eines Proletariats zu warnen.
Die wirklichen Gründe für das Wachstum sind bis heute nicht vollständig erforscht. Mit der Aufklärung hatten sich zweifellos hygienische Prinzipien durchgesetzt, und zumindest die gehobenen Schichten kamen jetzt in den Genuß einer medizinischen Betreuung. Dadurch entstand allerdings zum ersten Mal eine deutliche soziale Ungleichheit vor dem Tod: Wer wohlhabend war, hatte jetzt eher eine Möglichkeit, Seuchen, die es noch bis in das 20. Jahrhundert hinein gab, zu entkommen.
Ein allgemein festgestellter wirtschaftlicher Fortschritt brachte außerdem für große Teile der Bevölkerung im 18. Jahrhundert bessere Lebensbedingungen. Die Lebenserwartung stieg. Dafür war nicht kennzeichnend, daß die Menschen im Schnitt ein höheres Alter erreichten – zwischen 1750 und 1830 vielleicht drei Jahre mehr –, sondern daß die Säuglingssterblichkeit, ein Hauptfaktor in dieser Rechnung, sank: Von etwa 1000 Säuglingen starben 1750 noch ein gutes Fünftel im ersten Lebensjahr, 1830 nur noch ein Sechstel. Jede 20. Neuvermählte starb aber noch im Wochenbett!
Gleichzeitig ist zu beobachten, daß langsam eine Familienplanung einsetzte. Die technischen Voraussetzungen der Verhütung müssen sich herumgesprochen haben. Ohnedies ist der Kindersegen nie so groß gewesen, wie gern angenommen wird. Er dürfte im 18. Jahrhundert bei fünf Kindern pro Familie gelegen haben, wobei der Begriff *Familie* noch recht unbekannt war. Gerechnet wurde in Haushalten. Ein Haushalt umfaßte um 1800 etwa 15 Personen, oft mehr.
Man begann jetzt, sein Schicksal nicht mehr als gottgegeben hinzunehmen, man plante. Die wirtschaftlichen und sozialen Umstände hatten die Kinderliebe bisher in Grenzen gehalten. Kinder waren als Last empfunden worden, der häufige Kindstod hatte nicht immer Trauer ausgelöst. Der Bevölkerungsdruck hatte immer wieder zu Auswanderungen geführt. Weitere Ventile waren: ledig bleiben, spät heiraten, keine oder wenige Kinder. Es begann sich ein Gefühl dafür zu entwickeln, daß weniger Kinder viele Vorteile boten: Die Überlebenschancen für Mutter und Kind wuchsen, man konnte jedem Kind eine bessere Ausbildung bezahlen, die Kinder hatten bessere Chancen für ihre Zukunft. Das alles setzte voraus, daß man sich um Frau und Kind mehr Gedanken machte. Gleichzeitig mit der Entdeckung der Kindheit wurden auch die Würde der Frau und die Familie als Kern des Haushalts entdeckt. Die internen Beziehungen wurden inniger, intensiver.
Um 1800 lebten etwa noch 80% der Bevölkerung auf dem Land. Die Städte wuchsen nun überproportional. Die Verstädterung war im Westen des Reiches weiter fortgeschritten als im Osten. Viele Städte wären allerdings ohne den laufenden Zuzug vom Land langsam ausgestorben, obwohl die Wohnverhältnisse in

der Stadt oft besser waren als auf dem Land. In der Stadt prägt sich der jahreszeitliche Rhythmus der Todesfälle nicht so stark aus. Nach wie vor starben im Winter eher die alten Leute (vor allem an Krankheiten der Atmungsorgane), im Sommer die Säuglinge (an Verdauungsstörungen, da es noch keine ausreichenden Möglichkeiten gab, Speisen haltbar aufzubewahren). Der Tod war noch immer ein alltäglicher Gast, sein Auftritt in jeder Familie etwas Selbstverständliches. Selbst wenn man die Bewohner der Gebiete außer acht ließ, die sich Preußen und Österreich bei den polnischen Teilungen angeeignet hatten, mußte man davon ausgehen, daß ein großer, wenn auch unbestimmter Prozentsatz im Reich selbst Slawen waren. Im 17. Jahrhundert wurde noch bis Hannover slawisch gesprochen, in Mecklenburg und Pommern regierten noch slawische Fürsten. Um 1800 war zwar Deutsch die Umgangssprache, aber zumindest die preußischen Ostprovinzen wie Schlesien und Pommern waren noch teilweise slawisch geprägt.

LITERATUR: A. E. Imhof, Die gewonnenen Jahre. 1981.

Karl **Blechen**
* 29. Juli 1798 Cottbus, † 23. Juli 1840 Berlin

Der Sohn eines Steuerbeamten und einer Sorbin war in Berlin von 1814 bis 1822 im Bankfach tätig, unterbrochen von einem Freiwilligenjahr bei den Gardepionieren. Von 1822 bis 1824 studierte er an der Berliner Kunstakademie und unternahm Reisen nach Dresden, Meißen und in die Sächsische Schweiz. 1824 wurde er mit *Schinkels* Hilfe Theaterdekorateur in Berlin, ab 1827 arbeitete er frei. *Reisen* führten ihn auf die Insel Rügen und schließlich ein Jahr (1828/29) nach Italien. 1831 erhielt er eine Professur für *Landschaftsmalerei* an der Berliner Akademie, konnte sie jedoch nur bis 1835 aktiv ausüben, da er 1836 psychisch erkrankte. Eine Rettungsaktion Bettina von *Arnims* konnte sein Schicksal nicht mehr wenden.

Seit 1824 beteiligte Blechen sich an den Akademieausstellungen, 1826 wurde er in den Berlinischen Kunstverein aufgenommen. 1832 erhielt er von König Friedrich Wilhelm III. den Auftrag zu den Palmenhausbildern, 1834 einen Auftrag des Königsberger Kunstvereins. 1835 wurde er zum Mitglied der Akademie gewählt. Wenn man noch erwähnt, daß er 1824 eine um elf Jahre ältere Frau heiratete, dann sind schon alle wesentlichen Daten über den bedeutendsten deutschen Maler der Spätromantik, Bindeglied zwischen Caspar David *Friedrich* und Adolph von Menzel (* 1815, † 1905), gesagt.

Blechen war ein Landschaftsmaler. Zwei Eigenheiten fallen beim Betrachten seiner Bilder sofort auf: die extreme Farbigkeit und der »willkürliche« Ausschnitt. Er war der erste deutsche Maler, der die Dinge im Tageslicht gleißen ließ, darin William Turner (* 1775, † 1851) vergleichbar. Der Unterschied war besonders im Vergleich zu den Nazarenern groß, die nicht malten, sondern die Zwischenräume zwischen den Linien nur wie einen alten Stich kolorierten. Licht und Farbe entdeckte Blechen in erster Linie auf der obligatorischen Italienreise neu.

Genauso unerwartet sind seine Ausschnitte. Die Bilder enden anscheinend irgendwo, so, als habe der Zufall dabei seine Hand im Spiel. Doch die Komposition war immer wohl überlegt, auch wenn im Vergleich zu Blechen eine nicht genau zu lokalisierende Landschaft von Claude Lorrain (* 1600, † 1682) ein objektives, geordnetes Bild der Welt liefert. Blechen hingegen gibt immer einen schönen, bestimmten, aber subjektiv ausgewählten Moment der Welt im Ausschnitt wider. Er wies stärker auf die Freiluftmaler voraus als auf *Friedrich* zurück. Seine Modernität verhinderte jedoch seinen Erfolg, er war fortgeschrittener als sein Publikum.

Überdies bot er auch neue Bildinhalte an. So malte er 1832 im Auftrag des Königs das Innere des Palmenhauses auf der Pfaueninsel bei Berlin. Zum ersten Mal wird hier eine »künstliche« Natur eines Gemäldes für würdig befunden. Die beiden »indischen Weiber« stellen vielleicht eine Konzession an das Publikum dar. (Dort lebte tatsächlich ein »Eingeborener«, aber aus Hawaii.)

Zum ersten Mal setzte Blechen reale märkische Landschaften ins Bild. Da standen jetzt nicht mehr irgendwelche Bäume als Zeichen oder Symbol wie bei Friedrich; Blechen malte vielmehr ohne Hintersinn, sozusagen oberflächlich, ei-

nen bestimmten Fleck auf dieser Erde. In dem berühmtesten Bild aus der Mark (»Semnonenlager«, 1828, zerstört) wird der Wald von Semnonen bevölkert, einem germanischen Stamm, der hier gelebt haben soll. Sie sind nicht Staffagefiguren wie die beiden Odalisken im Palmenhaus, sondern scheinen fester Bestandteil dieser Landschaft zu sein. Auch diese Erweckung der Vorzeit war eine neue Idee.
Blechen war auch der erste Maler, der eine Fabrik um ihrer selbst willen malte (»Eisenwalzwerk bei Eberswalde«, um 1834).
LITERATUR: P. O. Rave, K. B., 1940.

Sulpice **Boisserée**
*2. August 1783 Köln, †2. Mai 1854 Bonn
Melchior **Boisserée**
*23. April 1786 Köln, †14. Mai 1851 Bonn
Die Brüder Boisserée waren die ersten bedeutenden deutschen Privatleute, die jetzt begannen, die Fürsten als Kunstsammler abzulösen. 1803 studierten sie zusammen mit Friedrich *Schlegel* die Pariser Kunstschätze, ließen sich von ihm die romantische Kunsttheorie erläutern und luden ihn nach Köln ein. Dort bemühten sie sich ab 1804, den Folgen des Reichsdeputationshauptschlusses von 1803, der Verschleuderung des Besitzes der Klöster und Kirchen, insbesondere ihrer unermeßlichen und unersetzbaren Kunstschätze, durch eine rege Sammeltätigkeit entgegenzuwirken.
Sie berichteten darüber in bewegenden Worten: »Es war überhaupt ein seltsamer Zustand, alles, was wir von Kunstwerken sahen und hörten, erinnerte an den ungeheuren Schiffbruch, aus dem einzelne Schätze geborgen wurden; wie viel Köstliches konnte in dem Sturm untergegangen sein? Wie vieles konnten die bewegten Wellen noch an den Strand spülen?«
So kauften die Brüder z. B. auf dem Kölner Neumarkt spontan ein altes Gemälde, das zur Verbrennung geschleppt wurde, sie sahen als erste und letzte bei der Niederreißung der Kirchen, wie im Schein der Flammen plötzlich für eine Sekunde die längst übertünchten mittelalterlichen Fresken aufleuchteten und dann zerfielen.
Anfangs mußten sie fürchten, für ihre Leidenschaft verspottet zu werden, denn wer sammelte schon mittelalterliche, gotische, »altdeutsche« Bilder? Die Entdekkung der *Gotik* durch *Wackenroder* lag erst wenige Jahre zurück. Aber es gelang ihnen, nicht nur 200 Bilder, besonders vom Niederrhein, zusammenzubringen, sondern auch *Goethe* für ihre Idee zu gewinnen. Goethes Begeisterung für mittelalterliche Kunst (»Von deutscher Baukunst« 1773, »Götz von Berlichingen« 1773 u. a.) war zwar schon abgeflaut, aber langsam ließ er sich doch erwärmen, was für die Reputation der Brüder wichtig war.
1810 stellten sie ihre Sammlung in *Heidelberg* öffentlich aus – auch das war neu, denn fürstliche Sammlungen waren bisher in den seltensten Fällen öffentlich zugänglich. In der Sammlung befanden sich zum ersten Mal Bilder von Jan van Eyck, Stephan Lochner, Lukas van Leyden, Dierick Bouts, Albrecht Altdorfer u. a. In einer Zeit, in der es noch kaum bebilderte Bücher gab, der es also an Anschaulichkeit mangelte, reiste man eigens nach Heidelberg, um einmal im Leben solche Bilder zu sehen.
1821 bis 1834 wurden die wichtigsten Bilder in Lithographien umgesetzt und in 38 Lieferungen publiziert. Diese Bilder trugen viel zur Bildung eines deutschen Nationalgefühls auf einer kulturellen Grundlage bei.
1816 wollte *Schinkel* die Sammlung für Preußen kaufen, konnte aber König Friedrich Wilhelm III., der einige Jahre später die Sammlung des Engländers Solly kaufte, nicht dafür gewinnen. 1817 räumte der König von Württemberg der Sammlung Gastrecht in Stuttgart ein, 1827 kaufte sie schließlich König Ludwig I. von Bayern (* 1786, † 1868) für die Alte Pinakothek und zahlte dafür 360000 Mark.
Sulpice Boisserée erforschte auch die alte Kirchenbaukunst, seit 1808 vermaß er den Kölner Dom und veröffentlichte seine Ergebnisse 1823 bis 1832. In Bayern wurde er Generalkonservator der alten Baudenkmäler, sozusagen einer der ersten Denkmalschützer. 1845 siedelten die Brüder jedoch wieder in ihre Geburtsstadt Köln über, um ihre Kenntnisse und Erfahrungen beim Weiterbau und der Vollendung des Kölner Doms einzubringen.

»Bonaventura«
1804 erschien in einem Winkelverlag ein Werk mit dem Titel »Nachtwachen«, dessen Autor sich Bonaventura nannte. Dieses Pseudonym hatte ursprünglich ein Kirchenvater im 13. Jahrhundert getragen. Nun benutzte es ein Satiriker, den man auch heute noch nicht sicher benennen kann. Er war ein Schüler *Jean Pauls,* der im Sinne von dessen »Rede des toten Christus« fortfuhr, die Welt als ein »allgemeines Irrenhaus« darzustellen: »Und der Widerhall im Gebeinhaus ruft zum letzten Mal – Nichts!«
Der Erzähler ist Findelkind und Nachtwächter, der in 16 »Nachtwachen« die verrückte Welt aus der Perspektive des vernünftigen Narren betrachtet: »Eins ist nur möglich: entweder stehen die Menschen verkehrt oder ich. Wenn die Stimmenmehrheit hier entscheiden soll, so bin ich rein verloren.« Er schreibt für eine Kindstaufe eine Leichenpredigt, wird aus Kirchen gejagt, weil er darin lacht, aus Freudenhäusern, weil er darin betet usw. Es versteht sich, daß er zeitweise in ein Irrenhaus gesperrt, auch, daß »alle Satire im Staat ohne Ausnahme« verboten wird.
Die Zensur war wahrscheinlich auch der Grund, warum der Autor sich hinter einem Pseudonym verbarg und einen obskuren Verleger wählte. Die tiefe Verzweiflung, die düstere Satire hebt das Werk aus der gleichzeitig erscheinenden romantischen Literatur heraus.

Clemens **Brentano**
* 8. September 1778 Ehrenbreitstein bei Koblenz, † 28. Juli 1842 Aschaffenburg
Brentano sei selbst ein Gedicht gewesen, sagte *Eichendorff.* Tatsächlich sind seine Person und sein Werk nur schwer darzustellen. Seine künstlerische Existenz machte er immer wieder zum Thema seiner Dichtung. Im »Godwi« ließ er den Dichter Maria bei der Ausübung seiner Kunst sterben: »Maria ist heute gestorben; er wollte einige Minuten vor seinem Tode, da er sich sehr heiter fühlte, noch auf der Laute spielen, aber seine Krankheit, die, wie ich erzählt habe, eine Zungenentzündung war, war in eine Herzentzündung übergegangen, der Schmerz ergriff ihn sehr heftig, er ließ die Laute fallen, und sie zerbrach an der Erde.«
Am deutlichsten sprach er sich in seinen Briefen an *Runge* aus. Der romantischste aller Romantiker beschrieb zum ersten Mal in der europäischen Literatur ein Lebensgefühl, das Schule machte: »Bei dieser Art der Zurückhaltung verlangte ich bald nach dem, was ich doch selbst besaß, und da es mir von außen nicht gegeben wurde, so verzehrte ich endlich meinen eigenen Überfluß, so daß ich bald meine zurückgehaltene Freigebigkeit in Durst verwandelt sah. Mein Paradies war untergegangen, nur sein Firmament stand noch über mir; meine Berge waren nicht mehr, aber der Schimmer ihrer Abendsonne schwamm noch in der Luft. Mein Selbstgefühl glich der abgelösten Farbdecke eines im Wasser versunkenen Pastellgemäldes, welche noch kurze Zeit oben schwimmt. Ich hätte es vielleicht behutsam wieder auffassen können, aber ich sah lieber so lange lächelnd hinein, bis heftig stürzende Tränen es verwirrten, und der widerliche Gedanke, daß durch das Auffassen solcher Farben marmoriertes Papier gemacht wird, machte, daß ich dem geliebten Bilde noch einen ersten Scheideblick gönnte, und, mich dann mutig den Wellen übergebend, es an meiner Brust scheitern ließ.«
Der Sohn eines Frankfurter Großkaufmanns italienischer Abstammung, Bruder von Bettina von *Arnim,* begann das Studium der Berg- und Kameralwissenschaft in Bonn, arbeitete dann kurz bei seinem Vater, nahm eine Kaufmannslehre auf, setzte sein Studium in Halle fort, wechselte 1798 in Jena zur Medizin über und entschloß sich kurz darauf endgültig für die Literatur. Ein Leben als freier Schriftsteller konnte er sich aufgrund des väterlichen Vermögens leisten, aber dieses Dasein machte ihn nicht glücklich. 1803 heiratete er die Frau eines Jenaer Professors, Sophie Mereau, die auch selbst schrieb. Sie schenkte ihm drei Kinder, die schnell starben, sie selbst starb kurz nach der Geburt des dritten Kindes 1806. 1807 heiratete er Auguste Busmann, die Ehe wurde jedoch bald wieder getrennt. 1811 entbrannte er für die Schauspielerin Auguste Brede, 1816 wies ihn die Dichterin Luise Hensel zurück. Schließlich konvertierte er 1817 zum katholischen Glauben. In all den Jahren zog er unruhig hin und her, schloß sich überall romantischen Kreisen an, arbeitete mit *Arnim, Görres* u.a.

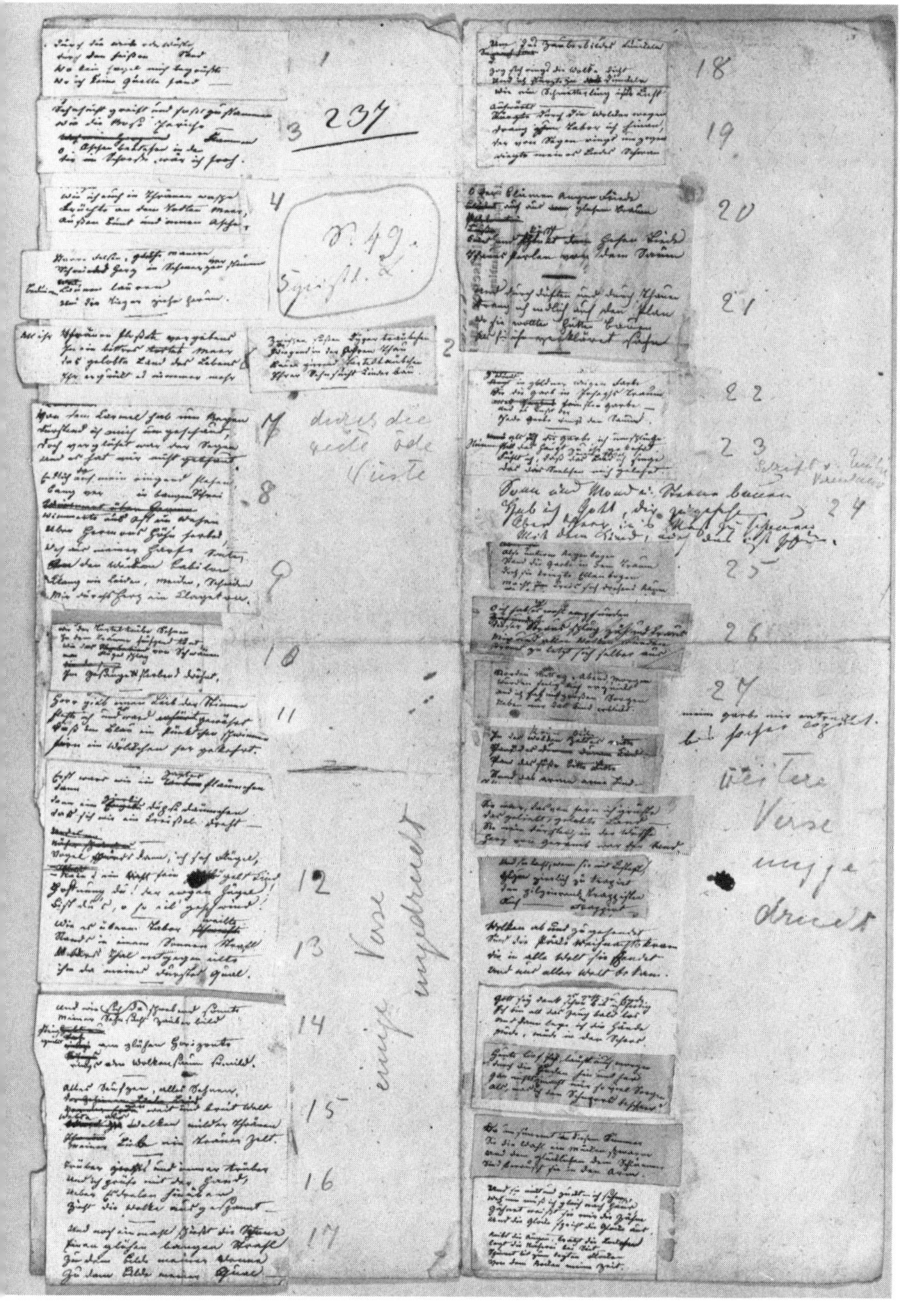

Clemens Brentano, »Durch die weite öde Wüste ...«.
Eigenhändiger Gedichtentwurf, um 1834.
Frankfurt a. M., Freies Deutsches Hochstift,
Frankfurter Goethemuseum.

zusammen, fing viele Werke an, vollendete aber nicht alle.
Nach 1817 begann eine neue Epoche. Er verzichtete auf die weltliche Dichtung und lebte bis 1824, fünf Jahre lang, bei der stigmatisierten Nonne Anna Katharina Emmerich (* 1774, † 1824) in Dülmen in Westfalen und zeichnete ihre Visionen auf. Bis zu seinem Tod beschäftigte er sich nun mit religiöser Dichtung, seine früheren Werke waren ihm allen Ernstes »geschminkt duftende Toilettensünden unchristlicher Jugend« geworden.
Seine Hauptwerke sind der Roman »Godwi« 1801, das Lustspiel »Ponce de Leon«, 1804, »Des Knaben Wunderhorn« 1806 bis 1808 (mit *Arnim*), »Wunderbare Geschichte von BOGS dem Uhrmacher« 1807 *(mit Görres)*, »Die bitteren Leiden unseres Herrn Jesus Christi« 1833, die Erzählung »Die mehreren Wehmüller« 1833, die Märchen »Die 3 Nüsse« 1834 und »Gockel, Hinkel und Gackeleia« 1838 und, nicht zuletzt, seine Gedichte.
Es ist nicht ohne Ironie, daß er ein international berühmter Schriftsteller durch seine religiösen Werke, insbesondere durch seine freie Bearbeitung der Emmerich-Visionen wurde, deren detaillierte Darstellung der Martern Christi von einer Grausamkeit ohnegleichen ist, während heute wieder seine frühen Werke im Mittelpunkt des Interesses stehen. Er war sicher unter allen seiner Generation der musikalischste *(Lied)*, zudem war bei ihm die Synästhesie am deutlichsten ausgeprägt:
»Durch die Nacht, die mich umfangen,
Blickt zu mir der Töne Licht.«
Er war auch der Dichter der Blumenseligkeit, wie vor ihm schon *Novalis* und *Tieck*. Die Blume war für ihn das Gegenbild zum Stern am Firmament. Wenn er Prosa schrieb, erblühten immer wieder Gedichte unmittelbar aus dem Text. Mit welchen Gefühlen er auch experimentierte, immer wieder rührte er an seelische Ereignisse, die erst im Laufe der kommenden Jahrzehnte nach und nach in das Blickfeld der Psychologie traten. Was er auch in Klang verwandelte: Er rief aus der Tiefe der Zeit, wie Orpheus, Totgeglaubtes in die Gegenwart zurück.
Seine Erzählungen waren oft von außerordentlicher Kunstfertigkeit, so etwa in der »Geschichte vom braven Kasperl und dem schönen Annerl« 1838, in der er, für den Leser kaum zu durchschauen, zwei verschiedene Geschichten wie selbstverständlich zu einer verflocht, oder im »Godwi«, wo die Figuren über den weiteren Verlauf des Romans mitbestimmen. In »Ponce de Leon« wollte er demonstrieren, daß die deutsche Sprache »spielend« in der Lage sei, mit sich selbst zu spielen. In den »Rheinmärchen« entwickelte er aus dem Rahmen Figuren und Motive in einer Spirale immer weiter, so daß schließlich alles mit allem verknüpft war und sich immer neue Ringe schlossen *(Märchen)*. Oft wurden so Gedicht oder Märchen sich selbst zur Substanz, im Sinne der romantischen »Poesie der Poesie«. Volkslied, Volkmärchen, die Ballade und die Volksbücher waren wiederentdeckt – indem er ihre Inhalte neu beschwor, konnte er die Räume seiner Dichtung mit riesigen Zeitdimensionen auffüllen und in der Zeit sich vor- und rückwärtsbewegen. Für ihn hatten Märchen und Gedichte nicht einen symbolischen oder allegorischen Bezug zur Realität: Sie wollten nichts anderes sein als sie selbst. Ihre Inhalte bezogen sich nicht tiefsinnig und geheimnisvoll auf Brentanos Gegenwart, sondern hatten sich selbst zum Gegenstand. In dieser Hinsicht war Brentano wohl der konsequenteste Romantiker.

LITERATUR: K. Feilchenfeldt, B.-Chronik. Daten zu Leben und Werk. 1978. – W. Hoffmann, C. B. Leben und Werk. 1966.

Bücher und Zeitschriften, Autoren und Leser
In der zweiten Hälfte des 18. Jahrhunderts erlebte die Literatur plötzlich einen ungeahnten Aufschwung, der schließlich dazu führte, daß in einem Reich, das kein Zentrum hatte und keine nationale Politik entwickeln konnte, eine Nationalliteratur entstand. Diese Überraschung war mit den Namen *Goethe* und Weimar verbunden, so daß groteskerweise Weimar, eine Kleinstadt mit 7000 Einwohnern, in einem Atemzug mit London und Paris genannt wurde, mit wahren Weltstädten, die 800000 bzw. 670000 Einwohner beherbergten. Es konnten damals höchstens 25 Prozent aller Deutschen lesen, aber von ihnen la-

sen längst nicht alle Bücher, und wenn sie Bücher lasen, längst nicht immer Literatur, die mit Begriffen wie Klassik oder Romantik verbunden wurde, sondern lieber die viel erfolgreichere Erbauungsliteratur der Aufklärung oder *Unterhaltungsromane.* Sicher ist jedenfalls: Das, was Romantik genannt wurde, bewegte sich auf einem sehr dünnen Boden, und diese Tatsache war den Autoren bitter bewußt.
Zwischen 1700 und 1800 erschienen etwa 175 000 neue Titel, davon zwei Drittel in den letzten 40 Jahren. Die Durchschnittsauflage für Belletristik lag zwischen 2000 und 3000 Exemplaren. 1790 kamen allein 5000 neue Titel heraus mit einer Gesamtauflage von schätzungsweise fünf Mill. Exemplaren, 1000 pro Titel, denn fast nur Unterhaltungsromane trieben die Durchschnittsauflage in die Höhe. Im Zeitalter der napoleonischen Kriege sank die Titelzahl auf etwa die Hälfte und erreichte erst nach 1820 die alten Zahlen wieder - unsichere Zeiten für Schriftsteller.
Doch trotzdem versuchten viele, als freie Schriftsteller zu existieren. Lessing (* 1729, † 1781) ging voran, nahm aber bald zur Absicherung eine Bibliothekarsstelle in Wolfenbüttel an. Viele Romantiker folgten ihm auf diesem Wege - Universitätsprofessuren waren besonders gefragt. Als freie Schriftsteller existierten letztlich über längere Zeit nur *Brentano, Jean Paul* und *Tieck.* Nur *Eichendorff,* E. T. A. *Hoffmann* und *Novalis* hatten bürgerliche Berufe inne. Wie groß die Konkurrenz war, kann man daran ermessen, daß um 1766 2000 bis 3000 Schriftsteller gezählt wurden, 1806 aber bereits 11 000. Immer noch besser freier Schriftsteller zu sein als Hofmeister oder Hauslehrer, wie es z. B. *Hegel* oder *Hölderlin* zeitweise waren - das meinten viele. In diesem Andrang zu einem so unsicheren Beruf spiegelte sich auch das Problem für intelligente junge Leute mit guter Schul-, meistens sogar mit Universitätsausbildung, eine Anstellung zu finden, die ihrem intellektuellen Niveau auch nur annähernd entsprach.
Die Autorenhonorare lagen zu dieser Zeit allerdings viel höher als heute. Daß trotzdem alle Autoren über die Ausbeutung durch ihre Verleger klagten, lag zum Teil daran, daß es zu viele Autoren gab. Außerdem war ein Urheberrecht in unserem Sinne noch unbekannt. 1773 machte Kursachsen einen Anfang, 1781 folgte Preußen. Aber in Süddeutschland wurde noch längere Zeit ohne Honorar nachgedruckt.
Eine Behinderung verursachte außerdem die Zensur »zum Schutz des Staates und der Religion«, die trotz Aufklärung und Französischer Revolution, ja, mitunter gerade deswegen, wie selbstverständlich gehandhabt wurde. Übrigens war nicht nur der Druck, sondern auch der Besitz verbotener Bücher strafbar. Bis zur Gründung des Deutschen Bundes 1815 konnte trotzdem so ziemlich jedes Buch gedruckt werden, denn viele Staaten konnte man ja zu Fuß innerhalb von ein paar Stunden durchwandern, und im nächsten Staat galten schon andere Vorschriften. Am liberalsten war die bürgerliche Hansestadt Hamburg.
Aber in der restaurativen Biedermeier-Ära nach 1815 wurde sogar das Wort »Protestantismus« verboten - es hätte jemand den Begriff wörtlich nehmen können!
Natürlich wurden unter diesen Umständen viele Versteckspiele getrieben (*Schumann* mogelte die Melodie der »Marseillaise« in eines seiner Stücke hinein). Einmal fand auch eine berüchtigte Aktion von »unten« statt, als während des Wartburgfestes 1817 studentische Anhänger Jahns Bücher von Autoren verbrannten, die ihrer Ansicht nach nicht von nationaler Gesinnung zeugten *(Nationalismus).* Der Schaden, der durch die Zensur angerichtet wurde, war nicht allein in den einzelnen Aktionen zu sehen, sondern in der oft unbewußten Anpassung an die herrschenden Mißverhältnisse in der Hoffnung, damit allen Schwierigkeiten aus dem Wege zu gehen.
Die wichtigsten Übermittler von Ideen, Informationen und Unterhaltung waren jedoch nicht Bücher, sondern Zeitschriften. Ihre Durchschnittsauflage war zwar geringer, aber sie erschienen mehrmals im Jahr. 1791 standen z. B. fast 3200 neuen Titeln fast 1300 Zeitschriften gegenüber! Wichtig für das allgemeine Lesepublikum waren seit der Aufklärung die moralischen Wochenschriften. Die beiden bedeutendsten waren am Ende des Jahrhunderts die »Berlinische Monatsschrift« und die »Allgemeine Deutsche Bibliothek«.
Damit setzte auch die Literaturkritik ein,

ohne die ja die streitbaren Auseinandersetzungen zwischen Aufklärern, Klassikern, Romantikern u. a., aber auch innerhalb dieser Gruppen, nicht denkbar gewesen wären. Das kritische Organ der Klassiker war die »Allgemeine Literatur-Zeitung« in Jena 1785 bis 1803.
Je stärker sich das Jahrhundert seinem Ende zuneigte, um so stärker wurde die Welle von Zeitschriftengründungen mit ästhetischer Thematik. Das Muster hatte Wieland (* 1733, † 1813) mit dem »Teutschen Merkur« (1773 bis 1810) geliefert. Aber die Gründungen der Klassiker und Romantiker wurden alle ohne Ausnahme vom Publikum nicht akzeptiert und gingen nach kurzer Zeit wieder ein, was keinen daran hinderte, schnell ein neues Blatt zu gründen.
Die Organe Friedrich *Schlegels* waren »Athenäum« 1798 bis 1800 (universell-kosmopolitisch), »Europa« 1803 bis 1805 (europäisch), »Deutsches Museum« 1812/13 (völkische Vergangenheit), »Concordia« 1820 bis 1823 (konservativ-katholisch). Weitere romantische Zeitschriften waren u. a. *Arnims* und *Brentanos* »Zeitung für Einsiedler« 1808, *Kleists* »Berliner Abendblätter« 1810/11 und *Fouqués* »Die Jahreszeiten« 1811 bis 1814, »Die Musen« 1812 bis 1814 und »Berlinische Blätter für deutsche Frauen« 1829/30. Es empfiehlt sich allerdings, unter den Begriffen »Zeitung« oder »Zeitschrift« nicht zuviel zu erwarten, oft sind es nur einige wenige Blätter im Taschenbuchformat.
Direkter noch als Zeitschriften, die womöglich nicht erfolgreich waren, wirkten die Lesegesellschaften und Leihbibliotheken auf die Bildung der Menschen ein. Beide waren ebenfalls Früchte der Aufklärung, ihren Höhepunkt erreichten die Lesegesellschaften jedoch erst nach 1780. Sie wurden im allgemeinen von gebildeten, wohlhabenden Bürgern gegründet und kontrolliert, hinter denen organisierte Gesellschaften zur Förderung der Wissenschaften und der Künste standen. Lesegesellschaften fanden sich bald auch in den kleinsten deutschen Städten, oft mehrere an einem Platz, ebenso Leihbibliotheken.
Dessenungeachtet kannte der Schriftsteller dieser Zeit sein Publikum nicht mehr. Sein Vorgänger hatte noch für einen bestimmten weltlichen oder geistlichen Hof oder für eine wissenschaftliche Akademie geschrieben. Der romantische Dichter hingegen schrieb für eine Masse, die er weder kannte noch verstand, und mußte sich entscheiden, ob er sie auf sein Niveau heben oder auf das ihre hinabsteigen wollte. Hier lagen die Ursachen für die Spannungen zwischen dem Dichter und seinem Publikum, derentwegen so viele Romantiker litten und weswegen sie die Freundschaft untereinander so betont pflegten.
Der Aufbruch in ein Zeitalter massenhafter Verbreitung von Literatur setzte erst nach 1820 ein, nachdem die technischen Voraussetzungen für eine Massenproduktion geschaffen waren. Sie setzten sich in dem Maße durch, in dem auch der Analphabetismus abnahm.
LITERATUR: Horst A. Glaser (Hrsg.), Deutsche Literatur. Eine Sozialgeschichte, Bd. 5: Zwischen Revolution und Restauration: Klassik, Romantik 1786–1815. 1980. – H. Kiesel/P. Münch, Gesellschaft und Literatur im 18. Jahrhundert. Voraussetzungen und Entstehung des literarischen Markts in Deutschland. 1977.

Carl Gustav **Carus**
* 3. Januar 1789 Leipzig, † 28. Juli 1869 Dresden
Der Sohn eines Färbers studierte Medizin, habilitierte sich bereits mit 22 Jahren – selbst für die damalige Zeit ein Rekord – und lehrte Anatomie, eine neue Fachrichtung. 1814 wurde er Direktor der Gynäkologie an der Akademie in *Dresden*, 1821 lernte er *Goethe* kennen, 1822 wurde er Hof- und Medizinalrat, 1827 Leibarzt des sächsischen Königs.
Schon früh waren seine »Lieblingsstudien Naturgeschichte, Chemie, Physik und Zeichnen«. Von allen Romantikern war er vielleicht der am vielseitigsten begabte: Arzt und Psychologe, Philosoph und Kunsttheoretiker, Maler und Schriftsteller. Zumindest war er der produktivste: Sein Werk umfaßt 69 Bücher, darunter 17 naturwissenschaftliche, 11 philosophische und 16 kulturhistorische, und viele dieser Bücher sind enorm umfangreich, bis zu 800 Seiten. Aber da er die Romantik weit überlebte, wurde sein Werk praktisch vergessen. Erst Ludwig Klages (* 1872, † 1956) entdeckte ihn im Rahmen seiner irrationalen Lebensphilosophie 1910 wieder. Zum wissenschaft-

I.
Symbolische Landschaften

Karl Friedrich Schinkel, »Dom über einer Stadt«, nach 1813. München, Neue Pinakothek (oben). – Karl Friedrich Schinkel, Bühnenbildentwurf zu Mozarts »Zauberflöte« (Auftritt der Königin der Nacht), 1816. Berlin (Ost), Staatliche Museen, Sammlung der Zeichnungen in der Nationalgalerie (unten).

Caspar David Friedrich, »Mönch am Meer«, um 1810. Berlin (West), Schloß Charlottenburg, Verwaltung der Staatlichen Schlösser und Gärten (links).

Caspar David Friedrich, »Die Lebensstufen«, vor 1815. Leipzig. Museum der Bildenden Künste (links unten).

Caspar David Friedrich, »Das Kreuz im Gebirge« (sog. »Tetschener Altar«) mit Rahmung, 1808. Dresden, Staatliche Kunstsammlungen, Gemäldegalerie, Neue Meister (unten).

Joseph Anton Koch, »Heroische Landschaft mit Regenbogen«, 1804/05.
Karlsruhe, Staatliche Kunsthalle.

lich-schriftstellerischen Werk kommen ein großer, kaum erschlossener Briefwechsel und etwa 1500 Skizzen, Zeichnungen und Gemälde.
Seine Hauptwerke sind: »Briefe über die Landschaftsmalerei« 1831, »Psyche, zur Entwicklungsgeschichte der Seele« 1846, »Goethe, zu dessen näherm Verständnis« 1849, »Symbolik der menschlichen Gestalt« 1853, »Natur und Idee oder das Werdende und sein Gesetz« 1861, »Die Lebenskunst nach den Inschriften des Tempels zu Delphi« 1863.
Carus verband in einzigartiger Weise Klassik und Romantik. Sehr früh erkannte er in einem »Akt geistigen Hellsehens« in der Metamorphose und Spiraltendenz den Urquell allen Lebens, aber nicht wie die Romantiker durch mystische Erfahrung, sondern wie *Goethe,* mit dem ihn eine tiefe Freundschaft und Geistesverwandtschaft verband, durch Anschauung der Natur. Doch wo Goethe sich Selbstbeschränkung auferlegte, um nicht den Boden unter den Füßen zu verlieren, drang der Romantiker Carus in den »magischen Grund des Lebens«, in das von ihm entdeckte Unbewußte tiefer ein, bis in die Sphäre des Okkulten hinab: »Der Schlüssel zur Erkenntnis vom Wesen des bewußten Seelenlebens liegt in der Region des Unbewußtseins. Psychologie ist also Entwicklungsgeschichte der Seele von der Unbewußtheit zur Bewußtheit« (1846). Er gilt daher als einer der Begründer der modernen Psychologie. Der Maler Carus war ein Freund und Schüler C. D. *Friedrichs,* der ihn zu seinen »Briefen über Landschaftsmalerei« anregte und dadurch auch selbst beeinflußt wurde.
LITERATUR: Manfred Schlösser (Hrsg.), Nachwort, in C. G. C. Denkwürdigkeiten aus Europa. 1963.

Adelbert von **Chamisso**
* 30. Januar 1781 Schloß Boncourt, Champagne, † 21. August 1838 Berlin
Der Offizierssohn aus einer alten französischen Adelsfamilie floh 1790 vor der Französischen Revolution nach Deutschland. In *Berlin* wurde er Page der Königin *Luise,* später trat er in die preußische Armee ein, wurde jedoch 1806 nach der Niederlage entlassen. Inzwischen verkehrte er bereits im Berliner Kreis der Romantiker und gab 1804 bis 1806 drei Jahrgänge des »Grünen« Musenalmanachs heraus. 1810 kehrte er nach Frankreich zurück, weil ihm eine Professorenstelle an einem Lyceum versprochen worden war. Daraus wurde jedoch nichts. In Paris lernte er Madame de Staël und ihren Kreis kennen und folgte ihr ins Schweizer Exil. 1812 begann er in Berlin, Botanik zu studieren, ein Fach, das ihn von klein auf interessiert hatte. 1815 bis 1818 nahm er an einer Weltumsegelung auf dem russischen Schiff »Rurik« unter Otto von Kotzebue (* 1787, † 1846) als Wissenschaftler teil. 1819 wurde er Kustos am Berliner Botanischen Garten.
Chamisso stellt den wohl einzigartigen Fall dar, daß ein deutscher Dichter in einer anderen Sprache, der französischen, bis zu seinem Lebensende dachte, deutsch nicht gut sprach, aber schriftlich meisterte: »Ich glaube fast, ich sei ein deutscher Dichter.« Er entscheidet sich auch erst nach der Weltumsegelung 1818 endgültig für Deutschland.
Seine Hauptwerke sind »Peter Schlemihls wundersame Geschichten« – alles andere weit überragend – (1814), seine Gedichte und Balladen, darunter »Die alte Waschfrau«, »Sala y Gomez« und der von *Schumann* vertonte Zyklus »Frauen-Liebe und -Leben«, außerdem seine beiden Berichte über seine Weltreise, der eine für die Wissenschaft 1821, der andere für das allgemeine Publikum 1834/35. Er war nach und neben Vater und Sohn Forster, die Cook 1772 bis 1775 auf dessen zweiter Weltumsegelung begleiteten, der einzige »Deutsche« von literarischer Geltung, der an einem solchen Unternehmen beteiligt war.
Glücklicherweise ist der Anlaß seiner weltberühmten Geschichte »Peter Schlemihl« bekannt: »Ich hatte auf einer Reise Hut, Mantelsack, Handschuhe, Schnupftuch und mein ganzes bewegliches Gut verloren. *Fouqué* frug mich, ob ich nicht auch meinen Schatten verloren habe? Und wir malten uns das Unglück aus. Ein anderes Mal wird in einem Buche von Lafontaine geblättert, wo ein sehr gefälliger Mann in einer Gesellschaft allerlei aus der Tasche zog, was eben gefordert wurde – ich meinte, wenn man dem Kerl ein gutes Wort gäbe, so zöge er auch noch Pferde und Wagen aus der Tasche. – Nun war der Schlemihl fertig, und wie ich einmal auf dem Lande Lan-

geweile und Muße hatte, fing ich an zu schreiben.«
Das Merkwürdige daran ist, daß Chamisso sich nach der Niederschrift des Schlemihl, der ja ein Weltreisender ist, zu Kotzebues Weltreise meldete. Daher geht man auch gerne davon aus, der Mann ohne Schatten sei Chamisso selbst, der Mann ohne Vaterland. Thomas Mann hat sich damit allein nicht zufriedengegeben. Er schreibt: »Der Schatten ist im ›Peter Schlemihl‹ zum Symbol aller bürgerlichen Solidität geworden. Er ist mit dem Gelde zusammen genannt, als das, was man zu verehren habe, wenn man unter den Menschen leben wolle, und dessen man sich nur entschlagen möge, wenn man ausschließlich sich und seinem besseren Selbst zu leben gewillt sei.«
LITERATUR: Th. Mann, Chamisso, in: Adel des Geistes. 1945.

Peter von **Cornelius**
* 23. September 1783 Düsseldorf,
† 6. März 1867 Berlin
Der »Recke«, wie er später genannt wurde, erhielt seine erste Ausbildung durch seinen Vater, einen Galerieinspektor. Die Düsseldorfer Akademie entließ ihn wegen »offenbaren Mangels an Talent für die Kunst«, er erhielt jedoch erste Aufträge in Neuß und Frankfurt am Main. 1811 reiste er zum ersten Mal nach Rom, wo er Mitglied des Lukasbundes *(Nazarener)* wurde, aber mit seinen »Brüdern« nicht zusammenlebte. Er arbeitete an den Fresken der Casa Bartholdy und der Villa Massimo mit. Von 1819 bis 1825 war er gleichzeitig als Akademiedirektor in Düsseldorf und sommers als Akademieprofessor in München für den späteren König Ludwig I. tätig. 1825 wurde er Direktor in München und gleichzeitig in den Adelsstand erhoben.

Peter von Cornelius, »Faust und Mephisto auf dem Gang zum Brocken«, 1811. Frankfurt a. M., Städelsches Kunstinstitut.

1839 brach er mit König Ludwig I. und folgte 1841 einem Ruf König Friedrich Wilhelms IV. (* 1795, † 1861) nach Berlin. Cornelius hatte anfangs eine große Schülerzahl, unter der sich auch Wilhelm von Kaulbach (* 1805, † 1874) befand, aber er wirkte nicht stilbildend.
Seine Hauptwerke sind die Fresken in der Glyptothek in München 1820 bis 1830, in der Münchner Ludwigskirche 1830 bis 1839 und die Kartons für den Campo Santo der Hohenzollern in Berlin 1841 bis 1867.
Im Kreis der *Nazarener* war Cornelius das genaue Gegenteil von *Overbeck.* Beide arbeiteten, vielleicht gerade deshalb, vorzüglich zusammen. Sein linearer, dramatischer Figuralstil, seine Härte und Strenge, seine Vorliebe für allgemein bekannte Themen, das alles eignete sich für die Freskomalerei, deren Wiederbelebung – »so wie sie zu den Zeiten des großen Giotto bis auf den göttlichen Raphael in Italien war« – er verlangte, obwohl die Nazarener sich die Technik mühsam erst wieder aneignen mußten. Dabei war Franz A. Maulbertsch (* 1724, † 1796), der letzte große Freskant des Barock, gerade erst 20 Jahre tot. Die erste Gelegenheit dazu erhielt Cornelius in Rom, dann öffnete sich ihm in München ein weiteres Feld. Er gewöhnte sich schnell an, seine Schüler zu beschäftigen, ja schließlich nur noch Oberaufsicht zu führen. Doch nicht darüber kam es zum Bruch mit Ludwig I., sondern über eine Änderung des Zeitgeschmacks, dem Cornelius sich nicht anpassen konnte. »Ein Maler muß malen können!« sagte Ludwig I., aber Cornelius blieb bei seinen linearen Fresken und ging daher nach Berlin.
Seine Programme in München waren die griechischen Götter- und Heldensagen in der Glyptothek, das beliebte *Nazarener*-Thema »Dürer und Raphael vor dem Thron der Kunst« in der Pinakothek und das »Jüngste Gericht« in der Ludwigskirche. In Berlin kam es nicht zu dem geplanten Campo Santo. Aber nicht nur deswegen machte Cornelius' grandioses Spätwerk nun keine Schule mehr: Es war für eine breite Wirkung zu persönlich geworden.
Cornelius berief sich immer gern auf *Raffael* – »Ihn suchte ich in der ganzen Geschichte der alten Kunst, und ich bin stolz genug zu behaupten, daß ihn kein Maler so geliebt wie ich« –, aber sein Stil verdankte Dürers Graphik eigentlich viel mehr. Er begann in seiner Jugend aus Not mit graphischen Arbeiten für allgemeine Zwecke, wurde berühmt mit seinen Zeichnungen zu *Goethes* »Faust« (1809) und endete mit Kartons, darunter eine »Apokalypse«, die den Vergleich mit Dürer geradezu herausforderten.
LITERATUR: H. v. Einem, P. Cornelius. Wallraf-Richartz-Jahrbuch 1954.

Dresden
Die Hauptstadt des sächsischen Königreiches, das 1815 zugunsten von Preußen erheblich verkleinert wurde, zählte im Jahr 1800 60000 Einwohner und wuchs für damalige Verhältnisse mit einem Prozent pro Jahr relativ langsam. Im Vergleich zu Berlin war es nicht nur kleiner und ruhiger, sondern auch viel schöner. Herder (* 1744, † 1803) nannte es das »deutsche Florenz«. Bis zu seiner Zerstörung 1945 war Dresden *die* mitteldeutsche Stadt des Barock und Rokoko schlechthin. Außerdem besaß es, insbesondere elbaufwärts, eine zauberhafte Umgebung, die bald von den Malern der Romantik *(Reisen)* entdeckt wurde (Sächsische Schweiz, Böhmen, Riesengebirge u. a.).
So war Dresden zuerst einmal eine Stadt für Maler. Die Kunstakademie bestand schon seit 1764. *Friedrich* lebte hier ab 1795, zusammen mit seinem norwegischen Freund Johan Christian Clausen Dahl *(Maler),* seit 1817 bis an sein Lebensende als Akademielehrer. *Runge* besuchte Dresden 1801 bis 1804, hatte aber vermutlich zu Friedrich keinen Kontakt. Als Friedrich-Schüler kann man jedoch den Maler und Arzt Carl Gustav *Carus* betrachten, der in seinen Schriften fast impressionistische Schilderungen Dresdens gab. Gebürtiger Dresdner und Akademielehrer ist auch Adrian Ludwig *Richter.*
Für alle Romantiker war Dresden zuerst einmal die Stadt der »Sixtinischen Madonna« von *Raffael,* zu der sie wallfahrteten und vor der sie ihre »Bekehrung« erlebten: Kunst und Religiosität wurden nahezu gleichgesetzt.
In der Folgezeit erlebte Dresden außerdem verschiedene berühmte Vorlesungszyklen, so von dem Naturphilosophen Gotthilf Heinrich Schubert (* 1780,

†1860) 1808 über die »Nachtseite der Naturwissenschaft«, von Adam *Müller* 1806 über die deutsche Wissenschaft und Literatur. Müller startete hier 1808 zusammen mit *Kleist* den Versuch, die Zeitschrift *(Bücher)* »Phöbus« zu gründen. *Hoffmann* erlebte hier das Ende der Befreiungskriege und die Schlacht von Dresden mit; die Stadt bildet den Hintergrund seines Märchens »Der goldene Topf« 1814.
Einen großartigen Aufschwung erfuhr das Musikleben der Stadt, als *Weber* 1817 die Oper übernahm. Unter seinen Nachfolgern war Richard Wagner (* 1813, †1883). Wagner begegnete dem alternden *Tieck,* der in Dresden als ein weithin berühmter Vorleser lebte, insbesondere der Dramen von Shakespeare und Calderón. Durch Tiecks Schriften war Wagner auf romantische Märchen und Sagen (»Tannhäuser«) hingewiesen worden.

Joseph von **Eichendorff**
* 10. März 1788 Schloß Lubowitz bei Ratibor, †26. November 1857 Neiße
Der auf dem Schloß seines Vaters in Oberschlesien streng katholisch erzogene Eichendorff studierte ab 1805 zuerst in Halle Jura, dann 1807 in *Heidelberg,* wo er *Görres* kennenlernte und auf dessen Anregung hier Volkssagen erforschte. 1810 ging er, um sein Studium abzuschließen, nach *Wien,* wo er im Hause von Friedrich *Schlegel* verkehrte. 1813 meldete er sich freiwillig zum Lützowschen *Freikorps.* 1819 legte er sein letztes Examen ab und begann eine Beamtenlaufbahn, weil das väterliche Gut ruiniert war und 1822 verkauft werden mußte.
1844 ließ Eichendorff sich pensionieren, da er aufgrund seiner katholischen Einstellung in Konflikte mit der preußischen Regierung geraten war.
Eichendorff gehörte zu den wenigen Romantikern, die sich dank ihrer Herkunft mit der Ausbildung Zeit lassen konnten. Die biedere Beamtenlaufbahn zog er jedoch der unsicheren Künstlerexistenz vor. Von Anfang an war er fest an die katholische Kirche gebunden. Doch wies sein Lebensweg auch viele romantische Elemente auf: seine Hinwendung zum deutschen Mittelalter, seine nationale Begeisterung 1813, seine Beteiligung an der Restaurierung der Marienburg, sein häufiger Wohnungswechsel – auch wenn davon ein Teil auf die übliche Versetzung von Beamten zurückgeht –, seine literarhistorischen Interessen und seine Übersetzungen (Calderón u.a.), seine verschlüsselten Stellungnahmen in seiner Dichtung zu den Ereignissen der Zeit u.a. Doch reichte seine Verwandtschaft mit den Romantikern weit über diese Äußerlichkeiten hinaus.
Zu seinen Hauptwerken gehören in erster Linie seine Gedichte, sodann der Roman »Ahnung und Gegenwart« 1815, die Erzählungen »Das Marmorbild« 1819 und »Aus dem Leben eines Taugenichts« 1826, die Romane »Dichter und ihre Gesellen« 1834 und »Schloß Dürande« 1837.
Eichendorff war von allen deutschen Dichtern der Romantik wohl der populärste, insbesondere durch den »Taugenichts« und seine Gedichte. Friedrich *Schlegel* fragte zu Recht, ob Eichendorffs Gedichte noch Kunst seien oder schon wieder Natur. Tatsächlich traf er den Ton des Volksliedes *(Lied)* am besten von allen. Nie hört man Ironie wie bei *Heine* oder absichtlich übertriebene Naivität wie bei *Brentano* heraus. Viele der Lieder sind heute noch so beliebt, daß sie ohne Kenntnis des Verfassers in der Annahme gesungen werden, es handle sich um echte Volkslieder (z.B. »In einem kühlen Grunde«, »Wem Gott will rechte Gunst erweisen«). Andere Gedichte (z.B. »Schweigt der Menschen laute Lust«, »Schläft ein Lied in allen Dingen«) gelten als der Inbegriff romantischer Stimmungsdichtung.
Doch liegt hinter all diesen »romantischen« Werken ein Geheimnis verborgen, das erst bei intensiverer Betrachtung offenbar wird. Eichendorff schrieb keine Erlebnisdichtung, seine Person trat ganz hinter seinem Werk zurück. Wir wissen zwar, daß der Tod eines jüngeren Bruders ihn zu seinem ersten Gedicht inspirierte und daß der Tod seiner jüngsten Tochter ihn tief traf, aber in seinem Werk sind keine unmittelbaren Spuren zu finden.
Die Natur, die in seinem Werk überreichlich vorkommt, wird selten dazu benutzt, Gefühle auszudrücken. Im Gegenteil: Natur kommt nur in Form von Versatzstücken vor. So ist der Wald nicht ein bestimmter, der sich genau lo-

kalisieren läßt, sondern Kulisse. Dem Leser erscheint der Wald so lebendig, weil Eichendorff jede Natur durch Licht und Töne zum Schwingen bringt. Sie ist von Magie durchwaltet, von Sehnsüchten in die Ferne durchzogen, ein eng verwobener Kosmos von Symbolen, einzigartig in der Weltliteratur.

Eichendorff verlebte eine ungewöhnlich glückliche Kindheit: »Am liebsten wählte ich meinen Sitz in dem Wipfel eines hohen Birnbaums, der am Abhange des

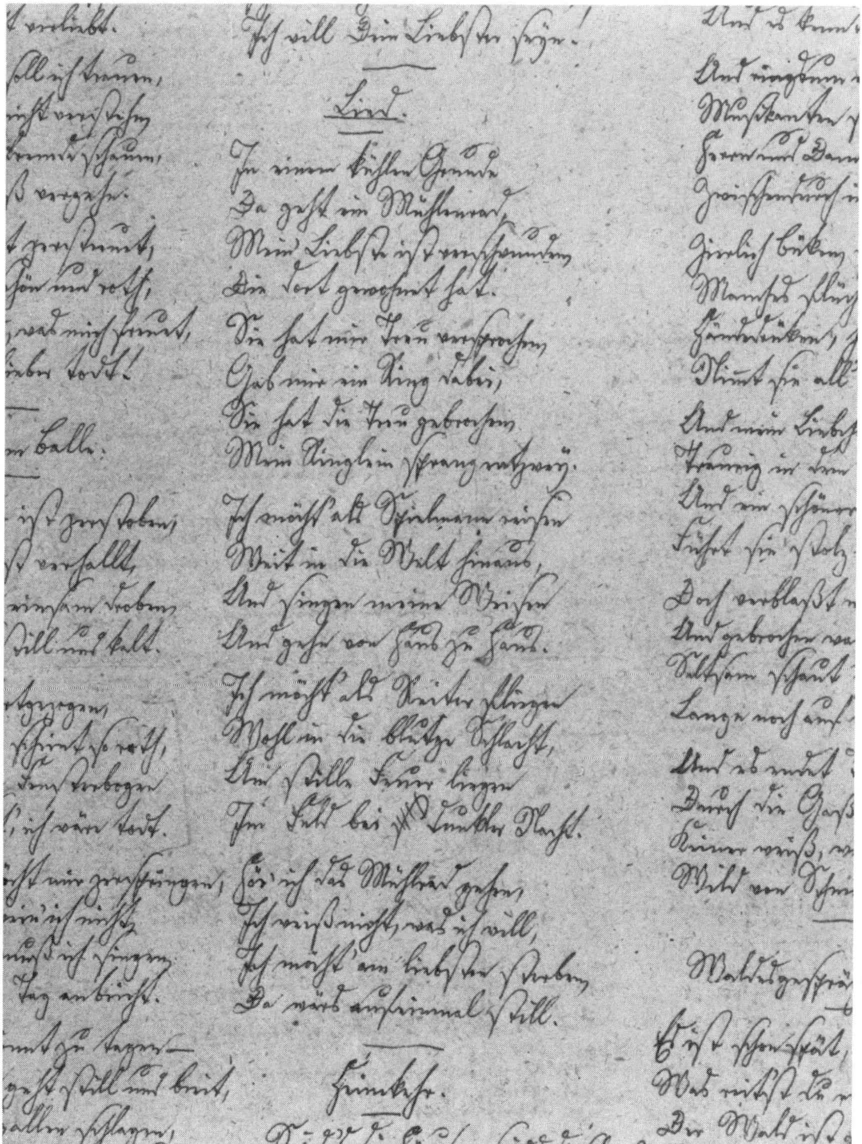
Lied.

In einem kühlen Grunde
Da geht ein Mühlenrad,
Mein Liebste ist verschwunden,
Die dort gewohnet hat.

Sie hat mir Treu versprochen,
Gab mir ein Ring dabei,
Sie hat die Treu gebrochen,
Mein Ringlein sprang entzwei.

Ich möcht als Spielmann reisen
Weit in die Welt hinaus,
Und singen meine Weisen
Und gehn von Haus zu Haus.

Ich möcht als Reiter fliegen
Wohl in die blutge Schlacht,
Um stille Feuer liegen
Im Feld bei dunkler Nacht.

Hör ich das Mühlrad gehen,
Ich weiß nicht, was ich will,
Ich möcht am liebsten sterben,
Da wärs auf einmal still.

Joseph von Eichendorff, »Lied. In einem kühlen Grunde . . .«. Manuskript. Frankfurt a. M., Freies Deutsches Hochstift, Frankfurter Goethemuseum.

Gartens stand, von wo ich dann über das Blütenmeer der niederen Bäume weit ins Land schauen konnte oder an schwülen Nachmittagen die dunklen Wetterwolken über dem Rand des Waldes langsam auf mich zukommen sah.... Blumen, Wald und Wiesen erschienen mir damals anders und schöner.« Seine Jugend verbrachte er mit Reiten, Jagen und Schwimmen.

Die Vertreibung aus dem Paradies begann bereits mit der Lektüre der Passionsgeschichte: »Ich nahm das Buch und las es für mich ganz aus. Ich kann es nicht mit Worten beschreiben, was ich dabei empfand. Mein ganzes Wesen war davon erfüllt und durchdrungen, und ich begriff nicht, wie mein Hofmeister und alle Leute im Hause, die doch alles schon lange wußten, nicht ebenso gerührt waren und auf ihre alte Weise so ruhig fortleben konnten.« Seine späteren Erlebnisse, die großen *Kriege,* die Revolutionen, die Industrialisierung, führten dazu, daß er in seinen Werken das Paradies seiner Kindheit und die Harmonie seiner Heimat zu beschwören suchte. Er war ein Romantiker der zweiten Generation, kein Dichter des stürmenden Aufbruchs in eine neue, bessere Zukunft.

Eichendorff wechselt genauso gern wie seine Vorgänger die Schauplätze, unterbricht den Fluß der Erzählung, schiebt Gedichte oder Betrachtungen ein. Kaum ein berühmtes Gedicht, das er nicht in seine Prosa einflicht, um sie noch besser zum Klingen zu bringen. Aber auch in seiner Prosa tauchen dieselben Stereotypen auf wie in seinen Gedichten: Immer kehrt der Wald wieder, das Schloß, der umgrenzte Garten (nicht der moderne englische *Landschaftspark*), immer ist seine Welt erfüllt von Poeten, Musikanten, Vagabunden, Mönchen, Schloßherrn und Schloßfräuleins.

Er beschwor die Welt des Rokoko, in der er aufwuchs, aber er durchsetzte sie mit Elementen romantischer Unstetheit und gefährlichen Irrlichtern. Die Welt des Rokoko war ihm abgelebt und verstaubt, aber der romantische Gefühlsüberschwang war ihm ebenfalls suspekt. Ihm war die Gefährdung des Menschen in einer Zeit des Umbruchs bewußt. Er zog daher für sich selbst eine bescheidene Beamtenkarriere vor, und in seinem Werk, in dem es durchaus auch düstere Figuren und schreckliche Ereignisse gibt (etwa in »Das Marmorbild« oder »Schloß Dürande«), suchte er durch Magie Schönheit zu beschwören, die er in seiner Gegenwart nicht mehr fand.

LITERATUR: P. Stöcklein, J. v. E. in Selbstzeugnissen und Bilddokumenten. 1963. – W. Frühwald, E.-Chronik. Daten zu Leben und Werk. 1977.

Erotik

Die romantische Verbindung zweier Menschen beruhte nicht mehr auf einer gegebenen, selbstverständlich akzeptierten Norm, sondern wie die *Freundschaft* auf einer gemeinsamen Stimmung, auf Zuneigung, Gefühl, auf Liebe. Ohne diese Gemeinsamkeit konnte die Verbindung nicht gedeihen. Gesetze waren, das sagten schon Aufklärer, nur hinderlich. Die unauflösbare Ehe vor Gott schien nur dazu geschaffen, »die Dummheit im Menschengeschlecht zu erhalten und die Fortschritte der Kultur zu hintertreiben«. Ein anderer Autor ging 1784 so weit, die Polygamie als eine von Natur, Vernunft und Religion gesegnete Verbindung zu preisen. Doch die geltenden Gesetze benachteiligten die Frau. Mill (* 1806, † 1873) hat die Situation in die Worte gekleidet: »Heirat ist die einzige Form von Sklaverei, die durch das Gesetz sanktioniert ist.«

Das 19. Jahrhundert wandte sich jedoch bald gegen diese »zersetzenden« Ideen. Einer der Wortführer geistiger Restauration war *Hegel,* der in seiner Rechtsphilosophie schrieb: »Die Ehe ist ... so zu bestimmen, daß sie die rechtliche sittliche Liebe ist, wodurch das Vergängliche, Launenhafte und bloß Subjektive derselben aus ihr verschwindet«, und forderte in konsequenter Gedankenführung, die Ehescheidung zu erschweren.

Anfangs war die romantische Frau die Musagetin ihres Freundes. Sie war oft älter als er, wirkte in ihrer äußeren Erscheinung mitunter recht männlich und war ihm an Lebenserfahrung überlegen – so etwa Dorothea Veit (* 1763, † 1839), die Tochter des jüdischen Philosophen Moses Mendelssohn (* 1729, † 1786), die Friedrich *Schlegel* heiratete, oder Caroline *Schelling.* Man kann auch sagen, daß die ältere Frau – bereits Rousseau war viele Jahre lang mit einer solchen Musenführerin liiert gewesen – durch ihr rationaleres Wesen dem femininen Mann seine romantische Existenz ermöglichte. Viele sahen in dieser Umkehrung der üblichen Rollen ihren Traum verwirklicht, Mann und Frau zu einem höheren, androgynen Wesen zu verschmelzen, entsprechend der Lehre des katholischen Philosophen Franz von *Baader*, die in der Romantik vielfach variiert wurde. Mitunter war auch der umgekehrte Fall zu beobachten: die Zuneigung zu einem sehr jungen Mädchen, so z.B. bei *Novalis* und *Schelling*. Homosexualität scheint dagegen trotz der vielen und mitunter sehr engen Freundschaftsbünde selten gewesen zu sein.

Muß man sich überhaupt mit den intimen Verhältnissen der Romantiker beschäftigen? Die ersten Romantiker selbst wollten eine enge Korrespondenz zwischen Person und Werk. *Runge* schrieb: »Gott kannst du hinter diesen goldenen Bergen nur vermuten, aber deiner selbst bist du gewiß, und was du in deiner ewigen Seele empfunden, das ist auch ewig, – was du aus ihr geschöpft, das ist unvergänglich; hier muß die Kunst entspringen, wenn sie ewig sein soll.« *Novalis* oder die Brüder *Schlegel* dachten nicht anders. Sie erfüllten zudem die Voraussetzung, die den Skandal erst zum Skandal macht: daß er öffentlicht ist. Heute liegen auch ihre Briefe vor, aber sie selbst machten schon damals aus ihren Verhältnissen nur selten ein Geheimnis.

Daß die junge exzentrische Caroline von *Günderrode* sich erdolchte, weil die Frau des berühmten Heidelberger Mythologen Friedrich Creuzer (* 1771, † 1858) »nicht fähig war, sich das Verhältnis einer älteren Freundin neben einer jüngeren Geliebten zu denken«, war nicht zu verheimlichen. Wenn Göttinger Professorentöchter einen Skandal nach dem anderen verursachten, so nahm auch daran die ganze gebildete Welt Anteil. Therese Heyne heiratete den Schriftsteller Georg Forster (* 1754, † 1794), brach jedoch die Ehe. Der Mann machte, dieses wissend, den Nebenbuhler zum Paladin seiner Frau, bevor er nach Paris reiste, wo er in den revolutionären Wirren unterging. Ihre Freundin, Caroline von *Schelling* geb. Michaelis, heiratete zuerst den ungeliebten Böhmer, der jedoch bald starb. Daraufhin reiste sie ihrer Schwester Therese nach, empfing ein Kind von einem französischen Offizier, heiratete später August Wilhelm *Schlegel*, ging jedoch bald darauf eine neue Verbindung mit *Schelling* ein *(Frauenemanzipation)*.

Solche Geschichten von Ehescheidungen, Ehebrüchen, unglücklichen Lieben ließen sich zu Dutzenden erzählen. Die »Skandale« verdeckten jedoch drei wesentliche Punkte: Einmal, daß die Romantiker die hohle Norm der Gesetzesehe entdeckten – das hatte jedoch schon die Aufklärung besorgt –, und daß sie eine neue Form der Liebe, beruhend auf subjektiver Zuneigung, tatsächlich zu leben versuchten. Wenn sie dabei schnell und oft erfuhren, wie brüchig und gefährdet dieses Fundament war, gerieten sie oft in tragische Verwicklungen. Das muß aber kein Grund dafür sein, sich moralisch über sie zu erheben. Zum zweiten: Nicht alle Romantiker lebten in unglücklichen Ehen oder verursachten Skandale. Achim und Bettina von *Arnim* z.B. gelang es, unter schwierigen Bedingungen eine gute Gemeinschaft aufzubauen. Und schließlich: Ziel der Romantiker war nicht die Zerstörung der Ehe oder gar der Skandal als Selbstzweck, sondern die Erfüllung der Ehe in einer freien Gemeinschaft. Das staunende Publikum mochte nur nicht glauben, daß es etwas anderes erlebte als eine bürgerliche Variante der verhaßten adeligen Mätressenwirtschaft. Friedrich *Schlegel* und *Schleiermacher* äußerten sich darüber ausführlich. *Schlegels* Roman »Lucinde« 1799 wurde seinerzeit als bloße Pornographie betrachtet, weil er darin u.a. sein Liebesleben mit seiner künftigen Frau, Dorothea Veit, beschrieb. (Auch hier war wieder die enge Verbindung zwischen der Person des Autors und seinem Werk gegeben – worunter allerdings Dorothea verständlicherweise litt.) Auch seine vorhergehenden Abenteuer stellte er dar.

Sein Freund *Schleiermacher* war der einzige, der ihn verstand: »Warum soll es mit der Liebe anders sein als mit allem übrigen? Soll etwa sie, die das höchste im Menschen ist, gleich beim ersten Versuch ... gedeihen können? Sollte sie leichter sein, als die einfache Kunst zu essen und zu trinken, die das Kind lange erst ... in rohen Versuchen ausübt ...? – Auch in der Liebe muß es vorläufige Versuche geben, aus denen nichts Bleibendes entsteht, von denen aber jeder etwas beiträgt, um das Gefühl bestimmter und

die Aussicht auf die Liebe größer und herrlicher zu machen.«
An anderer Stelle: »Es läßt sich nicht absehen, was man gegen eine Ehe à quatre Gründliches einwenden könnte. Wenn aber der Staat gar die mißglückten Eheversuche mit Gewalt zusammenhalten will, so hindert er dadurch die Möglichkeiten der Ehe selbst, die durch neue, vielleicht glücklichere Versuche befördert werden könnte.«
So gelang es *Schleiermacher*, einem kleinen, verkrüppelten evangelischen Theologen, der eine enorme erotische Aura hatte, für die emanzipierte Frau *(Frauenemanzipation)* den Dekalog der Liebe aufzusetzen, das modernste Dokument romantischer Erotik.
Die Romantiker und ihre Zeit wußten über die Sexualität so gut wie nichts. Die Medizin steckte in den Kinderschuhen, die Psychologie war kaum begründet. Was sollten Philosophen dazu sagen? Kant schwieg sich lieber aus, *Fichte* glaubte, der Trieb sei nicht ethisierbar. Wenn da zum ersten Mal ein Dichter und ein Theologe, die wußten, wovon sie redeten, sich zur Sexualität in einer für jeden verständlichen Form äußerten, war die Wirkung groß.
Die doppelte Moral blieb allerdings trotzdem bestehen. Friedrich *Schlegel* schrieb auch primitive Pornographie, und *Schleiermacher* soll eine pornographische Sammlung besessen haben – wenn man wüßte, was sein Biograph Wilhelm Dilthey (* 1833, † 1911), der die Sammlung verbrannte, darunter verstand. Der Humanist Wilhelm von Humboldt (* 1767, † 1835), dessen Ehe im besten Rufe stand, befriedigte seine sexuellen Bedürfnisse anderweitig: Er ging regelmäßig ins Bordell.
LITERATUR: A. u. W. Leibbrand, Formen des Eros, Bd. 2. 1972.

Erziehung
»Ich beginne ein Unternehmen, das bis heute beispiellos ist und dessen Ausführung keine Nachahmer finden wird. Ich will meinen Mitgeschöpfen einen Menschen in seiner ganzen Naturwahrheit zeigen; und dieser Mensch werde ich selbst sein. Ich allein.« Mit diesem Satz leitete Jean-Jacques Rousseau (* 1712, † 1778) seine Autobiographie ein. Der Glaube der Aufklärung, daß der Mensch entwicklungsfähig sei, lenkte das Interesse ab von der statischen Ständegesellschaft und hin auf die fortschreitende Bildung des Menschen, insbesondere auf die des Kindes. 1787 erschienen z.B. »Beobachtungen über die Entwicklung der Seelenfähigkeiten bei Kindern«, 1812 eine »Psychologie des kindlichen Alters«. Das 18. Jahrhundert wird daher gerne als das pädagogische Jahrhundert bezeichnet. Rousseau war sich jedoch über den Zwiespalt im klaren, dem jede Erziehung ausgesetzt ist: »Der natürliche Mensch ist sich selber alles. Er ist die ungebrochene Einheit, das absolut Ganze, das nur zu sich selber und zu seinesgleichen in Beziehung steht. Der bürgerliche Mensch ist dagegen eine Bruchzahl, deren Wert ... in ihrer Beziehung zum Ganzen besteht, d.h. zum gesellschaftlichen Ganzen.«
Schon im 17. Jahrhundert hatte man hier und da begonnen, die allgemeine Schulpflicht einzuführen. Im 18. Jahrhundert erfolgte der Durchbruch, so daß es zu Beginn des 19. Jahrhunderts so schien, als gehe jedes Kind regelmäßig zur Schule. Die Realität sah jedoch anders aus. Auf dem Lande konnte noch lange nicht von einem geregelten Schulbesuch die Rede sein: Die Wege waren oft zu lang, außerdem wurden die Kinder bei der Arbeit gebraucht, und selbst dort, wo vielleicht tatsächlich viele Kinder zur Schule gingen, gab es oft keine brauchbaren Räume und insbesondere keine ausgebildeten Lehrer.
Da der Nachwuchs, der hier herangezogen wurde, weder den Ansprüchen des Staates noch denen der Manufakturen gewachsen war, entstanden überall spezialisierte Industrie-, Verwaltungs- und Realschulen, die unter dem Gesichtspunkt der Nützlichkeit unterrichteten, mitunter aber nur billige Arbeitskräfte zur Verfügung stellten.
Wer hingegen eines der wenigen Gymnasien besuchen konnte, war schon praktisch in eine andere, »höhere« Welt aufgestiegen. So verprügelte etwa der Gymnasiast *Hölderlin* einen Tübinger Volksschullehrer für Mädchen, weil dieser ihn nicht pflichtgemäß gegrüßt hatte. Die Gymnasiallehrer waren im allgemeinen hochqualifizierte Leute, der Übergang zu den Universitäten war noch fließend. *Hegel* wurde, von einem Gymnasium kommend, Ordinarius für Philosophie.

1788 wurde in Preußen das Abitur eingeführt, um einen geregelten Abschluß zu schaffen *(Universitäten)*.
Die Erziehung der unteren und mittleren Schichten, um die sich bisher keiner gekümmert hatte, stellte die eigentliche Aufgabe dar. Welch erbärmliche Existenz ein Schulmeister führte, kann man in *Jean Pauls* Werk nachlesen. Dem Hofmeister, dem privaten Hauslehrer für die gebildeten Bürger, die ihre Kinder lieber nicht auf öffentliche Schulen schickten, erging es nicht viel besser. Dieser unglückliche Beruf, den viele Romantiker anfangs aus blanker Not ausüben mußten, bezog seinen Nachwuchs aus dem Kreis der vielen Theologiekandidaten, die keine Stelle fanden oder ihrer Glaubenszweifel wegen nicht ins Amt drängten.
1785 war angeblich jeder fünfte Mann in Dresden ein Hofmeister. »Sie laufen den ganzen Tag aus einem Hause in das andere und verdienen mit ihren Lektionen kaum so viel, als hinreicht, ein dürftiges Leben durchzuschleppen. Sie sind alle (man komme und sehe selbst) dürr, blaß und kränklich, und werden bis 40 Jahre alt, ehe sich das Consistorium ihrer erbarmt und ihnen eine Pfarre gibt.«
Fichte, Hegel, Hölderlin u.a. waren jahrelang als Hauslehrer tätig und sammelten in dieser Zeit Sprengstoff gegen eine Gesellschaft, die sogar noch mit ihren – im Unterschied zu den Volksschullehrern – gut ausgebildeten Kräften so nachlässig verfuhr. Die Misere der Volksschullehrer nahm mit der Einrichtung von Lehrerseminaren, zuerst 1809 in Bayern, ein Ende, die Misere der Hofmeister mit dem Ausbau des Schul- und Universitätssystems, das vielen von ihnen außerhalb der Kirchen in anspruchsvollen Berufen Möglichkeiten bot. Die schon im 18. Jahrhundert erkennbare Zweiteilung des deutschen Schulsystems blieb erhalten: auf der einen Seite Gewerbe- und Realschulen für nützliche Dinge, auf der anderen die Gymnasien und Universitäten für die zweckfreien Wissenschaften.
Zuhause wurde das Kind nach wie vor verprügelt, wenn es nicht tat, was es sollte. Doch setzten sich mit der Romantik langsam auch neue Anschauungen durch, die oft aus dem liebenden Umgang mit Kindern gewonnen waren. So schrieb Bettina von *Arnim*, es sei oft klüger, nachzugeben als zu strafen. *Schleiermacher* war ein viel bewunderter, ausgesprochen zärtlicher Vater, an dem auch seine Stiefkinder innig hingen. So entstand langsam das zwar immer noch patriarchalisch-autoritäre, aber oft trotzdem recht liebevolle Familienmilieu des Biedermeier.
Die Kritik der Romantiker an der herrschenden Pädagogik schoß mitunter übers Ziel hinaus, wenn sie auch viele Reformen ablehnten. So wandten sich z.B. Achim von *Arnim* und *Kleist* entschieden gegen Pestalozzi und gegen den Eingriff der Pädagogik in alle Lebensbereiche.
Der Schweizer Johann Heinrich Pestalozzi (* 1746, † 1827) versuchte mehrmals aus eigenem Antrieb und im wesentlichen aus eigenen Mitteln, Reformschulen zu gründen, und scheiterte immer wieder. Kein Staat ermöglichte ihm je, ein solches Modell auch nur im kleinen zu verwirklichen. Wo er nicht praktizieren konnte, wurde er literarisch tätig und erzielte dadurch letzten Endes doch einen enormen Einfluß. Rousseau folgend, sah er im Kind kein Objekt, dem eine Form aufgeprägt werden müsse, sondern eine Vielzahl von Kräften, die es zu ermutigen und zu entwickeln galt. Das Kind sollte die Chance haben, möglichst viel selbst herauszufinden, damit es Vertrauen zu sich selbst gewann. Diese Entwicklung konnte nur im Umgang mit anschaulichen, sinnlich erfahrbaren Dingen beginnen.
Grenzen wurden gesetzt durch die drei Faktoren, die eine simple harmonische Lösung verhindern, weil sie sich oft im Wege stehen: 1. durch die Vererbung, 2. durch die Gesellschaft und 3. durch die Freiheit des Kindes, über sich selbst zu entscheiden. Besonders auf diese Freiheit legte Pestalozzi großen Wert. Er war sich darüber im klaren, daß der moderne Staat und die moderne Wirtschaft nur gedeihen konnten, wenn sie im Einklang mit der durch die Pädagogik bedingten kulturellen Entwicklung standen. Er bekam daher immer wieder das Mißtrauen der Herrscher zu spüren, die sich des revolutionären Potentials, das in einer Erziehung stecken konnte, bewußt waren.
In mancher Hinsicht »romantischer« wirkt sein Schüler Friedrich Fröbel (* 1782, † 1852), der Begründer des Kin-

dergartens (1840). Er suchte in den wesentlichen biographischen Ereignissen Zeichen der Selbstoffenbarung. Durch eine »Pflege des inneren Lebens« und von »Ahnungen« konnte ein Kind diese Zeichen erkennen und sich selbst verstehen. Besonders wichtig war für ihn das kindliche Spiel, in dem sich die Persönlichkeit eines Kindes offenbaren konnte. Seine Kindergärten wurden 1851 in Preußen verboten, weil sie in den Verdacht geraten waren, umstürzlerische Ideen zu verbreiten.

Literatur: H. Scheuerl (Hrsg.), Klassiker der Pädagogik. Bd. 1. 1979.

Familienleben

Bis weit in das 19. Jahrhundert hinein blieb für die meisten Deutschen die Schließung einer Ehe und die Gründung einer Familie daran gebunden, daß der Mann einen Beruf hatte, die Familie ernährte und ein eigenes Haus besaß. Die Lebensregeln der sogenannten Großfamilie, in deren Rahmen auch unverheiratete oder verwitwete Familienglieder sowie das Gesinde lebten – die jedoch wohl nicht so groß war, wie oft angenommen wird *(Bevölkerung)* – lagen offen. Sie war einer allgemein verbindlichen sozialen Kontrolle unterworfen und wies jedem seine genau umgrenzte Rolle zu. Der Vater war der unumschränkte Herr im Haus, ein Patriarch, der in seiner Familie so herrschte wie über ihm sein König im Staat. Seine Frau war ein Werkzeug, allerdings wertvoll, da für die Arbeit in Haus und Hof und für die Zeugung des Nachwuchses unentbehrlich. Das Verhältnis zu den Kindern war oft unsentimental. Viele starben früh und viele wurden wieder nachgeboren, und die, die überlebten, verließen im allgemeinen mit 14 Jahren das Haus.

Eine solche Ehe währte im Schnitt 20 Jahre, nicht, weil dann ein Partner davonlief, sondern weil der frühe Tod für Wechsel sorgte. Ehen beruhten daher auch meistens nicht auf gegenseitiger Zuneigung, sondern auf gesellschaftlicher Übereinkunft.

Diese Familienverhältnisse änderten sich langsam im Verlauf des 18. Jahrhunderts, von Westeuropa ausgehend, zuerst im Bürgertum. Auch wenn die meisten Städte noch nicht groß waren, so machte es sich doch bemerkbar, wenn der Vater tagsüber das Haus verließ, war der Weg zur Arbeitsstätte auch noch so kurz. Die Mutter gewann langsam Freizeit, weil ihre Arbeit leichter wurde. Die Einrichtung wurde praktischer, z. B. bei Lampen, Herden und Fußböden. Außerdem konnten sich viele Bürger ein Dienstmädchen leisten, das allerdings nicht mehr, wie vorher in der Großfamilie, zur Familie zählte. Die Eltern entwickelten zu ihren Kindern eine gefühlsmäßige Bindung. Die Zahl der Kinder wurde langsam reduziert, weil die Chancen der Kinder, die ersten Jahre zu überleben, sich erhöhten. Es wurden die ersten Kinderzimmer eingerichtet. So entstand nach und nach die moderne Kernfamilie.

Ihre theoretische Begründung verdankte sie weitgehend Jean-Jacques Rousseaus (* 1712, † 1778) Philosophie *(Erziehung)*, die allen Menschen die gleichen Rechte zusprach und damit das Patriarchat infrage stellte und außerdem den Gefühlen gleichwertigen Rang neben der Vernunft zuwies. Die Eheschließung sollte nun das Ergebnis persönlicher Gefühle sein und die Ehe in freier Wahl, ohne Rücksicht auf Eltern und Gesellschaft, geschlossen werden. Es entstand die intime bürgerliche Familie. Das Vorbild ihres Glücks war die romantische Liebe in den Romanen des ausgehenden 18. Jahrhunderts. So wurden Ideen Wirklichkeit.

Einige Frauen der Romantik gingen noch einen Schritt weiter und bestimmten selbst auch über das Ende ihrer Ehe und über das Maß ihrer sexuellen Freiheit *(Erotik)*, fanden jedoch darin fürs erste keine Nachfolgerinnen *(Frauenemanzipation)*.

Nach 1815 wurde auch die der Romantik verpflichtete Kernfamilie wieder in stärkerem Maß dem Patriarchat unterworfen, nur daß der Ehemann jetzt seiner Frau eher mit echter Zuneigung, zumindest mit Achtung begegnete.

Schließlich entstand gegen Ende des 18. Jahrhunderts bereits ein weiterer Familientypus, die proletarische Familie – so weit man von einer proletarischen Familienform reden darf: die Armut war so groß, daß tragende Strukturen nicht gebildet werden konnten. Die Zustände in diesen Familien waren durch Hunger, Wohnungselend, Kinderarbeit, Promiskuität und andere schwerwiegende Nöte gekennzeichnet.

Johann Gottlieb **Fichte**
* 19. Mai 1762 Rammenau, Oberlausitz, † 29. Januar 1814 Berlin
Der Sohn eines armen Bandwebers fiel durch seine Intelligenz dem Gutsherrn auf, der ihn ausbilden ließ. Als Fichte die Universität bezog, um Theologie zu studieren, starb sein Gönner, so daß er mittellos dastand. Er verdiente sich in der Folgezeit sein Brot als Hauslehrer in Zürich und Warschau, als Privatlehrer für die Kantsche Philosophie u. ä. Da wurde er plötzlich ein berühmter Mann: Er besuchte 1792 Kant in Königsberg und überreichte ihm das Manuskript »Versuch einer Kritik aller Offenbarung«. Kant gab es mit einer Empfehlung an seinen Verleger weiter, der es ohne Autorennennung druckte. Alle Welt hielt Kant für den Verfasser, bis Kant das Geheimnis lüftete.
Daraufhin erhielt Fichte 1794 eine Professur in *Jena,* wo er die Studenten begeisterte: »Sein öffentlicher Vortrag rauscht daher wie ein Gewitter, das sich seines Feuers in einzelnen Schlägen entladet.« Er nahm Stellung zur aktuellen Politik, insbesondere trat er für die Rechtmäßigkeit der Französischen Revolution ein. Die Begeisterung erlosch jedoch sofort, als er die Studenten wegen ihres unwürdigen Lebenswandels angriff. Er mußte zeitweise aus Jena fliehen. 1799 mußte er Jena endgültig verlassen, weil er des Atheismus verdächtigt wurde. In *Berlin* nahm man ihn mit offenen Armen auf. Er hielt Privatvorlesungen, wurde 1810 an die neugegründete *Universität* berufen, starb jedoch schon 1814 an einem ansteckenden Fieber.
Seine Hauptwerke sind »Grundlage der gesamten Wissenschaftslehre« 1794, »Naturrecht« 1796, »Der geschlossene Handelsstaat« 1800, »Anweisung zum seligen Leben« 1806, »Reden an die deutsche Nation« 1808.
Bei Kant war die Freiheit des Ichs begrenzt durch die Erkenntnis des »Dings an sich«, das unabhängig außerhalb des Ichs steht. Fichte glaubte, daß dadurch die Freiheit des Ichs unzulässig eingeschränkt werde, und ging daher davon aus, daß die Welt außerhalb des Ichs nicht existiere, sondern im menschlichen Geist geschaffen werde. Für ihn existierte nur, was das Ich in vollkommener Freiheit schafft: die Idee. Davon ging der deutsche Idealismus aus.
Diese Lehre hatte jedoch eine Kehrseite: Wenn dem Ich keine Welt der Dinge mehr gegenübersteht, dann existiert es in einer absoluten Einsamkeit. Was nützt ihm nun die Freiheit? Wird es nicht am Ende auch sich selbst in Frage stellen? Fichte erkannte diese Gefahr und setzte daher der Freiheit des Ichs eine Grenze: in der Freiheit der anderen Menschen, an deren gleichberechtigtem Ich kein Zweifel möglich ist.
Damit deren Gemeinschaft möglich wurde, drang Fichte noch tiefer in das Wesen der Freiheit ein und entdeckte in ihrem Ursprung das Gewissen, in dem sich die absolute Gottheit manifestiert: Wenn »der Mensch durch die höchste Freiheit seine eigene Freiheit und Selbständigkeit aufgibt und verliert, wird er des einzigen wahren, des göttlichen Seins teilhaftig«.
So entwickelte sich Fichte vom Philosophen der absoluten Freiheit über den des Widerspruchs zu dem der absoluten Gottheit. Unter allen deutschen Philosophen war er sicher der aktivste, der zwar selber nie politisch handelte, aber sich in seiner Philosophie immer auf die aktuellen Ereignisse bezog: »Zu einem Gelehrten von Metier habe ich gar kein Geschick; ich mag nicht bloß denken, ich will handeln.« Diesen Wunsch verwirklichte er am deutlichsten in seinen »Reden an die deutsche Nation« 1808 *(Nationalismus),* in denen er versuchte, seine Philosophie mit der Rolle Preußens im Kampf um die nationale Freiheit zu verbinden. In einem Nachruf hieß es: »Sein Grundcharakter war die Überkraft.« In Wirklichkeit stand seine Philosophie in der Spannung zwischen Tatkraft und meditativer Versenkung.
LITERATUR: K. Fischer, F.s Leben, Werke und Lehre. 1914. – W. G. Jacobs, F. in Selbstzeugnissen und Bilddokumenten. 1984.

Carl Philipp **Fohr**
* 26. November 1795 Heidelberg, † 29. Juni 1818 im Tiber bei Rom ertrunken
Nach dem ersten Zeichenunterricht in Heidelberg und Darmstadt konnte er dank der Protektion der Großherzogin von Darmstadt in München studieren, wo er sich besonders mit der altdeutschen Malerei und der mittelalterlichen Literatur auseinandersetzte. *Reisen* führ-

ten ihn nach Tirol und Venedig. 1816 begann er in Öl zu malen. Kurz darauf ging er nach Rom, wo er zum Kreis der deutschen Künstler im Café Greco gehörte. Fohr galt bei seinem frühen Tod als die größte Begabung unter den deutschen Malern, wurde jedoch für lange Zeit fast völlig vergessen.
Sein kleines Œuvre umfaßt Einzel- und Gruppenporträts sowie Landschaften. Viermal porträtierte er Gruppen: 1814 eine Studentenversammlung im Wirtshaus zu Neuenheim bei Heidelberg (das erste Gruppenporträt deutscher Studenten, auch wenn unbekannt ist, wer im einzelnen dargestellt ist), 1815 den Heidelberger Jugendbund im Schloßgarten, ebenfalls 1815 den Freundeskreis als ritterliche Tafelrunde und 1818 die deutschen Künstler im Café Greco. Er führte damit die von *Runge* gestiftete Tradition des Freundschaftsbildes fort, die in Zukunft eine große Rolle spielen sollte. Der Kult der *Freundschaft* mußte den verlorenen religiösen Zusammenhang ersetzen. »Das Höchste ist, wenn zwei Freunde zugleich ihr Heiligstes in der Seele des Andern klar und vollständig erblicken und, ihres Wertes gemeinschaftlich froh, ihre Schranken nur durch die Ergänzung des Andern fühlen dürfen« (Friedrich *Schlegel*). Oft wurden die Freunde in »altteutscher Tracht« *(Mode)* oder in Ritterrüstung dargestellt, Zeichen gemeinsamer Gesinnung.
Ein besonderes Dokument sind seine Skizzen für das römische Gruppenporträt, 45 Blätter, die eine präzise Vorstel-

Carl Philipp Fohr, »Krimhild zeigt Hagen das Haupt Gunters«, Frankfurt a. M., Städelsches Kunstinstitut.

lung vom Typus des jungen Romantikers geben: Seine Augen träumen, als erwarteten sie, daß über einem inneren Horizont ein neues Bild aufsteige.
Bis zu seinem Tod malte er nur wenige Landschaften in Öl, entweder deutsche Landschaften mit Rittern oder italienische Landschaften. Sein letztes Gemälde, »Landschaft bei Rocca Canterano«, blieb unvollendet. Die Frau auf dem Bild ist, nebenbei bemerkt, eine der schönen Töchter der Wirtin Buti, die alle von deutschen Künstlern geheiratet wurden.
LITERATUR: Karl Ph. Fohr. Katalog. 1968.

Carl Philipp Fohr, »Selbstbildnis«, 1816. Heidelberg, Kurpfälzisches Museum.

Friedrich Heinrich Karl Freiherr de la Motte-**Fouqué**
* 12. Februar 1777 Brandenburg, † 23. Januar 1843 Berlin
Der Hugenotte, Enkel eines preußischen Generals, der am Siebenjährigen Krieg teilgenommen hatte, schlug auch die Offizierslaufbahn ein und nahm am Rheinfeldzug 1794 sowie später an den Befreiungskriegen *(Kriege)* 1813 bis 1815 als Mitglied eines *Freikorps* teil. In den Jahren dazwischen und nach 1815 konnte er seinen schriftstellerischen Neigungen auf seinem Gut nachgehen, das er allerdings nach 1830 verkaufen mußte. Er versuchte sich mit öffentlichen Vorlesungen gegen den Zeitgeist über Wasser zu halten, bis ihm der preußische König einen Ehrensold aussetzte, der es ihm ermöglichte, die letzten Lebensjahre sorgenfrei zu verbringen.
Fouqué war zeit seines Lebens der bedeutendste Popularisator nordischer Heldensagen und französischer Rittergeschichten, die er in Epen, Romane, Erzählungen und Schauspiele ohne Zahl umsetzte. Fast sein gesamtes Werk gehörte genauso wie das seiner zweiten Frau Karoline Auguste (* 1773, † 1831), die unter dem Pseudonym Serena schrieb, der Unterhaltungsliteratur an *(Unterhaltungsroman, Theater).* Den pseudowissenschaftlichen Hintergrund lieferte er in den von ihm herausgegebenen Zeitschriften nach *(Bücher).* Von Anfang an sind seine Bücher eine Mischung von »süßlicher Kraft und minniglicher Tugendhaftigkeit«. Nach 1820 wurde der Kitsch in seinem Werk unerträglich. *Heine* schrieb, ein Fouquéscher Held hätte die Kraft von 100 Löwen und den Verstand zweier Esel. Nach 1830 ging Fouqué dazu über, die moderne Welt in Bausch und Bogen zu verdammen.
Mit einem einzigen Buch errang er einen Welterfolg – »Undine« 1811 –, der durch die Opern von E. T. A. *Hoffmann* 1816 und Albert *Lortzing* 1845 verstärkt wurde. Den Stoff fand er bei Paracelsus (* 1493, † 1541). Das übernatürliche Wesen, das weder ganz Geist noch ganz Natur ist, entsprach der romantischen Naturphilosophie *(Naturwissenschaften)* und genauso dem unsicheren Identitätsgefühl seiner Generation. Außerdem geheimniste der Autor seine komplizierten Liebesbeziehungen zu zwei Frauen in die Erzählungen hinein. Doch traf Fouqué ausnahmsweise in diesem Märchen den richtigen Ton, auch wenn hier und da die bei ihm üblichen Manierismen hindurchschimmern.
LITERATUR: A. Schmidt, F. und einige seiner Zeitgenossen. ²1959.

Frauenemanzipation
Die emanzipierte Frau war nicht erst das Werk der Romantik, sondern das der Aufklärung. Zwei bedeutende Erzieher des 18. Jahrhunderts, August Hermann Francke (* 1663, † 1727), der 1706 eine Schule für junge Frauen gründete, und Johann Bernhard Basedow († 1723, † 1790), wehrten sich bereits gegen die

Vorstellung von der Minderwertigkeit der Frau. 1792 behauptete der Stadtpräsident von Königsberg, Theodor Gottlieb von Hippel (* 1741, † 1796), in seiner Schrift »Über die bürgerliche Verbesserung der Weiber«, die Mängel der Frauen seien nur das Resultat der von Männern gemachten Gesetze; man solle den Frauen die vollen Rechte und Verantwortlichkeiten zubilligen.
Doch die Wirklichkeit sah anders aus. Noch 1794 erkannte das »Preußische Landrecht« an, daß die Frau zwar gewisse Rechte an ihren Kindern besitze, jedoch andere als der Vater, nämlich mindere. Wilhelm von Humboldt amüsierte sich, als er *Goethe* in Weimar besuchte und feststellte, daß dieser seine Christiane (* 1765, † 1816) duzte, sie ihn aber umgekehrt siezte. »Das, siehst du, liebes Kind, ist ein Respekt!« schrieb er seiner Frau. Viele Jahre später, als das Pendel wieder zurückgeschlagen war, wunderte sich derselbe Humboldt darüber, mit welch tiefem Respekt seine Tochter ihrem Mann begegnete. Schiller entwarf in seinen Gedichten »Die Glocke« und »Würde der Frauen« realistische Bilder von der Arbeitsteilung zwischen Mann und Frau und von der Rolle der Frau in der bürgerlichen Familie, was August Wilhelm *Schlegel* zu einer Parodie provozierte. Doch so, wie Schiller das Klischee darstellte und selbst für richtig hielt, so sollte es trotz Aufklärung und Romantik noch bis in das 20. Jahrhundert hinein bleiben.
Die im 18. Jahrhundert einsetzende Trennung von Wohnung und Arbeitsplatz belastete die meisten Frauen stärker als bisher. Sie waren allein bei der Kindererziehung, der Krankenpflege und der Hausarbeit, und außerdem mußten viele noch nebenher Heimarbeit leisten. Andererseits entstand langsam, aber sicher für die Frau, zumindest in den gehobeneren Schichten – und allein für diese war die Emanzipation ein Thema –, ein wachsender zeitlicher Freiraum. Zwischen 1680 und 1810 setzte eine Entwicklung ein, die es mit sich brachte, daß die Frau etwas später heiratete als bisher; der Zeitraum zwischen der Geburt des ersten und des letzten Kindes schrumpfte (wie auch die Zahl der Kinder), wodurch sich der Zeitraum bis zur Menopause vergrößerte, und schließlich verlängerte sich die Lebenszeit insgesamt etwas *(Bevölkerung)*. Zwar war dieser Prozeß noch lange nicht zu Ende, aber er lieferte schon jetzt eine äußerliche Voraussetzung für die Bildung der Frau: mehr Freizeit.
Die Frauen wollten zu dieser Zeit noch nicht die beruflichen Chancen der Männer teilen. Sie wollten etwas Freiheit im Haushalt und Teilhabe an der Kultur. Darin wurden sie unterstützt durch die moralischen Wochenblätter und schließlich auch durch die Dichter selbst, so z.B. durch Johann Christoph Gottsched (* 1700, † 1766) und besonders durch Christian F. Gellert (* 1715, † 1769), der in seinen Werken immerzu vorbildliche Frauen in der Rolle der Bücherleserin zeigte. Jetzt gab es auch plötzlich geeignete Literatur für Frauen, dank der Popularisierung der Wissenschaften (zunehmender Verzicht auf die lateinische Sprache u.a.) und der Aufwertung der Belletristik, sprich des Romans *(Unterhaltungsroman)*. Hinzu kam, daß der gutbürgerliche Haushalt jetzt in der Lage war, typisch weibliche Arbeiten wie z.B. Spinnen, Kerzenziehen, Seifemachen, Backen und Brauen an die wachsenden Gewerbe abzugeben. Das Muster einer solch tugendhaften, in Grenzen gebildeten, noch dazu schönen Frau könnte Königin *Luise* abgegeben haben, wie sie denn auch von allen gerühmt wurde.
Die »romantische« Frau zeichnete sich nach allgemeinem Urteil noch durch etwas anderes aus, nämlich durch ein »zügelloses« Liebesleben. Sie war so frei, auch die herkömmliche Moral *(Erotik)* in Frage zu stellen. Tatsächlich waren die Liebesverhältnisse einiger Frauen dieses Kreises kompliziert. Viele von ihnen führten jedoch eine ganz normale bürgerliche Ehe. Einige Frauen wurden außerdem durch ihre *Salons* berühmt, aber auch sie waren nicht zahlreich. Wenige rauchten oder machten von der gewagten nachrevolutionären französischen *Mode* Gebrauch: viel Haut, wenig und wenn, dann dünner Stoff.
Es ist richtig, daß diese wenigen in kurzer Zeit viel Aufsehen erregten, ja mitunter sogar Skandal machten. Die Mehrheit der »romantischen« Frauen verhielt sich jedoch still. Sie sahen ihre Aufgabe darin, dem Mann eine seelenvolle Begleiterin, eventuell sogar Führerin zu sein, ihre Gefühlsausbrüche ereigneten sich im allgemeinen nur in Briefen oder even-

tuell am Klavier, oder sie erhoben sich mit *Jean Paul*, der diesem Publikum seine großen Erfolge verdankte, in die höheren Sphären. Doch im Gedächtnis blieb haften, daß einige Romantiker sich älteren, überlegenen Frauen anvertrauten und das weibliche Element stärker, wenn auch meistens nur im Rahmen der Familie, hervortrat.

LITERATUR: K. Behrens (Hrsg.), Frauenbriefe der Romantik. 1981.

Freikorps

Die Freikorps, Freischaren, Freiwilligen Jäger gehen auf den Siebenjährigen Krieg (1756 bis 1763) zurück, in dem Friedrich der Große anrüchige Elemente mit Husaren zusammengefaßt hatte, die hinter den Linien operierten. 1809 versuchte der Major Ferdinand von Schill (* 1776, † 1809), den König und das Volk mitzureißen, indem er ohne Befehl gegen die Franzosen aus Berlin ausrückte: »Ziehet die Sturmglocken! ... Alles greife zu den Waffen!«

Schill war ein hervorragender Husarenoffizier. In der preußischen Misere 1806/07 hatte er sich bei der Verteidigung Kolbergs ausgezeichnet. Er wurde der Volksheld in der Katastrophe, vergleichbar Andreas *Hofer*. Doch das Volk dachte nicht daran, ihm zu folgen, der König verurteilte ihn. So wurde er schnell von den Franzosen besiegt, die seinen Kopf abschlugen und, in Spiritus eingelegt, dem anatomischen Institut der Universität Leiden schenkten. Seine Offiziere wurden füsiliert. Obwohl seine Tat unklug und sinnlos war, wurde er bald darauf heroisiert.

Reguläre Freikorps wurden 1813 aus Freiwilligen gebildet und hatten großen Zulauf. Aus ihnen sollten sich neue Offiziere rekrutieren. Das berühmteste Korps war das des Freiherrn von Lützow (* 1782, † 1834).

Unter seinem Befehl sammelten sich patriotische Nichtpreußen, die unter der preußischen Fahne für eine deutsche Nation kämpften, wie z.B. der Turnvater Jahn *(Nationalismus)* und der Dichter Theodor *Körner*. Sie bezahlten ihre Equipage selbst und trugen, um einheitlich uniformiert zu sein, schwarz eingefärbte Zivilkleidung mit goldenen Blechknöpfen und roter Paspelierung. Diese Farben sollten 1816 die Burschenschaften übernehmen. Die Nationalfahne der Bundesrepublik Deutschland zeigt die gleichen Farben.

Durch Körners Lieder und Opfertod wurden er und »Lützows wilde verwegene Jagd« zum nationalen Idol erhoben. In Wirklichkeit war ihre nationale Begeisterung überschäumend, aber ihr militärischer Effekt gering, und Körners patriotischer Schwung konnte seine mangelnden Qualitäten als Dichter nicht ersetzen. Seinen Opfertod sagte er in rührender Weise voraus: »Zum Opfertod für die Freiheit und auch für die Ehre seiner Nation ist keiner zu gut, wohl aber sind viele zu schlecht dazu.«

Die Freikorps in ihrer merkwürdigen Mischung aus zweifelhaften und freiwilligen Elementen, von Todesmut und Ungesetzlichkeit waren ein Vorklang der Freikorps der Weimarer Republik, der Partisanen und Guerilleros in aller Welt.

Freundschaft und Einsamkeit

Das Faktum: Befreundet sind u. a. Friedrich *Schlegel* und *Schleiermacher, Wackenroder* und *Tieck, Tieck* und *Novalis, Arnim* und *Brentano,* Bettina von *Arnim* und Caroline von *Günderrode, Overbeck* und *Pforr, Görres* und *Brentano,* Friedrich *Schlegel* und *Novalis, Novalis* und *Ritter*. So könnte man noch lange fortfahren. Im Rahmen dieser Freundschaften sind viele bedeutende Werke entstanden, z.B. »Des Knaben Wunderhorn« (1806 bis 1808), deren Beiträge schwer den einzelnen Mitarbeitern zuzuschreiben sind. Auffallend ist die große Zahl zusammenarbeitender Brüderpaare, wie z.B. der Brüder *Schlegel,* der Brüder *Grimm,* der Brüder *Runge,* der Brüder *Olivier,* der Brüder *Boisserée.* Sie arbeiteten zusammen, sie wanderten zusammen, sie studierten zusammen, sie gingen gemeinsam in den Krieg, sie wollten alles gemeinsam erleben. Wenn sie nicht zusammen sein konnten, dann schrieben sie sich die schönsten Briefe, wie eine Fülle von Sammlungen bezeugen.

Diese Freundschaften standen nicht unter einem verabredeten Ziel (das war in der Aufklärung so gewesen und das sollte bei den *Nazarenern* wieder so sein), sondern sie waren ein Ersatz für die Emanzipation von der Kirchengemeinschaft, ein Ventil für die Anonymität der

Stadt und eine Funktion der so tief empfundenen Einsamkeit gegenüber einem unverständigen Publikum. Werk und Biographie wurden durch das Erlebnis der Freundschaft überhöht, als wenn dort, wo zwei von ihnen zusammen wären, ein neuer Christus gegenwärtig wäre. Auch die Gesellschaften, Akademien, Klubs der Aufklärung hatten die Freundschaft gepflegt. Aber es geschah dort zur Bildung der Humanität, zur Pflege der bürgerlichen Gemeinschaft u. ä. Auch in dieser Zeit gab es schöne Zeugnisse der Freundschaft, etwa zwischen Gotthold Ephraim Lessing (* 1729, † 1781) und Moses Mendelssohn (* 1729, † 1786). Die Klassik gipfelte in der Freundschaft zwischen *Goethe* und Schiller (* 1759, † 1805). Vergleicht man deren Zeugnisse mit denen der Romantiker, so fällt bei letzteren neben dem religiösen Zug das erotische und feminine Element auf. Es ist daher mitunter vermutet worden, daß die Beziehungen auch homosexuell gewesen wären. Friedrich *Schlegel* brach eine Lanze für die Homosexualität, aber er kämpfte für so manches mit Unernst. Die Frage muß offen bleiben, und jede Antwort würde an der Würde dieser Freundschaften nichts ändern.

Es war eine junge Generation, die um 1795 ihre Stimme gemeinsam erhob. Ein Engländer schrieb 1802 über die von *Fichte* in *Jena* zurückgelassenen Studenten: »Nie zuvor sah ich eine solche Versammlung vielversprechender Jünglinge ... und ich fand die verschiedenen Studenten ... begeistert für das neue System des Idealismus.«

Diesen Freundschaften stand die Vereinsamung der Romantiker wie ein Widerspruch gegenüber. Freundschaft vermochte nicht alles zu heilen. Zum einen war die Vereinsamung existenziell bedingt. Schon *Wackenroder* schrieb: »Der bloße Anblick eines Menschen bedrückt mich dermaßen, daß ich nicht mehr frei atmen kann.« Der Künstler begann, an sich selbst zu leiden – eine Tatsache, die sich auch in *Beethovens* »Heiligenstädter Testament« 1802 und in vielen späteren Künstlerbiographien ausdrückt. Verstärkt wurde die Vereinsamung durch die Trennung des Künstlers vom Publikum und allen öffentlichen Geschäften, wie Madame de Staël (* 1766, † 1817) 1803 schrieb: »Die intellektuelle Ausbildung ist perfekt in Deutschland, aber es geschieht dabei alles nur theoretisch; die praktische Erziehung ist einzig und allein mit der Verwaltung verknüpft.«

Dorothea Veit (* 1763, † 1839) schrieb an *Schleiermacher,* als sie noch glaubte, daß die Romantiker in der Lage seien, Revolution zu machen: »Sie gehen tief gebückt durch die kleine Pforte, und Ihr wollt gerade aufrecht durch; freilich zerstoßt Ihr Euch die Köpfe.« Es ist derselbe *Schleiermacher,* der 1806 ein Pfarramt in Berlin übernahm, dieselbe Dorothea, die zusammen mit ihrem neuen Mann, Friedrich *Schlegel,* 1808 im Kölner Dom (wenn schon, dann geschichtsträchtig!) zum katholischen Glauben übertrat und damit eine lange Kette von Konversionen unter den Romantikern einleitete.

Wie sich zeigte, vermochten konfessionelle Bindungen genausowenig wie die romantische Freundschaft die existenzielle Vereinsamung zu überwinden. Nicht von ungefähr wurde diese Generation heimgesucht von Doppelgängern, von Selbstmordideen und seelischen Verstimmungen aller Art. Die Erfahrung, von der Gesellschaft weitgehend ausgeschlossen zu sein, war noch zu neu. Sie trennte die Romantiker von den Aufklärern – es war dies eine grundlegende Unterscheidung, obwohl vereinzelte Erfahrungen bereits vorher gesammelt wurden (z. B. in *Goethes* »Werther«). Gleichzeitig wurde jedoch diese Außenseiterrolle genossen, auch in der Freundschaft.

Caspar David **Friedrich**
* 5. September 1774 Greifswald,
† 7. Mai 1840 Dresden

Friedrich, der wie *Runge* und *Arndt* aus dem damals noch schwedischen Vorpommern stammte, lebte seit 1798 in Dresden, seit 1823 in Hausgemeinschaft mit dem norwegischen Romantiker Johan Christian Clausen Dahl *(Maler),* seit 1824 als Professor der Dresdner Akademie, jedoch ohne Lehrbefugnis. Zu seinen Schülern zählte u. a. *Carus.* Im Laufe seines Lebens hatte er verschiedentlich Kontakt mit *Goethe,* der ihn auch 1805 auszeichnete, obwohl ihm Friedrichs Kunst nicht geheuer war. 1809 brach über Friedrichs »Tetschener Altar« der sogenannte Ramdohr-Streit aus, der die

II.
Reale Landschaften

Joseph Anton Koch, »Der Schmadribachfall«, 1811.
München, Neue Pinakothek.

Karl Blechen, »Badende Mädchen im Park von Terni«,
zwischen 1829 u. 1835.
Hannover, Niedersächsisches Landesmuseum.

Georg Friedrich Kersting, »Theodor Körner, Friesen und Hartmann auf Vorposten«, 1815. Berlin (West), Staatliche Museen Preußischer Kulturbesitz, Nationalgalerie.

Adrian Ludwig Richter, »Die Überfahrt am Schreckenstein«, 1837.
Dresden, Staatliche Kunstsammlungen, Gemäldegalerie, Neue Meister.

Leo von Klenze, »Walhalla mit Salvatorkirche in Donaustauf«, 1839.
Regensburg, Städtisches Museum.

Fronten zwischen Klassizisten und Romantikern klärte.
Friedrich zählt zu den großen Wanderern *(Reisen)* unter den Romantikern. Insbesondere galt seine Liebe der Insel Rügen, die er »entdeckte«, dem Harz und Nordböhmen einschließlich des Riesengebirges. Er gehörte zu den wenigen bedeutenden Künstlern dieser Zeit, die Italien nie betraten. 1816 schrieb er darüber, nachdem er ein römisches Skizzenbuch betrachtet hatte: »Ich kann mir es jetzt recht schön denken, nach Rom zu reisen und dort zu leben. Aber den Gedanken von da wieder zurück nach Norden könnte ich nicht ohne schaudern denken; das hieße nach meiner Vorstellung so viel als sich selbst lebendig begraben.«
Tatsächlich sind ja viele deutsche Künstler für immer in Rom geblieben. Friedrich fühlte, daß sich die Eigenheiten seiner Kunst schwer mit dem mediterranen Licht, den Vorbildern der Antike und dem römischen Lebensgefühl vereinbaren ließen.
Friedrich war zuallererst Landschaftsmaler. Seine berühmtesten Gemälde sind: »Tetschener Altar« 1808, »Der Mönch am Meer« 1810, »Kreidefelsen auf Rügen« (Stubbenkammer) um 1819, »Das Eismeer« 1824 und »Die Lebensstufen« um 1834.
Vordergründig betrachtet, enthalten seine Bilder viele Anspielungen auf die nationale Situation (z. B. in Form gespaltener oder aufrechter Eichen, gotischer Kirchen u. a. als Symbole für den Zustand der deutschen Nation), die auch von den Zeitgenossen verstanden wurden. Doch jedes Bild war mehr als ein aktuelles Zitat oder ein topographischer Beleg: Friedrich war, wie sein englischer Zeitgenosse, der Landschaftsmaler John Constable (* 1776, † 1837), als Maler auch »Naturphilosoph«.
Schelling meinte 1807: »Das höchste Verhältnis der Kunst zur Natur ist dadurch erreicht, daß sie diese zum Medium macht, die Seele in ihr zu versichtbaren.«
Der Künstler fand dafür die rechten Mittel nur in sich selbst. Friedrich schrieb: »Schließe Dein leibliches Auge, damit Du mit dem geistigen Auge siehest Dein Bild. Dann fördere zutage, was Du im Dunkeln gesehn, daß es zurückwirke auf andere von außen nach innen.«
Das Bild, das dieses Gespräch zwischen Künstler und Betrachter herstellte, war immer ein Bild der Natur, ein Landschaftsbild. Die Landschaft erhielt dadurch eine sakrale Weihe, sie wurde der Altar der Kunst. Früher hatten die Menschen die Natur, der sie sich schutzlos ausgeliefert fühlten, gefürchtet. Im 18. Jahrhundert änderte sich langsam das Verhältnis: Der Mensch entdeckte den ästhetischen Reiz der Natur, auch oder gerade dort, wo sie nach wie vor übermächtig war, z. B. in den Eisriesen der Alpen oder der Gewalt des Meeres, eine Einstellung, die eine Distanzierung von der Natur voraussetzte. Sie wurde nicht mehr als etwas Gottgegebenes hingenommen, sondern dem subjektiven Empfinden unterworfen.
So konnte Friedrich bereits auf einer malerischen und gefühlsmäßigen Tradition aufbauen; seine Bildwelt hat er nicht plötzlich »erfunden«, er ist auch keineswegs so typisch deutsch, wie oft vermutet. Doch in seiner Prägung religiöser Zeichen in der Landschaft, in seiner Symbolik war er wegweisend.
1807 erhielt Friedrich den Auftrag, eine Landschaftsskizze in ein Altarbild für eine kleine Schloßkapelle umzusetzen. Das Bild zeigte einen aufragenden, von Bäumen bewachsenen Felsen, auf dem ein Kreuz steht. Hinter der Landschaftskulisse geht die Sonne auf, deren Strahlen den Himmel ausleuchten. Auf Friedrichs Vorschlag hin erhielt das Bild einen plastischen Rahmen, ebenfalls voller Symbole, der die Verbindung zwischen Architektur und Bild stiften sollte. Der »Tetschener Altar« war das erste Landschaftsbild in der christlichen Kunst, das so deutlich seinen religiösen Anspruch geltend machte. Friedrich lehnte es jedoch ab, weitere derartige Bilder, womöglich für große Kirchen, zu malen: Die Proportionen schienen ihm dann verfehlt zu sein.
1809 wandte sich ein Kritiker namens von Ramdohr gegen den Anspruch dieses, wenn auch privaten, Altarbildes. Es sei »eine wahre Anmaßung, wenn die Landschaftsmalerei sich in die Kirche schleichen und auf die Altäre kriechen« wolle. Außerdem wetterte er gegen den Mangel an Perspektive und »jenen Mystizismus, der Symbole, Phantasien für malerische und poetische Bilder ausgibt und das klassische Altertum mit gotischem Schnitzwerk, steifer Kleinmeiste-

rei und mit Legenden vertauschen möchte!«
Alle diese Vorwürfe waren nicht unberechtigt, so eifrig sich auch Friedrichs Freunde für ihn verwandten. Friedrich selbst erkannte bald, daß seine Ziele von anderen Malern herabgedeutet wurden: So wurde das Abendmahl zum »Abendessen« profaniert, die *Nazarener* malten »vertrocknete Marien mit einem verhungerten Jesuskind«, und das Kreuz wurde dort hingestellt, wo »ein wiederkäuender Ochse« besser hingepaßt hätte.
Ramdohr sah auch richtig, daß Friedrich auf manche zentralperspektivische Elemente verzichtete, aber Friedrich wollte genau das: So stand in vielen seiner Bilder, z. B. in »Der Mönch am Meer«, der Mensch unmittelbar vor dem All, dessen gewaltiger Eindruck ihn erschüttern sollte. *Kleist*, auf einem Text *Arnims* und *Brentanos* fußend, beschrieb das Gefühl so: »Das Bild liegt mit seinen zwei oder drei geheimnisvollen Gegenständen wie die Apokalypse [!] da, als ob es Youngs Nachtgedanken hätte, und da es in seiner Einförmigkeit und Uferlosigkeit nichts als den Rahmen zum Vordergrund hat, so ist es, wenn man es betrachtet, als wenn einem die Augenlider weggeschnitten wären. Gleichwohl hat der Maler zweifelsohne eine ganz neue Bahn im Felde seiner Kunst gebrochen . . .«
Die Neuerung bestand darin, daß einmal der Mensch vor der Natur seine völlige Vereinsamung spürte, zum anderen das Bild das Unendliche selbst darstellte. Zwischen dem Mönch und der Natur und zwischen dem Betrachter und dem Bild fehlte die gewohnte Verbindung, die Perspektive, die seit der Renaissance kontinuierlich zwischen Vor-, Mittel- und Hintergrund vermittelte. Der Mensch wurde nicht mehr von der Natur umhüllt, sondern in ihr trat ihm das Nichts gegenüber. »Der Mönch am Meer« wurde auf Veranlassung des preußischen Kronprinzen, des späteren Königs Friedrich Wilhelm IV. (* 1795, † 1861), vom Hof gekauft.
Bestimmte Motive kehren wie symbolische Leitfiguren in Friedrichs Bildern immer wieder, so z. B. der Betrachter, der wie ein Museumsbesucher in das Bild hineinschaut, als würde er ein Panorama studieren. Er steht wie eine Silhouette da, genau in der Blickachse des Kunstfreundes, so daß man sich mit ihm identifiziert. In der Ferne verschwimmt der Horizont. Die Landschaften sind als pommersch, böhmisch u. a. zu erkennen, was aber nicht darüber täuschen darf, daß Friedrich örtliche Gegebenheiten nach seinen künstlerischen Bedürfnissen versetzte oder veränderte. Die seltsame Vermischung von romantischer Landschaftsstimmung und Zuwendung des isolierten Betrachters im Vordergrund erinnert an einige Gedichte *Eichendorffs*, die in der Ichform geschrieben sind, so z. B. »Im Herbst« oder »Mondnacht«, das mit der Strophe endet:

»Und meine Seele spannte
Weit ihre Flügel aus,
Flog durch die stillen Lande
Als flöge sie nach Haus.«

Zu den eindrücklichsten Motiven gehören seine Winterbilder, Ruinen, Friedhöfe u. a. Das wohl berühmteste Bild ist »Das Eismeer«. Im Barock war die Ruine eine moderne Version des Vanitas-Bildes, Mahnmal der Vergänglichkeit. Bei Friedrich hatte sie jedoch noch eine weit tiefere Bedeutung: Er malte Ruinen im Winter, aber auch von Pflanzen überwuchert, Ruinen ohne Menschen und mit winzigen Figuren, er arrangierte Ruinen, versetzte sie in andere Landschaften und, merkwürdig genug, verwandelte bekannte heile Bauwerke in Ruinen. Schon Hubert Robert (* 1733, † 1808), der auf die Darstellung von Ruinen spezialisiert war, hatte die Kolonnaden des Louvre als Ruine vorgestellt; auch die Titelheldin des Romans »Corinna« 1807 der Madame de Staël (* 1766, † 1817) hatte sich ausgemalt, wie denn wohl die Peterskirche als Ruine wirken würde usw. Im Kontext der Friedrichschen Ruinenbilder sollte die Verwandlung wohl die Vision von der Zerstörung der Welt signalisieren. Keine Stimmung, der Friedrich seine Ruinen nicht unterwarf, jede wies darauf hin, daß »die gestörte Natur« das Menschenwerk einebnen würde. Der Winter, das Eis waren Sinnbilder des Todes, der erstarrten Natur. Sie waren aber keine Memento-mori-Bilder im herkömmlichen Sinn mehr, die den Menschen an seine eigene Sterblichkeit erinnern sollten, sondern der Versuch, das Unermeßliche, Ewige selbst ins Bild zu bringen. Dieser schwer faßbare Gegenstand nahm bei Friedrich gern die

Gestalt des Winters an. Er schrieb dazu in einem Gedicht:

»Warum, die Frag ist oft zu mir ergangen
Wählst Du zum Gegenstand der Malerei
So oft den Tod, Vergänglichkeit und Grab?
Um ewig einst zu leben
Muß man sich oft dem Tod ergeben.«

Es besteht kein Zweifel daran, daß Friedrich ein gläubiger Christ war, aber die Radikalität seiner Einsamkeits- und Todesbilder rückte weit von jeder landläufigen Frömmigkeit ab. Viele Romantiker waren dieser Spannung nicht gewachsen. Sie wandten sich entweder der Religion zu oder zerbrachen an dieser Problematik. Die innere Nähe der Friedrichschen Winterbilder zu dem *Schubert*schen Liederzyklus »Die Winterreise« ist auffallend. Der vereinsamte Mensch, vom Seelentod, von der inneren Kälte bedroht - das war kein Thema, das Friedrich allein naheging.
Friedrich wurde zunächst verkannt und vergessen, wie sein Landsmann *Runge.* Beide traten erst wieder 1906 mit einer großen Romantiker-Ausstellung in das Bewußtsein der Deutschen. In der Zwischenzeit hatten Romantiker das Bild bestimmt, deren Frömmigkeit, wie z.B. bei den *Nazarenern* oder *Richter,* einfacher zu akzeptieren war.
LITERATUR: H. Börsch-Supan/K. W. Jähnig, C. D. Friedrich. 1973. - W. Sumowski, C. D. Friedrich-Studien. 1970. - C. D. Friedrich. Katalog. 1974. - G. Fiege, F. in Selbstzeugnissen und Bilddokumenten 1981. - Schlösser, Burgen, Ruinen in der Malerie der Romantik. Kat. Heidelberg 1965. - Die Ruine Eldena im Werk von C. D. Friedrich. Der Kunstbrief Nr. 25. Berlin. o. J.

Gesamtkunstwerk
Die Wallfahrtskirche in der Wies bei Steingaden in Oberbayern, 1746 bis 1754 von Dominikus Zimmermann erbaut, ist ein Gesamtkunstwerk. Zum letzten Mal stiftete hier ein gesellschaftlich anerkannter, allgemein verbindlicher Stil, das bayerische Rokoko, eine Einheit, die es mehreren Künsten, Architektur, Plastik, Malerei, Musik, erlaubte, gemeinsam einem erhabenen Zweck zu dienen. Diese Einheit zerfiel mit der Aufklärung. So verwandten z.B. Lessing und Herder viel Mühe darauf, die Eigenheiten der verschiedenen Künste voneinander zu scheiden, und *Goethe* schrieb 1798 in seiner Zeitschrift »Propyläen«, dem Konkurrenzunternehmen zum »Athenäum« der Romantiker:
»Eines der vorzüglichsten Kennzeichen des Verfalls der Kunst ist die Vermischung der verschiedenen Arten derselben«, wobei das Wort »Vermischung« schon beinahe einen moralischen Beigeschmack hatte. Er fuhr fort: »Die Kunst selbst sowie ihre Arten sind untereinander verwandt, sie haben eine gewisse Neigung sich zu vereinigen, ja sich ineinander zu verlieren; aber eben darin besteht die Pflicht, das Verdienst, die Würde des echten Künstlers, daß er das Kunstfach, in welchem er arbeitet, von anderen abzusondern, jede Kunst und Kunstart auf sich selbst zu stellen und sie aufs möglichste zu isolieren wisse.«
Schiller dachte in diesem Punkte »moderner«, »romantischer«. *Runge* war der erste, der sich in seinem Werk intensiv damit auseinandersetzte, ein neues Gesamtkunstwerk zu schaffen. Die außerordentliche Schwierigkeit bestand darin, daß jede Kunst nur noch Zeugnis einer Person, einer Subjektivität war, nicht mehr Teil einer Gesellschaft und deren Stils. Die Aufgabe, die der vereinzelte und vereinsamte Künstler nun lösen mußte, war um ein Vielfaches schwieriger als in den vorangegangenen Zeiten, wahrscheinlich unlösbar.
In Zusammenarbeit mit *Tieck* kam Runge zu der Erkenntnis, daß die Empfindung wichtiger sei als der Inhalt eines Bildes. So wurden die Bildinhalte zu bloßen Zeichen - letzten Endes war hier der Weg gewiesen zum autonomen Kunstwerk, unabhängig von gegenständlicher oder ungegenständlicher Darstellung, ein Gedanke, der Runge zwar schon bewegte, den er aber noch nicht konsequent zu Ende dachte. Vehikel seines Versuchs, ein solches Gesamtkunstwerk erstmals zu schaffen, war der Zyklus der »Tageszeiten«, der wie eine Partitur zu lesen ist, entsprechend dem *Novalis*-Fragment: »Die musikalischen Verhältnisse scheinen recht eigentlich die Grundverhältnisse der Natur zu sein.« Doch wäre ein solcher Gedanke nicht sofort sichtbar - hier begann folgerichtig ein weiterer Kreuzweg der modernen

Kunst: Die Subjektivität des Künstlers und die Absolutheit des Kunstwerkes bedürften zu ihrem Verständnis des Kommentars.
Eine andere Bemühung um das Gesamtkunstwerk kam von *Schinkel*, der z.B. 1810 unter seine Lithographie »Gotische Kirche hinter Bäumen« schrieb: »Versuch, die liebliche sehnsuchtsvolle Wehmut auszudrücken, welche das Herz beim Klange des Gottesdienstes, aus der Kirche herschallend, erfüllt.« Auch seine berümten Dekorationen zu Mozarts »Zauberflöte« 1816 legten vom Willen zum Gesamtkunstwerk Zeugnis ab.
Für alle Romantiker war die *Musik* die höchste aller Künste, in der sich alle vereinten, weil sie der Religion am nächsten stand. Dafür hatten sie zwei aktuelle Anlässe: Auf ihren Reisen durch Süddeutschland lernten sie in den Kirchen und an den Höfen die lebendige katholische Barockmusik, oft in Form von Messen, kennen, und unter ihnen lebte *Beethoven*, den sie als einen der ihren betrachteten. Er schrieb nicht nur die letzte Messe in der alten Tradition (»Missa solemnis«, 1823), sondern auch die 9. Symphonie »An die Freude« (1824). Die Symphonie war für viele der Ausdruck des Gesamtkunstwerks schlechthin, der Zusammenklang vieler verschiedenartiger Stimmen.
In diesen großen Zusammenklang konnte der Romantiker dank seiner Empfindungskraft alles hineinziehen, was ihn gerade bewegte, so Bettina von *Arnim* z.B. im Zusammenhang mit Andreas *Hofer* selbst den *Krieg:* »...so scheint mir auch jede große Handlung ein musikalisches Dasein; so mag wohl die musikalische Tendenz des Menschengeschlechts als Orchester sich versammeln und solche Schlachtsymphonien schlagen, wo denn die genießende, mitempfindende Welt neu geschaffen, von Kleinigkeit befreit, eine höhere Befähigung in sich gewahrt.«
Ein spätes Zeugnis dieser Zeit ist Moritz von *Schwinds* großes Bild »Die Symphonie« (1852), für einen großen Konzertsaal als Fresko gedacht, das wie eine Symphonie aufgebaut ist. Im letzten »Satz« sehen wir Orchester und Publikum vereint unter *Beethovens* Büste, im Orchester *Schubert*, im Publikum *Grillparzer*, der Maler selbst blättert der Pianistin die Noten um.
Diesen Bestrebungen um das Gesamtkunstwerk entsprach die in dieser Generation besonders auffallende Häufung von Doppel- und Mehrfachbegabungen. Das berühmteste Beispiel war E. T. A. *Hoffmann*. Hochmusikalisch waren ohnedies fast alle Romantiker.
Die Idee des romantischen Gesamtkunstwerkes wurde schließlich von Richard Wagner aufgegriffen und vollendet.
Literatur: Der Hang zum Gesamtkunstwerk. Katalog 1983.

Gesellschaft
Das Jahr 1800 kannte noch kaum ein Proletariat im modernen Sinn, aber eine relativ große Schicht von Rechtlosen, die mitunter in den Untergrund auswichen und das Land als Vagabunden, Bettler, Räuber u. a. überzogen. Es war auch das Zeitalter des Schinderhannes (Johann Bückler, * 1777, † 1803 durch den Henker), der sich mit seiner Räuberbande auf jüdische Kaufleute spezialisierte und so ein »Volksheld« wurde. Schillers »Räuber« (1781) hatten einen realen Kern. Das unstete Dasein vieler Romantiker, ihr Interesse für Außenseiter der Gesellschaft hatte konkrete Vorbilder. Auch die Furcht freier Autoren, aufgrund ihrer sozial ungesicherten Existenz tatsächlich auf die Straße gehen zu müssen, war nicht unbegründet.
Mit den Klagen der Bevölkerung über die sozialen Mißstände und ihre Folgen könnte man Bücher füllen. Außer von Räuberbanden wurde das flache Land besonders von Bettlerheeren regelrecht überfallen. Die beginnende Industrialisierung, die bereits ihre ersten Opfer forderte, führte z.B. in der schlesischen Textilindustrie zu Aufständen. In den Städten, z.B. in *Berlin*, lungerten die Soldaten herum. Selbst Offiziere mußten betteln gehen, da ihnen der Staat zwar notfalls ein Adelsprädikat verleihen, aber nicht so viel zahlen konnte, daß sie davon auch nur annähernd standesgemäß leben konnten. Dazu kam in den Städten das Dienstpersonal, das sich aus der Landarbeiterschaft rekrutierte.
In den Statistiken, soweit sie überhaupt vorhanden sind oder sich erstellen lassen, kam diese Unterschicht gar nicht vor. Es war immer noch üblich, die Bevölkerung in die drei Kategorien: Adel,

Bürger und Bauern einzuteilen. Für das Weimar der Goethezeit ließ sich folgende Relation ermitteln: ein Prozent machte der Adel aus, 23 Prozent das städtische Bürgertum, 63 Prozent die Bauern und 13 Prozent Gesellen, Facharbeiter, Dienstpersonal und Tagelöhner. Für *Wien,* die Hauptstadt Österreich-Ungarns, ging man davon aus, daß es um 1800 20 prinzliche, 50 Freiherrn- und 30 bis 70 gräfliche Familien gab, insgesamt einen Hochadel von weniger als 1000 Köpfen. Dazu kamen noch 4000 bis 5000 Besitzbürger. Beide Gruppen zusammen machten etwa 1/25 der Bevölkerung aus. Es war ferner bekannt, daß von der gesamten Bevölkerung Wiens 40000 Personen Dienstboten waren, ein knappes Drittel der Bevölkerung.

Was die Menschen in der Romantik verdienten, sagt heute nicht viel aus, da die Lebensumstände zu verschiedenartig sind. Die Einnahmen verraten daher nur etwas über die Größe der Unterschiede zwischen den sozialen Kategorien. So lag das Einkommen eines Wiener Prinzen zwischen 100000 und einer Million Gulden pro Jahr. Ein geadelter Bankier konnte viele Prinzen leicht überflügeln. Ein Großkaufmann brachte es dagegen nur auf 30000 Gulden (1781). Dasselbe verdiente der Inhaber einer großen Schneiderwerkstatt. Ein Hofrat schließlich, hinter dem Minister und dem Staatsrat an dritter Stelle in der Verwaltungshierarchie, bekam 4000 Gulden (1773). Mozart (* 1756, † 1791) schätzte, daß sich ein bescheidener Hausstand gründen ließ, wenn man etwas mehr als 1200 Gulden im Jahr einnahm. Ein Hauslehrer, der das Glück hatte, bei einer reichen Familie unterzukommen, erhielt neben Unterkunft und Verpflegung ganze 300 bis 700 Gulden. Dieses Hauslehrerdasein mußten einige Romantiker auf sich nehmen, z. B. *Hegel* und *Hölderlin;* sie behielten aus dieser Zeit einen abgrundtiefen Zorn auf die Oberschicht zurück.

Die Schätzungen, wieviel jemand von seinem Einkommen für den Lebensunterhalt ausgeben mußte, schwanken stark. Für Berlin um 1800 nimmt man an, daß eine fünfköpfige Maurerfamilie 73 Prozent ihres Einkommens für Lebensmittel verbrauchte, davon 44 Prozent für Brot, 15 Prozent für tierische Produkte, zwölf Prozent für weitere pflanzliche Nahrungsmittel und zwei Prozent für Getränke. Die Miete machte 14 Prozent aus, Licht und Heizung sieben Prozent, Kleidung und alles übrige sechs Prozent. Andere, generelle Schätzungen gehen davon aus, daß 60 Prozent für Lebensmittel ausgegeben wurden und 17 Prozent für Kleidung. Man kann sich vorstellen, was unter diesen Umständen für »kulturelle Bedürfnisse« zur Verfügung stand, falls sie überhaupt vorhanden waren, und wie die materielle Grundlage eines »frei« schaffenden Romantikers aussah.

Die Zahlen erhellen auch, welch enorme Bedeutung nach wie vor das Brot hatte. Die Kartoffel als ein damals modernes Mittel gegen die periodisch auftretenden Hungersnöte kam jetzt hinzu. In der Kleidung überwog noch das Leinen bei weitem. Der Pro-Kopf-Verbrauch pro Jahr wird für 1800 auf vier Ellen Leinen, eine halbe Elle Wolle und dreiviertel Ellen Baumwolle geschätzt (1 Elle = 60 cm).

Den Lebensstandard kann man auch ungefähr ermessen, wenn man die durchschnittlichen Einkommen mit den notwendigen Mindesteinkommen vergleicht. So betrug 1800 das Existenzminimum für Berlin 133 Reichstaler im Jahr. Ein Mitglied der Oberschicht nahm 2000 Taler ein, ein Angehöriger der Mittelschicht 900 Taler und ein Tagelöhner vielleicht 400 Taler – um 1750! Zwischen 1750 und 1800 fand jedoch eine große Teuerung statt, besonders im Nordwesten, mit der die Löhnung nicht Schritt hielt. Diese Teuerung war eine der Ursachen der Verelendung weiter Kreise, die zu den Bettel- und Räuberbanden führte. Dazu kamen die noch nicht überwundenen Folgen des Siebenjährigen Krieges 1756 bis 1763 (der in Wirklichkeit der erste Weltkrieg war), die periodischen Mißernten und Seuchen, die sich auch nach 1800 fortsetzten, schließlich der Beginn der Mechanisierung der Arbeit und die unendlichen Folgen der Französischen Revolution 1789 mit all den *Kriegen,* die bis 1815 währten.

Mit anderen Worten: In der Romantik spiegelt sich, oft in der extremen Form der Verweigerung oder Verschweigung, eine Kette verschiedenartiger Ereignisse, die fortwährend neue Unruhe auslösten. Die mit der Inflation gekoppelte wirtschaftliche Entwicklung führte z. B. auch

dazu, daß die Bedürfnisse eines größeren, des kaufkräftigen Teils der Bevölkerung stiegen. Man buk in zunehmendem Maße sein Brot nicht mehr selbst zu Hause, statt dessen entwickelte sich jetzt überproportional das Bäckereigewerbe. Ähnlich gut erging es den Schneidern; ein Fünftel der Schneider waren bereits Frauen.
Gleichzeitig begann die Trennung der Wohnung vom Arbeitsplatz. Die wirtschaftliche Entwicklung des Bürgertums, das seit der Französischen Revolution 1789 zur herrschenden Schicht aufgestiegen war, und der Manufakturen führte schließlich auch zu dem Bestreben, den Besitz nach Möglichkeit vor all den unvorhersehbaren Ereignissen, die man fürchten gelernt hatte, zu schützen: So entstand 1819 in Gotha die erste Feuerversicherung.
Die Welt wurde zusehends komplizierter. Es entstand als eine neue Zelle der Gesellschaft, als Ersatz für den Haushalt *(Bevölkerung)*, die Familie im modernen Sinn, wie sie Schiller in dem Gedicht »Die Glocke« darstellte (das allerdings bald von den *Schlegels* parodiet wurde).
Der alte gesellschaftliche Rahmen zerfiel. Man mußte sich neu orientieren, damit man nirgendwo anstieß. Dafür wurden neue allgemeine Regeln aufgestellt und in dem ersten erfolgreichen Ratgeber seiner Art verbreitet, im »Knigge«, so genannt nach Adolf Freiherr von Knigge (* 1752, † 1796) und seinem Buch »Über den Umgang mit Menschen« (1788), ein Buch, das erst möglich wurde, nachdem der Mensch sich selbst fremd geworden war, wie es bei den Romantikern oft zu beobachten ist.
LITERATUR: H. Brunschwig, Gesellschaft und Romantik in Preußen im 18. Jahrhundert. 1976.

Johann Wolfgang von **Goethe**
* 28. August 1749 Frankfurt a. Main, † 22. März 1832 Weimar
1789, Goethe war 40 Jahre alt, brach die Französische Revolution aus *(Politik)*. 1793 wanderten *Tieck* und *Wackenroder* gemeinsam durch Franken. Von 1795 bzw. 1796 bis 1801 bzw. 1802 bildeten die Brüder *Schlegel* in Schillers *Jena*, nur 22 Kilometer von Goethes Weimar entfernt, den Mittelpunkt der Frühromantik. 1786 bis 1788 und 1790 reiste Goethe nach Italien. 1794 schloß er *Freundschaft* mit Schiller, die bis zu Schillers Tod 1805 währte.
Dieses Datengerüst deutet an, daß Goethe (und Schiller) ihre Entwicklung bereits abgeschlossen hatten, als die Französische Revolution ausbrach. Sie gehörten einer anderen Generation an als die Frühromantiker, die durch diese Revolution ihre wesentliche Prägung erfuhren. Die »klassische Periode« Goethes und Schillers, die mit ihrem Bund gleichgesetzt wurde, lief zeitlich parallel mit dem frühromantischen Aufbruch, noch dazu auf demselben Schauplatz, im Großherzogtum Sachsen-Weimar. Goethe war der für die Universität Jena zuständige Minister, wo Schiller, aber auch *Fichte, Schelling,* die Brüder *Schlegel* u. a. lehrten.
Als die Frühromantiker auftraten, hatte Goethe eine Reihe von Werken, die auf die Romantik hinzuweisen schienen, abgeschlossen. 1773 veröffentlichte er seine Huldigung der Gotik (»Von deutscher Baukunst«), gleichzeitig sein Drama über einen mittelalterlichen Helden (»Götz von Berlichingen«), 1774 folgte sein Roman »Die Leiden des jungen Werther«, der ihn weltberühmt machte, und 1790 der »Urfaust«. Werther war maßlos in Leidenschaft und Empfindsamkeit, Faust maßlos in Grübelei und Neugier.
Mit diesen und anderen Werken trug Goethe dazu bei, das politisch zerrissene Deutsche Reich zu einer Kulturnation zu bilden. Weimar war für dieses Reich, was Paris für Frankreich, London für England war: der kulturelle Mittelpunkt. Seine Entwicklung befähigte Goethe dazu, die Romantiker zu würdigen, auch wenn er für sich inzwischen zu der Erkenntnis gekommen war, daß die Anschauung der Natur und der Antike dem Künstler die Maßstäbe setzen sollte. Das hinderte ihn aber bis an sein Lebensende nicht daran, neue Talente, wenn auch mitunter kritisch, zu begrüßen.
Die Romantiker feierten Goethe anfangs enthusiastisch. Sie waren es, die durch ihre positiven Kritiken, besonders von »Wilhelm Meisters Lehrjahren« ab 1795, seinen schon verblassenden Ruhm wieder auffrischten. Aber im Laufe der Jahre wurden beiden Seiten die von Anfang an bekannten Unterschiede immer bewußter. Dazu kamen persönliche Ani-

mositäten wie in jeder literarischen Clique; krasse Fehlurteile Goethes, etwa über *Brentano, Hölderlin* und *Kleist,* wie sie ebenfalls in der besten Kritikerlaufbahn unvermeidlich sind; und auch der Kampf der Konkurrenten um Leser, besonders auffällig zwischen den Zeitschriften *(Bücher)* beider Parteien.
Im Rückblick sagte Goethe 1830 über die Romantik etwas, was seitdem zur Weltanschauung hochstilisiert wurde: »Das Klassische nenne ich das Gesunde und das Romantische das Kranke.... Das meiste Neuere ist nicht romantisch, weil es neu, sondern weil es schwach, kränklich und krank ist, und das Alte ist nicht klassisch, weil es alt, sondern weil es stark, frisch, froh und gesund ist.«
Aus der Auseinandersetzung mit einzelnen Künstlern, wie z.B. *Friedrich* und *Runge,* die er persönlich kannte und in Grenzen schätzte, geht deutlicher hervor, was er meinte: ihn störte die Betonung des »Interessanten«, das allzu Subjektive an der romantischen Kunst, der Verzicht auf die klassischen Normen; und er sah sich durch das Schicksal mancher Künstler, etwa von *Kleist* und *Runge,* in seinem Urteil bestätigt.
Aber er war sich auch darüber klar, daß seine Zeitgenossenschaft mit Romantikern nicht zufällig war. Er schätzte die Brüder *Schlegel,* obwohl gerade sie es waren, die zu Beginn des neuen Jahrhunderts selbstbewußt den Unterschied der Romantik ihm gegenüber definierten. Er führte, wenn auch erfolglos, Dramen von ihnen in Weimar auf. Er besprach »Des Knaben Wunderhorn« *(Arnim)* positiv und verkehrte zeitweise freundschaftlich mit dem wirklich exzentrischen Zacharias *Werner.*
Entschieden wandte er sich jedoch immer gegen »das neukatholische Künstlerwesen«, insbesondere die *Nazarener,* obwohl er auch bei ihnen differenzierte, gegen »das klosterbrudrisierende, sternbaldisierende Unwesen«. Den Schwenk der Romantiker – fort von der antiken Norm und dem Vorbild der Natur, hin zur Betonung des eigenen Ichs mit all seinen Schatten- und Nachtseiten, hin zu einem Ich, das nun zu seiner Erlösung der christlichen Religion bedürftig sei – machte er nicht mit.
Es wäre ein Mißverständnis, aus dieser lebhaften, mitunter freundschaftlichen, mitunter zornigen Auseinandersetzung auf zwei unvereinbare Anschauungen zu schließen. Zu ihrer Zeit und in Goethes Person scheinen sie vereint. Die Romantik war die Grundtendenz Europas zu dieser Zeit. Goethes Klassik, vor allem auch sein späteres Werk, kann als eine einmalige, zeitweilige Überhöhung der Romantik verstanden werden.

LITERATUR: R. Friedenthal, G. Sein Leben und seine Zeit. 1963. – P. Boerner, G. in Selbstzeugnissen und Bilddokumenten. 1982.

Joseph von **Görres**

* 25. Januar 1776 Ehrenbreitstein bei Koblenz, † 29. Januar 1848 München
Der Sohn eines Floßhändlers und einer Italienerin mußte sein Medizinstudium unterbrechen, als die Franzosen 1793 im Rheinland einmarschierten. Görres wurde politischer Agitator für die neue Freiheit und gründete ein Journal »Das rote Blatt«, das von der Besatzung verboten wurde, aber für kurze Zeit noch einmal unter dem Titel »Rübezahl« auflebte. Darin bewies er seine außerordentliche Begabung für Pamphlet und Demagogie. 1799 führte er eine Delegation nach Paris, die die Einverleibung des linken Rheinufers in Frankreich bewirken sollte. Dort erkannte er jedoch, daß das neue Frankreich genauso schlecht war wie seine Besatzung im Rheinland und daß »in Napoleon der Welt eine Tyrannei erwachse, wie sie seit der Römerzeit nicht mehr eingetreten sei«. Er legte sein Amt nieder, schied aus der Politik aus, widmete sich einige Jahre lang naturwissenschaftlichen bzw. naturphilosophischen Studien und schrieb darüber Bücher.
1806 begann eine neue Phase, als er mit *Arnim, Brentano* und anderen Romantikern in *Heidelberg* zusammentraf und -arbeitete. Er war an der »Zeitung für Einsiedler« (»Trösteinsamkeit«) 1808 beteiligt, schrieb mit *Brentano* zusammen 1808 »Die Wunderbare Geschichte von BOGS dem Uhrmacher«. Vorher hatte er, während *Arnim* und *Brentano* 1806 bis 1808 an »Des Knaben Wunderhorn« arbeiteten, 1807 über »Die deutschen Volksbücher« geschrieben, um das deutsche Volk wieder mit den deutschen Sagen des Mittelalters vertraut zu machen. Wie so oft in der frühen Romantik, wäre auch Görres nicht auf die Idee gekom-

men, in dieser Beschäftigung mit dem Mittelalter eine Flucht aus der Politik zu sehen. Im Gegenteil: Görres hoffte, dadurch dem Nationalgeist zum Selbstbewußtsein zu verhelfen, so daß dann die befreiende Tat möglich wurde.
Nach dem Ausbruch der Freiheitskriege gründete Görres 1814 den »Rheinischen Merkur«, das bedeutendste politische Blatt für die Sache der deutschen Nation – die Franzosen nannten es eine fünfte Macht (neben den Preußen, Österreichern, Russen und Engländern). 1815 aber wurden die Rheinlande zu Preußen geschlagen. Görres mußte erkennen, daß die Sache der Freiheit vertan war. 1816 wurde seine Zeitung verboten, Görres selbst verlor seine Stelle als Studiendirektor in Koblenz. 1819 sollte er aufgrund seiner Schrift »Deutschland und die Revolution« auf Befehl des preußischen Königs verhaftet werden, floh und fand schließlich in Straßburg Zuflucht; er konvertierte dort später zum katholischen Glauben. In Zukunft erwartete er die Erfüllung seiner Hoffnung von der Kirche. 1826 wurde er als Professor für Geschichte nach München berufen, wo er zeitlebens intensiv zu den Tagesereignissen Stellung nahm.
Sein unruhiges Leben war das Zeugnis für einen Mann, der immer wieder von den verschiedensten Seiten her für sein Ziel kämpfte: für die Freiheit. Unvergänglich ist die Kraft seiner Sprache. Das, was er damit ausdrückte, ist jedoch oft überholt – Tagesjournalismus im besten Sinne, dessen Pointen heute nicht mehr ohne weiteres zu verstehen sind, philologische Forschungen, religiöse Auseinandersetzungen, deren Anlaß nur noch der Wissenschaftler kennt, u.a. Heute wird sein Erbe in erster Linie von der katholischen Kirche gepflegt (Görres-Gesellschaft), er hätte jedoch eine weitere Verbreitung als vorbildlicher Journalist verdient. Großen Einfluß errang er auf anderen Gebieten: Durch sein Interesse für asiatische Mythen (1810) regte er Bachofen (* 1815, † 1887) und Nietzsche (* 1844, † 1900) an; er trat auch 1842 für den Wiederaufbau des Kölner Doms ein und übersetzte als erster Gedichte des persischen Nationaldichters Firdausi (* um 940, † 1020) ins Deutsche.
LITERATUR: G. Mann, Joseph von G. in: Die großen Deutschen. Bd. 2. 1956.

Gotik
Bis in das 18. Jahrhundert hinein gab es lebendige Nachklänge der Gotik. Um 1750 begann in England, wo sich die Gotik ohnedies länger behauptet hatte als in anderen europäischen Ländern, eine Wiederbelebung der Gotik, gleichzeitig mit einer Wiederbelebung der Antike (»greek and gothic revival«). Gotische Elemente wurden dazu benutzt, Landschlösser (Strawberry Hill ab 1750) oder kleine Parkhäuschen *(Landschaftsparks)*, womöglich in Form künstlicher Ruinen, auszuschmücken. Die Mode setzte sich schnell in Europa durch, weil die Naturapostel um Rousseau (* 1712, † 1778) den gotischen Stil für naturnah hielten – die Pfeiler und Gewölbe wurden z. B. mit einem Wald verglichen. Das Nauener Tor in Potsdam (1755) gilt als das erste Beispiel auf deutschem Boden. Es folgten schnell weitere neugotische Bauten in Parks, z.B. in Wörlitz ab 1773, Berlin-Charlottenburg, Gotha, Hohenheim, Kassel und München. Auch alte Kirchen wurden im neugotischen Stil ergänzt (der Westturm des Mainzer Doms 1767 bis 1777, das Innere der Leipziger Nikolaikirche ab 1784, der Turm der Berliner Marienkirche ab 1787).
Neben diese architektonische Wiederbelebung trat die literarische. Das berühmteste Beispiel lieferte *Goethe* in seiner Jugendschrift »Von deutscher Baukunst« 1773, in der er sich in polemischer Form – Goethe ist 23 Jahre alt – für den Erbauer des Straßburger Münsters, Erwin von Steinbach (* um 1244, † 1318), einsetzte: »Und soll ich nicht ergrimmen, heiliger Erwin, wenn der deutsche Kunstgelehrte, auf Hörensagen neidischer Nachbarn, seinen Vorzug verkennt, dein Werk mit dem unverstandenen Worte gotisch verkleinert, da er Gott danken sollte, laut verkündigen zu können, das ist deutsche Baukunst, unsere Baukunst, da der Italiener sich keiner eigenen rühmen darf, viel weniger der Franzos?« Eine systematische Kunstgeschichte war noch nicht begründet, man wußte noch nicht, daß die Gotik französischen Ursprungs war.
Im gleichen Jahr ließ Goethe den »Götz von Berlichingen« folgen. Nimmt man noch hinzu, daß Goethe bereits in seinem Hymnus auf Erwin von Steinbach Dürers (* 1471, † 1528) Holzschnitte gegen »die geschminkten Puppenmaler«

Johann Anton Ramboux, Bauarbeiten am Kölner Dom. Köln, Stadtmuseum.

des Rokoko, ihre »theatralischen Stellungen, erlogenen Teints und bunten Kleider« absetzte, so sind bereits die drei Elemente beisammen, aus denen die Romantiker die nationale Erneuerung ihrer Kunst schöpften: die Gotik, allgemeiner das Mittelalter (das Heilige Römische Reich Deutscher Nation) und Dürer, den sie zur Gotik zählten.

Der eigentliche Erfinder dieses romantischen Dreigespanns, der nun nicht mehr wie *Goethe* in der Gotik das Walten eines einzelnen Genies besingt, sondern das des ganzen deutschen Volkes, war *Wakkenroder,* der 1793 zusammen mit *Tieck* durchs Fränkische wanderte. Er berichtete seinen Eltern: »Nürnberg ist eine Stadt, wie ich noch keine gesehen habe, und hat ein ganz besonderes Interesse für mich. Man kann sie, ihres Äußeren wegen, in der Art romantisch [!] nennen. Mit jedem Schritt heftet sich der Blick auf ein Stück des Altertums, auf ein Kunstwerk in Stein oder in Farben.«

Seine »Herzensergießungen«, drei Jahre später, beginnen: »Nürnberg! Du vormals weltberühmte Stadt! Wie gerne durchwanderte ich deine krummen Gassen: mit welcher kindlichen Liebe betrachtete ich deine altväterischen Häuser und Kirchen, denen die feste Spur von unsrer alten vaterländischen Kunst eingedrückt ist! Wie innig lieb ich die Bildungen jener Zeit, die eine so derbe, kräftige und wahre Sprache führen! . . . Wie oft hab ich mich in jene Zeit zurückgewünscht!«

Was Wackenroder und Tieck für das protestantische Norddeutschland der Frühromantiker wiederentdeckten, war die süddeutsche Landschaft und ihre meistens katholisch geprägte Bevölkerung und neben der Gotik auch die süddeutsche Barockkunst und -musik! Die Begründung eines deutschen Nationalgefühls war ohne diesen Brückenschlag über die Kluft, die Reformation und Dreißigjähriger Krieg aufgerissen hatten, nicht zu begreifen.

Auch die Konversionen zum katholischen Glauben, den man dem Mittelalter, einer noch heilen deutschen Welt, näher wähnte, fanden hier, in der Überraschung durch diese Begegnung, eine wesentliche Begründung.

Dürer selbst wurde zwar von den Ro-

mantikern viel zitiert und bewundert, erreichte aber als Vorbild nie *Raffaels* Bedeutung. Das Mittelalter wurde zum ersten Mal und mit Enthusiasmus erforscht. Dazu rechnen *Tiecks* Wiederentdeckung der Minnelieder 1803, *Arnims* und *Brentanos* Entdeckung der Volkslieder 1805, *Görres'* Entdeckung der Volksbücher 1807, die Entdeckung der Volksmärchen durch die Brüder *Grimm* 1812 u.a. Im weitesten Sinne begann die Aneignung der Geschichte und ihrer Denkmäler durch den Künstler und Forscher. Sowohl die Geschichtswissenschaften als auch der *Historismus* wurden begründet, der in Zukunft dafür sorgte, daß die aus der (Kunst-) Geschichte gewonnenen Elemente sozusagen wie in einem Baukasten zur beliebigen Verwendung bereitzuliegen schienen *(Architektur)*.
Das neu erwachende Geschichtsbewußtsein sah auch die Notwendigkeit der Denkmalpflege. In den 1790er Jahren lenkte Friedrich Gilly die Aufmerksamkeit auf die Marienburg und damit die deutsche Backsteingotik. 1804 verhinderte Max von Schenkendorf (* 1783, † 1817), ein Jurist und patriotischer Lyriker, ihren Abriß. 1815 begann der Wiederaufbau der Burg, und 1822 nahm Kronprinz Friedrich Wilhelm (* 1795, † 1861) als erster deutscher Fürst nach 300 Jahren wieder an einem Festmahl im Remter teil – er wurde dort empfangen vom Oberregierungsrat Joseph von *Eichendorff.*
Von Anfang an provozierte eine solche Begeisterung für die Vergangenheit auch pure Albernheiten: So ließ Kaiser Franz II. (* 1768, † 1835) bei Laxenburg vor Wien nicht nur 1801 die Franzensburg im gotischen Stil aufbauen, sondern belebte in dieser Zeit der Niederlagen gegen Napoleon auch die Turnierspiele.
Das großartigste Projekt verband sich mit der Fertigstellung des im Mittelalter nicht vollendeten Kölner Doms, nachdem man Pläne für einen Nationaldom in Berlin – u.a. befaßte sich *Schinkel* damit – aufgegeben hatte. Bereits die Frühromantiker *(Boisserée, Görres)* hatten sich für die Vollendung eingesetzt, 1814 bis 1816 wurden die Originalrisse wiederentdeckt, 1823 bis 1840 wurde der erhaltene Bestand repariert, 1840 der Dombauverein gegründet und 1842 mit dem Dombaufest, an dem König Friedrich Wilhelm IV. von Preußen teilnahm, mit der eigentlichen Arbeit begonnen (beendet 1880).

Franz **Grillparzer**
* 15. Januar 1791 Wien, † 21. Januar 1872 Wien
Der Sohn eines Advokaten studierte ab 1809 Jura und mußte, um sich und seine Mutter zu ernähren, 1813 eine Beamtenstellung im Finanzministerium antreten, unter der er bis zu seiner Pensionierung 1856 litt. Während und nach dem Studium versuchte er sich auch als Hauslehrer. 1817 errang er mit der Uraufführung des Dramas »Die Ahnfrau« einen großen Erfolg. In Zukunft hatte er jedoch immer wieder erhebliche Probleme mit der Zensur, obwohl seine politischen Ansichten nicht unbedingt der Restaurationsideologie widersprachen. Als 1838 »Weh dem, der lügt« durchfiel, war er so verbittert, daß er sich entschloß, in Zukunft nichts mehr zu veröffentlichen. Sein Testament enthielt die Anweisung, alle hinterlassenen Schriften zu verbrennen. Da diese Anweisung nicht befolgt wurde, ist auch sein Spätwerk erhalten. Sein Privatleben verlief unglücklich: Mehrere Familienmitglieder wählten den Freitod oder führten eine abseitige Existenz, seine Beziehungen zu Frauen endeten im Unbestimmten.
Seine Hauptwerke sind die Dramen »Die Ahnfrau« 1817, »Sappho« 1819, »Das Goldene Vlies« 1822, »König Ottokar's Glück und Ende« 1825, »Ein treuer Diener seines Herrn« 1830, »Der Traum ein Leben« 1840, »Weh dem, der lügt« 1840, »Des Meeres und der Liebe Wellen« 1840, »Libussa« 1872, »Ein Bruderzwist im Hause Habsburg« 1872, »Die Jüdin von Toledo« 1873 sowie die Erzählungen »Das Kloster von Sendomir« 1828 und »Der arme Spielmann« 1847. Sein Nachlaß enthielt außerdem viele private Niederschriften, die sich durch psychologischen Scharfsinn auszeichnen, und historische Arbeiten insbesondere über die spanische Literatur.
Alle Grillparzerschen Dramen sind bühnenwirksam. Er war nicht nur einer der fruchtbarsten, sondern auch der größten deutschen Dramatiker des 19. Jahrhunderts. Die Wirkung seiner Stücke beruhte darauf, daß er volkstümliche Überlieferung mit literarischem Anspruch glücklich zu verbinden wußte. Auch in-

nere Bewegungen wurden anschaulich dargestellt, Gefühle, Lehren, Zustände u. a. durch Bild und Mimik ausgedrückt. Dadurch wurde zumindest das oberflächliche Geschehen auch für den ungebildeten Zuschauer verständlich. Grillparzer verschmähte auch nicht die Mittel der Schauerdramen. Überraschungseffekte aller Art gehörten bei ihm dazu – Gespenster traten auf, ein magischer Gürtel, eine Totengruft, ein geheimer Gang wurden benutzt –, bargen allerdings immer auch einen tieferen Sinn. Dazu traten ausgesprochen komische Elemente und eine bemerkenswerte Methode, das Pathos der Helden bzw. der klassischen Literatur durch Sprichwörter und mundartliche Wendungen zu brechen. Insofern ist er ein Erbe der Romantik.

Grillparzer wird trotzdem gern als Klassizist angesprochen, besonders aufgrund der »Sappho«, die als ein Gegenstück zu *Goethes* »Tasso« (1790) angesehen werden kann. Tatsächlich lernte er wohl mehr bei den Weimarer Klassikern als etwa bei den Romantikern, über die er gern spottete. Im Unterschied zu beiden Gruppen stellte er jedoch nie persönliche Gefühle direkt dar. So merkwürdig seine private Psychologie war, er ließ sie nicht in sein Werk ein. In seinen Dramen verbanden sich nahtlos verschiedene Traditionen: die des Wiener Volkstheaters, des österreichischen Barocktheaters, des mittelalterlichen geistlichen Schauspiels und der spanischen Weltliteratur.

Bereits 1813 übersetzte er Calderóns (* 1600, † 1681) »Das Leben ein Traum«, das er 1840 schließlich in einer eigenen Bearbeitung herausbrachte. Grillparzer ist ein »homme des lettres«, wohl der beste Kenner der spanischen Literatur seiner Zeit, der jedoch im Unterschied zu vielen anderen gelehrten Schriftstellern auch die Kraft besaß, sein Wissen schöpferisch umzusetzen.

Seine Helden können schweigsam sein, die Handlung läßt ohnedies ihr Schicksal sinnfällig werden. Sie sind daher auch im Vergleich zu den Charakteren in den Stücken der deutschen Klassiker einfach konstruiert. Vorbilder bedürfen bei ihm keiner komplizierten Psychologie, die bleibt den Bösewichtern vorbehalten. Es ging Grillparzer nicht darum, eine innere Entwicklung bis zur Reife darzustellen, sondern den Absturz von der Höhe in den Abgrund, besonders in den historischen Stücken. Daher liegt der Höhepunkt seiner Dramen in der Mitte, nachdem der Held den Gipfel erreicht hat, und nicht wie sonst üblich am Ende. Geboten wurde ein Lehrstück im mittelalterlichen Sinn, nur war jetzt der religiöse Gehalt durch Grillparzers eigene Anschauung von der Lehre der Geschichte ersetzt. Sein wahrer Held war nicht der ruhmreiche Täter, sondern der Gedemütigte, Gescheiterte, der seinen Mißerfolg akzeptierte.

Über Grillparzers Ansicht der Geschichte, über seine politische Haltung wurde viel gestritten. War er ein Reaktionär oder nicht? Seine Verfolgung durch die Zensur will noch nicht viel besagen in einer Zeit, in der selbst politische Loyalität unerwünscht war. Seine konservative Haltung entsprach sowohl der Zeittendenz als auch seinen wissenschaftlichen Interessen. Er war jedoch kein Nationalist, wie sein Engagement für die Tschechen und Ungarn in seinen Dramen zeigt: Er war sozusagen ein besserer Habsburger als sein Kaiser. Allerdings war er gegen eine Herrschaft des Volkes, wodurch er sich besonders 1848 unbeliebt machte.

Am besten ist es wohl, seine historischen Stücke in ihrem Widerspruch wie in ihrem Gleichklang mit der Zeit zu akzeptieren, ohne zu versuchen, Grillparzer auf eine bestimmte politische Linie festzulegen. Wenn man so will, war er genauso unfähig zu handeln wie viele seiner Helden. Der Zwiespalt, in dem seine Helden stecken – die handeln müßten, es aber nicht können –, überdauerte seine Zeit und fesselt noch heute.

LITERATUR: J. Nadler, F. G. ²1952.

Jacob **Grimm**

* 4. Januar 1785 Hanau, † 20. September 1863 Berlin

Wilhelm **Grimm**

* 24. Februar 1786 Hanau, † 16. Dezember 1859 Berlin

»So nahm uns denn in den ... Schuljahren ein Bett auf und ein Stübchen, da saßen wir an einem und demselben Tisch arbeitend; hernach in der Studentenzeit standen zwei Betten und zwei Tische in derselben Stube, im späteren Leben noch immer zwei Arbeitstische in dem nämlichen Zimmer; endlich bis zuletzt in zwei

Zimmern nebeneinander, immer unter einem Dach in gänzlicher, unangefochtener und ungestört beibehaltener Gemeinschaft unserer Habe und Bücher . . .«, hieß es im Nachruf Jacobs auf Wilhelm (»Gestern . . . ist Wilhelm, die Hälfte von mir, gestorben.«).
Die Juristensöhne wuchsen nach dem frühen Tod des Vaters in ärmlichen Verhältnissen auf. Ab 1802/03 studierten sie in Marburg Jura, u. a. bei Savigny *(Historiker)*. Während Wilhelm anschließend viele Jahre kränkelte, erfüllte Jacob mehrere juristisch-diplomatische Aufträge für Hessen-Kassel, später für Preußen, die ihn u.a. nach Paris und Wien führten. Ab 1816 (bzw. 1814) arbeiteten beide als Bibliothekare in Kassel. 1825 heiratete Wilhelm, lebte und arbeitete aber weiterhin mit seinem Bruder zusammen. 1829 folgten sie einem Ruf an die Universität Göttingen. 1837 gehörten sie zu den »Göttinger Sieben«, die einen Verfassungsbruch des hannoverschen Königs nicht hinnahmen und deswegen ihrer Ämter enthoben wurden. 1840 erhielten sie einen Ruf an die Universität *Berlin*. 1848 wurde Jacob Mitglied der Nationalversammlung in Frankfurt am Main mit besonderen Ehren: Sein Stuhl in der Paulskirche stand als einziger im Mittelgang direkt gegenüber dem Redner.
Die Brüder waren sich nicht gleich. Ihr Verhältnis war auch nicht so harmonisch, wie das Zitat oben vermuten lassen könnte. Jacob war der genialere, kreativere, seinem Bruder auch in der beruflichen Laufbahn und Anerkennung immer eine Stufe voraus; Wilhelm war geselliger und pädagogischer.
Jacobs Hauptwerke sind, soweit sie sich von denen Wilhelms trennen lassen: »Deutsche Sagen« 1816 bis 1818, »Deutsche Grammatik« 1819 bis 1837, »Deutsche Rechts-Alterthümer« 1828, »Deutsche Mythologie« 1835, »Geschichte der deutschen Sprache« 1848. Wilhelms Hauptwerke (unter demselben Vorbehalt) sind: »Kinder- und Hausmärchen« 1812 bis 1822, »Die deutsche Heldensage« 1829. Ihr gemeinsames Hauptwerk – vom ersten Band der »Märchen« 1812 abgesehen – ist: »Deutsches Wörterbuch« ab 1852, unvollendet.
Die Brüder waren die Begründer der deutschen Sprach- und Literaturwissenschaft. Gegenstand ihrer Studien waren allerdings nicht nur literarische Denkmäler. Sie bezogen alles ein, auch juristische, historische, wissenschaftliche, mythologische u. a. Texte. So hieß es 1814 bei Jacob: »Das Recht ist wie die Sprache und Sitte volksmäßig, dem Ursprung und der organisch lebendigen Fortbewegung nach. Es kann nicht als getrennt von jenen gedacht werden, sondern diese alle durchdringen einander innigst vermöge einer Kraft, die über dem Menschen liegt.«
Der Glauben an den Ursprung aller kulturellen Schöpfungen im Volk verband sie mit den Romantikern. Ihre Anfänge lagen daher in der Mitarbeit an »Des Knaben Wunderhorn« *(Arnim, Brentano)* und in ihrer eigenen Märchensammlung. Und da sie sich selbst als Teil dieses Volkes fühlten, hatten sie auch keine Scheu, insbesondere Wilhelm nicht, in die *Märchen*, Inhalt und Stil gestaltend, einzugreifen. Das mindert jedoch nicht ihre Leistung. Der von ihnen getroffene Erzählton ist bis heute für Märchen charakteristisch, und ihre späteren wissenschaftlichen Werke sind ebenfalls noch heute Grundlage der Germanistik.
LITERATUR: Gabriele Seitz, Die Brüder Grimm. 1984. – J. G., Selbstzeugnisse. Ausgewählte Schriften, Reden und Abhandlungen. 1985. – H. Gerstner, Die Gebrüder Grimm in Selbstzeugnissen und Bilddokumenten. 1973.

Caroline von **Günderrode (Günderode)**
* 11. Februar 1780 Karlsruhe, † 26. Juli 1806 Winkel am Rhein
Die Tochter eines Kammerherrn mußte 1797 aus finanziellen Gründen in ein Frankfurter Stift eintreten. Dort fand sie Kontakt zur Familie *Brentano*, durch sie 1799 zu dem *Historiker* Savigny, schließlich verband sie sich 1804 in *Heidelberg* mit dem Mythenforscher Friedrich Creuzer (* 1771, † 1858). Seine Weigerung, sich scheiden zu lassen, nahm sie als Motiv, sich mit einem schon lange zur Schau getragenen Dolch zu töten.
Ihr schmales Werk besteht aus drei Bändchen mit Gedichten, Phantasien und Dramoletts, in denen in erster Linie ossianische, germanische und orientalische Anregungen verarbeitet sind. Im Mittelpunkt stehen Liebe und Treue, Schönheit und Tod, oft in einer sehr per-

sönlichen Weise interpretiert. Ihr Stil ist mitunter allzu schwärmerisch und exaltiert, weist jedoch – »frühgereift und zart und traurig« – auf die Neuromantik um 1900 voraus. Stefan George war sie ein Vorbild. Ihrem Schicksal als einer leidenschaftlichen, emanzipierten Frau in einer von Männern dominierten Welt setzte Bettina von *Arnim* in ihrem Briefroman »Die Günderode« 1840 ein Denkmal. Neuerdings hat die DDR-Autorin Christa Wolf durch ihre Erzählung »Kein Ort. Nirgends« wieder an sie erinnert und 1979 auch eine Auswahl aus ihrem Werk veröffentlicht.
LITERATUR: Ch. Wolf (Hrsg.), Der Schatten eines Traumes. 1979. – Dies., Kein Ort. Nirgends. 1979.

Wilhelm **Hauff**
*29. November 1802 Stuttgart, †18. November 1827 Stuttgart
Der Sohn eines Regierungssekretärs studierte in Tübingen evangelische Theologie, wandte sich jedoch dann der Schriftstellerei zu und schaffte es bis zu seinem frühen Tod, mit nicht einmal 25 Jahren einer der berühmtesten Schriftsteller Deutschlands zu werden. Ein Vielleser war er von klein auf – und ein Schnellschreiber: als Redakteur und Journalist, Herausgeber und Dichter war er unablässig tätig, besorgte nebenher die Stelle eines Hauslehrers und trat im Jahre seines Todes als Redakteur von Cottas »Morgenblatt« an die Schaltstelle des literarischen Lebens. Als er, vermutlich an einer Gehirnhautentzündung, starb, sprach *Uhland* vom »reichen Frühling, dem kein Herbst gegeben«.
Seine Hauptwerke sind der historische Roman »Lichtenstein« 1826, »Märchenalmanach auf das Jahr 1826« (bis 1828), der Roman »Der Mann im Mond« 1826, die Erzählungen »Mitteilungen aus den Memoiren des Satans« ab 1826, »Phantasien im Bremer Ratskeller« 1827, »Novellen« 1828 und »Phantasien und Skizzen« 1828.
Am berühmtesten sind heute noch seine *Märchen*, etwa »Die Geschichte von Kalif Storch«, »Die Geschichte von dem kleinen Muck« oder »Der Zwerg Nase«. Es handelt sich dabei immer um von ihm erfundene Kunstmärchen, die er gerne, nach dem Modell von »Tausendundeiner Nacht«, in eine Rahmenerzählung einbettete. So phantastisch die Märchen selbst sind, so wirklichkeitsnah sind der Rahmen, mitunter auch die Details in den Märchen. Er wollte durch sie sittliche Normen vermitteln. Dadurch stand er den aufklärerischen Märchenerzählern wie dem Realismus näher als der Romantik. In der Nachfolge von Walter Scott begründete er – neben Willibald Alexis – mit »Lichtenstein, romantische Sage aus der württembergischen Geschichte« den historischen Roman in Deutschland.
Schon seine Zeitgenossen warfen ihm hastige, »journalistische« Vielschreiberei vor. Sie wußten nicht, ob sie es noch bewundern sollten, wenn er in einem Jahr in der Maske des Teufels, des Unterhaltungsschriftstellers Heinrich Clauren (den er nachahmte und der ihn daraufhin verklagte) und als Nachfolger von Walter Scott (*1771, †1832) schrieb. Er war sich immer des Effektes und des Erfolges sicher und schrieb stolz: »Es mag sein, daß ich die Form nicht vor dem Einfluß der Zeit bewahren kann, doch soll mir der Geist ungegoethet, ungetieckt, ungeschlegelt und ungemeistert bleiben.« Auf seiner Habenseite steht eine unerschöpfliche Phantasie, die das Werk von *Jean Paul*, E. T. A. *Hoffmann*, *Tieck* und *Brentano* fortführte. Der Philosoph Ernst Bloch schrieb anerkennend: »Jedoch die Phantasie ... sucht in dieser Gegend ihresgleichen. Sie ist reich wie die Kochkunst von Zwerg Nase und keine Fee Kräuterweis ist sichtbar, die Hauff das beigebracht.«

Georg Friedrich Wilhelm **Hegel**
*27. August 1770 Stuttgart, †14. November 1831 Berlin
Hegel studierte mit *Hölderlin* und *Schelling* am Tübinger Stift Philosophie und Theologie und mußte sich anschließend in Bern und Frankfurt als Hauslehrer durchschlagen (nach Frankfurt wurde er von Hölderlin vermittelt). 1800 kam er nach *Jena*, wo er sich ein Jahr später habilitierte und mit Schelling zusammen 1803 das »Kritische Journal der Philosophie« herausgab. Danach betonte er jedoch die Unterschiede seiner Philosophie gegenüber *Schelling* zu deutlich, so daß es zum Bruch kam. Nach der Schlacht bei Jena, wo Hegel in Napoleon den »Weltgeist zu Pferde« durch die

Straßen der Stadt reiten sah, ging er als Redakteur zur »Bamberger Zeitung«. 1808 wurde er Gymnasialdirektor in Nürnberg, 1816 endlich Professor für Philosophie in Heidelberg, 1818 in *Berlin,* wo seine Philosophie bald sozusagen preußische Staatsphilosophie wurde. Als Haupt einer einflußreichen Schule wurde er zum Systematiker des absoluten Idealismus und führenden deutschen Denker nach Kant. Seine Lehre erfuhr große Unterstützung durch die seit 1827 herausgegebenen »Jahrbücher für wissenschaftliche Kritik«. 1831 fiel er wahrscheinlich einer Cholera-Epidemie zum Opfer.

Seine Hauptwerke sind: »Phänomenologie des Geistes« 1807, »Logik« 1812 bis 1816, »Enzyklopädie der philosophischen Wissenschaften« 1817, »Rechtsphilosophie« 1821. Die Wirkung Hegels zu seiner Zeit ging stark auf seinen Vortrag zurück, obwohl seine Gedanken schwer verständlich waren und er ein schlechter Redner war. Er sprach zögernd und schwäbelte stark. Trotzdem saß in Berlin alles, was Rang und Namen hatte, zu seinen Füßen. Der tiefe Ernst seines Vortrages überzeugte. Noch sein letztes Schriftstück sprach von der »leidenschaftslosen Stille der nur denkenden Erkenntnis«.

Hegel stieß sich daran, daß Kant den Menschen im Zwiespalt von Pflicht und Neigung begreifen wollte, und fand die Einheit des Menschen in der Liebe.

Der Liebende muß sich zuerst einmal selbst bejahen, bevor er sich seinem Partner hingeben kann. In der Hingabe löscht er seine anfängliche Bejahung und entfremdet sich dadurch von sich selbst. Doch indem er sich im Geliebten ergießt, wird er sich seiner selbst auf einer erhöhten Stufe erneut bewußt.

Das ist das Geheimnis der Hegelschen Dialektik von Thesis, Antithesis und Synthesis. In der Liebe erscheint das Leben im rhythmischen Werden von Trennen und Verbinden, Selbstentfremden und Versöhnen. Die Liebe ist der Ursprung und die Einheit in der Wirklichkeit des Lebens. »Das Gefühl: Gott selbst ist tot« führte Hegel dazu, in diesem Lebensprozeß Gott wiederzufinden und »Gott absolut vornehin an die Spitze der Philosophie« zu stellen. Denn »Gott ist der absolute Geist«. Daraus folgte, daß die Welt, in der sich Gott darstellt, auch Geist ist. Wie soll man das erklären? Zu diesem Zweck bediente sich Hegel der Entwicklung des menschlichen Geistes, in dem sich Gott am vollkommensten darstellt. Das menschliche Selbstbewußtsein, das anfangs noch träumt – Hegel griff auf Beispiele aus der Entwicklung des Kindes zurück –, fängt eines Tages an, sich selbst zu entdecken: Das Kind tritt aus sich heraus und sich selbst als etwas Fremdes gegenüber. Doch dann erkennt der Mensch, daß Anschauender und Angeschauter miteinander identisch sind, und findet sich auf einer höheren Stufe wieder.

Genauso entfaltet sich Gott in der Geschichte, und die Wirklichkeit aus seinem Gesichtspunkt heraus zu betrachten, heißt, selbst Weltgeist zu sein. Die Selbstentfremdung Gottes zeigt sich darin, daß er aus dem Menschen heraus die Natur als Antithesis anschaut. Wenn Gott begreift, daß Geist und Natur eines und dasselbe sind, kehrt er im Menschen zu sich selbst zurück und vollendet sich in ihm.

Sein Leben lang rang Hegel vergeblich mit den Fakten, die sich solch einer einheitlichen Erklärung der Welt entziehen: dem Chaotischen und Planlosen. Doch er war der letzte, der eine solche Erklärung überhaupt versuchte.

LITERATUR: F. Wiedemann, G. W. F. H. in Selbstzeugnissen und Bilddokumenten. 1965.

Heidelberg

»Lange lieb ich dich schon, möchte dich, mir zur Lust,
Mutter nennen und dir schenken ein kunstlos Lied,
Du, der Vaterlandsstädte
Ländlichschönste, so viel ich sah.«

So beginnt *Hölderlins* Hymne auf die Stadt, die seit 1720 keine Residenz mehr war, ein Nest, mit einer alten verkommenen *Universität,* die jedoch 1803 erneuert wurde. Sie wurde plötzlich ein neuer Mittelpunkt der Romantiker. Ihre Lage am Ausgang des Neckars in die Rhein-Ebene war einzigartig, überragt von einer großartigen Schloßruine. Ihre Umgebung stand in dem Ruf, am ehesten von allen deutschen Regionen »italienisch« zu sein.

Von 1806 bis 1808 lebte *Görres* hier, habilitierte sich, hielt Vorlesungen und veröffentlichte 1807 »Die teutschen Volksbücher«. Er freundete sich mit *Brentano* an, der 1804 dem Mythologie-Professor Friedrich Creuzer (* 1771, † 1858) nach hier gefolgt war. Creuzer lernte hier Caroline von *Günderrode* kennen. Brentano zog *Arnim* nach, mit dem er hier gemeinsam »Des Knaben Wunderhorn« 1806 bis 1808 herausgab und im Zusammenhang damit die »Zeitung für Einsiedler«. Sie wurden heftig befehdet von Johann Heinrich Voß (* 1751, † 1826), der z. B. über ihre Volksliedersammlung schrieb: »... nichts als ein heilloser Mischmasch von butzigen, trutzigen, schmutzigen, nichtsnutzigen Gassenhauern.« 1807 traf der Student *Eichendorff* ein und schloß sich den Romantikern an. Viele seiner Werke erinnern an diese Zeit.
So schrieb er über *Görres:* »Sein durchaus freier Vortrag war monoton, fast wie Meeresrauschen schwellend und sinkend, aber durch dies einförmige Gemurmel leuchteten zwei wunderbare Augen und zuckten Gedankenblitze ständig hin und her. Es war wie ein prächtiges, nächtliches Gewitter, hier verhüllte Abgründe, dort neue ungeahnte Landschaften plötzlich aufdeckend und überall gewaltig weckend und gründend fürs ganze Leben!« Hier entstanden auch Görres' »Mythengeschichte der asiatischen Welt« 1810 und Creuzers »Symbolik und Mythologie der alten Völker« 1810 bis 1812. 1810 bis 1819 ist in Heidelberg die Sammlung *Boisserée* zu sehen.
Hier wuchs, das großartigste Beispiel deutscher Renaissance vor Augen, *Fohr* auf. Das Schloß findet sich denn auch im Hintergrund einiger seiner schönsten Porträts.
Schließlich überreichten hier 1816 Creuzer und der Universitätsrektor *Hegel* *Jean Paul* den Ehrendoktor. Verschwiegenes Denkmal einer romantischen Liebe ist noch heute der Gingko-Baum im Schloßgarten, wo sich *Goethe* mit seiner »Suleika« (Marianne von Willemer, * 1784, † 1860) traf.
Nicht ohne Hintersinn ist es, wenn am selben Ort 1909 der »Zupfgeigenhansl« des Wandervogels entstand *(Lied)* und Heidelberg durch einen Schwank (»Alt-Heidelberg«) zum Inbegriff »romantischen« Kitsches wurde.

Heinrich **Heine**
* 13. Dezember 1797 Düsseldorf, † 17. Februar 1856 Paris
Der Sohn eines jüdischen Tuchhändlers sollte Kaufmann werden. Nach vergeblichen Versuchen in dieser Richtung begann er 1819 ein Jurastudium, das er 1825 erfolgreich abschloß. An den Universitäten in Bonn, Göttingen und *Berlin* interessierte er sich jedoch in erster Linie für Literatur und Geschichte. So hörte er u. a. August Wilhelm *Schlegel, Arndt, Hegel,* Savigny *(Historiker).* In Berlin verkehrte er auch im Salon der Rahel *Varnhagen.* Nach vielen Reisen durch Deutschland und Europa und vergeblichen Versuchen, in Deutschland eine Professur zu erhalten, ließ er sich 1831 endgültig in Paris nieder. Dort starb er an einer jahrelang sich hinziehenden Rückenmarktuberkulose in seiner »Matratzengruft«.
»Um meine Wiege spielten die letzten Mondlichter des 18. und das erste Morgenrot des 19. Jahrhunderts.« Man könnte auch sagen: Heine war ein Kind der Romantik und wuchs doch weit über sie hinaus. Seine Anfänge, insbesondere in der Lyrik *(Lied),* waren romantisch, seine Vorbilder sind die im Volkston gehaltenen und doch gebrochenen Gedichte *Brentanos* und *Uhlands* Balladen.
In der folgenden kritischen Auseinandersetzung mit der Romantik, die mit einer Zuwendung zu *Goethe* verbunden war, kam er schließlich zu scharfen Urteilen über seine ehemaligen Lehrmeister, besonders in seinem Buch »Die romantische Schule« 1836. Ursprünglich als Information für das französische Publikum und als eine Korrektur des Deutschlandbildes der Madame de Staël (* 1766, † 1817) gedacht, wurden seine einseitigen Urteile bald auch in seiner Heimat ernst genommen, wie z. B. die Behauptung: »Das deutsche Mittelalter liegt nicht vermodert im Grabe, es wird vielmehr manchmal von einem bösen Gespenste belebt und tritt am hellen, lichten Tage in unsere Mitte und saugt uns das rote Leben aus der Brust.« Damit polemisierte er gegen die Idealisierung des Mittelalters durch die Romantiker.
Doch wenn er z. B. schreibt: »Verlangen Sie von mir keine Systematik ... Assoziation der Idee soll immer vorwalten ... Nur andeuten, nicht ausmalen«, oder: »Große Natureindrücke müssen unsere

Buch der Lieder
von
H. Heine.
Hamburg
bei Hoffmann und Campe.
1827.

Heinrich Heine, »Buch der Lieder«. Titelblatt der Erstausgabe, 1827. Frankfurt a. M., Freies Deutsches Hochstift, Frankfurter Goethemuseum.

Seele erweitern, ehe wir den ganzen großen Menschen fassen können«, so blieb seine romantische Herkunft deutlich erkennbar. Er war jedoch nicht mehr in der Lage, sich dem Gefühl völlig hinzugeben, aber auch nicht bereit, eine Unwissenheit vorzutäuschen, die er nicht mehr besaß. Die Ironie, die sein Werk durchzieht, ist für ihn das Mittel, sich über seinen Standpunkt klarzuwerden. Diese Klarheit erlaubte ihm, der Wortführer der neuen Dichtergeneration des Jungen Deutschland zu werden, sich politisch für die Demokratie zu engagieren und in Paris mit den großen Gestalten der modernen europäischen Literatur, wie z. B. Balzac, Dumas, Hugo und George Sand, in Verbindung zu treten, Fakten, die ihn weit über die Romantiker hinausheben. Andererseits führten diese Verbindungen, u. a. auch zu Karl Marx (* 1818, † 1883), dazu, daß man seinem Streben nach politischem Einfluß 1835 mit einem völligen Verbot seiner Bücher in Deutschland begegnete.

Sein »Buch der Lieder« 1827, oft vertont, gehörte trotzdem zu den erfolgreichsten Büchern. Die Mischung aus betörender Musikalität und ironischer Lässigkeit fand im Guten wie im Schlechten viele Nachahmer. In der Prosa, besonders in seinen »Reisebildern« 1826 bis 1831 *(Reisen)* und in seinen Berichten aus Paris 1831/32, entwickelte er aus der romantisch-subjektiven Assoziation von Ideen heraus eine neue Form des Essays und des Feuilletons, die ihn zu einem der ersten bedeutenden deutschen Journalisten machte. »Wie ich geboren bin, das Schlechte und Verlebte, Absurde, Falsche und Lächerliche einem ewigen Spotte preiszugeben, so ist auch nur ein Zug meiner Natur, das Erhabene zu fühlen, das Großartige zu bewundern und das Lebendige zu feiern.«
LITERATUR: L. Marcuce, H. in Selbstzeugnissen und Bilddokumenten. 1961.

Henriette **Herz**
* 5. September 1764 Berlin,
† 22. Oktober 1847 Berlin
Die Tochter eines bekannten jüdischen Arztes wurde sorgfältig ausgebildet, lernte Hebräisch, Griechisch und Latein, sprach später fließend Französisch, Englisch und Italienisch und studierte Sanskrit, Türkisch und Malayisch. Man besorgte ihr einen Tanzmeister und einen Klavierlehrer. Mit zwölf Jahren wurde sie nach jüdischer Sitte mit dem wesentlich älteren jüdischen Arzt Marcus Herz verlobt, der sie zwei Jahre später heiratete. Herz war der Lieblingsschüler Kants, dessen Philosophie er als erster in *Berlin* in seinem *Salon* öffentlich vortrug.
Zu seinen Gästen zählte alles, was in Berlin Rang und Namen hatte. Ab 1784 hielt seine Frau im Nebenzimmer ein Teekränzchen ab, das zeitweise die Form eines freimaurerischen Tugendbundes zur Pflege der *Freundschaft* hatte, wo *Goethes* Sturm-und-Drang-Werke gelesen wurden. Daraus entwickelte sich der führende Berliner Salon, der fast an jedem Tag seinen Gästen offenstand. Hier verkehrten u. a. Prinz Louis Ferdinand, der Politiker Friedrich Gentz, die Brüder Humboldt, Sophie Mereau-Brentano, *Jean Paul,* Rahel Levin, spätere *Varnhagen,* der Bildhauer Johann Gottfried Schadow *(Plastik);* hier lernte

Friedrich *Schlegel* Dorothea Veit kennen; der viel jüngere Ludwig Börne inszenierte wegen Henriette Herz einen Selbstmordversuch; *Schleiermacher* diskutierte mit ihr seine entscheidenden Frühwerke.

1803 starb ihr Mann, und sie konnte den Salon nur noch unter Entbehrungen betreiben. Seit 1813 widmete sie sich in erster Linie der Unterrichtung mittelloser Kinder, blieb aber weiterhin eine Berühmtheit. 1817 trat sie zum Protestantismus über. In ihren letzten Jahren unterstützte sie der preußische König.

Ihr literarisches Werk ist unbedeutend. Ihre Briefe hat sie vernichten lassen. Ihre Memoiren gelten als unzuverlässig. Sie hat Reisewerke von Mungo Park und Wald d. J. übersetzt. So sind wir, um ihre Wirkung zu verstehen, hauptsächlich auf die Zeugnisse ihrer Freunde angewiesen. Über ihre Schönheit schrieb am prägnantesten der betroffene Börne: »Ich habe sie in ihrem Sommer gesehen – eine Juno! Und das war damals das Wort in jedes Mund«, und: »Fünf Männchen meinesgleichen könnte man aus ihr schnitzen, und es blieben noch Späne genug übrig.« *Heines* Sekretär schrieb später: »Alle Berühmtheiten drängten sich in Henriettes Salon zusammen, ergriffen von einer gewissen Vorherrschaft der Hausfrau, die ohne hervorragende geistige Überlegenheit die einzigartige, nicht erlernbare und nicht lehrbare Kunst besaß, Empfänge zu veranstalten.«

LITERATUR: U. Janetzki (Hrsg.), H. H. Berliner Salon. Erinnerungen und Porträts. 1984.

Historiker und Historismus

Nachdem Winckelmann (* 1717, † 1768) die klassische Archäologie begründet hatte, stand anfangs die klassische Philologie im Vordergrund. *Schleiermacher* enthüllte 1804 im Zusammenhang mit seiner Übersetzung der Werke Platons, wie man aus der Folge der Dialoge die Entwicklung der platonischen Philosophie ableiten konnte. Wie folgenreich solche Forschungen sein konnten, zeigte sich bereits bei einem seiner Schüler, August Boeckh (* 1785, † 1867), der 1817 schrieb, daß die Griechen »von Gerste und Wein lebten, nicht etwa von Poesie und Philosophie« und »viel unglücklicher gewesen sind, als die meisten glauben«. Der Neuhumanismus eines *Goethe* oder Wilhelm von Humboldt (* 1767, † 1835) wurde damit in Frage gestellt.

Barthold Georg Niebuhr (* 1776, † 1831), der ab 1810 an der neugegründeten Berliner Universität römische Geschichte lehrte, verlangte, daß zuerst alle Quellen systematisch gesammelt und kritisch geprüft werden sollten. Schöngeister und Spekulanten hatten im Historismus nichts verloren. Auch Niebuhr ging von der Philologie aus. Von den neuesten Dokumenten her drang er tiefer und immer tiefer in die Vergangenheit ein. Lücken ergänzte er entsprechend dem romantischen Glauben, daß die Geschichte nach organischen Gesetzen ablaufe, und hatte das Glück, daß die geschichtliche Wirklichkeit im Falle Roms zufällig diesem Glauben entgegen kam. Die Schlagkraft seiner Forschungen war ein Ergebnis seiner Erfahrungen als preußischer Politiker: Er entnahm seine Fragestellungen der Praxis. Er war einer der wenigen deutschen Historiker, die Geschichtswissenschaft mit politischer Erfahrung verbinden konnten. Für ihn war Geschichte nur von Wert, solange sie der Gegenwart einen Nutzen brachte.

Im Alter von 24 Jahren wurde Friedrich Carl von Savigny (* 1779, † 1861) Professor an der Marburger Universität. Er folgerte aus seiner These, daß es im Recht keinen Stillstand gebe, sondern eine der Entwicklung des Volkes entsprechende Bewegung, daß das Studium der Rechte mit einem Studium der Rechtsgeschichte beginnen müsse, insbesondere des römischen Rechts. Über das geltende Recht las er nur mit Widerwillen, praktische Erfahrungen im Justizdienst besaß er nicht.

Sein großer Gegner war Anton Thibaut (* 1772, † 1840), der sich für eine Rechtsvereinheitlichung in Deutschland einsetzte und deswegen auf dem Recht des Gesetzgebers bestand, dem Staat eine neue Gestalt zu geben. (Thibaut war auch der Entdecker der vorbarocken Musik.) Für die Tendenz der Zeit war es bezeichnend, daß Savigny sich durchsetzte.

Was Niebuhr und Savigny für die lateinische Sprache leisteten, erbrachten die Brüder *Grimm* für die deutsche. Sie erkannten, »wie das Wesen und die Ge-

schichte unseres Volkes in den Eigenschaften und Schicksalen unserer Sprache sich abspiegeln«. Ihr Interesse für das Deutsche verführte sie nie dazu, einem blinden *Nationalismus* zu huldigen. Für sie war der Vergleich mit den Sprachen anderer Völker unumgänglich, um die Besonderheit einer jeden festzustellen.
Großen Auftrieb erhielt die historische Geschichtswissenschaft durch Leopold von Ranke (* 1795, † 1886), der ursprünglich Theologe werden wollte, sich dann aber doch entschloß, das »Walten Gottes in der Geschichte aufzusuchen«. Wie schon Niebuhr bestand er darauf, daß zuerst die Augenzeugen und die Urkunden auf ihre Zuverlässigkeit hin geprüft wurden. Am stärksten fesselte ihn das Widerspiel zwischen den Zeitumständen einerseits und den persönlichen Kräften andererseits. Er war auch Schriftsteller genug, dieses Widerspiel lebendig auszudrücken. Sein Ziel war es, Geschichte universal zu betrachten. Er sah keine Person, kein Ereignis und keinen Staat isoliert für sich, alles stand bei ihm im großen Fluß der alles umfassenden Geschichte. Unnötige Aktualisierungen vermied er: »Jede Epoche ist unmittelbar zu Gott!«
Als die Geschichtswissenschaften einsetzten, konnte niemand die Folgen übersehen: 1815 wurde das »Corpus Inscriptionum« gegründet, eine Sammlung der griechischen Inschriften. Damals hoffte man, in vier Jahren einen dicken Folianten für 6000 Taler erstellt und damit die Arbeit abgeschlossen zu haben – im Jahre 1900 war bereits eine Bibliothek daraus geworden, und man weiß heute, daß das Werk voraussichtlich nie einen Abschluß finden wird.

Andreas **Hofer**
* 22. November 1767 St. Leonhard im Passeiertal, Südtirol, † 20. Februar 1810 Mantua
Hofer führte die vom Kaiserhaus gewünschte »Insurrektion« gegen die Franzosen und Bayern 1809 und blieb mit seinen Tirolern in zwei Volkserhebungen siegreich, u. a. durch zwei Schlachten am Berg Isel bei Innsbruck, von denen eine in einem *Panorama* festgehalten ist. Nachdem der Kaiser Frieden geschlossen und Tirol Bayern überlassen hatte, ließ Hofer sich verführen, sich noch einmal zu erheben, diesmal erfolglos. Er wurde verraten und füsiliert (»Zu Mantua in Banden«). Noch seine Exekution kommandierte er mit nicht verbundenen Augen selbst.
Die Erhebung der Bauern und Hirten, malerisch kostümiert, mit wallendem Vollbart vor offener Brust, wie Joseph Anton *Koch*, selbst ein Tiroler, sie malte, begeisterte ganz Europa und leistete der »Tyrolerey« erheblichen Vorschub *(Land- und Forstwirtschaft)*. Bettina von *Arnim* schrieb an *Goethe:* »Die Ereignisse in Tirol nehmen mich in sich auf wie der volle Strom allseitiger Harmonie. ... Alles Zerschmetternde in jenen Heldenereignissen ist ja auch wieder so belebend, so begeistigend ... So empfinde ich die Symphonie, so erscheinen mir jene Heldenschlachten auch Symphonien des göttlichen Geistes, der in dem Busen des Menschen Ton geworden ist menschlicher Freiheit. Das freudige Sterben dieser Helden ...« usw. *(Gesamtkunstwerk, Kriege)*.
Bisher hatte man auf die dreckigen Bauern, die sich mitunter zusammenrotteten, herabgesehen, bisher waren auch Bauernaufstände immer relativ schnell niedergeschlagen worden, da ihre Aktionen unkoordiniert waren. Jetzt erschienen die Flammensignale auf den Gipfeln ganz Deutschland als ein Zeichen, sich endlich gegen Napoleon zusammenzufinden.
Daß Hofer der Anführer wurde, war kein Zufall. Er war von Beruf Wirt, d. h., er war wohlhabend, allbekannt, sein Haus war eine Nachrichtenbörse, er handelte bis weit nach Italien hinein. Große Wirte wie er hatten immer eine zentrale Funktion. Darüber hinaus war er tatsächlich ein stattliches Mannsbild mit vielen anziehenden, wenn auch naiven Eigenschaften.
In der Folge wurde Südtirol zum ersten Mal Italien zugeschlagen. Aus der mit Hofer verbundenen »Tyrolerey« entwikkelte sich die Popularisierung des Tiroler Volkstums, bis hin zu den Bildern eines Franz von Defregger (* 1835, † 1921) oder dem musikalischen Vortrag eines Tirolers vor Kaiser Napoleon III. im Jahr 1855: »Auf der Alm, da gibt's koa Sünd.«
LITERATUR: K. Paulin, Das Leben Andreas Hofers. 1970.

Ernst Theodor Amadeus **Hoffmann**
* 24. Januar 1776 Königsberg, † 25. Juni 1822 Berlin
Der Juristensohn wuchs ohne Vater – die Eltern ließen sich scheiden – zusammen mit seiner apathischen Mutter in einem skurrilen Haushalt auf. Über ihm wohnte die geisteskranke Mutter von Zacharias *Werner*. Er erhielt immerhin Unterricht in Klavier- und Geigenspiel sowie in Generalbaß und Kontrapunkt (später auch in Komposition) und im Zeichnen. Er studierte in Königsberg Jura und übte dann seinen Beruf in Großglogau, *Berlin*, Posen, Płozk und Warschau aus, bis seine Tätigkeit 1806 durch den Einmarsch der Franzosen beendet wurde.
In dieser Zeit arbeitete er nebenher als Komponist und Dirigent – in Warschau stand er zum ersten Mal am Pult – sowie als Karikaturist: Seine Versetzung von Posen nach Płozk war eine Verbannung, weil er seine Vorgesetzten bloßgestellt hatte. In Posen heiratete er ein einfaches polnisches Mädchen, das ihm zwar geistig nicht gewachsen war, aber sich seinen Stimmungsschwankungen anpassen konnte. Das schützte ihn jedoch nicht davor, auch in Zukunft Opfer tragischer Beziehungen zu werden.
Mittellos und verschuldet suchte er per Annonce eine Stellung und wurde auf diese Weise Kapellmeister in Bamberg. Da das *Theater* jedoch ruiniert war und er selbst keinen Erfolg hatte, mußte er jede Arbeit annehmen, die seine Familie über Wasser hielt. So arbeitete er im Theater als Direktionsassistent, Hauskomponist, Bühnenarchitekt und Kulissenmaler, dazu privat als Musiklehrer, Notenkommissionär, schließlich auch als Musikkritiker der Leipziger »Allgemeinen musikalischen Zeitung« und als Dichter – 1809 erschien als erstes schriftstellerisches Werk sein *Märchen* vom »Ritter Gluck«. Seine Musikkritiken unterzeichnete er mit »Kapellmeister Johannes Kreisler«, seine ersten schriftstellerischen Werke erschienen anonym.
1813 gelang ihm der Absprung zu einer in Leipzig und Dresden spielenden Operntruppe, mit der er zwar Erfolg hatte, der ihn aber nicht befriedigte: In Bamberg hatte er anspruchsvolles Theater gegeben, jetzt mußte er dem Publikumsgeschmack huldigen. 1816 wurde er aus dieser Not erlöst, indem er wieder – bis zum Ende seines Lebens – preußischer Justizbeamter in *Berlin* wurde.
Obwohl kein Anhänger der »Demokraten«, die während der Restauration nach 1815 verfolgt wurden – Hoffmann war vielleicht der einzige Romantiker, der von jeder nationalistischen Anwandlung verschont blieb, Zeugnisse politischen Interesses sind selbst in seinen Briefen und Tagebüchern kaum zu finden –, geriet er mehrfach in Konflikt mit der preußischen Regierung. Er wehrte sich entschieden gegen eine nicht dem Gesetz entsprechende Behandlung der politischen Opposition und wäre vermutlich wieder strafversetzt worden, hätte nicht seine tödliche Krankheit, vermutlich Rückenmarktuberkulose, seinem Leben ein Ende gesetzt.
Hoffmann war die außerordentlichste Mehrfachbegabung der deutschen Romantik *(Gesamtkunstwerk)*. Als Karikaturist erlangte er allerdings keine Bedeutung. Die Karikatur spielte in Deutschland zu dieser Zeit, im Unterschied zu England und Frankreich, noch keine Rolle. Als Musiker hatte er nur einen großen Erfolg zu verbuchen: 1816 mit seiner Oper »Undine« nach dem Libretto von *Fouqué*. Die Oper wurde in Berlin ein Sensationserfolg, doch verbrannten kurz darauf bei einem Brand alle Dekorationen und Kostüme. Damit verschwand sie vom Spielplan: Es war die erste romantische Oper, von *Weber* begeistert begrüßt.
Wesentlicher war Hoffmanns Rolle als Musikkritiker. Aus Verehrung für Mozart (* 1756, † 1791) strich er 1815 seinen dritten Vornamen Wilhelm und setzte dafür Amadeus. Er entdeckte nicht nur Mozarts »Don Giovanni« für die Romantik, sondern insbesondere *Beethoven*. Er half entscheidend mit, Webers Musik durchzusetzen. Der Romantik gab er die musikkritischen Maßstäbe, von hier führte ein direkter Weg zu seinem Verehrer *Schumann* als dem eigentlichen Begründer einer modernen Musikkritik. Im übrigen ist Hoffmanns Werk durchsetzt mit Äußerungen über *Musik* und Musiker. Nicht seine Kompositionen, sondern seine dichterischen Stoffe regten Schumann, Jacques Offenbach (* 1819, † 1880), Richard Wagner (* 1813, † 1883), Paul Hindemith (* 1895, † 1963) u. a. zu berühmten Werken an.
Noch größer war sein Einfluß auf die

Weltliteratur – er war der einzige deutsche Romantiker, der eine über Deutschland hinausreichende Wirkung erlangte, und dies, obwohl *Goethe* entschieden gegen ihn Stellung nahm. Baudelaire, Poe, Herzen, Dostojewskij, Otto Ludwig, Hugo von Hofmannsthal, Andersen, Dickens u. a. sind ihm verpflichtet. Noch 1919 nannten sich zehn junge sowjetische Schriftsteller nach seiner berühmten Berliner Gesprächsrunde »Serapionsbrüder«. Entsprechend den Adjektiven grotesk und pittoresk wurde das Wort »hoffmannesk« erfunden, um charakteristische Situationen nach ihm zu bezeichnen.

Seine Hauptwerke sind die Erzählungen »Fantasiestücke in Callot's Manier« ab 1814, der Roman »Die Elixiere des Teufels« 1815, »Nachtstücke« 1817, die Erzählungen »Seltsame Leiden eines Theater-Direktors« 1819, das Märchen »Klein-Zaches genannt Zinnober« 1819, die Erzählungen »Die Serapionsbrüder« 1819 bis 1821, »Lebens-Ansichten des Katers Murr nebst fragmentarischer Biographie des Kapellmeisters Johannes Kreisler« 1820 bis 1822, die Märchen »Prinzessin Brambilla« 1821 und »Meister Floh« 1822. Seine Werke waren schon zu seinen Lebzeiten erfolgreich, so daß sich die Verleger um sie rissen und Hoffmann gute Honorare verlangen konnte.

Werk und Biographie sind bei Hoffmann untrennbar miteinander verbunden. Sie erhellen sich gegenseitig. Sein Leben lang litt er unter der Notwendigkeit, sein Brot als Jurist verdienen zu müssen, auch wenn er diesen Beruf offenbar mit Erfolg ausübte. Seine Figuren waren keine Schimären der Phantasie, sondern Produkte der leidvollen Erfahrung eines Künstlers, stellvertretend für den modernen Künstler überhaupt, der vom breiten Publikum, den »Philistern«, den Spießbürgern, nicht verstanden wurde. Literatur und Leben hatten sich getrennt und blieben es, obwohl Hoffmann den Anspruch der ersten romantischen Generation, die Gesellschaft zu neuen Ufern führen zu wollen, nicht mehr erhob.

Er war jedoch nicht nur der Chronist dieser Situation, sondern zugleich auch ihr Opfer: Die Verzweiflung trieb ihn immer tiefer hinab. Er war Alkoholiker, sein Tagebuch gibt Aufschluß über die jeweils erreichten Stadien. Er nahm auch Opium. Hoffmann lebte exzessiv, wollte exaltiert sein, suchte die Ekstase. Optische Täuschungen, fixe Ideen und Bewußtseinsspaltungen sind überliefert, er hatte sie allerdings noch unter Kontrolle.

Hoffmann beschäftigte sich mit den Abgründen der menschlichen Seele oder, wie es in einem Titel seines Freundes Gotthilf Heinrich Schubert (* 1780, † 1860) heißt, mit den »Ansichten von der Nachtseite der Naturwissenschaft« 1808. Kaum ein Werk von Hoffmann, in dem nicht von unerhörten Zaubereien, verursacht durch Magnetismus u. ä., die Rede wäre. Auch mit Mesmer *(Medizin)* beschäftigte er sich. Nichts entsprach ihm mehr, als der von der romantischen Naturphilosophie *(Naturwissenschaften)* vertretene Glaube, man könne die Harmonie in der Welt sowohl im somnambulen Zustand als auch durch das poetische Erlebnis wiederherstellen. Seine Figuren, die oft in extremem Ausmaß an Identitätszweifeln und -verlusten (Doppelgänger!) leiden, sind um so glaubhafter, weil Hoffmann als Spätromantiker sie nicht in ferne mittelalterliche Welten, in nicht existierende Schlösser versetzte, sondern in (mitunter erkennbaren) Städten der Gegenwart agieren ließ. Die skurrilsten Begebenheiten finden im Alltag statt.

Damit diese unerhörten Geschehnisse vom Publikum akzeptiert wurden, benutzte Hoffmann bisweilen Mittel der Kolportageliteratur, und manches, was er schrieb, ist auch nicht mehr als Kolportage – die Not zwang ihn dazu.

Hoffmann war ein geselliger Mensch. Seine Gelage mit dem Schauspieler Ludwig Devrient (* 1784, † 1832) im Weinkeller von Lutter und Wegner in Berlin sind legendär. Es ging hier aber keineswegs nur um exzessiven Rausch: Im Dialog entfalteten sich seine Erzählungen, entsprechende Situationen waren notwendig, damit Freunde ihre »Novellen« (ital. = kleine Neuigkeiten) vortragen konnten. Gesellige Runden waren für Hoffmann Lebenselexier, ohne die er im Leben nicht auskam und in seinen Werken nichts voranging.

So skurril viele Ereignisse sind, so kompliziert ist manchmal der Aufbau: Die Lebendigkeit der Figuren und die Gegenwartsnähe des Milieus sicherten ihm

einen festen Platz in der Weltliteratur und können noch heute den Leser fesseln.
LITERATUR: G. Wittkop-Menardeau, E. T. A. H.s Leben und Werk in Daten und Bildern. 1966.

Friedrich **Hölderlin**
*20. März 1770 Lauffen am Neckar, †7. Juni 1843 Tübingen
Der Sohn eines Klosterbeamten studierte von 1788 bis 1793 Theologie am Tübinger Stift, wo er sich mit *Hegel* und *Schelling* anfreundete. Seine Distanz zum hergebrachten Glauben wurde jedoch so groß, daß er sich anschließend nicht mehr in der Lage glaubte, eine kirchliche Laufbahn einzuschlagen. Statt dessen wurde er Hauslehrer, zuerst bei einer Freundin Schillers, dann bei den Gontards in Frankfurt am Main, in der Schweiz, schließlich in Bordeaux, unterbrochen von vielen *Reisen*. Einige Jahre hielt ihn ein Freund in Bad Homburg v. d. H. aus, bis er 1806 wegen einer psychischen Erkrankung zwangsweise in eine Tübinger Anstalt geschafft wurde. Nach erfolgloser Behandlung verbrachte er die restlichen 36 Jahre seines Lebens in der Obhut eines Tübinger Schreiners. Aufgrund der unglücklichen Lebensumstände wurde ein Großteil seiner Werke erst nach seiner Erkrankung veröffentlicht.
Seine Hauptwerke sind: »Hyperion oder der Eremit in Griechenland« 1797 bis 1799, die Übersetzung der Trauerspiele des Sophokles 1804, »Gedichte« 1826, herausgegeben von *Uhland* u. a. Seine Lyrik war seinen Zeitgenossen fast unbekannt, sie wurde erst im 20. Jahrhundert wiederentdeckt, hauptsächlich durch den Einsatz des George-Kreises, der auch viel für das Werk anderer Romantiker tat. Schiller (*1759, †1805), Hölderlins großes Vorbild, setzte sich nur anfangs für seinen schwäbischen Landsmann ein.
Hölderlin ist ein Musterbeispiel dafür, daß man gut daran tut, sich keine Klischeevorstellung von einem Dichter zu bilden, erst recht nicht von einem unglücklichen der Romantik. Er war etwa 1,80 Meter groß, für seine Zeit fast ein Riese, von kräftiger Statur, heute würde man sagen: sportlich (er konnte reiten und fechten), eine ausgesprochen schöne männliche Erscheinung. Berühmt waren seine Marschleistungen, eine Strecke von 50 Kilometern am Tag (allerdings ohne Gepäck, das ließ er sich nach Möglichkeit tragen) war für ihn nichts Ungewöhnliches. Es ist durchaus glaubhaft, daß er im Winter innerhalb von 19 Tagen von Lyon nach Bordeaux (600 Kilometer) wanderte *(Reisen)*.
Gegenüber dem weiblichen Geschlecht verhielt er sich keineswegs in platonischer Anbetung. Er hinterließ wahrscheinlich ein uneheliches Kind (wie auch *Hegel*), über sein Verhältnis zu Susette Gontard, der Diotima seiner Dichtungen, wußte halb Frankfurt Bescheid, bevor der Ehemann darauf kam. Er war auch von allen seinen Zeitgenossen derjenige Dichter, der am direktesten mit Politik zu tun hatte. Die Französische Revolution 1789 ist überall in seinem Werk spürbar. Er war zumindest Mitwisser eines revolutionären Umsturzversuches. Die Frage, ob er wirklich geisteskrank war oder 36 Jahre lang nur in der Rolle eines Hilfsbedürftigen Zuflucht suchte, ist nicht beantwortbar.
Hölderlin ist in erster Linie Lyriker. Sein Roman »Hyperion« lebt nicht von der Handlung, sein Drama »Empedokles« nicht von der Spannung, die Werke werden vielmehr jeweils von ihrer lyrischen Sprache geprägt. Hölderlin schrieb auch keine Essays oder philosophischen Abhandlungen, sondern eben nur Lyrik, diese allerdings sozusagen fortschreitend, in einem andauernden Prozeß, den der Leser wie bei keinem anderen Dichter nachvollziehen kann, wenn er sich in die vielen Fassungen vertieft und sie miteinander vergleicht. Die Gedanken, die andere in theoretischen Schriften, in Fragmenten u. a. ausdrücken, versuchte er, präzis in Gedichte umzusetzen, die voll sinnlicher Anschauung sind.
Nicht nur das: Im Prozeß des Dichtens versuchte er, seine Gedanken endgültig zu klären. Trotzdem findet sich bei ihm kein Lehrgedicht, wie es früher üblich gewesen ist, um Gedanken in Gedichtform wiederzugeben, nicht einmal ein Gedankengedicht wie bei seinem Vorbild Schiller (»Nänie«, »Das Glück« u. a.), sondern reine Lyrik von oft großer Schönheit, die den Gedanken absorbiert. Allerdings blieben auch viele Gedichte unvollendet, die Gedanken Fragment, wie es für diese Generation typisch war.

»... mit entblößtem Haupt zu stehen,
Des Vaters Strahl, ihn selbst, mit eigner Hand
Zu fassen, und dem Volk ins Lied
Gehüllt die himmlische Gabe zu reichen«,

das war nach Hölderlins Auffassung seine Aufgabe – eine tief religiöse. Sie erfüllte er als Sohn der Aufklärung und Bruder der Revolution voll Optimismus. Auch wenn er sich mitunter scharf über den Charakter der Deutschen ausdrückte, als Dichter war er ein Erzieher voller Hoffnungen: »Ich glaube an eine künftige Revolution der Gesinnungen und Vorstellungen, die alles bisherige schamrot machen wird. Und dazu kann Deutschland vielleicht sehr viel beitragen.«
Die Verwandlung der Gegenwart erfolgte durch das Ereignis der Liebe, so, wie er sie in der Begegnung mit Susette Gontard erfuhr. Sie spielte in seinem Leben etwa die Rolle wie Caroline *Schelling* für *Schelling (Frauenemanzipation).* So wie die Liebe ihn verwandelte, sollte sie auch die Gesellschaft verwandeln. Den Zugang zu diesem Ereignis eröffnete der Tod, der zu seiner Zeit nichts war, was man verdrängte, sondern etwas, womit man sich täglich auseinandersetzte. *Hegel,* der sich, wie *Schelling,* seinem Kommilitonen Hölderlin entfremdete, drückte es so aus: »... nicht das Leben, das sich vor dem Tode scheut und von der Verwüstung rein bewahrt, sondern das ihn erträgt und in ihm sich erhält, ist das Leben des Geistes.« Und an anderer Stelle: »Der Tod ist die Liebe selbst; es wird darin die absolute Liebe angeschaut.«
Die Voraussetzung für ein solches Erlebnis von Liebe und Tod war die Verbundenheit mit der Natur. Hölderlin war nicht denkbar als Dichter der Stadt oder des Zimmers. Er gehörte zu den Begeisterten, in denen die Götter wohnen, die Götter der Antike, denn in der Gegenwart fand Hölderlin nicht den idealen Zustand, den er suchte. Doch im Unterschied zu *Goethe* war ihm die Antike nicht ein feststehendes Maß, das er in die Gegenwart zu retten suchte, sondern eine unter vielen vergangenen Geschichtsepochen, in der er jedoch am ehesten sich wiederentdecken konnte: »Ich liebe dies Griechenland überall. Es trägt die Farbe meines Herzens. Wohin man siehet, liegt eine Freude begraben«, heißt es im »Hyperion«.
Im alten Griechenland, so wie Hölderlin es erfand, wurde aber nicht nur das Modell eines schönen Daseins erkennbar, in der griechischen Literatur fand er auch den Regelkanon, den er seiner Dichtung zugrunde legte. Er belebte nicht die Versformen der romanischen Renaissance: Stanze, Terzine und Sonett, sondern, im Unterschied zu seinen Zeitgenossen, die antiken Formen: Hymne, Elegie und Ode. Noch mehr: er übersetzte nicht Sophokles' Sprache ins Deutsche, er wollte dessen religiösen Gehalt ins Deutsche übertragen. Den Unterschied begriffen alle Antikenfreunde seiner Zeit nicht, sehr zu Hölderlins Nachteil.
Als 1914 die Soldaten ins Feld zogen, führten einige, neben der Bibel, Goethes »Faust« und Nietzsches »Zarathustra«, auch bereits Hölderlins »Hyperion« mit, der ein Jahrhundert praktisch vergessen gewesen war. Auch an Soldaten des III. Reiches wurden Hölderlin-Feldausgaben verteilt. Solche Versuche zur vaterländischen Vereinnahmung sind krasse Beispiele für Mißverständnis und Mißbrauch poetischer Werke. In seinen Gedichten versuchte Hölderlin, die verlorene Einheit von Fühlen und Denken noch einmal herzustellen – vergeblich. Diese Einheit blieb erst recht einer späteren nationalen Ekstase verwehrt.
LITERATUR: P. Bertaux, F. H. 1978. – U. Häussermann, F. H. in Selbstzeugnissen und Bilddokumenten. 1961.

Industrie und Technik
Ab 1709 wurde in England die Eisengewinnung mechanisiert, ab 1712 der Bergbau mittels der Dampfmaschine, ab 1733 die Spinnerei. Alle diese technischen Fortschritte, die sich auch bald in Industrie und Handel außerhalb Englands herumsprachen und auswirkten, führten zu einer zwar noch langsamen, aber spürbaren Veränderung der Welt. Wichtig war dabei nicht so sehr die einzelne Errungenschaft, sondern der Geist, der dahinterstand und auf die Menschen zurückwirkte. So ging die Entwicklung ab 1780 weiter:
1783 stieg der erste Ballon mit menschlichen Insassen auf, 1785 überquerte der

erste bemannte Ballon den Ärmelkanal, 1789 erlebte Berlin den ersten Ballonaufstieg. Ballons gehörten alsbald zum Programm der Schausteller; einer von ihnen gründete 1804 die deutsche Gasindustrie.
Ebenfalls 1783 entwickelte Oliver Evans in den USA die erste vollmechanische Mühle. 1785 folgte der erste mechanische Webstuhl, und 1789 stand die erste Dampfmaschine in einer Spinnerei. 1807 folgte in Wien die Nähmaschine.
1786 entstand die erste brauchbare Dreschmaschine, 1805 der erste, von Tieren gezogene Vorläufer des Bulldozers, und 1811 wurde die Mähmaschine konstruiert.
1797 entwickelte Aloys Senefelder die Lithographie, 1809 Samuel Sömmering den ersten (nichtfunktionierenden) Telegraphen, 1810 lief Koenigs erste Flachdruckmaschine, auf der ab 1814 die »Times« gedruckt wurde. Bereits 1755 hatte Breitkopf den Notendruck entwickelt.
1802 konstruierte Richard Trevithick den ersten Dampfwagen für den Straßenverkehr, 1803 entstanden das erste Dampfversuchsboot von Robert Fulton und Trevithicks erste Lokomotive, 1807 lief Fultons erstes richtiges Dampfschiff vom Stapel und 1814 ging Stephensons erste Lokomotive in Betrieb.
Deutschland war noch keine führende Industrienation, alles wurde etwas später eingeführt, aber zumindest der Geist der Erfindungen machte sich auch hier sehr schnell bemerkbar. Wer ein technisches Fach studierte, machte nach Möglichkeit eine Bildungsreise *(Reisen)* nach England *(Baader, Schinkel)*. Die wichtigsten Ereignisse in Deutschland:
1785 stand die erste Dampfmaschine in Preußen, 1788 in Westfalen, 1811 im Ruhrgebiet.
1793 erlebte Schlesien den ersten Maschinensturm der Textilindustrie, 1797 kam es in Annaberg zum nächsten. 1794 bis 1796 wurde in Gleiwitz der erste Kokshochofen gebaut, 1799 bis 1802 in Königshütte der nächste. 1797 entstand in Niederschlesien die erste Brücke aus Gußeisen (in England bereits 1776 bis 1779).
1797 erlebte München die erste Massenspeisung, 1800 Berlin. 1802 wurde in England ein Gesetz gegen Kinderarbeit erlassen, das nichts nützte. Die Arbeitszeit deutscher Kinder lag um 1825 bei 6 bis 16 Stunden täglich. 1816 begrenzte der englische Unternehmer Robert Owen die Arbeitszeit freiwillig aus rational-humanistischen Überlegungen heraus.
Um 1800 gab es in Deutschland etwa 1000 Manufakturen und etwa 100000 freie Lohnarbeiter. Beide Zahlen waren in Relation zur Gesamtproduktion und zur Bevölkerung noch klein. Eine Manufaktur (lat. manus = Hand, factum = Werk) war ein zentralisierter großer Gewerbebetrieb mit Massenfertigung, die noch nicht mechanisiert war. Die Manufaktur stellte keine grundsätzliche Bedrohung des traditionellen Handwerks dar, sondern ergänzte es bei steigenden Bedürfnissen. Der Arbeitsplatz war jedoch von der Wohnung getrennt. Wo Manufakturen mit Verlagen (= Unternehmen, die den Rohstoff ins Haus lieferten, wo er in Heimarbeit veredelt wurde) gekoppelt waren, konnte die Belegschaft 35000 Köpfe zählen (Linz), meistens war sie jedoch sehr viel kleiner. Die Entlohnung der Arbeiter war minimal. Fabriken im heutigen Sinn, d. h. mechanisierte Großbetriebe, entstanden in Deutschland nur langsam ab 1784 (Ratingen) und beendeten teilweise die Heimarbeit. Die gesetzlichen und religiösen Bedingungen hemmten in Deutschland den technischen Fortschritt und führten dazu, daß anstelle einer industriellen Revolution bestenfalls von einer Reform die Rede sein konnte, was allerdings sensible Menschen nicht hinderte, stark zu reagieren.
Der betroffene Arbeiter mochte die Kraftmaschine akzeptieren, z. B. die Pumpe im Bergwerk, die ihn von schwerer, unproduktiver Arbeit befreite, aber die Arbeitsmaschine, die ihm die Arbeit in manchen Fällen wegnahm und ihn brotlos machte, empfand er als Konkurrenz. 1818 leistete eine einzige Spindel einer Spinnereimaschine bereits 100mal mehr als ein Handspinner. Der Prozeß der Industrialisierung enthob den Arbeiter, sofern er Arbeit hatte, der materiellen Bedürftigkeit, aber jede neue Maschine bedrohte zugleich auch seine Existenz – eine paradoxe Situation.
Das allgemeine Publikum wurde von den technischen Errungenschaften fasziniert: dauernd neue Sensationen! Man stelle sich vor: Der Mensch konnte sich zum ersten Mal in die Lüfte erheben.

Jean Paul knüpfte daran seinen Roman über den Luftschiffer im »Titan«. *Kleist*, der in Paris einen Aufstieg beobachtete, registrierte, daß die Menschen über der Faszination vergäßen, wenn neben ihnen ihre Nachbarn erschlagen würden: Sie staunten ungerührt weiter. Am vollendetsten drückte eine alte Marquise das Gefühl der Welt angesichts dieses Wunders aus: »Ja, ich sehe es, sie werden alles erreichen, sie werden sogar den Tod abschaffen, ich aber – ich werde dann nicht mehr leben!«

Was die Romantiker, und mit ihnen *Goethe*, angesichts dieser Fortschritte spürten, war ein Verlust, der Verlust »der substantiellen Einheit der Seele«, der Einheit von Gefühl und Denken, wie T. S. Eliot (* 1888, † 1965) sagte. Sie wollten wie ehedem einen Gedanken nicht nur denken, sie wollten ihn auch fühlen, und in ihrem verständlichen Wunsch war ihre Tragik beschlossen. Wenn *Goethe* und *Ritter* naturwissenschaftliche Entdekkungen machten, dann abseits dieser modernen Entwicklung im Rahmen eines Denkens, das sich am deutlichsten in der Naturphilosophie ausdrückte. *Novalis* verfügte über eine universale naturwissenschaftliche und philosophische Bildung, wie seine Fragmente auswiesen. Er war als Jurist in einem technischen Betrieb erfolgreich tätig, dessen technische Seite er offensichtlich auch beherrschte, aber er ging von der letzten Einheit aller Dinge aus, nicht vom technischen Detail: Eine Saline arbeitete nach dem Prinzip der Mühle, die in vielen Variationen für vielfältige Zwecke Naturkraft in die Drehbewegung des Rades umleitete. Diese Maschine erlaubte noch die Einheit von Denken und Fühlen, ebenso all die raffinierten barokken Spielapparate, die für die Theater der großen Residenzen konstruiert wurden, die Dampfmaschine hingegen offensichtlich nicht mehr.

So finden sich in den Werken *Goethes* und der Romantiker nur skeptische Äußerungen über die Segnungen der Technik, so etwa bei Goethe in dem Aufsatz »Kunst und Handwerk«, in dem er eine Verlagerung der Gewichte von den schönen zu den mechanischen Künsten bedauerte, weil damit das Talent der »Masse des Mechanischen«, die Qualität der Quantität unterliege. Caspar David *Friedrich* sprach mit Verachtung von »Fabrik« und »maschinenmäßigem Üben« und entrüstete sich, wenn Bilder »wie Ware« ausgestellt wurden – wobei zu bedenken war, daß mechanische Künste immerhin patentiert werden konnten *(Panorama)*, Kunstwerke hingegen praktisch noch keinen Urheberschutz *(Bücher)* genossen.

Mit anderen Worten: die Künstler fürchteten mit Grund eine Schmälerung ihrer ohnedies fragilen Existenzgrundlage. Allgemeiner drückte das Gefühl der Ohnmacht Achim von *Arnim* in einem Brief an seine Frau Bettina 1817 aus, als er in Karlsbad kurte: »Von dieser Art regelmäßig vorbestimmter Lebensweise ist schwerlich ein Begriff zu machen, und ich komme mir selbst wie eine Dampfmaschine vor, die nach den Dämpfen des Sprudels arbeitet.« Hier war die Ablehnung auf den Nenner gebracht: Die mechanische Fabrikation setzte die totale Verfügungsgewalt über die Produktionsmittel voraus – die Romantiker waren Menschen, die Sorge hatten, daß sie den Geist der Maschinen annehmen müßten.

LITERATUR: H. Bechtel, Wirtschafts- und Sozialgeschichte Deutschlands. 1967. – S. Giedeon, Die Herrschaft der Mechanisierung. 1982. – Die Nützlichen Künste. Katalog. 1981.

Jean Paul

* 21. März 1763 Wunsiedel, Fichtelgebirge, † 14. November 1825 Bayreuth

Johann Paul Friedrich Richter, Sohn eines Lehrers und Organisten, wuchs auf dem Lande in Oberfranken auf. 1781 begann er ein Theologiestudium in Leipzig, das er jedoch schnell wieder abbrach, um sich ganz der Schriftstellerei zu widmen. In den folgenden Jahren führte er ein recht unstetes Leben, da sich der Erfolg nicht schnell einstellte: Er war gezwungen, Hauslehrer zu werden, mußte auch einmal vor seinen Gläubigern fliehen. Nach 1790 wurde er berühmt, 1792 legte er sich das Pseudonym Jean Paul zu, wahrscheinlich in Erinnerung an sein großes Vorbild Jean-Jacques Rousseau (* 1712, † 1778). Zeitweise lebte er auch in Weimar, wo er sich besonders mit Herder (* 1744, † 1803) anfreundete. Nach verschiedenen Liebeserlebnissen, die nie allzu tragisch endeten, heiratete er 1801. Nachdem er

zwei Jahrzehnte lang zwischen Oberfranken, Thüringen, Sachsen und Berlin hin- und hergezogen war, ließ er sich 1804 in Bayreuth nieder. 1815 setzte ihm der bayerische König einen Ehrensold aus. 1823 erkrankte er am Grauen Star und war bei seinem Tode fast erblindet.
Seine Hauptwerke sind die Romane »Die unsichtbare Loge« 1793, »Hesperus« 1795, »... Siebenkäs« ab 1796, »Leben des Quintus Fixlein« 1796, »Titan« 1800 bis 1803, »Flegeljahre« ab 1804 u. a., dazu viele berühmte Erzählungen und einige theoretische Schriften.
Wer heute zum ersten Mal einen Roman von Jean Paul liest, der sollte überschlagen, was ihm zu langatmig scheint, und sich auf das beschränken, was ihm gefällt, und das werden vermutlich die musikalischen Prosastücke sein. Es gibt kaum einen anderen deutschen Dichter, dessen Prosa so stark von Musik durchtränkt ist und in der so viel von *Musik* die Rede ist – E. T. A. *Hoffmann* ausgenommen. Jean Paul machte daher, wie Hoffmann, den tiefsten Eindruck gerade auf Musiker (z. B. *Schumann*).
Doch schon die zeitgenössischen Kritiker verstanden oft nicht, warum seine Romane so umständlich waren, durchsetzt mit anscheinend überflüssigen Einschiebseln aller Art, plötzlichen Einfällen, Zitaten, Reflexionen, Aphorismen, Fußnoten, Episoden u. a., die den Gang der Handlung aufhielten. Doch Jean Paul hatte eine Lesergemeinde, die sich seinem Text hingab und sich willig und gerne von ihm führen ließ.
Er war trotz dieser Weitschweifigkeit der erfolgreichste anspruchsvolle Romancier seiner Zeit, erfolgreicher als *Goethe* mit »Wilhelm Meisters Lehrjahren«, wenn auch nicht so erfolgreich wie die berühmten Unterhaltungsschriftsteller. Seine Leserschaft setzte sich hauptsächlich aus Frauen zusammen. Heute ist das Verständnis für seine Romane wieder gewachsen – der moderne Roman ist, wenn auch aus veränderten Gründen, nicht weniger anspruchsvoll.
Jean Paul war der einzige nicht akademisch ausgebildete Dichter unter seinen Zeitgenossen und der einzige, der ausschließlich Prosa schrieb. Für ihn war der Roman das modernste Ausdrucksmittel für neue Ideen. Wie man einen Roman schreibt, lernte er bei seinerzeit vorbildlichen Engländern, bei Jonathan Swift (* 1667, † 1745), Lawrence Sterne (* 1713, † 1768) u. a.; die revolutionären Ideen wurden von den Franzosen angeregt, von Rousseau, Voltaire (* 1694, † 1778) u. a. Von den deutschen Autoren inspirierten ihn am stärksten der Mystiker Johann Georg Hamann (* 1730, † 1778) und sein Weimarer Freund Johann Gottfried Herder.
Was Jean Paul beseelte, war die Idee der Humanität, was ihn kränkte, war der Zwiespalt zwischen dem Gefühl für die unendlichen Möglichkeiten des Menschen, die in seiner Phantasie unglaubliche Dimensionen annahmen, und der kleinbürgerlichen Realität in Deutschland.
Es wäre falsch, über seine Genrebilder der deutschen Zustände in den Dörfern, Städtchen und Residenzen mit einem Hinweis auf den so gern zitierten Humor hinwegzugehen. Zweifellos haben diese Schilderungen auch eine humoristische Seite, aber wenn er z. B. in seiner ersten berühmten Erzählung vom Schulmeister Wuz (1790) den Leser aufforderte, zuhause zu bleiben, sich an den Ofen zu setzen, die Vorhänge zuzuziehen und sich die Schlafmütze aufzusetzen und die große Welt draußen zu vergessen, so war darin gerade bitterste Kritik: Es war unter den gegebenen Umständen immer noch lohnender, wie das »vergnügte Schulmeisterlein« zu leben, als die Vorhänge aufzuziehen. Kein zweiter deutscher Dichter zu dieser Zeit sah die Welt so scharf.
Jean Paul selbst war von klein auf von der Lesewut ergriffen und schrieb in dikken Folianten alles auf, was ihm bemerkenswert erschien, um es anschließend in seinen Büchern zu verwerten. Die modernste Literaturgattung, den Roman, benutzte er dazu, den Leser mit den neuesten internationalen Errungenschaften vertraut zu machen. Bei ihm fand der Leser das ganze Zeitalter der neuen Wissenschaften und Techniken gespiegelt: Eisenhütten, Elektrisiermaschinen, Telegraphen, Heißluftballons u. a. Ein ganzer Romanteil im »Titan« ist einem Ballonfahrer gewidmet, und Jean Paul nahm als Schreiber selbst gern die Perspektive eines Fliegenden an. Bei ihm gab es bereits den Fernschreiber, eine Art Fernseher, das Luftschiff, die Luftfahrt, die Flugreise, die Flugmaschine und den Fallschirm, wenn auch nicht im heutigen

Sinne, weil es viele dieser Dinge zu seiner Zeit noch gar nicht gab.
Einen genauso sicheren Blick wie für die technischen Möglichkeiten dieser Welt, die erst in Ansätzen zu erkennen waren, hatte er für die psychischen Kräfte. So gab er z. B. im »Siebenkäs« nicht nur eine sehr scharfsinnige Geschichte einer Ehe und ihres Zerfalls, sondern erfand darin auch den »Doppelgänger«, der in Zukunft in der internationalen Literatur eine so große Rolle spielen sollte, und schließlich die Vision der »Rede des toten Christus vom Weltgebäude herab, daß kein Gott sei« *(Religion),* ohne die Dostojewskijs (* 1821, † 1881) Erzählung von der Wiederkehr Christi (1879/80) nicht zu denken ist. Daß er auch den Begriff »Nihilismus« aufbrachte, rundet das Bild ab.
Kurzum: Es ist zwar richtig, daß Jean Pauls Romane von einer seltsamen Gesellschaft von Außenseitern, Käuzen, Sonderlingen, Pedanten, Komikern aller Art und von außerordentlich gefühlsseligen Helden und Frauen bevölkert sind, aber er benutzte auch das modernste literarische Medium, um die modernsten Ideen auszudrücken, nicht als Lehrmeister, sondern als Freund des Lesers: Seine Romane wurden immer wieder durchbrochen durch Zwiegespräche, die er mit dem Leser führte, um ein Vertrauensverhältnis herzustellen.
Wozu aber dieser enorme Aufwand? »An einem Vormittag stand ich als ein sehr junges Kind unter der Haustür und sah links nach der Holzlege, als auf einmal das innere Gesicht, ich bin ein Ich, wie ein Blitzstrahl vom Himmel vor mich fuhr und seither leuchtend stehen blieb: Da hatte mein Ich zum ersten Male sich selber gesehen und auf ewig.«
Dieser Fund der eigenen Persönlichkeit wurde jedoch 1790 (»wichtigster Abend meines Lebens«) durch den sinnlich gefühlten Tod in Frage gestellt und »durch stärkere Liebe zu den nichtigen Menschen, die alle dem Grabe zuwanken«, überwunden.
Der Tod und die Liebe sind das Thema seiner Romane. Alle seine Figuren müssen sich der Todesprobe unterziehen. Die Erzählung vom Schulmeister Wuz (1790) beginnt bereits mit dem Satz: »Wie war Dein Leben und Sterben so sanft und meerstille, du vergnügtes Schulmeisterlein Wuz!« Die Erfahrung der Einsamkeit, ja völliger Verlassenheit machen viele seiner Helden. Nur die Liebe und der Tod können sie über die nihilistischen Gefühle in ein neues Leben hinausheben. Nachdem Gott tot war, wie Jean Paul es fühlte, und der Mensch die unermeßliche Weite seiner Möglichkeiten erfuhr, nachdem der Mensch gewagt hatte, sein Schicksal selbst zu bestimmen, versuchte Jean Paul, das Verhältnis zwischen dem sterblichen Individuum und der Unendlichkeit des Seins neu zu verstehen. Die Manie, mit der er alles in seine Romane hineinpackte, was ihm für seinen Versuch zu taugen schien, spiegelt auch den Sachverhalt wider, daß seine ungewöhnlichen sprachlichen Fähigkeiten doch nicht ausreichten, die Kluft zwischen Endlichkeit und Unendlichkeit zu schließen. Seine Romane bieten daher nicht eine spannende Handlung, sondern schildern, wie seine Helden unter diesen allumspannenden Umständen zu neuen Gefühlen und Einsichten finden.
Seine theoretischen Schriften können einmal als ausführliche Kommentare zu seinem literarischen Werk gelesen werden, doch bringen sie auch darüber hinaus wesentliche Einsichten.
LITERATUR: M. Kommerell, J. P. [4]1966. – H.-J. Ortheil, J. P. in Selbstzeugnissen und Bilddokumenten. 1984.

Jena
Jena hatte gegen Ende des 18. Jahrhunderts etwa 4000 Einwohner, von denen die meisten direkt oder indirekt von der Universität lebten. Mit den berühmten Universitätsneugründungen der Aufklärung, Halle 1694 und Göttingen 1736, konnte es nicht im entferntesten konkurrieren. Es wurden Spottlieder auf die Universität gesungen, so herabgekommen war sie, die von den vier thüringischen Höfen in Gotha, Meiningen, Coburg und Weimar unterhalten, aber im wesentlichen von Weimar aus dirigiert wurde.
Ihren plötzlichen Aufstieg verdankte sie im wesentlichen drei Faktoren: der Lehre der Kantschen Philosophie seit den 80er Jahren, der Toleranz des Großherzogs, dank der in Jena freier gelehrt werden konnte als anderswo, und der Gründung der »Allgemeinen Literatur-Zeitung« in Jena 1785 (bis 1803) durch den in Wei-

mar ansässigen Verleger Friedrich Justin Bertuch (* 1747, † 1822), einen der bedeutendsten seiner Zeit: Er beschäftigte 1811 450 Leute (!) und wurde zu Recht »Chevalier d'Industries« genannt. Die Zeitung erschien an jedem Wochentag, hatte 1787 120 Mitarbeiter, die praktisch jede auch nur einigermaßen interessante Neuerscheinung besprachen, und 1795 die für diese Zeit stattliche Zahl von 2400 Abonnenten.

Doch auch in Jena wuchsen die Bäume nicht in den Himmel. Die Kantschen Lehren von der Freiheit und die Französische Revolution gingen selbst an dieser Kleinstadt nicht spurlos vorüber. Ab 1790 fürchteten die Fürsten Unruhen, 1792 setzten sie Truppen ein. Die Studenten konnten sich jedoch durchsetzen und ihre Freiheit wahren. Doch 1799 wurde *Fichte* entlassen: Seine atheistischen Predigten gingen den Fürsten zu weit. Im übrigen war altes Unwesen nicht so schnell auszurotten: Im 1. Halbjahr 1803 fanden immer noch 100 Duelle statt. Im selben Jahr ging die Jenaer Blütezeit zuende, als die »Literaturzeitung« nach Halle umzog. Halle war es auch, das zeitweise für die Romantik die Bedeutung von Jena zu übernehmen schien. Spätestens 1806 war es jedoch auch dort damit zu Ende. In den Befreiungskriegen erlangte Jena noch einmal kurzfristig neue Bedeutung für die Bildung der nationalen Bewegungen, insbesondere für die Urburschenschaft *(Nationalismus)*.

Jena war das erste Zentrum der Romantik. Nur wenige Kilometer von Weimar entfernt, wo *Goethe* residierte, mit Schiller (* 1759, † 1805) im gleichen Ort, kristallisierte sich die Frühromantik heraus. Ihren Mittelpunkt bildeten die Brüder *Schlegel*, zeitweise begleitet von *Fichte, Hegel* und *Schelling, Richter* u. a. *Novalis* kam oft zu Besuch. Caroline *Schelling* war der weibliche Gegenpol zu diesem Freundeskreis *(Frauenemanzipation, Freundschaft)*.

Judenemanzipation

Die Emanzipation der Juden begann mit der Aufklärung. Während des 18. Jahrhunderts wurde häufig öffentlich darüber diskutiert, ob die Ächtung der Juden, ihre Ausgrenzung in Ghettos, die ihnen aufgezwungene Rolle des gesellschaftlichen und wirtschaftlichen Außenseiters mit den rationalen Erkenntnissen und der neuen Lehre von der Würde und der Gleichheit aller Menschen vereinbar seien. Gotthold Ephraim Lessing (* 1729, † 1781) war der erste, der es wagte, in dem Lustspiel »Die Juden«, 1754, einen »edlen« Juden darzustellen.

Die Juden nahmen in manchen Regionen des Reiches rasch zu. Seit 1671 wanderten sie z. B. in größerer Zahl wieder in die Mark Brandenburg ein, aus der sie 1572 vertrieben worden waren. Im Jahre 1700 lebten dort 2500 jüdische Familien, 100 Jahre später bereits 8000. Hier waren sie relativ sicher. Sie wurden zwar stets vom Staat unter den verschiedensten Vorwänden zur Kasse gebeten, aber sie mußten nicht dauernd um ihr Leben fürchten. Um sich diese Sicherheit zu bewahren, sorgten sie selbst nach Möglichkeit dafür, daß arme Juden fernblieben. So potenzierte sich ihre Erlaubnis, im Unterschied zu den Christen mit Geld handeln zu dürfen, gewissermaßen von selbst.

Die Erfolge einiger Juden ergänzten sich mit den Versuchen des Staates, die an sich unerwünschte Minderheit doch irgendwie in seine Verwaltung einzugliedern, und mit den Lehren der Aufklärung. Es fanden erste Begegnungen zwischen Mitgliedern der Oberschicht und Juden statt, die ihr Geld dazu genutzt hatten, sich in die deutsche Kultur einzuleben. Zu diesen Juden gehörte z. B. der Philosoph Moses Mendelssohn (* 1729, † 1786). Seine Tochter Henriette (* 1775, † 1831) wurde in Paris, wo sie von 1802 bis 1824 lebte, mit ihrem Salon eine der führenden Frauen ihrer Zeit.

Ab 1788 wurden die österreichischen Juden nach und nach wehrfähig. Vorher hatten sie dafür, daß sie nicht dienen durften, zahlen müssen. Kaum waren sie wehrfähig, hätte es eigentlich auch erlaubt sein müssen, sie nach Verdienst zu Offizieren zu machen. Sie waren jedoch (noch) nicht von Adel, und der war immer noch in vielen deutschen Ländern unerläßliche Voraussetzung für den Rang eines Offiziers, trotz Aufklärung, Französischer Revolution und Freiheitskriegen.

Kaum hatten die Juden einige Fesseln abgeschüttelt, setzte jedoch eine antisemitische Gegenbewegung ein. So wurde

der *Salon*, Treffpunkt der Welt des Geistes, sehr bald nicht mehr von emanzipierten, oft jüdischen Frauen geführt, sondern nach 1815 meistens von konservativen, »patriotischen« Männern.
1812 wurden die preußischen Juden endgültig zu gleichberechtigten Bürgern ernannt, aber schon 1818 kam auf dem Burschentag in Jena die entscheidende Frage hoch, ob Juden Deutsche sein könnten. Bis jetzt hatte gegolten, daß spätestens die Taufe den Juden zum Christen und damit zum Deutschen machte. Jetzt kam die »altdeutsche« Richtung zu der Ansicht, daß nur ein Deutscher und ein Christ Burschenschafter sein konnte. Ernst Moritz *Arndt* war einer ihrer Wortführer. Auch die Professoren stritten sich in Büchern und Pamphleten über diese Frage.
In Zukunft wurde zweigleisig gefahren. Man konnte den Juden nicht mehr alle Rechte nehmen, die man ihnen gerade gewährt hatte. So wurden die Juden nach den Freiheitskriegen auf der einen Seite verunglimpft, auf der anderen anerkannt, wo und wann man sie brauchte. 1817 wurden z. B. die Nachkommen des Meyer Amschel Rothschild (* 1743, † 1812) in Österreich geadelt und 1822 in den Freiherrnstand erhoben.

Justinus **Kerner**
* 18. September 1786 Ludwigsburg, † 21. Februar 1862 Weinsberg
Der Beamtensohn machte zuerst 1802 eine kaufmännische Lehre, 1804 begann er mit dem Studium der *Medizin*, das er 1808 abschloß. 1809/10 unternahm er eine große *Reise* durch das Reich und eröffnete anschließend eine Praxis. Von 1812 bis zu seiner Pensionierung wegen Erblindung 1851 war er Amtsarzt, seit 1818 in Weinsberg, wo er der Mittelpunkt der »Schwäbischen Dichterschule« war und viele Freunde empfing, die sich für seine parapsychologischen Studien interessierten, mit denen er 1823 begann. 1828/29 lebte in seinem Hause die medial begabte Friederike Hauffe (* 1801, † 1829) aus Prevorst.
Kerners Hauptwerke sind »Reiseschatten« 1811, »Gedichte« 1826, »Die Seherin von Prevorst« 1829, »Das Bilderbuch aus meiner Knabenzeit« 1849 und »Kleksographien« posthum 1890. Er gab auch einige Almanache heraus.
Kerner war wesentlich romantischer als sein Freund *Uhland* – eine merkwürdige Mischung zwiespältiger Eigenschaften. Er war bedeutend als Freund, Arzt und Dichter. Sein Haus in Weinsberg stand nicht nur Somnambulen offen, sondern allen, die im Schwäbischen einen geselligen Mittelpunkt suchten. Sein Interesse für die dunklen Seiten der menschlichen Seele bildete nur einen weiteren besonderen Anziehungspunkt. Kerner besaß nicht nur große psychologische Kenntnisse, sondern war überdies ein Zentrum aller okkulten Strömungen der Spätromantik. Er war davon überzeugt, wie bereits der Untertitel seines Buches über die Seherin von Prevorst verrät, daß die Geisterwelt in die unsere hineinragt. Seine therapeutischen Erfolge waren allerdings dürftig, und leider trat seine Gabe, über seine okkulten Obsessionen zu lachen, selten in Erscheinung.
Seine Gedichte und Balladen waren im volksliedhaften Ton geschrieben. Er schrieb schneller und mehr als Uhland, aber nicht so genau ausgeformt. Einige seiner Gedichte wurden durch Vertonungen von Robert *Schumann* und Hugo Wolf (* 1860, † 1903) berühmt. Er wandelte einfache Themen aus dem Alltag ab: Abschied, Erinnerung, Sehnsucht, Tod u. a. Der Schatten des Todes stand auch hinter seinen Balladen (z. B. »Kaiser Rudolfs Ritt zum Grabe«, »Preis der Tanne«, deren Bretter den Leichnam dermaleinst umschließen werden, »Wanderer in der Sägemühle«, deren monotone Melodie an den Tod erinnert). Überall suchte er das Kraut, das den Dichter heilen sollte:

»Welt, daß ich's finde, laß mich los,
Mich heilt nur meines Grabes Moos.«

Amüsanter als seine oft etwas blassen Gedichte ist sein Bericht von seiner großen Reise 1809/10, der nach romantischer Art, angeregt durch Schattenspiele, aus den verschiedenartigsten Stücken montiert ist.
LITERATUR: K. Dörnbacher (Hrsg.), Das Leben des J. K. 1967.

Heinrich von **Kleist**
* 18. Oktober 1777 Frankfurt (Oder), † 21. November 1811 am Kleinen Wannsee bei Berlin
Der Sohn einer Offiziersfamilie, die be-

reits 18 preußische Generäle hervorgebracht hatte, schlug auch die Offizierslaufbahn ein und trat 1792 in das Potsdamer Garderegiment ein, nahm 1793 und 1796 an den Feldzügen gegen Frankreich teil, schied jedoch 1799 aus, weil ihm der maßlose Drill zuwider war.
Bis an sein Lebensende folgte nun eine Katastrophe auf die andere: Krankheiten, Zusammenbrüche, Verlobung (1799) und Entlobung (1802), der mehrfache Versuch, doch als Beamter oder Offizier ein Auskommen zu finden (1800, 1804), die tiefe Erschütterung durch ein sehr einseitiges Verständnis der Kantschen Philosophie (1800), ein Versuch, in der Schweiz als Bauer zu leben (1802) oder in die französische Armee einzutreten und mit ihr nach England zu gehen (1803), die versehentliche Verhaftung als preußischer Spion und monatelanger Kerker in Frankreich (1807), die Ungnade des Hofes und seiner Familie, der Mißerfolg der zwei Zeitschriften »Phöbus« 1808 und »Berliner Abendblätter« 1810/11 *(Bücher)*, große Schwierigkeiten bei der Drucklegung seiner Werke und der Aufführung seiner Stücke, die schroffe Ablehnung durch *Goethe* (1809), schließlich sein gemeinschaftlicher Selbstmord mit der todkranken Henriette Vogel. Ein Großteil seines Werkes erschien erst nach seinem Tod.
Seine Hauptwerke sind die Dramen »Amphitryon« 1807, »Penthesilea« 1808, »Das Käthchen von Heilbronn« 1810, »Der zerbrochene Krug« 1811, »Der Prinz von Homburg« 1821, ferner Erzählungen, Anekdoten und Essays.
Nachdem Kleist die Sinnlosigkeit seiner Offiziersexistenz erkannt hatte, bemühte er sich bis zu seinem frühen Tod darum, eine neue Aufgabe und ein neues Ziel zu finden, die ihm auch wieder zu gesellschaftlicher Anerkennung, nicht zuletzt durch seine Familie und den preußischen König, verhelfen sollten.
Das Problem lag jedoch tiefer, als die biographischen Fakten enthüllen: Kleist entdeckte, nachdem er sozusagen aus dem Nest gefallen war, die unüberbrückbare Trennung zwischen Individuum und Wirklichkeit und wurde ab etwa 1802 der Dichter dieser Entfremdung, in der Hoffnung, auf diese Weise Anerkennung zu finden. Seine romantischen Zeitgenossen versuchten, die Kluft zu überspringen, indem sie ihr Leben poetisierten und die kulturellen Erzieher der Nation wurden. Im Unterschied zu ihnen blieb bei Kleist der Zwiespalt bestehen, auch wenn er z. B. nach 1806 versuchte, eine Identifikation zu erreichen, indem er für die Nation schrieb – erfolglos. Offensichtlich erfuhr er sich selbst dann, wenn er mit Freunden zusammen war, als Vereinzelter. Die kompromißlose Klarsichtigkeit, die vielen seiner Helden eigen ist, trieb auch ihn um, nahm jedoch bei ihm oft aufklärerisch-lehrhafte Züge an, die den Umgang mit ihm nicht einfach machten.
Zweifel an der eigenen Identität sind auch das Thema seiner Helden. Die Analyse ihrer doppelten oder verlorenen Identitäten wird mit einer Schärfe betrieben, die in der deutschen Literatur kein Vorbild hat und weit über Sophokles (* um 496, † um 406 v. Chr.), von dem Kleist die Technik übernahm, hinausführt. Die Klärung erfolgt, indem im Verlauf der Handlung langsam ein Geheimnis gelüftet wird, z. B. wer nun wirklich mit Alkmene geschlafen, wer tatsächlich den Krug zerbrochen hat. Eine besondere Rolle spielt in diesen Konflikten die Liebe.
Was *Goethe* so befremdete, war nicht so sehr, daß Kleists Heldinnen, Penthesilea und Käthchen, pathologische Züge aufweisen, sondern daß ihr Wahnsinn so hingestellt wurde, als sei er etwas Normales. Tatsächlich ging Kleist auch hier über alles bisher Dagewesene hinaus. Wie der Marquis de Sade (* 1740, † 1814) koppelte er radikalen Individualismus mit ungezügelten Trieben, aber im Unterschied zu de Sade trieb er den Individualismus bis zum Wahnsinn oder bis zur Bewußtlosigkeit.
Trotz der Radikalität der Gedankenführung wird jedoch letzten Endes nichts vollkommen klar, immer bleibt ein ungeklärter Rest zurück. Nach der Aufklärung aller Verwicklungen ruft Alkmene nur: »Ach!« – was man mit guten Gründen verschiedenartig deuten kann. Am Schluß des »Prinzen von Homburg« bleibt auch die Möglichkeit offen, daß nicht nur der Prinz zeitweise in Träumen befangen, sondern womöglich das ganze Stück ein Traum ist.
Seine Novellen und Anekdoten begründeten in der deutschen Literatur ebenfalls etwas Neues, bisher noch nicht Dagewesenes, denn so weit wie Kleist gin-

gen Goethe und Johann Peter Hebel (* 1760, † 1826) nicht. Die Novelle will zeigen, wie der Mensch durch eine unerhörte Begebenheit aus dem normalen Gang der Dinge herausgerissen und dazu gezwungen wird, neue Erfahrungen mit der Welt und sich selbst zu machen. Sie kommt Kleists Wunsch entgegen, die Oberfläche der Wirklichkeit zu zerbrechen, um festzustellen, was dahinter verborgen liegt. Während viele Romantiker versuchten, ihre Leser durch eine magische Klangwolke zu faszinieren, zog Kleist sie in Bann, indem er die Sätze mit äußerster Präzision so aufbaute, daß die finalen und kausalen Beziehungen eindeutig sind, was sich äußerlich in seinen Texten durch viele Kommata ausdrückt.

Sprache war für ihn nicht ein Mittel, den Leser zu täuschen, sondern umgekehrt, um ihn zum Opfer derselben Klarsichtigkeit zu machen, unter der Kleist litt. Denn seine extremen Zuspitzungen, seine gezielt eingesetzten Leidensreize sind nur zu ertragen, wenn sie mit der äußersten Schärfe der Sprache erfaßt sind. Darin offenbart sich aber auch, daß Kleist der Sprache mißtraute. Sie ist nicht fähig, alles zu enthüllen, sie kann auf falsche Wege führen. In den Dramen wird dieser Mangel deutlich, wenn plötzlich die Sprache versagt und weiter nur die Handlung das Unaussprechliche zum Ausdruck bringen kann.

Die Verknappung seines Stils erreicht in seinen Anekdoten die äußerste Zuspitzung. Er schrieb sie für seine Zeitung, die täglich außer sonntags erschien, spottbillig, eher Flugblätter im Taschenbuchformat als eine Zeitung zu nennen, ein großer Erfolg, bis die Zensur eine vernünftige Arbeit unmöglich machte.

Auch seine Essays erschienen hier, z. B. »Über das Marionettentheater«. Kleist stellte darin die bisher gehegte Auffassung auf den Kopf: Die Marionette war für ihn nicht Symbol einer mechanistischen Welt, sondern des unschuldigen Lebens, bevor es von des Gedankens Blässe angekränkelt wurde.

LITERATUR: J. Maass, Kleist, die Fackel

Preußens. 1957. – K. Birkenauer, H. v. Kleist, Rätselhaft und frühvollendet. 1977 – C. Hohoff, H. v. K. in Selbstzeugnissen und Bilddokumenten. 1963.

Leo von **Klenze**
*29. Februar 1784 Schladen, Harz, †27. Januar 1864 München
Der angehende Verwaltungsjurist, Sohn eines Gutsbesitzers, wurde durch die Begegnung mit Friedrich Gilly *(Architektur)* dazu angeregt, das Fach zu wechseln. Nach dem Studium unternahm er *Reisen* nach Frankreich, wo er bei berühmten französischen Kollegen lernte, und des öfteren nach Italien. Er heiratete auch eine Italienerin. 1804 wurde er Hofbaumeister des Königs Jerôme in Kassel, 1815 folgte er einem Ruf des späteren Königs Ludwig I. nach München. 1834 unternahm er eine offizielle Reise nach Griechenland, u. a. um Altertümer zu sammeln, ab 1839 reiste er mehrmals nach St. Petersburg, wo er Bauaufträge zu erfüllen hatte.

Leo von Klenze, »München, Glyptothek«. Zweiter Entwurf im italienischen Stil. Aquarell. München, Staatliche Graphische Sammlung.

Seine Hauptwerke in München sind: Glyptothek 1816 bis 1831, Leuchtenbergpalais 1816 bis 1821, Marstall 1817 bis 1822, Hofgartentor 1823/24 und -arkaden 1826 bis 1831, Königsbau der Residenz 1826 bis 1835, Alte Pinakothek 1826 bis 1836, Propyläen 1846 bis 1860; außerhalb: Walhalla 1830 bis 1842, Befreiungshalle 1849 bis 1863. Seine bedeutendsten städtebaulichen Leistungen stellen die Ludwigstraße und der Königsplatz in München dar.
Klenze war nicht nur ein hervorragender Kenner der europäischen Architektur seiner Zeit aus eigener Anschauung, sondern auch ein großer Freund der antiken Vorbilder. Noch mit 40 Jahren lernte er Altgriechisch, um die Texte im Original lesen zu können. Seine umfassenden Kenntnisse erlaubten es ihm, für jedes Gebäude den passenden Stil zu finden. So errichtete er den Königsbau der Residenz entsprechend dem Palazzo Pitti in Florenz, wählte für das Leuchtenbergpalais und das Odeon das Stadtpalais der Renaissance als Vorbild, für den Monopteros den Rundtempel von Tivoli, für die Walhalla das Parthenon, für die Propyläen den gleichnamigen Bau in Athen, für die Allerheiligen-Hofkirche den byzantinischen Kuppelbau u. a. Für diese Stilnachahmungen *(Architektur)* wurde er von Zeitgenossen, z. B. von Gottfried Semper (*1803, †1879), gescholten. Doch im Vergleich zu seinen Nachfolgern, die tatsächlich bisweilen ein Stilmischmasch sondergleichen anrichteten, erweist sich rückblickend, daß seine Bauten Substanz haben.
Er stellte sich das Bauwerk als lebendigen Organismus vor, der von innen nach außen wächst: »Das Bauwerk sei ein organisches Ganzes und der architektonische Reiz komme aus dem Inneren heraus, aber nie und in keinem Punkte von außen herein!« Daher ist vielleicht auch seine Glyptothek innen der gelungenste Museumsbau, während *Schinkel* mit dem Alten Museum in Berlin die bedeutendere Außenfront schuf. Von Schinkels Stil unterscheidet sich Klenzes dadurch, daß seine Bauten stärker in die Breite laufen, eine größere Höhe anstreben (was Schinkel u. U. durch eine höhere Positionierung erreichte) und festlicher wirken. Im Detail sind seine Bauten oft etwas trockener als die Schinkels. Alle seine Werke scheinen klassischen Vor-

bildern zu folgen, aber der Schein trügt. Wenn Klenze einen Platz oder eine Straße umbaute, so wechseln die Kuben ihre Höhe, aber nicht aufgrund einer hierarchischen Gliederung oder eines barocken Umschließungsprinzips, sondern nur noch aufgrund einer inneren Übereinstimmung. Jeder Bau bleibt eine Individualität für sich, und die Straße ist von einer Dynamik erfüllt, die statuarisch-klassizistischen Bauten fremd ist. Der Königsplatz ist geöffnet, nimmt teil an dem Raum um ihn herum, ist ein Platz innerhalb der (damals noch bestehenden) Stadtlandschaft.
Klenze war auch ein begabter Maler und Zeichner, der den Vergleich mit Zeitgenossen nicht scheuen muß; er arbeitete u. a. mit Carl *Rottmann* zusammen. Fernerhin war er in Griechenland auch als Archäologe tätig, der dafür Sorge trug, daß Altertümer nach München überführt wurden.

LITERATUR: O. Hederer, L. v. Klenze. ²1981. – L. v. Klenze als Maler und Zeichner. Katalog. 1977.

Joseph Anton **Koch**
* 27. Juli 1768 Obergiblen, Tirol, † 12. Januar 1839 Rom
Der »Sepp«, wie er sich selbst nannte, war ein Hirtenjunge, der aufgrund seiner auffallenden Begabung ein bischöfliches Stipendium für die Karlsschule in Stuttgart erhielt, von der er später genauso floh wie vor ihm Schiller. Wie primitiv dort der Kunstunterricht war, hielt er in einer köstlichen Karikatur fest. Der Flüchtling ging zuerst nach Straßburg, dann in die Schweiz, 1795 schließlich nach Rom, wo er, von drei Wiener Jahren abgesehen, bis zu seinem Tode blieb.
Seine revolutionäre Gesinnung verleugnete er nie, tat sie auch in seinen Bildern kund, allerdings nicht in offensichtlicher Form. In Rom war er der gesellige Mittelpunkt und die Autorität der deutschen Künstlerkolonie. Er war einer der ersten Künstler, die sich, 1825, polemisch mit ihren Kunstkritikern auseinandersetzten, außerdem 1829 Mitbegründer des römischen Kunstvereins. Im Alter verarmt, wurde ihm von Metternich (* 1773, † 1859) eine Rente ausgesetzt.
Koch war neben Caspar David *Friedrich* der bedeutendste Landschaftsmaler der

Carl Philipp Fohr, »Joseph Anton Koch«, 1818. Heidelberg, Kurpfälzisches Museum.

deutschen Romantik. Er fußte auf dem Werk von Nicolas Poussin (* 1593, † 1665) und Claude Lorrain (* 1600, † 1682) und auf der klassizistischen Kunsttheorie von Asmus Jacob Carstens (* 1754, † 1798), mit dem er viel zusammenarbeitete, entwickelte jedoch bald eigenständige Elemente: Seine Bilder gliedert nicht die strenge Zentralperspektive, vielmehr sind Vorder-, Mittel- und Hintergrund schichtweise aufeinandergesetzt, so daß die Berge im Hintergrund ganz nahe an den Betrachter heranrücken. Sein Hauptwerk ist die »Heroische Landschaft mit dem Regenbogen« 1804/05.
»Der Schmadribachfall« 1811 war seine erste Darstellung einer bestimmten Alpenlandschaft. Allerdings malte Koch nie naturalistisch:
»Ohne Idee ist bei mir die Kunst nichts Sonderliches, bloße Nachahmung der Natur gibt noch kein Kunstwerk, bleibt tief unter der Natur, ist Nachäffung. Nur mit Ideen aufgefaßt, das ist eine Welt, wobei man mit Vergnügen weilt.«
Die sakrale Bedeutung seiner Landschaftsbilder, ihre ideale Utopie sind offensichtlich. Er malte nicht nur einen topographischen Punkt oder eine touristische Sehenswürdigkeit, sondern drückte zuerst seine Naturempfindung und damit seine Vorstellung von einer harmonisch gefügten Welt aus.
Außerdem illustrierte Koch das Werk von Dante und Ossian und Alexander

von Humboldts (* 1769, † 1859) Reisebericht über Zentralamerika. Er beteiligte sich außerdem an den Dante-Fresken in der Villa Massimo in Rom.
LITERATUR: O. R. v. Lutterotti, J. A. Koch, 1940.

Theodor **Körner**
* 23. September 1791 Dresden, † 26. August 1813 Gadebusch, Mecklenburg
Der Beamtensohn studierte zuerst Bergwissenschaften in Freiberg, dann Jura in Leipzig und – nach einem Duell relegiert – Geschichte und Philosophie in *Berlin.* 1811 ging er nach *Wien* und wurde 1813 aufgrund der Erfolge seiner Dramen angestellter Theaterdichter der Hofburg. In den Befreiungskriegen fiel er als freiwilliger Jäger in Lützows *Freikorps.*
Körner war als Dramatiker ein Epigone August von Kotzebues (* 1761, † 1819) und Schillers (* 1759, † 1805). Seine Dramen werden heute nicht mehr gespielt. Seine vaterländische Kriegslyrik, gesammelt in »Leier und Schwert« 1814, begründete seinen Ruhm mit Gedichten wie »Aufruf«, »Schwertlied«, »Lützows wilde, verwegene Jagd«.
Am stärksten beeindruckte seine Zeitgenossen jedoch sein »schöner« Heldentod. Schon ein Jahr vorher schrieb er seinen Eltern von seinem »Opfer« und der »Todesweihe«. Viele seiner Kriegsgedichte verklären den Tod. Bei ihm kulminierte zum ersten Mal ein patriotischer Todesmythos, der unter Hitler schrecklich vollendet wurde.

Kriege
Der Zeitabschnitt zwischen der Französischen Revolution 1789 und dem Wiener Kongreß 1815, d. h. die erste Hälfte der »romantischen« Zeit, war eine Epoche der Kriege, der dauernden Unruhe. Die Revolution war für viele Zeitgenossen ein Lehrstück fürs Leben. Ein Krieg nach dem andern sorgte dafür, daß das Lehrstück nicht vergessen wurde. Man könnte von daher das Biedermeier auch definieren als Romantik ohne Revolution und Krieg.
Das ganze Ausmaß des Desasters wird erst deutlich, wenn man einmal die wichtigsten Kriege, soweit sie Mitteleuropa betreffen, zusammenstellt:
1792 bis 1797, 1. Koalitionskrieg gegen Frankreich, in dem Österreich und Preußen gemeinsam auftraten, bis Preußen 1795 ausschied, so daß Österreich bis 1797 allein stand.
1799 bis 1802, 2. Koalitionskrieg gegen Frankreich, von vornherein ohne Preußen; das linke Rheinufer fiel anschließend an Frankreich.
1805/06, 3. und 4. Koalitionskrieg, in die Preußen mit Verspätung eingriff; Ergebnis: Ende des mittelalterlichen Reiches, Preußen wurde zu einem zweitrangigen Staat unter Napoleons Aufsicht.
1809, 5. Koalitionskrieg, Österreich erlitt Preußens Schicksal.
1812 bis 1815, Napoleons Rußlandfeldzug und Freiheitskriege; Ergebnis: Es blieb fast alles beim alten, indem die Uhr so weit wie möglich zurückgestellt wurde.
Die Französische Revolution gebar eine neue Form des Krieges und eine Idee, die auch in Deutschland zündete, obwohl es im Unterschied zu Frankreich kein zentral gelenkter Staat war, sondern nach wie vor ein Fleckenteppich verschiedenartiger Territorien unter der Kaiserkrone. Diese Idee hieß Nationalarmee. Es wurden nicht mehr Söldner, mehr oder weniger mit Gewalt, gedungen, auch nicht mehr die Landsleute schematisch ihr Leben lang oder doch immerhin für 14 Jahre verpflichtet. Es sollten nicht mehr unglückliche Kreaturen durch Angst vor drakonischen Strafen und unbarmherzigen Drill bei der Stange gehalten und auf dem Marsch und in der Schlacht wie Sträflinge bewacht werden – der neue Soldat sollte Würde und Ehre besitzen, sein Charakter und seine Bildung sollten fördernswert sein. Er kämpfte nicht allein, weil er dafür bezahlt oder aus der Beute entlohnt wurde, sondern weil er als Angehöriger seiner Nation für deren Sache eintrat *(Militär).*
Diese neue Einstellung führte dazu, daß die französischen Revolutionsheere wider jedes Erwarten erfolgreich waren. Sie erregten, auch oft bei den Besiegten, um so mehr Bewunderung als sich ab 1796 ein genialer Feldherr dieses Instrumentes bediente, Bonaparte, der 1804 als Napoleon I. Kaiser von Frankreich wurde. Sein Zaubermittel: Geschwindigkeit. Er verzichtete auf die mühselige Organisation des Trains – die Armee sollte sich beim Gegner bedienen. Zeit-

gewinn war ihm wichtiger als Bodengewinn. Er, der sich selbst »Sohn des Glücks« nannte, war der sichtbare Exponent eines neuen Zeitgefühls.
Der Krieg wurde in diesen Jahrzehnten vielen zur Gewohnheit wie eine Droge. *Novalis* ließ Klingsohr sagen: »Im Kriege regt sich das Urgewässer. Neue Weltteile sollen entstehen, neue Geschlechter sollen aus der großen Auflösung anschließen. Der wahre Krieg ist der Religionskrieg: der geht geradezu auf Untergang, und der Wahnsinn der Menschen erscheint in seiner völligen Gestalt[!]. Viele Kriege, besonders die vom Nationshaß entspringen, gehören in diese Klasse mit, und sie sind echte Dichtungen.«
Hier war der Krieg mehr als der altbekannte Vater aller Dinge. Krieg und Nation und Religion – das vermischte sich häufig in enthusiastischem Taumel. Der Tod auf dem Schlachtfeld erhielt den Rang eines Opfers. Es wurde – und diese Vorstellung nahm man ernst – in den Freiheitskriegen mit Freuden gestorben (Theodor *Körner, Freikorps*).
War eine Schlacht schön? Auch ein Zivilist konnte eine Schlacht noch beobachten wie ein Schauspiel. Solche Schilderungen liegen z. B. für die Schlachten bei Jena 1806 (Steffens) und Dresden 1813 (Hoffmann) vor. *Hoffmann* wollte sich immer nur mit Grauen an das Bild erinnern. Die Schlacht bei Waterloo 1815 ist genau dokumentiert: Nachdem ein Regiment über mehrere Tage im Dauerregen über schweren Boden anmarschiert war, lag es hungrig und durstig im Dreck, einen Kilometer hinter der Front, die es hinter dem nächsten Hügel hörte. Es waren bereits Hunderte durch Artilleriebeschuß gefallen, bevor das Regiment eingreifen konnte. Der Soldat nahm meist nur akustisch an der Schlacht teil, denn er sah nur den winzigen Ausschnitt zwischen den Köpfen seiner Vorderleute, falls nicht, wie so oft, selbst dieser Durchblick durch Qualm, Rauch oder Nebel verhindert wurde. Der Kanonendonner, die Gewehrsalven, das Geschrei der Offiziere, die *Militärmusik* – das war noch das wenigste, denn neben seinem Ohr drückte sein Hintermann unentwegt seine Muskete ab. So etwa sah die Wirklichkeit aus.
In dieser Zeit begann der Kult des Unbekannten Soldaten: 1806 im Arc de Triomphe in Paris, 1816 in der Alten Wache in Berlin, 1824 im Äußeren Burgtor in Wien. *Brentano* war der erste, der die Briefe gefallener Soldaten als literarische Dokumente sammelte. Im Krieg wurde der »hehre Gang der Geschichte« spontan miterlebt. Da zwischen 1792 und 1815 nur sechs Friedensjahre lagen, verstand es sich von selbst, daß fast alle Romantiker den Krieg aus eigener Anschauung kannten, wenn auch aus verschiedenen Positionen. Viele meldeten sich 1813 freiwillig, einige kamen in Feldzügen um. Gefeiert wurde der Volksheld, z. B. Prinz Louis Ferdinand (* 1772, † 1806) oder Andreas *Hofer.*
Einer der Propheten des außergewöhnlichen Krieges war der preußische Stratege Karl von Clausewitz (* 1780, † 1831).
Der französische Historiker Jules Renan (* 1823, † 1892) berichtete über die Freiheitskriege: »Ein Mann ... erzählte mir, daß er, als ihn bereits in der ersten, unter den in Schlesien versammelten Freikorps verbrachten Nacht das Geschützfeuer aufweckte, einem unermeßlichen Gottesdienst beizuwohnen glaubte.«
Eine Frau, Bettina v. *Arnim*, ohnedies kriegsbegeistert, *Hofers* Propagandistin in Preußen, verglich die Schlacht mit einer großen Symphonie, der Krone aller Musik, die wiederum alle Künste überkrone *(Gesamtkunstwerk).*
In Wirklichkeit war man längst bei einem Krieg der verbrannten Erde angekommen. Ernst Moritz *Arndt*, der heftigste Verfechter des deutsch-nationalen Gedankens, fragte: »Barmherzigkeit mit denen, die jetzt zerplagt und zerrissen nach dem Glanz so langer Siege und der glücklichen Ausplünderung aller Länder mitten durch feindselige Lande und Herzen die welsche Heimat wieder zu erreichen suchten?«
Einer sagte zum Freiherrn vom Stein (* 1757, † 1831) »Ja, hätte nur einer der Oberen die Trompete geblasen: Schlagt tot, schlagt tot!« Gneisenau (* 1760, † 1831) erteilte den Befehl, Versprengte einfach totzuschlagen, obwohl sich in der französischen Armee sehr viele Deutsche aus den Rheinbundstaaten befanden. Kriegsrausch und Kriegswirklichkeit der Romantik!
LITERATUR: Gordon A. Craig, Die preußisch-deutsche Armee. 1960. – John Keegan, Das Antlitz des Krieges. 1978.

Kunst
Die Kunstgeschichte begann mit der Archäologie und diese mit Johann Joachim Winckelmann (* 1717, † 1768), der in seiner »Geschichte der Kunst des Altertums« 1764 Kunstgeschichte auf eine neue Ebene stellte, indem er möglichst rational eine Stil- und Entwicklungsgeschichte der Antike gab und gleichzeitig nach den einzelnen Faktoren fragte, die hinter dieser Geschichte standen. Seine Schriften hatten zwar den größten Einfluß auf die deutsche Klassik und den Klassizismus; damit jedoch die Kunstgeschichte eine Sache aller Interessierten werden konnte, mußte die Befreiung des Dritten Standes, des Bürgertums, durch die Französische Revolution 1789 erfolgen und die *Gotik* durch die Romantiker zur deutschen Nationalkunst erhoben werden. Bis schließlich in den 20er Jahres des 19. Jahrhunderts romantische Künstler tatsächlich die ersten kunstgeschichtlichen Werke von Bedeutung vorlegten, hatten sich die Akzente in allen Sektoren der Kunstpflege verschoben.
Ein großes Hindernis für jede Entwicklung einer Kunstgeschichte bestand vor 1789 darin, daß die bedeutenden Sammlungen sich fast durchweg in fürstlichem Besitz befanden und dort nur mit besonderer Erlaubnis besichtigt werden konnten. Große Sammlungen gab es in *Wien,* München und *Dresden,* aber auch in Düsseldorf, Mannheim, Zweibrücken, Kassel, Braunschweig und *Berlin.* Bevorzugt wurde die Malerei, aber es gab auch Spezialsammlungen, besonders für die Antike – welche Bedeutung etwa die Mannheimer Sammlung antiker Kopien für die Entwicklung der deutschen Klassik hat, ist bekannt –, aber auch für Kupferstiche, Münzen, Kunstgewerbe u. a. Im Zuge der Aufklärung wurde es etwas leichter, höfische Sammlungen zu besichtigen, und im selben Trend begann Friedrich der Große (* 1712, † 1786) als erster Fürst in Europa damit, seine Sammlung in Schloß Sanssouci bei Potsdam inventarisieren, numerieren und nach Schulen gruppieren zu lassen. In Zukunft gab es für manche durchnumerierte Sammlungen kleine Kataloge anstelle teurer Stichwerke, die die meisten sich nicht leisten konnten.
Das British Museum in London war 1753 das erste, das verstaatlicht und der Öffentlichkeit zugänglich gemacht wurde. Der allgemeine Umschwung erfolgte jedoch erst mit der Französischen Revolution 1789 und Napoleon, der das »Musée Napoleon« im Louvre rasch durch den Raub von 5200 Kunstwerken in ganz Europa vergrößerte – eine berüchtigte, aber nicht unübliche Form, Kunst zu sammeln. (Bis auf 200 Werke mußte Frankreich 1815 alles zurückerstatten.) Mit seinem Pariser Museum begann die Phase der öffentlichen Führungen, der Hängung nach Chronologie und Schulen u. a. Nachdem schon Kaiser Joseph II. (* 1741, † 1790) die Wiener Museen der Öffentlichkeit zeitweise zugänglich gemacht hatte, wurden nach Beginn des 19. Jahrhunderts im Gefolge des keimenden *Nationalismus* Kulturmuseen in Graz, Brünn und Prag gegründet.
Das Altertumsmuseum für die rheinisch-westfälischen Provinzen in Bonn 1820 war hingegen eine Gründung, die auf einem Geschichtsverein beruhte, also von Bürgern ausging. Die ersten großen Kunstmuseen der Fürsten waren identisch mit den ersten großen Museumsbauten, einer Hauptaufgabe der *Architektur* im 19. Jahrhundert (*Klenzes* Glyptothek in München ab 1816 und *Schinkels* Altes Museum in Berlin ab 1823; vorausgegangen war 1769–1779 das Museum Fridericianum in Kassel). Die Fürsten, die weiterhin als Sammler und Mäzene auftraten, kauften nun in verstärktem Maße für die neuen Museen Privatsammlungen auf *(Boisserée)* bzw. erteilten Aufträge. Daneben gab es jedoch immer bürgerliche Privatsammlungen, besonders in ehemals reichen Handelsstädten wie Basel, Augsburg und Nürnberg. Es erfolgten die ersten privaten Museumsstiftungen mit dem Städelschen Kunstinstitut in Frankfurt am Main 1817 und der Sammlung Wallraf in Köln 1824. Auch bildeten sich Museumsvereine.
Diese Entwicklung wurde begleitet und gefördert durch die Idee, Menschen durch die praktische Ausübung der Künste zu bilden (Rousseau, Herder, *Goethe,* Schiller, Wilhelm von Humboldt u. a.), sie setzten sich jedoch im Alltag nicht durch, zum Teil deswegen nicht, weil viele berühmte Pädagogen, wie z. B. Turnvater Jahn (*Nationalismus)* im Sport, Kreativität durch mechanischen Drill ersetzten.

Hilfe erfuhr die Entwicklung der Kunstpflege durch die Entstehung einer Kunstkritik, die wiederum auf einer Kunsttheorie beruhte. Hier sind an erster Stelle die Brüder *Schlegel* zu nennen. *Friedrichs* Bild »Der Mönch am Meer« gewann durch *Kleists* Kritik ein größeres Publikum. Der Streit zwischen Johann Gottfried Schadow *(Plastik)* und *Goethe*, zwischen Ramdohr und *Friedrich* oder auch zwischen *Goethe* und den *Nazarenern* war nicht wegen des beliebten Spiels »hie klassisch – hie romantisch« wichtig, sondern weil Probleme der Kunst öffentlich diskutiert und geklärt wurden.
Kunsterziehung und Kunstkritik setzten allerdings regelmäßige Ausstellungen voraus, und daran fehlte es in Deutschland noch, was teils als Spätfolge des Dreißigjährigen Krieges (1618 bis 1648), teils als Folge des vertrockneten Klassizismus erklärt werden kann. In Paris waren seit dem 17. Jahrhundert Kunstausstellungen des Königs üblich, um die gerade geltende Kunstdoktrin zu dokumentieren, seit 1673 von einem Katalog begleitet. In England gab es gegen Ende des 18. Jahrhunderts die erste »One-Man-Show« und 1813 die erste Retrospektive (für Joshua Reynolds, * 1723, † 1792).
Deutschland war noch im Hintertreffen, obwohl die »freien« Künstler, die ja oft allein von Verkäufen leben mußten, dringend Ausstellungen gebraucht hätten. Sie waren im allgemeinen auf die Akademieausstellungen angewiesen. Es gab fünf Akademien in Deutschland (*Berlin, Dresden*, München, Kassel und – 1819 erneuert – Düsseldorf), die oft nur im zweijährigen Turnus ausstellten. Auf der Berliner Akademieausstellung 1820 kaufte nur das Königshaus einige der 500 ausgestellten Werke.
Diese Lücke füllten in Deutschland nach und nach die Kunstvereine. Ihre Vorläufer waren »Patriotische Gesellschaften zur Beförderung der Künste und nützlichen Gewerbe«, 1754 in London, 1763 in Paris und 1765 in Hamburg. Anschließend bildeten sich, wesentlich unterstützt von den Künstlern selbst, die ersten kunstpflegerischen Vereine, 1787 in Zürich, 1792 in Nürnberg, 1796 in Prag, 1799 in Weimar. 1805 wurden in London und ein Jahr später in Zürich die ersten Kunstvereine im modernen Sinne gegründet: Mitglieder mußten Aktien erwerben, aus deren Erlös Ausstellungen organisiert wurden. Außerdem wurden Ankäufe getätigt und vermittelt, die Öffentlichkeit mobilisiert u. a. Aufgrund der Kleinstaaterei gediehen in Deutschland, im Unterschied zu seinen Nachbarn, zahlreiche Kunstvereine. Vor 1848 waren es 140! Die ersten entstanden in Karlsruhe 1818, in München und Bremen 1823, in Berlin 1825, in Hamburg und Bamberg 1826. Sie organisierten große Wanderausstellungen, ersetzten die fehlenden öffentlichen Aufträge und leiteten in Leipzig, Bremen, Kiel und Königsberg Museumsgründungen ein. Jährlich erhielt jedes Mitglied vom Verein eine Graphik.
Die Qualitätsstandpunkte der Vereine waren allerdings meistens nicht über jeden Zweifel erhaben, aber Ludwig *Richter* meinte: »Ich bin nie für sie begeistert gewesen; aber das muß ich zu ihren Gunsten sagen, daß diejenigen, welche die Kunstzustände kennen, wie sie in Deutschland bis in die 20er Jahre fast durchgängig waren, genötigt sein werden, ein Loblied auf diese Vereine anzustimmen. Sie haben weiten Kreisen ein Publikum herangebildet, welches der Kunst, in ihren verschiedensten Richtungen, lebendigen Anteil und vielfach ein feines Verständnis entgegenbringt ...«
Eine größere Verbreitung der Kunst wurde auch durch die neuen und billigeren Reproduktionstechniken erleichtert. Franz Hanfstaengl gründete 1833 in München den ersten spezialisierten Kunstverlag. Wenige Jahre vorher war Cotta mit der ersten spezialisierten Kunstzeitschrift, dem Schnorrschen »Kunstblatt«, vorangegangen. So wurde Deutschland langsam mit Kunst, die sich außerhalb der Kirchen und der fürstlichen Kunstkammern zeigte, bekanntgemacht, so daß sich Kunstkenner und -liebhaber heranbilden konnten.
Bis zur Gründung der Museen und Kunstvereine, der Verbilligung der Druckverfahren war die Bilderarmut unvorstellbar groß. Selbst Kupferstiche waren für die meisten unbezahlbar (*Gesellschaft*). Goethes Sekretär, Johann Peter Eckermann (* 1792, † 1854), Sohn eines Hausierers, sah zum ersten Mal 1814 während des Feldzuges in Flandern ein Gemälde: Er war da 22 Jahre alt. Das Eintrittsgeld in den Dresdener Zwinger, wo die Gemäldegalerie untergebracht

war, mit der für die Romantiker so entscheidenden »Sixtinischen Madonna« von *Raffael,* war so hoch, daß sich die meisten den Besuch nicht leisten konnten. Als die Sammlung *Boisserée* in Stuttgart ausgestellt war, wurden die Jenaer Studenten aufgefordert, nach Stuttgart zu pilgern, notfalls zu Fuß. Zu den Besuchern zählten u. a. *Carus, Goethe, Schinkel* und Ranke *(Historismus).* Besonders gerühmt wurde, daß die Brüder Boisserée jeden Besucher, ohne Ansehen seines Ranges, mit großer Liebenswürdigkeit durch ihre einmalige Sammlung hindurchführten.

Trotz dieser enormen Publikumsnachfrage waren Kunstausstellungen außerhalb der Kunstvereine, wie sie heute zum Alltag gehören, noch selten (belegt in Altona und Magdeburg). Daß damit sogar Geld zu verdienen wäre, zeigte sich, als Johann Gottfried Schadow *(Plastik)* für die Ausstellung seiner Modelle für das Luther-Denkmal in Wittenberg und für die Blücher-Statue in Rostock in wenigen Tagen 1200 Taler Eintrittsgeld kassierte. Seinem Kollegen Christian Daniel Rauch (* 1777, † 1857) ging es 1824 mit der Ausstellung des Modells für die Blücher-Statue in Breslau ähnlich.

Um 1800 sah etwa die Hälfte der deutschen Bevölkerung außerhalb der Kirchen nie ein Bild! Sie blieb noch lange Zeit auf die Schautafeln der Bänkelsänger, die Guckkastenmänner und die *Panoramen* auf Jahrmärkten angewiesen.

Die Kunstgeschichte im engeren Sinn begann mit Johann David Passavant (* 1787, † 1861), Karl Friedrich *Rumohr* und Gustav Friedrich Waagen (* 1794, † 1868). Der Kaufmann Passavant widmete sich zuerst in Paris der Malerei, bevor er 1813 nach Italien reiste, wo ihn *Rumohr* mit der Kunstgeschichte Italiens vertraut machte. So wurde er *der* Biograph *Raffaels* (1839 bis 1858) und erlangte in Deutschland und Frankreich eine ungewöhnliche Wirkung. Seit 1840 war er Inspektor des Städel in Frankfurt am Main, das auf seine Initiative zurückging. Er befaßte sich insbesondere auch mit der Graphik und der Kunst Belgiens, Englands und Spaniens.

Rumohr bemühte sich in erster Linie um die italienische Hochrenaissance (1827 bis 1832) und den Kupferstich. Er nahm dadurch großen Einfluß auf die Arbeit der Berliner Museen.

Waagen, ein Freiwilliger des Jahres 1813 *(Freikorps),* unternahm anfangs eine Reise in die Niederlande – das Ergebnis war die erste Monographie über die Brüder van Eyck 1822. Seit 1823 arbeitete er an der Begründung der Berliner Museen mit und stellte 1828 den ersten Katalog der Gemäldegalerie vor, deren Direktor er 1830 wurde. In Zukunft befaßte er sich hauptsächlich damit, einen Überblick durch das Studium der großen Gemäldegalerien in Deutschland, Österreich, Frankreich, England, den Niederlanden und Rußland zu gewinnen. Er war auch der erste, der in Deutschland eine ordentliche Professur für Kunstgeschichte erhielt, 1844 in *Berlin.*

Anfangs war noch der seit alters geübte Brauch, Vorbilder zu kopieren, für angehende Kunsthistoriker wichtig. So regte *Ruhmor* den David-Schüler Johann Anton Ramboux (* 1790, † 1866) an, für Sammlungs- und Studienzwecke alte Meister zu kopieren. Einen besonderen Auftrieb erfuhr die Restaurierung. Das erste offizielle Amt erhielt 1516 *Raffael,* das Ideal der Romantiker, für die vatikanischen Sammlungen. Seit dem 18. Jahrhundert wurden berühmte Sammlungen systematisch (wenn auch mitunter mit zweifelhaften Methoden) gepflegt, die Dresdener Galerie z. B. 1746/47 im Zusammenhang mit einer neuen Hängung und Ankäufen.

Große Ausmaße nahm die Restaurierung mit der Einrichtung des Alten Museums in *Berlin* 1823 bis 1830 an: Zehn Restauratoren arbeiteten an 845 Gemälden. Meistens wurden bekannte Maler engagiert. Restauratoren von Ruf waren so selten, daß *Goethe* das Engagement eines namhaften Mannes nach Neapel für erwähnenswert hielt. Als besondere Leistung galt 1834/35 die Wiederherstellung der »Leda mit dem Schwan« von Correggio in Berlin aus zerschnittenen Teilen und dem rekonstruierten Kopf der Leda nach einer alten Kopie. Von Berlin aus nahm die Restaurierung in aller Welt ihren Fortgang. Ab 1850 wurden auch Denkmäler außerhalb der Sammlungen, etwa in Kirchen, einbezogen.

Christian Philipp Koester (* 1784, † 1851) berichtete über die Tätigkeit des Restaurators: »Im übrigen gebricht dem Restaurator ein mächtiger Hebel, welcher die selbständige Kunstausübung in

Bewegung setzen hilft – der Ruhm. Er kann sich kein sichtbares Denkmal für die Nachwelt stiften: vielmehr löst er sein eigenstes Wesen auf, um es tropfenweise in die Glieder seiner adoptierten Kinder rinnen zu lassen, die er mehr liebt als sich selbst. Still und fleißig geht sein Wirken von statten. Spurlos bleibt, was er getan. Je reiner er das verehrte Werk von dem Wust der Entstellung enthüllt, je sicherer er ihm seine Glieder wieder eingerenkt hat, um so weniger wird man seiner dabei gedenken.« Koester war für die romantische Generation typisch: Oft vereinigte ein guter Maler die Qualitäten eines Kopisten, Restaurators, Wissenschaftlers oder Denkmalpflegers in einer Person *(Maler und Graphiker)*.
Der Beginn der Denkmalpflege war ebenfalls mit *Raffael* verknüpft, aber eine breitere Entwicklung ergab sich erst mit dem Beginn des 19. Jahrhunderts. An erster Stelle muß hier die Wiederentdekkung der Marienburg durch Friedrich Gilly *(Architektur)* genannt werden, die 1817 bis 1842 wiederhergestellt wurde, gleich danach der Kölner Dom, für den sich die Romantiker seit 1810 engagierten und der dann tatsächlich ab 1823 restauriert und bis 1880 nach den mittelalterlichen Plänen vollendet wurde *(Gotik)*.
1815 forderte *Schinkel* ein offizielles Amt »zur Beförderung der nationalen Bildung und des Interesses an den früheren Schicksalen des Vaterlandes«, 1830 wurde ein entsprechendes Amt in Frankreich eingerichtet, 1843 in Preußen. Die ersten Denkmalpfleger waren im allgemeinen Architekten.

Landschaftsmalerei
»Viktor stand auf dem hohen Gebirg, wo man am Begräbnis-Tage eines Freundes steht, unten am Gebirge ging das Totenmeer des Abgrunds weit hin und sog an einem ausgedehnten zitternden Nebel, der sich auf dem Meer aufrichtete – und auf dem Nebel waren bunte Städte gefärbt, und schwankende Landschaften hingen in ihm, und die kleinen Völker mit roten Wangen liefen aus den Landschaften aus Duft – und alles, Völker und Städte, tropften wie Tränen hinab ins saugende Meer – – bloß am Horizont war unten im düstern Nebel ein angeglommener Saum wie Morgenglut: Denn eine Sonne steigt hinter der Dämmerung auf, und dann ist der Nebel vergangen, und eine neue grüne feste Welt liegt in die Unermeßlichkeit hinein.« So *Jean Paul* 1795 im »Hesperus« *(Friedrich, Panorama, Reisen)*.
Die Stimmung, die Viktor beschreibt, ist die seine, er hat sie gesucht und in der Natur gefunden. Auch seine Position ist typisch: Er sieht sie von oben. Er ist nicht unmittelbar Teil der Natur, sondern die Natur ist sein Gegenstand, den er sich durch seine subjektive Stimmung aneignet. Philipp Otto *Runge* fragte: »Entsteht nicht ein Kunstwerk nur in dem Moment, wann ich [!] deutlich einen Zusammenhang mit dem Universum vernehme?« Er stellte auch fest: »Es drängt sich alles zur Landschaft, sucht etwas Bestimmtes in dieser Unbestimmtheit und weiß nicht, wie es anzufangen.«
Der Versuch, Gott in der Natur wiederzufinden, indem der Künstler, als denkender Mensch selbst Teil der göttlichen Natur, aus sich heraus eine Landschaft entwarf und bildete, wurde auf fünf Wegen gewagt: 1. *Koch* war der Hauptvertreter der heroischen Landschaft. Er zog die Ferne nahe an den Menschen heran, für ihn war noch eine Landschaft ohne Menschen undenkbar. 2. *Friedrich:* Seinen Rückenfiguren stand die Landschaft in der Ferne gegenüber, dazwischen lag ein Abgrund, und in seinen extremsten Allegorien, »Der Mönch am Meer« und »Eismeer«, verschwand der Mensch fast vor der monumentalen Macht des Natürlichen. 3. *Runge* hingegen, der am meisten über das Thema theoretisierte, malte keine Landschaften, sondern nur Landschaftssymbole als Bestandteile eines neu zu bildenden Kosmos *(Gesamtkunstwerk)*. 4. *Olivier* war der einzige, der Landschaft und Mensch in einer ungestörten Harmonie zeigte, aber thematisch gebunden an das Mittelalter. 5. *Blechen* schließlich malte räumliche und zeitliche Ausschnitte, deren Wechselhaftigkeit er durch ungewohnte Farben betonte. Er war der einzige, der wie der englische Landschaftsmaler John Constable (* 1776, † 1837) sagen konnte: »Die Kunst findet sich unter jeder Hecke und auf jeder Wiese.«
Alle diese Versuche hatten ihre Vorläufer, ihre Traditionen (z. B. bei Claude Lorrain, * 1600, † 1682, bei den Niederländern, in der Spätgotik) und fanden

ihre Nachfolger, soweit sie nicht erst einmal für 100 Jahre vergessen wurden. Als diejenigen Elemente, die für die Romantiker besonders typisch waren, seien genannt: die Abstraktion, etwa in *Kochs* Bildgefüge, oder in der Entleerung des Bildinhalts in *Friedrichs* »Eismeer« (die bloße Kälte, die gescheiterte Hoffnung als Thema), später aber auch in *Schwinds* Wurzeln; die Kommentarbedürftigkeit, etwa von *Runges* »Zeiten«; die Rundum- und Obenaufsicht, etwa in *Friedrichs* Panoramen des Riesengebirges oder Ausblicken von Gipfeln; überhaupt die freiere Verfügung über den Raum, wie z. B. *Koch* Hintergründe nach vorne holte, *Blechen* für seine Bilder willkürliche Ausschnitte schuf; der ebenso freie Umgang mit der Zeit, etwa wenn *Blechen* einen Blitz malte, die Semnonen in eine gegenwärtige Landschaft versetzte, der englische Maler William Turner (* 1775, † 1851) ein Bild malte mit dem Titel »Regen, Dampf und Geschwindigkeit« (1844). (Die Beziehungen zur Literatur, siehe das *Jean-Paul*-Zitat eingangs, oder zur *Musik,* siehe z. B. die Tempobezeichnungen bei *Schumann,* sind offensichtlich.)
Mit anderen Worten: Auch wenn heute die »romantischen« Landschaften vornehmlich dank ihrer »Stimmungen« populär sind, wird in ihnen viel von dem verzweifelten Versuch spürbar, die Distanz zur Natur aufzuheben, eine neue Einheit mit ihr zu begründen. Die moderne Kunst fand in den Romantikern bedeutende Vorläufer.

Landschaftspark
Im England des 18. Jahrhunderts begann nicht nur die industrielle Revolution und »the antic and gothic revival« *(Gotik),* sondern auch die Umgestaltung des Gartens zur Landschaft bzw. der Landschaft zum Park. Man kann diese Veränderung nicht allein damit erklären, daß Großgrundbesitzer der besseren Rentabilität halber ihr Land um ihren Sitz herum den Schafen überließen, sie setzte auch eine Änderung im Verhältnis zur Natur voraus. Der Barockgarten war ein vom Menschen geschaffenes, außerordentlich künstliches und nach außen scharf abgegrenztes Gebilde. Die »freie« Natur war sozusagen ausgeschlossen, im Garten wuchs nur, was der Gärtner wollte, und zwar in der von ihm gewünschten Gestalt, sei es Baum, Strauch oder Blume. Nun aber öffnete sich der Garten für den Blick ins Freie und Weite und ging unmerklich in die Landschaft über. Park und Architektur waren nicht streng aufeinander bezogen, der Herrensitz lag vielmehr »irgendwo«, wie zufällig. In Wahrheit hatten Architekt und Gärtner ein bißchen nachgeholfen, damit alles möglichst »natürlich« aussah. Denn dieser Park war ein Kunstwerk, eine zweite, wiedergefundene Natur.
Zu dieser Natur, der man Vernunft und Schönheit zumaß, die dem Menschen nicht mehr bloß feindlich gesinnt war, ihn nicht nur durch Katastrophen bedrohte, wollte man zurückkehren (Rousseau). »Wie will ich mich freuen, wenn ich einmal unter Menschen komme, die nackend gehen und wo ich nackend gehen kann!« rief Wilhelm Heinse (* 1746, † 1803). Gott war in der Natur, und wo der Mensch durch seine Kunst Natur zurückrief, fand er selbst zu seinem Ursprung zurück.
Diese religiöse Deutung der neuen Landschaftsparks war Allgemeingut. So schrieb *Goethe* 1778 vom englischen Park in Dessau: »Hier ist es jetzt unendlich schön, mich hat's gestern abend, als wir durch die Seen, Kanäle und Wäldchen schlichen, sehr gerührt, wie die Götter dem Fürsten erlaubt haben, einen Traum [!] um sich herum zu schaffen. Es ist ... wie ein Märchen [!] ... und hat ganz den Charakter der elysischen Felder.«
Der Landschaftspark fand schnell in Deutschland Eingang. Hier einige wichtige Beispiele: Wörlitz ab 1765, Weimar und Ilmenau (Goethe!), Meiningen, der Englische Garten in München ab 1789, Muskau ab 1816 (der berühmteste), Laxenburg bei Wien, Potsdam-Charlottenhof, Berliner Tiergarten. Ihre bedeutendsten Schöpfer sind Peter Joseph Lenné (* 1789, † 1866), der hauptsächlich in Preußen tätig war, und vor ihm in München Friedrich Ludwig von Sckell (* 1750, † 1823).
Gleichzeitig mit der Umgrenzung des Gartens fiel aber auch die Umgrenzung der Stadt. *Goethe* ließ seinen Faust an Ostern noch vor den Mauern der Stadt lustwandeln, weil er ein Bild vom Mittelalter geben wollte. Gegen Ende des 18. Jahrhunderts wurden die Wallanlagen

der Städte geschleift (= niedergerissen, abgetragen) oder gesprengt (so durch Napoleon 1809 in *Wien*), teils weil sie angesichts der modernen Kriegstechnik keine Funktion mehr hatten, teils um für das Wachstum der Städte Platz zu schaffen. Anschließend wurde der Festungsgürtel meistens in einen Park verwandelt. Das berühmteste Beispiel hat Bremen vorzuweisen: Obwohl der Gürtel nicht breiter als 200 Meter war und der Niveauunterschied nicht höher als zehn Meter, entstand hier ab 1802 ein echter Landschaftspark im englischen Sinn.
Schon bevor die Wallanlagen niedergelegt wurden, hatten die Fürsten damit begonnen, ihre Parks dem Volk zu öffnen, so Kaiser Joseph II. 1766 den Prater (= Wiese) und 1775 den Augarten vor Wien. Der Unterschied zwischen Stadt und Land wurde jetzt so scharf empfunden, daß man am Sonntag gern die Stadt verließ, um sich »im Grünen« zu erholen. Nachdem die meisten fürstlichen Gärten geöffnet waren, wurden »Volksgärten« angelegt, 1824 in Magdeburg einer der ersten durch Lenné. Er war auch Mitbegründer des »Vereins zur Beförderung des Gartensbaues in den Königlich-Preußischen Staaten« 1822, ja überhaupt die treibende Kraft hinter der Verwissenschaftlichung des Gartenbaus.
So endete der Versuch, das Paradies im Landschaftspark nachzuempfinden, in der Industrialisierung des Gartenbaus, so, wie die Schleifung der Mauern dazu führte, daß nun bald die Städte grenzenlos in die weite Landschaft flossen. Nichts kann besser illustrieren, was *Koch* meinte, wenn er von der »gestörten Natur« sprach *(Landschaftsmalerei)*.

Land- und Forstwirtschaft
Lange Zeit hindurch hatte der Bauer als Untermensch gegolten, als »Kreuzung zwischen Tier und Mensch«, so 1737 ein bayerischer Beamter, als »böses Tier, verschlagen, ein wildes, halbzivilisiertes Biest«, so ein provençalischer Autor. Dieses Urteil war eine Folge vieler regionaler Bauernunruhen, die sich wiederum aus der Verarmung nach dem Dreißigjährigen Krieg (1618 bis 1648) und der damit verbundenen Entstehung einer großen landlosen Landarbeiterschicht erklärten. Kleinbauern wurden auch häufig enteignet. Im 18. Jahrhundert wurden in Mecklenburg und Pommern je 4000 bis 6000 Bauernhöfe adeligen Großgrundbesitzern übergeben.
Ebenfalls im 18. Jahrhundert setzte nun eine groteske Umkehrung der Anschauungen ein. So schrieb z. B. der französische Philosoph Jean-Jacques Rousseau (* 1712, † 1778), auf den viele neue Ideen zurückgehen: »Der natürliche Beruf des Menschen ist, das Feld zu bebauen und von dessen Früchten sich zu nähren. Der friedliche Landmann darf nur sein Glück erkennen, um es zu fühlen. Alle wahren Freuden sind in seinem Bereich.« Die französische Königin Marie Antoinette (* 1755, † 1793 durch den Henker) errichtete in Versailles ein Dörfchen, um Bäuerin spielen zu können. Das Landleben war *Mode* geworden.
Dieses Interesse für den Bauern wurde begleitet von einer wahren Begeisterung für die Landwirtschaft. In England, Frankreich und schließlich auch in Deutschland wurde es chic, sich in wissenschaftlicher Form mit Ackerbau und Viehzucht zu beschäftigen. Viele bedeutende Neuerungen entstanden daraus, die es möglich machten, die wachsende Bevölkerung zu ernähren. Einzelne Bauern erlangten Ruhm in der gebildeten Welt, so in der Schweiz Jakob Gujer, genannt Kleinjogg. *Goethe* beschrieb ihn nach einem Besuch 1775 als »eines der edelsten Geschöpfe, das die Welt hervorgebracht hat«. Ein württembergischer Prinz soll zu ihm gesagt haben: »Ich komme nicht zu dir herab, ich steige zu dir hinauf, denn du bist besser als ich«, und Rousseau titulierte ihn »klüger als alle Philosophen des Universums«.
Diese Bewegung setzte sich in der Romantik verstärkt fort. Der Bauer verkörperte die heile und noch gesunde Welt. Selbst die bäuerliche Arbeit erschien in idealem Licht. Aber wie heute auch beließen es die meisten Schwärmer bei verbalen Absichtserklärungen.
Der Unterschied zwischen Stadt und Land war so groß geworden, daß es sich um des Naturerlebnisses willen lohnte, einen Ausflug auf das Land zu machen. Deswegen überschrieb Beethoven den ersten Satz seiner 6. Symphonie: »Erwachen heiterer Gefühle bei der Ankunft auf dem Land.« Die Symphonie wird auch »Pastorale« (= ländliches Leben) genannt.
Der Bauer war Teil der bewunderten

Natur. Man bestaunte ihn auf *Reisen* wie ein Tier im Zoo. Aus dem Interesse an den ländlichen Trachten entstanden die ersten großen Trachtenbücher. Allerdings waren die Bauern oft zu abgearbeitet, um in den Trachten gut auszusehen. So wurden an ihrer Stelle die Mädchen von der Oper hineingesteckt und für die Trachtenwerke gemalt.
Verarmte Bauern konnten sich Geld verdienen, indem sie, als Naturbursche, möglichst als Alpenhirt verkleidet, Alpenlieder singend, in die Stadt gingen. Daraus entstand die »Tyrolerey«, die sich auch auf die Ziele Andreas *Hofers* unterstützend auswirkte.
Es wurden Bauernfeste arrangiert, so z. B. die Alphirtenfeste 1805 und 1808 in Unspunnen bei Interlaken in Gegenwart der Madame de Staël (* 1766, † 1817), der bedeutendsten Vermittlerin, die die deutschen Romantiker in Frankreich fanden.
Parallel zu diesem Versuch, alte Traditionen wiederzuerwecken, lief die weitere Rationalisierung der Landwirtschaft. 1786 war in Frankreich die vollmechanische Dreschmaschine erfunden worden. In Deutschland führte Albrecht Thaer (* 1752, † 1828) englische Neuerungen ein. Mit ihm begann die frühkapitalistische Phase der deutschen Landwirtschaft. Er arbeitete auch bei der Landreform eng mit dem preußischen Staatskanzler Karl August von Hardenberg (* 1750, † 1822) zusammen. Diese *Reform* war eigentlich ein Werk von Hardenbergs Vorgänger, dem Reichsfreiherrn Karl vom und zum Stein (* 1757, † 1831), der jedoch 1808 auf Napoleons Drängen hin den Abschied nehmen mußte.
Die Landreform war im wesentlichen das Ergebnis zweier Impulse; einmal der Aufklärung, die die Würde des Bauern wiederherstellen wollte, zum andern der Französischen Revolution 1789. Sie hatte zu der siegreichen französischen Nationalarmee geführt, der man in Zukunft das ganze geeinte deutsche Volk entgegenstellen wollte: Dazu gehörten auch die Bauern.
80 Prozent aller Deutschen lebten noch auf dem Land. Bisher waren die Bauern noch zu Abgaben und Frondiensten verpflichtet, wenn sie – wie es in den meisten Gebieten der Fall war – einem Grundherren unterstanden.
Die Frondienste beschränkten sich im allgemeinen auf 12 bis 16 Tage im Jahr, konnten jedoch auch 52 Tage betragen. Die Abgaben beliefen sich auf 20 bis 40 Prozent des Bruttoeinkommens, konnten jedoch (wie bei allen Zahlen aus dieser Zeit) auch einmal höher oder tiefer liegen.
Seit Martini 1810 war nun jeder Preuße ein freier Mann: »Nach dem Datum dieser Verordnung entsteht fernerhin kein Untertänigkeitsverhältnis, weder durch Geburt noch durch Heirat, noch durch Übernehmung einer untertänigen Stelle, noch durch Vertrag.« Das hätte eine zündende Parole sein können. Daß die Gutsbesitzer dagegen waren, kann man verstehen, aber letzten Endes sollte sich die Bauernbefreiung selbst um ihre Wirkung bringen. Denn das Edikt sah auch vor, daß die Gutsbesitzer in Zukunft weder Schutz noch Hilfe gewährten und von ihren ehemaligen Leibeigenen für die entfallenen Dienste entschädigt wurden.
Durch diese Regelung waren viele Bauernhöfe zum Ruin verurteilt, und die Gutsherren gewannen bis 1850 45 Prozent des Bauernlandes dazu. So wirkte sich die Bauernbefreiung nur dann zugunsten der Bauern aus, wenn man ihre Wirkung auf eine viel längere Zeit hin betrachtete.
So wie der deutsche Bauer wurde auch der deutsche Wald zum Gegenstand »romantischer« Schwärmerei. Daß ein besonderes Interesse für ihn aufkam, war eine Folge des Kampfes um die Herrschaft auf den Weltmeeren, insbesondere zwischen England und Frankreich. Der Flottenbau fraß – wie schon in der Antike – geradezu die Wälder auf. Napoleon I. erkannte: Abgeholzte Böden verkarsten, verkarstete Böden tragen nichts mehr. Der neuen Waldökonomie gesellte sich die deutsche Waldromantik hinzu. Ludwig *Tieck* erfand das Wort »Waldeinsamkeit«. Die Zahl deutscher Waldlieder und -gedichte war Legion, sie tendierten oft zum Kitsch. In den Bäumen wurde, wie in der Landschaft und im Leben des Bauern, etwas besungen, dessen Verlust man fürchtete. Nichts war mehr selbstverständlich.
LITERATUR: J. Blum, Die bäuerliche Welt. 1982. – D. Struss, Reisen in die Tiefe des Waldes. Die Geschichte der Bäume unter der Herrschaft der Menschen. 1986.

Nikolaus **Lenau**, eigentlich Nikolaus Franz Niembsch Edler von Strehlenau
* 13. August 1802 Csatád, Ungarn (heute Rumänien), † 22. August 1850 Oberdöbling, Wien
Der Offizierssohn wuchs innerhalb des deutschen Kulturkreises in Ungarn auf und lernte die ungarische Kultur nur von außen kennen. Mit Unterstützung seiner Großeltern konnte er bis 1833 sorglos leben und studieren, zuerst Jura und *Landwirtschaft*, dann *Medizin*, brachte jedoch kein Studium zuende. 1831 nahm sein Leben eine Wende, als er nach Stuttgart fuhr, um die schwäbischen Dichter um *Uhland* und *Kerner* kennenzulernen, die seine Werke sofort bei Cotta unterbrachten.
Lenau glaubte, nun als freier Schriftsteller leben zu können. Seine schwäbischen Freunde konnten ihn nicht von dem Plan abhalten, in Amerika ein neues Leben zu beginnen. 1832 kaufte er in Ohio, USA, eine Farm, die er verpachtete, um den »Wilden Westen« zu Pferde zu erkunden. Enttäuscht von Amerika, insbesondere von der materiellen Habgier – obwohl er selbst dorthin in der Hoffnung auf mühelosen Erwerb von Besitz gereist war –, kehrte er 1833 zurück. Er lebte in Zukunft teils in *Wien*, teils weiterhin in Stuttgart.
Obwohl er inzwischen ein berühmter Dichter war, reichten die Honorare nicht aus. Nach einer Vielzahl ebenso dramatischer wie unglücklicher Liebesbeziehungen erlitt er kurz vor der Hochzeit einen Schlaganfall, wenig später einen Tobsuchtsanfall. Die letzten Jahre seines Lebens verbrachte er in Irrenanstalten. Sein Wahnsinn wird von den einen auf Vererbung zurückgeführt, von den anderen auf Syphilis.
Heute ist Lenau in erster Linie noch bekannt durch seine »Schilflieder« 1831 und seine »Waldlieder« 1844. Seine Dramen und Epen (»Faust« 1836, »Savonarola« 1837, »Die Albigenser« 1842, »Don Juan« 1851) sind zu Recht vergessen, ebenso wie der größere Teil seiner Naturgedichte.
Lenau ist neben Lord Byron (* 1788, † 1824) und Giacomo Leopardi (* 1798, † 1837) der deutsche Dichter des Weltschmerzes, erreichte jedoch kaum eine vergleichbare Qualität. Er übertrug in extremem Ausmaß seine eigenen Gefühle auf die Natur: »... denn meine sämtlichen Schriften sind, da ich für Taten keinen Raum finde, mein sämtliches Leben ...« Aber seine Leidenschaften wechselten oft ihren Gegenstand, mal lieferte er pantheistische, mal atheistische Proklamationen, mal christliche Mystik, dann wieder Liberalismus, fromme Wünsche oder Märtyrer der Freiheit. Großen Eindruck machten auf ihn die Puszta und die Zigeuner – er war ein Vorläufer der Ungarn-Begeisterung, die auch Liszt (* 1811, † 1886) und Brahms (* 1833, † 1897) anregte. Aber von wenigen Ausnahmen abgesehen (»Waldlieder«), war seine Gestaltungskraft nicht stark genug, um seine Werke mit Leben zu erfüllen. Vieles wirkt heute pathetisch, schal, unglaubhaft.
LITERATUR: E. Castle, N. L. 1902.

Lied
Zwischen 1774 und 1844 entwickelte sich das Lied in seinen verschiedensten Formen zu einem beherrschenden Element der deutschen Kultur. Den Anfang machte Johann Gottfried Herder (* 1744, † 1803), von dem 1774 eine Sammlung »Alte Volkslieder« erschien, ab 1778 ergänzt und schließlich 1807 neu unter dem berühmten Titel »Stimmen der Völker in Liedern« zusammengefaßt. 1844 setzte *Uhland* einen vorläufigen Endpunkt mit »Alte hoch- und niederdeutsche Volkslieder« – mit dem Beginn der ersten wissenschaftlichen Edition.
Herders Anfänge lagen in seiner ostpreußischen Heimat. Der Tendenz der Zeit entsprechend, interessierte er sich für die Natur und Geschichte des Baltikums, aus dem seine Familie stammte. Hier bei den einfachen lettischen und litauischen Bauern und den Nachfahren der Pruzzen schien er dem Ursprung der Geschichte nahe zu sein. Wer die Literatur dieser Menschen, z. B. das Volkslied – bei den Brüdern *Grimm* werden es die *Märchen* sein –, erforschte, konnte helfen, Geschichte und Literatur des eigenen Volkes neu zu begründen. Im Volkslied hatte sich ungekünsteltes Leben erhalten, das sprunghaft und wie aus dem Stegreif sich äußerte. Herder fügte ihm nichts zu und nahm nichts weg. Das Wesen eines Volkes, seine Kraft, seine Eigentümlichkeit, sein Witz sollten sich ungeschminkt entfalten. Vor Herder

hatte kein Mensch von »Volksliedern« gesprochen, er prägte das Wort 1771; mit seinen Sammlungen setzte es sich schlagartig durch.
Als 1806 bis 1808 die von *Arnim* und *Brentano* gemeinsam verantwortete Sammlung »Des Knaben Wunderhorn« erschien, hatte sich das Verständnis des Volksliedes bereits stark verändert. Herder hatte weltliterarisch gefühlt, die Romantiker national – das war jedoch nur der auffallendste Unterschied. Arnim und Brentano ließen sich zudem von den Liedern inspirieren: Sie schliffen ab, rundeten auf und dichteten sozusagen zu Ende.
Die beiden wollten eins sein mit dem »Volk«, das diese Lieder hervorgebracht hatte. Für sie war auch nicht die Vorstellung vom Menschen so wichtig wie für Herder, sie interessierten sich vielmehr besonders für die sozialen Unterschichten, die Randelemente, von denen in diesen Liedern viel gesungen wurde, für Räuber, Jäger, Seefahrer, Söldner, Dirnen u. a., deren unstetes Leben sie an ihre eigene Heimatlosigkeit *(Freundschaft)* erinnerte.
Arnim schrieb: » . . . so sangen mir deutsche Handwerker lüftend ins Herz bei dumpfer Nachtluft holländischer Kanäle, ein kleines Segel flatterte vor ihrem Gesange, an bunten Bändern schien das Schiff schneller fortgezogen. Wer hat so etwas nicht öfter erlebt, und sei es auch nur im Traume? So hörte ich auch über die Londonbrücke hannöversche Flüchtlinge ›ein freies Leben‹ hinsingen, als ich mit Sehnsucht nach meinem Vaterlande den Wasserspiegel herabsah . . .«
So wurde das Volkslied Stimulans und Medium zugleich: »Es ist, als hätten wir lange nach der Musik etwas gesucht und fänden endlich die Musik, die uns suchte« *(Arnim)*.
Brentano, Eichendorff, Wilhelm Müller und *Heine* erwiesen sich als die vier Meister, die den Ton des Volksliedes trafen. Wenn *Brentano* in »Der Spinnerin Lied« anhob:

»Es sang vor langen Jahren
Wohl auch die Nachtigall;
Das war wohl süßer Schall,
Da wir zusammen waren«,

dann war es, als ob das Lied von selber sich fortsänge. *Brentano* hatte zwei Möglichkeiten und nutzte sie beide: Er konnte das naive Sprachrohr des Liedes sein – Eichendorff fuhr in dieser Tradition fort – und er konnte sich hinter einer Maske verstecken und den Volksliedton ironisch unterlegen, worin *Heine* ihm folgte. Diese »künstlerischen« Volkslieder sind unverkennbar, sie sind sehr beliebt und machen den Inbegriff des Romantischen aus. Sie sind nicht nur ein Wunder des Wohllauts, sondern auch eines der Magie. Ihre unheimliche Wirkung beruhte auf der Entdeckung der Seele; die Gefühle, die in ihnen angesprochen wurden, wurzelten tatsächlich in einem kollektiven Unbewußten. Wenn *Brentano* sein Lied von der Lorelei dichtete, so war es als »Naturprodukt« eine perfekte Fälschung. Auch die berühmten Gedichte von *Eichendorff* sind Kunstprodukte im Volksliedton, z. B.:

»Schläft ein Lied in allen Dingen,
Die da träumen fort und fort,
Und die Welt hebt an zu singen,
Triffst du nur das Zauberwort.«

Die Volkslieder, die von der Romantik wiederentdeckt wurden, drangen in die Kommersbücher *(Universitäten)* ein, und sie wurden auf den Schlachtfeldern gesungen *(Militärmusik)*. Das nationale Interesse kam jedoch genauso einer rein literarischen Kunstproduktion wie dem Minnesang zugute, der den Vorzug hatte, im Mittelalter entstanden zu sein und fahrende Ritter zu seinen Urhebern zu zählen.
Ludwig *Tieck* brachte 1803 die erste große Sammlung übersetzter Minnelieder heraus und schrieb dazu:
»In der schönsten Zeit der deutschen Poesie waren die Ritter die Dichter, die unbegüterten dieses Standes machten aus der Dichtkunst einen eigenen Beruf und fanden Fürsten und mächtige Beschützer, welche sie belohnten. Ihre Lieder wurden im Frühlinge oder bei Festlichkeiten gesungen . . . und ihre Liebesgedichte von vielen Lippen wiederholt. Die Poesie war ein allgemeines Bedürfnis des Lebens, und von diesem ungetrennt, daher erscheint sie so gesund und frei . . .«. Hier beschwor einer, der bereits die Nöte des »freien« Schriftstellers gekostet hatte, die Utopie in einem vergangenen Zeitalter herauf.
Aber der Minnesang wurde nicht plötzlich zu dieser Zeit entdeckt. Der Ruhm, ihn, das Nibelungenlied u. a. dem Dun-

keln entrissen zu haben, gebührt Johann Jacob Bodmer (* 1698, † 1783). Wie überall bauten auch hier die Romantiker auf den Leistungen des 18. Jahrhunderts auf.

Ebenso stand es mit dem Lied, das mit *Schuberts* und *Schumanns* Namen verknüpft ist. Auch die *Musik* hatte wie die Literatur *(Bücher)* und die *Kunst* im 18. Jahrhundert einen guten Nährboden im Bürgertum gefunden. Für den Gesang war die Entwicklung in *Berlin* wichtig. 1749 wurde dort zur Pflege der Hausmusik die »Musikliebende Gesellschaft« gegründet. Eine Hofoper gab es schon seit dem Jahre 1700. Der entscheidende Sprung wurde jedoch erst 1791 mit der Gründung der Singakademie getan, eines 43 Köpfe starken Chores, der den Vorzug genoß, im Saal der Akademie der Künste proben zu dürfen.

Im Jahre 1800 übernahm Carl Friedrich Zelter (* 1758, † 1832) die Leitung des inzwischen 120 Köpfe starken Chores, der anspruchsvolle Programme beherrschte und seine Mitglieder vor ihrer Aufnahme einer genauen Prüfung unterzog. Zelter war nicht nur selbst ein Liedkomponist, sondern *die* Autorität auf dem Gebiet der Musik für *Goethe*. Die beiden waren lebenslang Duzfreunde. 1809 wurde Zelter Professor an der Akademie, 1827 erhielt sie ihr eigenes Haus.

1809 gründete Zelter noch die »Liedertafel«, ein offiziell-norddeutsches Gegenstück zu den Schubertiaden, die *Wien* später erlebte. Zelter schrieb an *Goethe:* »Eine Gesellschaft von 25 Männern ... versammelt sich monatlich einmal bei einem Abendmahl von zwei Gerichten und vergnügt sich an gefälligen Deutschen Gesängen. Die Mitglieder müssen entweder Dichter, Sänger oder Komponisten sein. Wer ein neues Lied gedichtet oder komponiert hat, lieset oder singt solches an der Tafel vor oder läßt es singen ...« *Arnim, Brentano* und *Kleist* gehörten zur Runde, *Goethe* dichtete aus der Ferne für sie. (Nach diesem Muster entwickelten sich die Gesangvereine.)

Im letzten Viertel des 18. Jahrhunderts kamen Musenalmanache in Mode, eine Vorform der literarischen Zeitschriften *(Bücher)*, in denen auch die neuesten Gedichte abgedruckt wurden, oft mit Noten für Sänger und Klavierbegleitung. Grundsätzlich stellte man sich jede Lyrik singbar vor, auch die Gedankengedichte von Schiller (* 1759, † 1805), besonders aber die Rollengedichte in den Romanen, wie sie etwa in Goethes »Wilhelm Meisters Lehrjahre« (ab 1795) oder in vielen romantischen Romanen vorgetragen wurden. Im allgemeinen wurde die gleiche Melodie für alle Strophen verwendet, gleichgültig, wie sich der Inhalt des Gedichts entwickelte.

Diese Musikbegleitung vertrug sich schlecht mit der dramatischen Handlung einer Ballade, mit dem Ausdruck schwankender Stimmungen oder gar mit dem eines unheilschwangeren Zyklus. Von diesem Schema wich Mozart (* 1756, † 1791) als erster ab: Dreimal schrieb er durchkomponierte Lieder (»Das Veilchen« KV 476, 1785, »Abendempfindung« KV 523, 1787; und »Als Luise die Briefe ihres ungetreuen Liebhabers verbrannte« KV 520, 1787): Zum Text entstand jetzt eine Musik, die sich nicht nach Strophen richtete, sondern dem Sinn des Textes folgte.

Was *Schubert* daraus entwickelte, führte dazu, daß sich international das Wort »Lied« für den Sologesang mit Klavierbegleitung durchsetzte. Die Singstimme blieb beim bewährten Volkston, aber die Klavierbegleitung wurde nun reicher, selbständiger, charakterisierte stärker. Schließlich unterlegte er der Musik typisch romantische Lyrik, etwa von August Wilhelm *Schlegel, Novalis* und Wilhelm *Müller.*

Der Gefühlsaufruhr dieser Gedichte zwang auch die Stimme zu stärkerer Bewegung, während die Klavierbegleitung nun eigenständige Bedeutung gewann.

Schubert war in der Literatur nicht so bewandert wie *Schumann.* Er benutzte öfters zweitklassige Vorlagen, machte deren Mängel aber durch seine Komposition vergessen. Schumann hingegen maß dem Text eine größere Bedeutung bei. Seine Zyklen beschäftigten sich des öfteren mit literarischen Themen (»Dichterliebe« op. 48, 1840, »Frauenliebe und Frauenleben«, op. 42, 1840), ohne daß seine Kompositionen hinter den Text zurücktraten. Beide übten einen tiefen Einfluß auf ihre Nachfolger aus, z. B. auf Johannes Brahms, Carl Loewe, Gustav Mahler, Richard Strauss und Hugo Wolf.

Das Lied entsprach so tief dem Zeitgefühl, daß auch die Instrumentalmusik liedhafte Züge annahm. Das lyrische

Stück wurde modern, das berühmteste Beispiel sind *Mendelssohns* »Lieder ohne Worte« 1829 bis 1845.

Literarische Formen

Fanden die Klassiker, *Goethe* voran, in der Antike das objektive Maß für ihre Kunst, so entdeckten die Romantiker, beflügelt von ihrer historischen Leidenschaft, daß neben Apoll als dem Gott der geheiligten Ordnung Dionysos als Gott der Triebe und Urkräfte der Natur stand.

Diesem neuen, bisher unentdeckten, dunklen Reich wandten sich die Romantiker zu. Die unermeßlichen Bezirke des Rausches, der Phantasie, des Zaubers, der Ängste wurden von ihnen geöffnet und der nüchternen Wirklichkeit gegenübergestellt. Die Erfahrung der Wirklichkeit bedeutete ihnen zumeist und zuerst die Erfahrung ihrer subjektiven Gefühle. Die typischen Erzeugnisse der romantischen Dichter sind daher Roman *(Unterhaltungsroman)* und *Lied, Märchen und Novelle,* Fragment *(Novalis)* und Brief (Bettina von *Arnim*) und nicht zuletzt ihre erstklassigen Übersetzungen aus anderen Kulturen.

Die romantische Generation war nicht mehr so sehr an der erbaulich-belehrenden Literatur der Aufklärung interessiert, sie schöpfte vielmehr aus dem bereits vorhandenen Fundus der englischen und französischen Romane und der daraus sich entwickelnden deutschen Trivialliteratur. Deren Autoren verschmähten zwar kein Mittel der Phantasie, den Leser zu fesseln, aber sie blieben dabei doch immer, mit Rücksicht auf ihre breiten Leserschichten, innerhalb eines überschaubaren dramaturgischen Rahmens und bürgerlicher Normen. Die Erfolglosigkeit vieler Romantiker auf diesem Gebiet war das Ergebnis ihrer Experimentierfreude, durch die sie andererseits zu Vorfahren des modernen Romans wurden.

Die romantische Novelle konfrontierte ihren Helden ebenfalls mit einer exzentrischen Situation, sie entriß ihn der bürgerlichen Norm innerhalb einer knappen, zugespitzten Handlung.

Das *Märchen* löste die lehrhafte Fabel der Aufklärung ab. Es führte den Leser in ein Zauberreich, aus dem es kein Entrinnen zu geben schien und aus dem er schließlich doch durch die Magie des Dichters erlöst wurde.

Das *Lied* wiederum, eine spezifische Form der Lyrik, die in der Romantik schnell ihren Höhepunkt erreichte, war eine magische Form, die wie das Märchen den Leser bannen und mit dem kollektiven Urgrund der Menschheit in Verbindung bringen sollte.

Allen vier Formen war gemeinsam, daß sie das Ungewöhnliche wollten, um den Alltag vergessen zu machen. In diesem Punkt wurde ihre Nähe zu jeder Art von Unterhaltung deutlich. Dieser gemeinsame Nenner machte, daß Romantik so oft in »romantischem« Kitsch endete. Das gemeinsame Element des Ungewöhnlichen in allen vier Formen erlaubte es den Romantikern, sie in ihren formal »offenen« Romanen bunt zu mischen.

Viele Werke der Romantiker blieben Fragment, weil ihre Entwürfe mißlangen und die Kluft zwischen der Realität und dem erträumten Reich der Phantasie zu groß wurde. Manche Romantiker schrieben aber auch bewußt Fragmente. Meister darin waren *Novalis,* Friedrich *Schlegel* und ihr gemeinsamer Freund, der Physiker Johann Wilhelm *Ritter.*

Diese Fragmente sind vom Aphorismus zu unterscheiden. Der Aphorismus, z. B. der der französischen Moralisten, drückte eine psychologische Erkenntnis in einer knappen, witzigen Formulierung zugespitzt aus. Er war ein scharfer Spiegel der schwachen Seiten der Menschen. Ein Fragment hingegen war ein nicht zu Ende gedachter, oft fast unverständlicher Gedanke, der jedoch seine Vollständigkeit als Teil einer gedachten Ganzheit der Natur und des Dichtens gewann. Eine Sammlung von Fragmenten, wie etwa das riesige Werk des *Novalis,* war nicht Fragment im zuerst erwähnten Sinne (weil der Autor früh verstarb oder sich sozusagen übernommen hatte), sondern war als Fragment ein komplettes philosophisches Werk.

So, wie das Fragment Teil an dem Ganzen der Natur hatte, so könnte man den romantischen Brief als Teil einer romantischen Persönlichkeit bezeichnen *(Varnhagen).* Für den Romantiker war der Brief die Fortsetzung des unablässig unter Freunden *(Freundschaft)* zu führenden Gesprächs, das Gespräch Ausdruck des Versuchs, spontan die individuellen Grenzen zu überspringen und sich fort-

während zu ergänzen, um nicht der Isolation anheimzufallen.
So frei bereits Briefe im 18. Jahrhundert sein konnten, so waren sie im Vergleich mit Romantiker-Briefen doch meistens noch gesellschaftlichen Formen und Normen unterworfen. Jetzt hingegen, nachdem die Pandora-Büchse der Gefühle geöffnet war, nachdem alle Menschen für gleich erkannt waren, wurden rücksichtslos die innigsten Regungen offenbart. Die Sprachkraft der Romantiker und ihre geistige Spannweite machte, daß ihre Briefwechsel, die in reicher Zahl erhalten sind, trotzdem meistens nicht peinlich zu lesen sind und immer wieder durch die Frische ihres Stils und den Glanz ihrer Gedanken und Gefühle fesseln.
Die ungewöhnlich gut entwickelte Fähigkeit der Romantiker, miteinander zu kommunizieren, sich ineinander einzufühlen, kam auch ihrem immensen Übersetzungswerk zugute, das die deutsche Literatur in kürzester Zeit, sozusagen mit einem Schlag, mit der gesamten Weltliteratur in Verbindung brachte. Neben Shakespeare (August Wilhelm *Schlegel, Tieck*) waren es in erster Linie die romanischen Literaturen und deren Formen, die nun Beachtung fanden (*Grillparzer, Tieck* u. a.), sowie die Griechen *(Hölderlin, Schleiermacher).*
Aber selbst außereuropäische Literaturen wurden zum ersten Mal gründlich studiert, so etwa Sanskrit durch Friedrich *Schlegel* oder Persisch durch *Görres.* Voraussetzung dafür war die Zurückdrängung des Lateinischen in Theologie und Wissenschaft und der Beginn der Pflege des Englischen und Französischen auch außerhalb der Höfe im 18. Jahrhundert. So konnten die Romantiker verwirklichen, was *Goethe* »Weltliteratur« nannte und einer »Nationalliteratur« gegenüberstellte. Es war gerade die Fähigkeit der Romantiker, Unterschiede zu erspüren, die es ihnen erlaubte, das eine Mal einigend-weltliterarisch zu sein, das andere Mal trennend-national.
In diesem Sinne schrieb Friedrich *Schlegel*: »So wie nun in der Völkergeschichte die Asiaten und Europäer nur eine große Familie, Asien und Europa ein unzertrennbares Ganzes bilden, so sollte man sich immer mehr bemühen, auch die Literatur aller gebildeten Völker als eine fortgehende Entwicklung und ein einziges innig verbundenes Gebäude und Gebilde, als ein großes Ganzes zu betrachten, wo denn manche einseitige und beschränkte Ansicht von selbst verschwinden, vieles im Zusammenhang erst verständlich, alles aber in diesem Lichte neu erscheinen würde.«

Albert **Lortzing**
* 23. Oktober 1801 Berlin, † 21. Januar 1851 Berlin
Der Sohn eines Schauspielers stand schon als Kind zum ersten Mal auf der Bühne, der er sein Leben lang als jugendlicher Liebhaber und Tenorbuffo, Kapellmeister und Komponist treu blieb. Der Zwang, seine Familie ernähren zu müssen, trieb ihn von einem *Theater* zum anderen. Als Kapellmeister konnte er nirgendwo richtig Fuß fassen. Die Hauptstationen waren Detmold (wo er mit Grabbe, * 1801, † 1836, befreundet war und dessen Don Juan spielte), Leipzig, *Wien,* wieder Leipzig und schließlich *Berlin,* dazwischen viele andere Bühnen.
Seine Hauptwerke sind die heiteren Opern »Zar und Zimmermann« 1837, »Der Wildschütz« 1842, »Undine« 1845 und »Der Waffenschmied« 1846, die heute noch häufig gespielt werden.
Lortzings Opern sind sehr gemüthaftdeutsch, weswegen sie sich im Ausland nicht durchgesetzt haben; sie sind sehr einheitlich, weil Lortzing seine Libretti selbst schrieb, und sie gehören bereits völlig der spätromantisch-biedermeierlichen Zeit an. Der Komponist besaß einen lebensnahen, volkstümlichen Humor, der es ihm erlaubte, alle Konflikte zu entschärfen und Gegensätze miteinander zu versöhnen. Die Stoffe, die meistens der deutschen Geschichte und Literatur entnommen sind, werden auf eine heiter-unverbindliche Weise behandelt.
LITERATUR: H. Chr. Worbs, L. in Selbstzeugnissen und Bilddokumenten. 1980.

Luise, Königin von Preußen
* 10. März 1776 Hannover, † 19. Juli 1810 Hohenzieritz bei Neustrelitz
Sie war keine politische Frau und nicht einmal im romantischen Sinn eine emanzipierte Frau, aber sie war die einzige preußische Königin, die jemals politisch

handelte und das mit Herz und Verstand. Darin waren sich Freund und Feind einig. Noch im Jahre 1900 werden die Leser der »Berliner Illustrirten« sie, die Mutter Kaiser Wilhelms I., zur bedeutendsten Frau des 19. Jahrhunderts wählen. 1793 heiratete die mecklenburgische Prinzessin, ein Wirbelwind, den späteren preußischen König Friedrich Wilhelm III. (* 1770, † 1840), einen der schwächsten Monarchen der Hohenzollern. (Er befaßte sich zwar mit spiritistischen Phänomenen, stand aber im übrigen der Romantik fern. Der »romantische« König der Preußen ist Friedrich Wilhelm IV., * 1795, † 1861, der jedoch im Blick auf die Romantik eine ganze Generation zu spät, 1840, die Krone erhielt.)
Es war eine Liebesheirat. Die schöne Königin führte eine harmonische Ehe, die allseits gerühmt wurde, z. B. von *Novalis.* Sie war die einzige, die 1806 in Preußens Katastrophe begriff, »daß uns ein Opfer an Land nichts sein darf im Vergleich zu dem Opfer unserer Freiheit«. Als der König sich 1807 den Zopf abschnitt, fragte sie ihn, warum er das nicht schon zwei Jahre früher getan hatte. Sie setzte bei ihrem Mann durch, daß die Reformer gehalten wurden, und erreichte, daß Schlesien nicht abgetreten wurde. Ihr berühmtes Gespräch mit Napoleon war zwar erfolglos, aber auch Napoleon war von ihr tief beeindruckt. Zu ihrem Gedächtnis schufen Christian Daniel Rauch (* 1777, † 1857) und Johann Gottfried Schadow (* 1764, † 1850) vorzügliche Denkmäler.
LITERATUR: Königin L. von Preußen und ihre Zeit. Katalog. 1976. – M. v. Taack, Königin L. 1981.

Maler und Graphiker
Das folgende Verzeichnis wesentlicher Maler und Zeichner, die zumindest mit einem Aspekt ihres Werkes der Romantik zugerechnet werden können, aber nicht durch einen eigenen Artikel gewür-

Maler und Graphiker: Franz Horny, »Italienische Bauern«. Hamburg, Kunsthalle.

digt werden, gibt, so weit von Interesse, an: berühmte Lehrer, Kriegsteilnahme, Mitgliedschaften in Bünden und Akademien, Mäzene, feste Stellungen, an Gebäude gebundene Werke.
Einige waren bereits »Romantiker« in der zweiten Generation, *Cornelius* wurde als Lehrer besonders häufig genannt. Soweit sie für eine Teilnahme an den Freiheitskriegen in Frage kamen, hatte das Lützowsche *Freikorps* ihren Zuzug. Unter den Mäzenen traten besonders Graf *Rumohr* und König Ludwig I. von Bayern hervor.
Viele nahmen Stellungen an den neugegründeten Akademien und Kunstschulen an. Mit dem Auszug aus diesen Institutionen hatte die Romantik einmal begonnen. Soweit nicht mehr Höfe und adlige Mäzene zur Stelle waren, Ausbildung und Lebensunterhalt zu bestreiten, boten jetzt Lehrstellen Sicherheit und öffentliche Anerkennung. Daneben waren auffallend häufig kunsthistorische Stellen: vom Restauratur über den Kustos bis hin zum Galeriedirektor. Auch Kunst- und Künstlervereine (*Kunst*) spielten jetzt in den Biographien eine Rolle.
Unter den Bünden waren die Lukasbrüder bzw. *Nazarener* am stärksten vertreten, dementsprechend häuften sich die Konversionen zum katholischen Glauben. Die Reisen sind nicht einzeln aufgeführt, man kann jedoch davon ausgehen, daß Italien die zweite Heimat der meisten romantischen Künstler war, was bereits die vielen italienischen Sterbeorte eindrucksvoll dokumentieren. Selbstverständlich wurden auch andere europäische Länder bereist, aber ohne einen auch nur annähernd gleichen Stellenwert beanspruchen zu können. Erst in der zweiten Hälfte des 19. Jahrhunderts nahmen die Paris-Reisen deutlich zu.
Die folgende Liste vermittelt einen Eindruck von dem Reichtum an Talenten.
Franz Ludwig Catel, * 1778 Berlin, † 1856 Rom, *Nazarener*, Mäzen: Fürstin Galitzin, Mitbegründer des deutschen Künstlervereins in Rom.
Johan Christian Clausen Dahl, * 1788 Bergen, Norwegen, † 1857 Dresden, lebte 20 Jahre mit Caspar David *Friedrich* zusammen. Mäzen: Kronprinz Christian Friedrich von Dänemark, Mitglied deutscher und skandinavischer Kunstakademien.
Joseph Danhauser, * 1805 Wien, † 1845 Wien.
Johann Georg Dillis, * 1759 Grüngiebing, Oberbayern, † 1841 München, verschiedene bayerische Mäzene, Leiter der kurfürstlichen, später königlich-bayerischen Bildersammlungen, kaufte für diese u. a. die Sammlung der Brüder *Boisserée*.
Friedrich Eisenlohr, * 1805 Lörrach, † 1856 Karlsruhe, Architekt und Architekturtheoretiker, Lehrer in Karlsruhe.
Johann Christoph Erhard, * 1795 Nürnberg, † 1822 Rom durch Selbstmord, Kapitoliner (also Gegner der *Nazarener*).
Peter Fendi, * 1796 Wien, † 1842 Wien.
Ernst Fries, * 1801 Heidelberg, † 1833 Karlsruhe durch Selbstmord, Hofmaler in Karlsruhe.
Joseph von Führich, * 1800 Kratzau, Nordböhmen, † 1878 Wien, beteiligt an den Fresken des Casino Massimo, Mäzene: Graf Christian Clam-Gallas und Fürst Metternich, Kustos einer Privatsammlung und Professor an der Wiener Kunstakademie, später an einer eigenen Schule, Fresken in der Altlerchenfelder Kirche bei Wien.
Eduard Gaertner, * 1801 Berlin, † 1877 Zechlin, Mark.
Bonaventura Genelli, * 1798 Berlin, † 1868 Weimar, Mäzen: Graf Schack.
Anton Graff, * 1736 Winterthur, † 1813 Dresden, Akademieprofessor in Dresden.
Ludwig Emil Grimm, * 1790 Hanau, † 1863 Kassel, jüngster Bruder von Jacob und Wilhelm *Grimm*, vielfältig für seine Brüder und die Frühromantiker tätig, Teilnahme am Freiheitskrieg und 1828 am Dürer-Fest der deutschen Künstlerschaft (300. Todestag). Professor in Kassel.
Louis Gurlitt, * 1812 Altona, † 1897 Naundorf, Erzgebirge, Mäzen: Herzog von Coburg-Gotha.
Jacob Philipp Hackert, * 1737 Prenzlau, † 1807 San Pietro di Carreggio bei Florenz, auch Kunsttheoretiker, mit Goethe befreundet, Hofmaler in Neapel.
Wilhelm Hensel, * 1794 Trebbin, Mark Brandenburg, † 1861 Berlin, Teilnahme am Freiheitskrieg, Professor in Berlin.
Franz Horny, * 1798 Weimar, † 1824 Olevano Romano, Mäzene: *Rumohr* und Graf Wolf Baudissin, Mitarbeit an den Fresken im Casino Massimo in Rom, Mitglied der Münchener Akademie.

Johann Erdmann Hummel, * 1769 Kassel, † 1852 Berlin.

Victor Emil Janssen, * 1807 Hamburg, † 1845 Hamburg, Schüler von *Schnorr von Carolsfeld* und *Cornelius*, Mitarbeit an der Dekoration von St. Bonifaz in München.

Georg Friedrich Kersting, * 1785 Güstrow, † 1847 Meißen, Mitglied des Lützowschen *Freikorps*, Lehrer in Dresden, Warschau und Meißen (Porzellanmanufaktur).

Johann Adam Klein, * 1792 Nürnberg, † 1875 München, adelige Mäzene, darunter Fürst Metternich und Graf Schönborn.

Friedrich August von Klinkowström, * 1779 Steinhagen bei Stralsund, † 1835 Wien, *Runge*-Schüler, konvertierte zum katholischen Glauben.

Wilhelm von Kobell, * 1766 Mannheim, † 1853 München, Schüler seines Vaters Ferdinand.

Johann August Krafft, * 1798 Altona, † 1829 Rom.

Franz Krüger, * 1797 Großradegast bei Köthen, † 1857 Berlin, Professor in Berlin, preußischer Hofmaler.

Wilhelm von Kügelgen, * 1802 St. Petersburg, Rußland, † 1867 Ballenstedt, Harz, Hofmaler von Sachsen-Anhalt.

Karl Friedrich Lessing, * 1808 Breslau, † 1880 Karlsruhe, *Schinkel*-Schüler, Galeriedirektor in Karlsruhe.

August Lucas, * 1803 Darmstadt, † 1863 Darmstadt, *Cornelius*-Schüler, Mäzen:

Reisen: Johann Anton Ramboux, »Blick aus der Casa Buti«. Trier, Städtisches Museum.

Großherzog von Darmstadt, Lehrer in Darmstadt.
Adolph von Menzel, * 1815 Breslau, † 1905 Berlin.
Julius Milde, * 1803 Hamburg, † 1875 Lübeck, *Cornelius*-Schüler, Mäzen: *Rumohr,* Lehrer und Konservator in Lübeck.
Gustav Heinrich Naeke, * 1786 Frauenstein, Sachsen, † 1835 Dresden, *Nazarener,* Professor in Dresden.
Friedrich Nerly, * 1807 Erfurt, † 1878 Venedig, Mäzen: *Rumohr,* 1829 Mitbegründer des Römischen Kunstvereins und der deutschen Künstlervereinigung in Rom.
Ernst Ferdinand Oehme, * 1797 Dresden, † 1855 Dresden, *Friedrich*-Schüler, Hofmaler und Akademiemitglied in Dresden.
Julius Oldach, * 1804 Hamburg, † 1830 München, *Cornelius*-Schüler.
Friedrich Preller d. Ä., * 1804 Eisenach, † 1878 Eisenach, Mäzen: Großherzog Carl August von Weimar, Fresken im Römischen Haus in Leipzig, im Wieland-Zimmer der Münchener Residenz, »Odyssee« für den Preller-Saal im Museum in Weimar, Lehrer in Weimar.
Domenico Quaglio, * 1787 München, † 1837 Hohenschwangau.
Lorenz Quaglio, * 1793 München, † 1869 München.
Johann Anton Ramboux, * 1790 Trier, † 1866 Köln, David-Schüler, Mitarbeiter an den Fresken der Casa Bartholdy in Rom, Mäzen: *Rumohr,* Fresken im Trierer Stadthaus, Konservator der Sammlung Wallraf in Köln.
Joseph Rebell, * 1787 Wien, † 1828 Dresden, Direktor der Belvedere-Galerie in Wien.
Theodor von Rehbenitz, * 1791 Borstel, Holstein, † 1861 Kiel, Kapitoliner, Mäzene: *Rumohr* und König Ludwig I. von Bayern.
Johann Christian Reinhart, * 1761 Hof, † 1847 Rom. Oeser-Schüler, Mäzene: Herzog Georg von Meiningen und König Ludwig I. von Bayern.
Heinrich Reinhold, * 1788 Gera, † 1825 Albano, Mäzen: Fürst Lobkowitz.
Alfred Rethel, * 1816 Diepenbenden, Aachen, † 1859 Düsseldorf, Schadow- und Veit-Schüler, Karlsfresken in Aachen.
Franz Riepenhausen, * 1786 Göttingen, † 1831 Rom, Tischbein-Schüler, Mäzen: *Rumohr.*
Johannes Riepenhausen, * 1788 Göttingen, † 1860 Rom, Bruder von Franz.
Johann Martin von Rohden, * 1778 Kassel, † 1868 Rom, konvertierte zum katholischen Glauben, Mäzen: Kurfürst Wilhelm II. von Hessen.
Ludwig S. Ruhl, * 1794 Kassel, † 1887 Kassel, Direktor der Sammlungen und der Akademie in Kassel.
Wilhelm von Schadow, * 1789 Berlin, † 1862 Düsseldorf, Schüler seines Vaters, des Bildhauers Johann Gottfried Schadow, Mitglied des Lukasbundes *(Nazarener),* konvertierte zum katholischen Glauben, Mitarbeit an den Fresken der Casa Bartholdy in Rom, Professor in Berlin und Düsseldorf, Begründer der Düsseldorfer Malerschule.
Johann Scheffer von Leonhartshoff, * 1795 Wien, † 1821 Wien, kämpfte 1809 gegen Napoleon, Mitglied des Lukasbundes *(Nazarener),* Mäzen: Franz X. Altgraf von Salm-Reifferscheid.
Gottlieb Schick, * 1776 Stuttgart, † 1812 Stuttgart, Dannecker- und David-Schüler.
Carl Ferdinand Sohn, * 1805 Berlin, † 1867 Köln, Schadow-Schüler, Professor in Düsseldorf.
Erwin Speckter, * 1806 Hamburg, † 1835 Hamburg, Mitarbeit an den Fresken der Münchener Glyptothek, Mäzen: *Rumohr.*
Carl Spitzweg, * 1808, † 1885 München, Apotheker, als Maler Autodidakt, seit 1844 Mitarbeiter der »Fliegenden Blätter«.
Edward von Steinle, * 1810 Wien, † 1886 Frankfurt am Main, Mitarbeit an der Ausmalung der Portiuncula-Kapelle in Assisi, Wandbilder in Burg Rheineck bei Breisig, Fresken-Zyklen im Wallraf-Richartz-Museum in Köln und im Straßburger Münster, Professor am Städel in Frankfurt am Main.
Philipp Veit, * 1793 Berlin, † 1877 Mainz, Sohn der Dorothea Veit (* 1763, † 1839), geb. Mendelssohn, die in zweiter Ehe Friedrich *Schlegel* heiratete, konvertierte zum katholischen Glauben, Angehöriger des Lützowschen *Freikorps,* Lukasbündler *(Nazarener),* Mitarbeit an den Fresken der Casa Bartholdy und der Villa Massimo (Szenen aus Dantes Paradiso), Direktor des Städel in Frankfurt am Main, Ausmalung der Decke zweier Antikensäle im Städel, später Direktor der Mainzer Galerie.

Ferdinand Georg Waldmüller, * 1793 Wien, † 1865 Helmstreitmühle bei Mödling, Kustos der Galerie der Wiener Akademie.
Rudolf Friedrich Wasmann, * 1805 Hamburg, † 1886 Meran, Naeke- und *Cornelius*-Schüler, konvertierte zum katholischen Glauben.
Joseph Wintergerst, * 1783 Wallerstein bei Nördlingen, † 1867 Düsseldorf, Gründungsmitglied des Lukasbundes *(Nazarener)*, Zeichenlehrer in Aarau, Ellwangen und Düsseldorf.
Christian Xeller, * 1784 Biberach an der Riß, † 1872 Berlin, Mitglied des Lukasbundes *(Nazarener)*, konvertierte zum katholischen Glauben, Restaurator der Sammlung *Boisserée* in Heidelberg und der königlichen Sammlung in Berlin.

Die romantischen Maler und Graphiker kannten keinen gemeinsamen Stil, sondern nur eine gemeinsame Abneigung gegen den akademischen Klassizismus. Das Neue, was sie statt dessen wollten, drückte jeder mit anderen Mitteln aus. Sie hatten jedoch eine Vorliebe für drei Themen gemeinsam, für die *Landschaftsmalerei*, das *Porträt* und das religiöse Bild. Das Porträt diente oft dem Kult der *Freundschaft*. Es bildete nicht nur einen Menschen ab, sondern stellte gleichzeitig das Band zu ihm und zu dem gemeinsamen Seelengrund her. Die Landschaftsmalerei war Ausdruck der romantischen *Religion*, des Glaubens und des Wunsches, wieder Teil der Natur werden zu können. Das eigentlich religiöse Bild, wie es insbesondere die *Nazarener* pflegten, blieb am deutlichsten dem linearen Stil des Klassizismus verhaftet, von dem man sich eigentlich lösen wollte, und wirkte daher oft kraftlos und trokken.
Dem Drang der Nazarener zum Monumentalen im Fresko steht die Vorliebe aller Romantiker für die Zeichnung, die Skizze gegenüber. Sie war oft nicht mehr Vorzeichnung für ein Gemälde, sondern Selbstzweck, wurde jedoch trotzdem meistens noch ziemlich achtlos behandelt. Sie hatte mit dem Fragment *(Literarische Formen)* gemeinsam, daß sie, obwohl nur Ausschnitt, teilhatte an einer vorzustellenden Einheit, und mit den Briefen die Spontaneität. Sie war zugleich Ausdruck augenblicklicher Stimmungen und Erlebnisse.
In der Romantik wurde nach wie vor das im 18. Jahrhundert aufgekommene Silhouettieren und Scherenschneiden *(Porträt)* gern geübt. Eine neue Errungenschaft war das *Panorama (Schinkel)*. Einen bedeutenden Aufschwung erfuhr die Theaterdekoration durch Aufträge an bedeutende Künstler wie Schinkel oder die Familie Quaglio in München. 1797 wurde die Lithographie erfunden, die bald die Verbreitung von Bildern zu erschwinglichen Preisen für ein breites Publikum ermöglichte. Im Ausland, besonders in England, blühte bereits die Karikatur, die in Deutschland nur durch kümmerliche Beispiele (*Runge, Schinkel* und Wilhelm von Schadow) in der antinapoleonischen, nationalen Aufschwungphase vertreten war. Statt dessen fanden sich, z. B. in *Wien*, zur selben Zeit bereits die Anfänge der Genremalerei. Unter den romantischen Malern waren auch bereits erste Vorläufer der realistischen und impressionistischen Schulen sowie der Freiluftmalerei *(Blechen)*.

Märchen und Novellen
Sechs Jahre sammelten die Brüder *Grimm*, 1812 bis 1815 brachten sie schließlich ihre berühmte Sammlung der »Kinder- und Hausmärchen« heraus. Wilhelm schrieb in der Vorrede: »Es war vielleicht grade Zeit, diese Märchen festzuhalten, da diejenigen, die sie bewahren sollen, immer seltner werden . . .« Heute wissen wir, daß die Brüder Grimm ihre Märchensammlung nicht korrekt etikettierten. Zwar war Jacob daran gelegen, den Märchen nichts zu nehmen und nichts zu geben. Das Verfahren sollte philologischen Regeln entsprechen, bis in den Dialekt hinein. Etwas von dieser Absicht spiegelt sich bestenfalls in der ersten Ausgabe von 1812. Die zweite Ausgabe von 1819, die Wilhelm allein verantwortete, war jedoch als Hausbuch gedacht: Die stilistischen Eingriffe waren nicht zu übersehen, vieles wurde breit und anschaulich ausgemalt. Aber auch die erste Ausgabe verschleierte vieles, insbesondere die Herkunft der Märchen. Es sollten ausdrücklich deutsche Märchen sein, sie entstammten jedoch in Wirklichkeit oft den Aufzeichnungen der Hugenotten, die wiederum auf alte französische Märchensammlungen vom

Ende des 17. Jahrhunderts zurückgegriffen hatten. Ferner waren die Märchen den Brüdern oft nicht von einfachen älteren Leuten erzählt worden, sondern von jungen gebildeten Stadtbürgern, die in der Schweiz oder in Frankreich zuhause waren. Der Grund für diese Retuschen liegt auf der Hand: Zur Zeit der napoleonischen Unterdrückung schien ein deutsch-nationales Sammelwerk erforderlich, und dieses mußte, der Lehre der Romantik entsprechend, den Einklang von einfachen, ländlichen, deutschen Menschen, die noch Teil der Natur waren, mit der Poesie widerspiegeln.
Was für den Romantiker das Märchen, war für einen Aufklärer wie Lessing (* 1729, † 1781) noch die Fabel gewesen. Sie sollte dank ihrer Kürze auf einen Blick zu überschauen sein, damit ihre Lehre richtig aufgenommen wurde. Mit der Aufklärung starb die Fabel fürs erste. An ihre Stelle trat das Märchen. Gegen Ende des 18. Jahrhunderts kamen bereits zwei berühmte Märchensammlungen heraus, nämlich die »Volksmärchen der Deutschen« (1782 bis 1787) von Musäus (* 1735, † 1787) und »Dschinnistan« (1786 bis 1789) von Christoph Martin Wieland (* 1733, † 1813). Beide Autoren betrachteten das Märchen jedoch nicht als eigenständige Kunstform, weil es aus den untersten Schichten stammte. Um es für die besseren Stände gesellschaftsfähig zu machen, mußte es sozusagen von Dichtern übersetzt werden.
Für die Romantiker hingegen besaß das Märchen, wie das Volkslied *(Lied)*, alle wünschenswerten Vorzüge: Es war, im Unterschied zu Sage und Legende, die meistens noch einen historisch faßbaren Kern hatten und an eine bestimmte Zeit gebunden waren, dem Zeitbegriff enthoben. Es eignete sich wie keine zweite Gattung vorzüglich dazu, das Wunderwerk der Phantasie spielen zu lassen. *Novalis* schrieb: »Das Märchen ist gleichsam der Kanon der Poesie – alles Poetische muß märchenhaft sein.« So, wie viele romantische Romane, dem Vorbild *Goethes* (»Wilhelm Meisters Lehrjahre«, ab 1795) folgend, mit Liedern angereichert wurden, so fanden sich in ihnen auch Märchen. Diese Märchen waren nicht der Höhepunkt des Romans innerhalb einer spannenden Handlung, bildeten oft aber ihre Essenz.
Auch zur Novelle bestand eine enge Beziehung. In ihrem Bestreben, ihren Helden einer außerordentlichen Situation auszusetzen, die einen Blick hinter die Oberfläche in den Kern der Welt erlaubte, konnte sie ihre Abkunft vom Märchenwunder nicht verleugnen. Diese Form der Novelle war der deutschen Literatur eigentümlich, in anderen Ländern war sie unbekannt.
Meister des Kunstmärchens waren *Brentano, Chamisso, Eichendorff, Fouqué, Goethe, Hoffmann, Novalis* u. a. Das Kunstmärchen eignete sich vorzüglich dazu, einen erwünschten, aber derzeit nicht erzielbaren gesellschaftlichen Zustand in die Form eines Märchens einzukleiden: So wurde die Utopie am schmackhaftesten. *Novalis* sprach vom Märchen als einer »erzählten Oper« und meinte damit Zauberopern, wie z. B. Mozarts (* 1756, † 1791) »Zauberflöte« 1791 oder später *Webers* »Freischütz« oder in einer platteren Art *Lortzings* »Undine« 1845, die auf dem gleichnamigen Märchen von *Fouqué* beruhte.
Novalis' Märchen waren nach einem Dreitaktschema aufgebaut, das der romantischen Vorstellung vom Ablauf der Geschichte entsprach: 1. Phase der kindlichen Unschuld, 2. Phase der Entzweiung, Entfremdung, 3. Phase der Wiedergeburt auf einer höheren Ebene. *Tiecks* Märchen lebten von dem Gegensatz zwischen Alltag und Phantasie. E. T. A. *Hoffmann* verquickte am massivsten Wirklichkeit und Märchen und schuf sich dadurch die Möglichkeit, ein satirisches Licht auf die Bürgerwelt zu werfen und zugleich ihr in einem Traum zu entfliehen. Den großartigsten und eigenwilligsten Märchenkosmos erdichtete *Brentano.*
Die bildliche Fixierung in Malerei und Graphik bekam dem Märchen nicht gut, da sie der Phantasie nicht genügend Spielraum ließ. Die romantischen Maler hielten sich daher lieber an Legenden und Sagen, in denen das Zeitkolorit vorgegeben war (*Fohr, Nazarener* u. a.). Hingegen eignete sich das Märchen vorzüglich für die Komponisten, bei denen es als Synonym für alle Phantasiestücke stehen konnte *(Schumann).*

LITERATUR: H. Moser, Sage und Märchen in der deutschen Romantik, in: H. Steffen (Hrsg.), Die deutsche Romantik. 1978.

Heinrich **Marschner**
* 16. August 1795 Zittau, † 14. Dezember 1861 Hannover
Nachdem er vorher begonnen hatte, in Leipzig Jura zu studieren, widmete er sich ganz der Musik und begann 1816 seine Laufbahn in Preßburg. Als *Weber* 1820 eine seiner Opern in *Dresden* mit großem Erfolg aufgeführt hatte, zog er dorthin und wurde 1824 Musikdirektor der Oper, 1827 übernahm er die Leitung des Leipziger Theaters, 1831 wurde er Hofkapellmeister in Hannover.
Neben Opern komponierte er Kammermusik, in erster Linie für Klavier und Männerchöre. Berühmt wurde er jedoch seinerzeit in erster Linie durch seine Opern, von denen allerdings heute nur noch »Hans Heiling« 1832/33 ab und zu gespielt wird. Er gehörte zu den Begründern der deutschen Nationaloper und war das Bindeglied zwischen Weber und Richard Wagner (* 1813, † 1883). Viele Elemente der Wagnerschen Musik nahm er bereits vorweg. Bei ihm findet sich schon die hochdramatische Stimme, die Verflechtung musikalischer Motive, und manche seiner Figuren standen Pate, so etwa die Königin der Erdgeister in »Hans Heiling« oder Rebecca in »Templer und Jüdin« für Senta im »Fliegenden Holländer« oder Elsa im »Lohengrin«.

Medizin und Psychologie
Die romantische Medizin genießt heute einen außerordentlich schlechten Ruf. Sie schien die neuen Erfahrungen und Entdeckungen, die seit Beginn des 18. Jahrhunderts in immer größerer Zahl gemacht worden waren, geradezu zu ignorieren. Tatsächlich gab es Ärzte, die Operationen, klinische Untersuchungen u. a. ablehnten. Sie verließen sich ganz auf ihr Gefühl. Die gleichzeitige Entdekkung der Elektrizität, des Magnetismus sowie der Hypnose schufen günstige Voraussetzungen für den ohnehin latenten Wunderglauben. Wunderärzte durchstreiften das Land. Seherinnen und Somnambule wurden wie Heilige verehrt.
Der preußische Staatskanzler Fürst Hardenberg (* 1750, † 1822) lebte in einer Ehe zu dritt mit einer hysterischen Somnambulen zusammen, die der Modearzt Koreff, ein Serapionsbruder E. T. A. *Hoffmanns*, magnetisch behandelte. Auch der Theologe *Schleiermacher* lebte unter ähnlichen Verhältnissen mit einer genauso begabten Person zusammen, die von dem Hausarzt der *Arnims* und Savignys *(Historiker)* behandelt wurde – dieser hatte auch die Magnetopathie in Berlin eingeführt. Das waren keine Einzelfälle, die nur deswegen Gegenstand des allgemeinen Klatsches gewesen wären, weil berühmte Persönlichkeiten in sie verwickelt waren: In solchen Extremen spiegelte sich tatsächlich ein Aspekt der Zeit wider.
Der andere Aspekt: 1724 begann in *Berlin* die praktische Medizin im »Collegium Medico-Chirurgicum«, 1761 wurde die Perkussion entdeckt. 1779 entstand das staatliche Medizinalwesen. 1784 wurde in *Wien* das Allgemeine Krankenhaus mit Gebärhaus eröffnet – das erste Krankenhaus, das modernen Vorstellungen entsprach –, ab 1790 wurde in Frankreich die Chirurgie auf wissenschaftlicher Grundlage betrieben. 1796 wurde die Kuhpockenimpfung eingeführt, 1808 wurde die Histologie gegründet, 1810 die Phrenologie. 1819 wurde die Auskultation entdeckt usw.
Dieser lawinenartig wachsenden Zahl von Erfahrungen und Informationen standen viele Menschen hilflos gegenüber, auch wenn mit der Gründung vieler Fachzeitschriften und einer Popularisierung der Wissenschaften Abhilfe gesucht wurde. Außerdem lösten manche medizinischen Tätigkeiten, z. B. Sektionen, Ängste aus, auf die der platte Rationalismus der Aufklärung nur ungenügende Antwort wußte. Gegenüber dieser Aufteilung der Welt in viele kleine Spezialgebiete und Einzelerfahrungen stützten sich die Romantiker und in gewisser Hinsicht auch *Goethe* auf die Anschauung der Natur als einer Einheit *(Naturwissenschaften)* und räumten darin dem Wunder einen großen Platz ein für all das, was man nicht verstand.
Den entscheidenden Beitrag dazu lieferte der schottische Arzt John Brown (* 1735, † 1788), ein Gegner der Chirurgie, der Krankheit als eine Polarität zur Gesundheit erklärte, die nach der Genesung wieder in der Totalität der Natur aufging. Diesen Dreischritt fand man in der deutschen Romantik überall wieder, z. B. bei *Schelling*. Daraus leiteten die Romantiker ab, daß Krankheit der wertvollste Teil des Lebens war, weil nur

durch sie etwas verändert werden konnte. Diese Philosophie der Krankheit war besonders bei *Novalis* ausgeprägt.

Da der Dichter derjenige war, der den tiefsten Einblick in dieses System hatte, kam es immer wieder vor, daß sich Dichter zu medizinischen Handlungen hinreißen ließen, auch wenn sie nicht die geringste Erfahrung hatten. *Jean Pauls* Drang zu kurieren war gefürchtet. Daß Auguste Böhmer, Tochter von Caroline *Schelling,* unter *Schellings* Händen starb, war selbst für Zeitgenossen schockierend.

Görres – ein erklärter Brown-Schüler und Paracelsus-Nachfolger – und *Carus* waren zugleich studierte Mediziner und Künstler. An der Bonner Universität versah 1803 ein namhafter romantischer Arzt auch die Lehrstühle für Geschichte und Philosophie. Der schon genannte Magnetiseur Koreff behandelte auch E. T. A. *Hoffmann,* August Wilhelm *Schlegel,* Caroline von Humboldt und die »Kameliendame«. *Carus* behandelte u. a. Caspar David *Friedrich,* Ludwig *Tieck* und Carl Maria von *Weber.*

Eines der beliebtesten Heilmittel der Zeit war Opium. Es war billig, für jedermann frei käuflich und hatte etwa den Stellenwert des Aspirins. Darauf spielte Marx an, wenn er Religion als »Opium fürs Volk« bezeichnete – Opium beruhigte. Opium nahmen *Görres,* E. T. A. *Hoffmann, Jean Paul, Novalis,* Johann Wilhelm *Ritter, Schelling,* Friedrich *Schlegel* u. a. Wie weit sie davon abhängig waren, ist bisher nicht untersucht worden. Zeugnisse dafür finden sich am ehesten in *Novalis'* und *Hoffmanns* Werk. Über Novalis' Abhängigkeit spottete Kotzebue (* 1761, † 1819) öffentlich.

Leidensreize erhöhten das Lebensgefühl. Krankheit war nichts Fremdes, Bedrohliches. Die Unterschiede zwischen Pathologie und Physiologie wurden eingeebnet. Kranksein war die höhere Gesundheit. Daß unter diesen Umständen das Interesse an Träumen, Hellsehen, Hypnose und Wahnsinn gedieh, war verständlich.

Eine der typischsten und berühmtesten Erscheinungen war Franz Anton Mesmer (* 1734, † 1815), in dessen Wiener Palais 1768 Mozarts »Bastien und Bastienne« uraufgeführt wurde. Mesmer, ursprünglich Theologe, entdeckte um 1770 zufällig die Hypnose und erzielte damit spontane Behandlungserfolge. Die geheimnisvolle Durchführung mit Hilfe eines Magneten und anderem Brimborium führte allerdings dazu, daß er von »aufgeklärten« Herrschern trotz aller Wunderheilungen immer wieder vertrieben wurde und ein unstetes Leben führen mußte.

Ähnlich erging es Samuel Friedrich Hahnemann (* 1755, † 1843), der noch dazu außerordentlich streitbar war und jedes Medizinstudium ablehnte, obwohl er selbst ein erfahrener Praktiker war. Er begründete 1796 die Homöopathie, die aus der Lehre von der Einheit der Natur das Prinzip ableitete, ähnliche Symptome seien nur durch ähnliche Mittel zu heilen. Hier schien ein suggestiver Effekt gefordert zu sein, weil Hahnemann Mittel nur in winzigen, nicht mehr nachweisbaren Spuren verabreichte.

Ein ebenso begabter Schriftsteller und erfolgreicher Arzt wie Hahnemann war Christoph Wilhelm Hufeland (* 1762, † 1836), zur Blütezeit der frühen Romantik Professor in *Jena,* später an der Berliner Charité und Leibarzt des preußischen Königs. Er gründete nicht nur 1795 die »Zeitschrift für praktische Medizin«, sondern brachte auch ein Jahr später »Die Makrobiotik oder die Kunst, das Leben zu verlängern« heraus, ein Standardwerk der Populärmedizin, das von dem aufklärerischen Grundgedanken der Vorbeugung durch ein maßvolles Leben im – und darin war er romantisch – Einklang mit der Natur ausging und dem Vorbild der alten Germanen mit ihren schönen blauen Augen und blondem Haar huldigte.

Hufeland popularisierte den Kontrast zum »schmutzigen« Dasein im Barock: Auch die Kleidung sollte natürlich sein, Waschen und Zähneputzen waren nicht zu vergessen, hingegen die vielen Medikamente zu meiden, die mehr schaden als nützen. Baden sollte man nach Möglichkeit in der freien Natur und kalt, Gymnastik wurde für wichtig erklärt. Durch Hufeland erfuhr der Wandertrieb der Romantiker *(Reisen)* seine medizinischen Weihen, und natürlich stürzten sie sich an einem See splitternackt ins Wasser, auch wenn's die prüden Bauern ärgerte.

Alle Beispiele zeigen, daß die verrufene romantische Medizin bis heute enorme

Folgen zeitigte. Sie war gewiß oft extrem einseitig, zog daraus aber immerhin auch großartige Erkenntnisse, besonders auf seelischem Sektor.
Fatal war manchmal ihre Ablehnung von Anstalten, in denen seit kurzem »Wahnsinnige« untergebracht wurden, verständlich allerdings, wenn man sich die brutalen Behandlungsmethoden vergegenwärtigt, die dort üblich waren. Da die Romantiker glaubten, daß Wahnsinnige eine höhere Wahrheit verkündeten, nahmen sie sie lieber in ihre Familien auf. Der berühmteste Fall war *Hölderlin*, für den diese Lösung wohl gut war. *Kerner* hingegen, auch Arzt und Dichter, der acht bis neun Gemütskranke in sein Haus aufnahm, erlag zeitweise der Suggestion seiner Patienten, er wurde sozusagen angesteckt. Abgesehen davon wollten viele nur deswegen »Wahnsinnige« aufnehmen, um ein Geschäft daraus zu machen.
Wie dem auch sei: Mit der romantischen Medizin wurde der Grundstein für die moderne Psychologie, Psychotherapie und Psychoanalyse gelegt. Die Selbstanalyse, die mit der Empfindsamkeit und dem Pietismus einsetzte und im Sturm und Drang den Glauben gebar, wenige einzelne seien Genies, wurde jetzt auf dem Fundament gegründet, daß jeder Mensch ein besonderes Individuum sei. Carl Gustav *Carus*, einer der Begründer der psychologischen Wissenschaft, war Arzt, Maler und Schriftsteller, eine typisch romantische Mehrfachbegabung. In der Kunst seiner Freunde *(Friedrich)* konnte er die aus einem allgemeinen Unbewußtsein gehobenen Schätze in Form von Träumen, Mythen und Symbolen erkennen. »Der Schlüssel zur Erkenntnis vom Wesen des bewußten Seelenlebens liegt in der Region des Unbewußtseins.«
Entsprechend der Lehre von der Einheit der Natur ging er auch von der Einheit von Leib und Seele aus. Auch wenn die von ihm betriebene Psychologie noch weit von moderner Wissenschaftlichkeit entfernt war, so kann Carus doch als derjenige betrachtet werden, der die psychologischen Erfahrungen der Romantik auswertete, so daß sie, wenn auch auf vielen Um- und Nebenwegen, weiterwirkten.
Schließlich ging auch Sigmund Freud (* 1856, † 1939), der Begründer der Psychoanalyse, von ähnlichen Annahmen natürlicher Harmonie aus.
LITERATUR: R. Darnton, Der Mesmerismus und das Ende der Aufklärung in Frankreich. 1982. – W. Leibbrand, Romantische Medizin. 1937.

Felix **Mendelssohn Bartholdy**
* 3. Februar 1809 Hamburg, † 4. November 1847 Leipzig
Der Enkel des Aufklärungsphilosophen Moses Mendelssohn (* 1729, † 1786), der Sohn eines protestantisch getauften Bankiers, der Neffe eines preußischen Diplomaten, der sich als Mäzen der *Nazarener* bewährte, verlebte in Berlin eine Jugend ohne Sorgen. Seine Eltern betrachteten ihren Reichtum als Verpflichtung, sich Wissenschaften und Künsten zu widmen. Zur Verwandtschaft gehörten auch Dorothea Schlegel und Henriette Mendelssohn, eine Vertraute der Madame de Staël (* 1766, † 1817), in Paris. 1821 wurde er *Goethe* vorgestellt, der ihm verbunden blieb. 1825 bestimmte Luigi Cherubinis (* 1760, † 1842) positives Urteil den Vater dazu, Felix die musikalische Laufbahn freizugeben. Er war ohnedies bereits vielseitig ausgebildet, besonders an der Berliner Singakademie *(Lied)*, und komponierte viel. In seinem Elternhaus verkehrten Alexander von Humboldt, *Hegel, Heine*, E. T. A. *Hoffmann, Schleiermacher*, Rahel *Varnhagen* u. a.
Nachdem es ihm 1833 nicht gelungen war, die Leitung der Berliner Singakademie zu erhalten, ging er nach Düsseldorf. 1835 übernahm er die Leitung des Leipziger Gewandhausorchesters, 1843 begründete er dort das Konservatorium mit. Verschiedene Berufungen nach Berlin nahm er zwar an, blieb aber weiterhin Leipzig am stärksten verbunden. Seine größten Triumphe feierte er jedoch in England, das er seit 1829 oft besuchte.
Sein bekanntestes Werk für Klavier sind die »Lieder ohne Worte« 1829 bis 1845, berühmt sind ferner seine Schottische (1829 bis 1842) und seine Italienische (1830 bis 1837) Symphonie, seine Bühnenmusik zu Shakespeares »Sommernachtstraum« 1826 und die Konzertouvertüre »Die Hebriden« 1829 bis 1832.
Die »Lieder ohne Worte« wurden das beliebteste Klavierwerk des Jahrhunderts. »Für die Damen« gedacht, paßten

sie sich dem *Salon (Frauenemanzipation)* an, charmante kleine Einfälle und Launen, nie genial, selten faszinierend, aber nach *Schuberts* Impromptus, Moments Musicaux u. ä. ein weiterer Schritt auf dem Weg zum lyrischen Klavierstück. Dabei kam Mendelssohn zugute, daß er die klassische Kompositionstechnik souverän beherrschte. Er selbst stand seinem Tun skeptisch gegenüber, an seinen Verleger schrieb er :»Ich habe nicht die Absicht, mehr der Art herauszugeben ... es wird jetzt wirklich eine zu große Menge Klaviermusik ähnlicher Art komponiert.«
Zum Titel erklärte er, daß ihm Worte zu vieldeutig seien, »so unbestimmt, so mißverständlich im Vergleich zu einer rechten Musik, die einem die Seele erfüllt mit 1000 besseren Dingen als Worten. Das, was mir eine Musik ausspricht, die ich liebe, sind mir nicht zu unbestimmte Gedanken, um sie in Worte zu fassen, sondern zu bestimmte.«
Gerne nahm er äußere Anregungen auf, so z. B. beim Oktett op. 20.
Wie *Weber* in *Dresden* war Mendelssohn ein bedeutender Orchestererzieher. Aber im Unterschied zu Weber arbeitete er nicht an einem Hof, sondern für das gebildete Bürgertum. Sein Wirkungskreis waren die Städte, 1842 war er einer der ersten Generalmusikdirektoren. Als Orchesterleiter führte er zum ersten Mal Bachs »Matthäus-Passion« 1829 werkgerecht auf, ebenso Mozarts Konzerte. Er führte *Beethovens* 4. Klavierkonzert wieder in die Konzertsäle ein, brachte u. a. *Schuberts* C-Dur-Symphonie (wenn auch gekürzt) und viele Werke *Schumanns*, der auch am Konservatorium unterrichtete, in Uraufführungen heraus. Bereits bei seinem ersten Konzert in Leipzig erregte er Aufsehen dadurch, daß er reine Instrumentalwerke selbst dirigierte (was bisher der Konzertmeister besorgt hatte).
Mendelssohns Wirken als Dirigent und Lehrer sollte in der Zukunft mehr und mehr die Praxis bestimmen, während sein Ansehen als Komponist – Nietzsche nannte ihn noch einen »schönen Zwischenfall der deutschen Musik« – mit der Zeit nachließ. Die glatte Schönheit vieler seiner Werke erinnerte fatal an die *Nazarener.* Hitler diffamierte ihn später als »Judenbengel«, dessen Werke nicht mehr aufgeführt werden durften. Heute bemüht man sich um die Qualitäten insbesondere seines Frühwerkes. In England ist sein Ruhm hingegen ungebrochen geblieben.
LITERATUR: H. C. Worbs, F. M. B. in Selbstzeugnissen und Bilddokumenten. 1974.

Militär
Die neue französische Nationalarmee *(Kriege)* bewies durch ihre Siege, daß das Militärsystem Österreichs und Preußens in jeder Hinsicht veraltet war. Diese Erkenntnis war nicht neu. So hatte z. B. Kaiser Joseph II. bereits versucht, das Militär zu reformieren. Seine Regimenter gehörten nicht mehr ihren Obersten, sondern dem Staat und trugen auch dessen Fahne. 1781 sollte das Söldnersystem abgeschafft werden. An seine Stelle sollte der Österreicher treten, der zu einem »ewigen Dienst« verpflichtet war. Was die ungefragten Österreicher dazu sagten, kann man sich denken. 1802 wurde daher diese Dienstpflicht auf zehn bis vierzehn Jahre eingegrenzt. 1805 wurde sogar der bisher übliche Zopf abgeschnitten, aber der alte Geist blieb: 1807 – nach den Niederlagen gegen Napoleon! – wurde entschieden, daß Offiziersanwärter weiterhin von Adel sein mußten.
Immerhin wurde in Österreich bereits 1789 die Tapferkeitsmedaille für den einfachen Soldaten eingeführt (er war bisher für besondere Leistungen bezahlt worden), in Preußen erst 1793. Dort waren die Verhältnisse keineswegs besser. Das Militärstrafgesetz las sich wie die Regieanweisung für ein sadistisches Schauspiel, und seine Durchführung war es auch: 200 Söldner bildeten eine Gasse, durch die der Delinquent Spießruten laufen mußte, bei Diebstahl sechs- bis zwanzigmal, bei Raub 20- bis 30mal. Die Ruten waren mit Salz getränkt. Das Opfer war an den Armen gefesselt und geknebelt. Vor und hinter ihm gingen Unteroffiziere und bestimmten das Tempo. Hinter der Gasse stand der Major, tadelte die Faulen und lobte die Eifrigen. Trommelwirbel übertönte das Geschrei.
Das war jedoch keine preußische Eigentümlichkeit, sondern Geist der Zeit. Für Voltaire waren Söldner »gedungene Mörder«, für Blackstone »Sklaven«, für

Knigge »Blutsauger der Armen«, und Sir Robert Cotton schrieb: »Der Krieg ist die Kloake der Völker und befreit sie von schlechten Elementen und Säften.« Kein Wunder, daß die neue französische Idee vom Soldaten dermaßen zündete.
Erst die Niederlagen bei Jena und Auerstedt führten dazu, daß Reformpläne, die seit längerem bestanden, endlich durchgeführt wurden. Diese *Reform* ist in erster Linie mit den Namen Gerhard von Scharnhorst (* 1755, † 1813) und August von Gneisenau (* 1760, † 1831) verbunden. Man könnte sie als eine Paarung von Genie und Fleiß bezeichnen. 1807 schrieb Scharnhorst: »Alle Bürger des Staates sind geborene Verteidiger desselben.« Daraus folgte: »Die Geburt gibt kein Monopol für Verdienste ... Man schließe dem Bürgerlichen die Triumphpforte auf, durch die das Vorurteil nur den Adligen einziehen lassen will. Die neue Zeit braucht mehr als alte Titel und Pergamente, sie braucht frische Tat und Kraft.« 1808 forderte Gneisenau die »Freiheit des Rückens« vor Prügelstrafen, und Scharnhorst meinte, daß »die Strafe nie die Menschenwürde verletzen oder den Schuldigen unter das Tier erniedrigen und das echte Soldatengefühl ersticken« dürfe. Beide trugen ihre Haare wie Beethoven lang und lokkig, nach Art der Jakobiner.
Durch ein ausgeklügeltes (Krümper-)System erreichten sie, daß unter Napoleons mißtrauischen Augen viele wehrfähige Männer an der Waffe ausgebildet wurden. Wer nicht unter die Soldaten konnte, wurde in die Landwehr eingereiht, wer auch dafür nicht tauglich war, in den Landsturm. Die Begeisterung für diese neue Idee führte dazu, daß sich 1813 viele Freiwillige meldeten. Für so viele reichte das Arsenal jedoch nicht aus. Die Karikatur von *Fichte* als Landsturmmann gab ein recht realistisches Bild vom Zustand preußischer Reserven. Man half sich, indem man auch noch *Freikorps* bildete, in denen die Nichtpreußen sich sammeln konnten.
Ausdruck der neuen Zeit war schließlich das Eiserne Kreuz, das der preußische König höchstpersönlich entwarf und das seine endgültige Form durch *Schinkel* erhielt. Es wurde ohne Unterschied an Gemeine wie Offiziere verliehen. Im übrigen war die Reform recht rational: Ein Kriegsministerium wurde gegründet, ebenso der Generalstab, Kriegsschulen und -akademien. Der Zukunft wollte man wissenschaftlich und bürokratisch gerüstet begegnen.
Literatur: J. Ch. Allmayer-Beck, Das Heer unter dem Doppeladler. 1981. – G. Ortenburg, Mit Gott für König und Vaterland. 1979.

Militärmusik
Die Militärmusik spiegelte den Geist der Romantik dreifach wider: Die Marschmusik wurde exotisch instrumentiert und dadurch rhythmischer; das Soldatenlied vereinigte die Freunde im gemeinsamen Kriegserlebnis; und die Schlachtenmusik erlaubte es auch der Jungfer zuhause am Klavier, Schlachten buchstäblich zu »schlagen«.
Vorbild neuer Märsche war die Janitscharenkapelle, die *Musik* »alle turca« war große Mode (z. B. in Mozarts Sonate KV 331). Dadurch wurden zunehmend Trommeln, Becken, Triangel, Tamburin und Schellenbaum in die Militärkapellen übernommen. Die Märsche, die bisher hauptsächlich von Blech- und Holzblasinstrumenten bestimmt worden waren, wurden jetzt rhythmischer und lauter, klangen in der Originalbesetzung aber immer noch wie Kammermusik.
Ihre sachgerechte Ausführung stellte kein Problem dar, da aus Kostengründen das Personal der Militärkapelle (mit Ausnahme der Spielleute) noch mit dem der Oper identisch war. Viele Märsche wurden von Opernkomponisten geschrieben oder Opern entlehnt. Muster eines solchen modernen Marsches war *Beethovens* Yorckscher Marsch, der jedoch nicht für den preußischen General Yorck geschrieben ist.
Zur selben Zeit gewann auch das Soldatenlied eine neue Funktion. Es wurde gewöhnlich nicht auf dem Marsch gesungen – das wäre viel zu anstrengend und für *Freikorps* ohne Marschdrill unpassend gewesen –, sondern im allgemeinen in Freundesgruppen in den Pausen, um das Gemeinschaftsgefühl zu stärken. Im Zeitalter des *Liedes* entstanden viele neue berühmte Soldatenlieder, in denen gern vom Soldatentod die Rede war, so z. B. Schillers »Wohlauf Kameraden, aufs Pferd« 1797, *Uhlands* »Ich hatt' einen Kameraden« 1809, *Brentanos* »Es leben die Soldaten« 1813, *Körners* »Lützows

wilde verwegene Jagd« 1813, *Hauffs* »Morgenrot« und »Steh ich in finstrer Mitternacht« 1824.
Schlachtenmusiken waren seit langem bekannt, sie gehörten in die beliebte Kategorie der Programmusiken. Für die Darstellung einer Schlacht brauchte man eigentlich ein volles Orchester, aber mit der technischen Entwicklung des Klaviers *(Musikinstrumente)*, insbesondere mit Hilfe einer Vielzahl von Pedalen, wurde es möglich, die Schlacht zuhause zu genießen. Besonderer Beliebtheit erfreuten sich die Kanonenschüsse, die außerordentlich effektvoll mit Pedal und Schlägen der flachen Hand (Kluster) auf die unterste Oktave herausgedonnert wurden. Das Muster, das sich bis heute in den Konzertsälen hält, lieferte wiederum *Beethoven* mit »Wellingtons Sieg« *(Panorama)*.

Mode
Bis zur Französischen Revolution 1789 hatte die Mode u. a. auch die Aufgabe, die Menschen nach Stand und Vermögen zu unterscheiden. Mode war noch eine Sache des Adels und einiger weniger Auserwählter. Nach 1789 erklärte man die bisherige Mode für »unnatürlich«, weil sie den Menschen gezwungen habe, eine Rolle zu spielen, und verschleiert habe, daß alle Menschen gleichen Rechtes seien.
So wurde die Mode jetzt »natürlich« – man verzichtete auf Zopf, Puder, Degen, Schnallenschuhe, überhaupt auf all die vielen luxuriösen und beengenden Kleidungsstücke – und gleichmacherisch: die Mode sollte den Geschmack der Zeit spiegeln. Allzu gleichmacherisch wurde sie allerdings auch nicht, dafür sorgten einmal die verschieden gefüllten Geldbeutel und außerdem die vielen Anregungen, die von den Modejournalen verbreitet wurden. Sie schossen wie Pilze aus dem Boden, zuerst im Ausland, dann auch in Deutschland.
Das erste und wichtigste deutsche Blatt erschien ab 1786 – der Umschwung begann wie so oft vor der Revolution – in Weimar bei Bertuch *(Bücher)*, das »Journal des Luxus und der Moden« *(Jena)*, dem ein »Intelligenzblatt« beilag, nach dem man sich Luxus- und Modeartikel aus dem Ausland bestellen konnte. Das Journal widmete sich jedoch keineswegs nur der Mode, sondern anfangs allen zivilisatorischen Themen, noch dem Geist der Aufklärung entsprechend, bald jedoch mehr kulturellen Themen.
Der Aufschwung der Journale ging Hand in Hand mit dem steigenden Verbrauch von Textilien, nur kurz durch die napoleonischen *Kriege* und ihre Folgen unterbrochen. Ein gutes Beispiel dafür bot *Wien*, wo 1807 nicht nur die Nähmaschine erfunden, sondern auch die erste Schaufensterpuppe ausgestellt wurde. Gleichzeitig tauchten dort auch die ersten Schals auf. Sie dienten der Frau nicht nur zum Wärmen, sondern auch als Ersatz für den Mantel. Hatte schon die erste Puppe Ärgernis erregt, weil sie französische statt Wiener Mode vorführte, so wurde die nationale Welle 1813 noch stärker. Zum Wiener Kongreß 1815 gelang es zum erstenmal, der Wiener Mode international Geltung zu verschaffen. 1816 erhielten denn auch die Wiener ihre erste eigene Modezeitung.
Weltstadt der Moden war jedoch London. Hier wurde schon vor der Revolution die heutige Männerkleidung erfunden, die sich durch möglichst wenig Farbe auszeichnete. Schwarz war so bevorzugt wie im Empire bei den Frauen Weiß. Symbol der neuen Zeit war der berühmteste englische Dandy, Beau Brummel (* 1778, † 1840), dessen Leben so exzentrisch-romantisch war wie sein Geschmack klassisch: Er kreierte das Ideal der unauffälligen Eleganz. Aus seiner Zeit ist bis heute der Frack geblieben. Um 1820 begann die Trennung in Alltags- und Abendkleid. Sie sollte besonders dem Wunsch der Frau entsprechen, sich geschmückt zu zeigen.
Von dieser internationalen Tendenz, die sich auch in Deutschland durchsetzte, gab es zwei Abweichungen. Bei ihren Besuchen in den Alpen entdeckten die Städter die Bauerntracht *(Landwirtschaft)*, die, obwohl nicht nur Arbeits-, sondern auch Standeskleidung, als Reminiszenz an das »natürliche« Leben erhalten blieb. Es begannen noch 1800 die ersten Trachtenbücher zu erscheinen: Trachten wurden gesammelt wie Volks*lieder* oder *Märchen*.
Um 1815 wurde außerdem die »altteutsche« Tracht erfunden, wie sie hauptsächlich von *Arndt* propagiert und von den Burschenschaften *(Nationalismus)*

und schon vorher so ähnlich von den Künstlern *(Nazarener)* getragen wurde. Sie wandte sich betont gegen die französische Mode, setzte sich aber nicht durch. Sie wurde vielmehr lächerlich gemacht und hielt sich auf die Dauer nur bei Künstlern, denen man einiges nachsah.

Als die Studenten 1817 auf der Wartburg neben Büchern auch Zopf, Ulanenschnürleib und Korporalstock ins Feuer warfen, meinten sie damit die Symbole der Reaktion. Tatsächlich trug jetzt der moderne Bürger sein eigenes Haar, u. U. sogar ziemlich lang und gelockt, und statt des Degens einen Spazierstock, aber so deutsch, wie *Arndt* es vorsah, wollte er nicht sein.

Adam Heinrich **Müller**
* 30. Juni 1779 Berlin, † 17. Januar 1829 Wien
Der Sohn eines Staatsbeamten studierte Staatswissenschaften und arbeitete als Referendar bis 1803, als freier Schriftsteller bis 1804, dann als Hauslehrer in *Dresden*, wo er, wie später in *Berlin* und *Wien*, durch öffentliche Vorlesungen über ästhetische und politische Themen berühmt wurde. 1808/09 gab er mit *Kleist* die Zeitschrift »Phöbus« heraus, 1810 schrieb er in Kleists »Berliner Abendblättern«, 1811 trat er *Arnims* »Christlich-deutscher Tischgesellschaft« bei. Er konnte jedoch in Berlin nicht Fuß fassen, da er gegen Hardenbergs *Reformen* war. Er wurde nach Wien geschickt, wo er im Kreis von *Eichendorff*, Friedrich *Schlegel*, *Werner* u. a. verkehrte. 1813 wurde er von Metternich nach Tirol entsandt, 1815 als Kriegsberichterstatter nach Frankreich, dann als Generalkonsul nach Leipzig. 1805 konvertiert, nahm sein religiöser Eifer dermaßen zu, daß er 1827 zurückgerufen wurde.

Seine Hauptwerke sind »Von der Idee des Staates« 1809, »Die Elemente der Staatskunst« 1809.

Müller war die lebendige Einheit von Gegensätzen, Spiegelbild des Organismus der Natur und ihrer Gesetzen. Da der Mensch auch Natur sei, bedürfe er zu seiner Vervollkommnung auch des Staates, dessen Gesetze ihm nicht als Zwang, sondern als organische Strukturen erscheinen müßten. Grundlage dieser Harmonie sei die Religion. Wo die religiösen Bande zerstört seien, werden Klassenkämpfe und ungerechte Besitzverhältnisse möglich – eine Erkenntnis, die in seinem konservativen Werk überrascht und ihm auch sofort einen offiziellen Rüffel aus Wien eintrug.

LITERATUR: J. Baxa, A. M. Ein Lebensbild aus den Befreiungskriegen und aus der deutschen Restauration. 1930.

Wilhelm **Müller**
* 7. Oktober 1794 Dessau, † 30. September 1827 Dessau
Der Sohn eines Schuhmachers besuchte das Gymnasium und studierte in *Berlin* zuerst Geschichte und Altphilologie, nach den Befreiungskriegen, an denen er als Freiwilliger teilnahm, deutsche Literatur des Mittelalters. 1817/18 bereiste er auf Goethes Spuren Italien, von 1820 an war er herzoglicher Bibliothekar in Dessau bis zu seinem Tod. Von klein auf wanderte und reiste *(Reisen)* er gern und viel. Dabei lernte er die Natur lieben und die Lieder der Handwerker kennen. Vor diesem Hintergrund sind seine Volkslieder entstanden, die in erster Linie seinen Ruhm, besonders dank der Vertonung durch *Schubert*, begründen.

Für seine Zeitgenossen war er jedoch der »Griechenmüller«, der bedeutendste Vertreter des Philhellenismus, der in vielen volkstümlichen *Liedern* den Freiheitskampf der Griechen (ab 1821) besang und sich dadurch manchen Ärger mit der Zensur einhandelte. Sein großes Wissen machte ihn zum Mitherausgeber der berühmten Enzyklopädie von Ersch und Gruber. Er besorgte eine »Bibliothek der deutschen Dichter des 17. Jahrhunderts«, übersetzte Marlowes »Faust« 1818 und trat auch als Reiseschriftsteller hervor.

Seine Hauptwerke sind »Gedichte aus den hinterlassenen Papieren eines reisenden Waldhornisten« 1821 bis 1824, »Lieder der Griechen« 1821 bis 1824, »Neugriechische Volkslieder« 1825.

Die *Schubert*-Zyklen »Die schöne Müllerin« und »Winterreise« sind in den »hinterlassenen Papieren« enthalten. Müller hat sie nie gehört. Uns ist er heute noch gegenwärtig als Dichter der Lieder »Am Brunnen vor dem Tore«, »Das Wandern ist des Müllers Lust«, »Ich hörte ein Bächlein rauschen« u. a. *Heine* schätzte Müllers Lieder. Heute stehen sie im

Schatten der Vertonungen, was nicht immer gerecht ist. So spätromantisch-biedermeierlich die Gedichte heute auch wirken mögen, sie standen im Zusammenhang mit freiheitlichen Bestrebungen und wiesen daher eher auf das »Junge Deutschland« voraus.

Musik
Zwei Voraussetzungen, die man mit dem Begriff »Romantik« verbindet, waren in der Musik – im Unterschied zu den anderen Künsten – bereits erfüllt, als das 18. Jahrhundert zuende ging: Der Musiker, Virtuose, Komponist war oft bereits ein »freier« Künstler, und der *Historismus* war schon ausgebildet. Wo der Adel noch Auftraggeber war, z. B. bei Joseph Haydn (* 1732, † 1809), wurde der Komponist zum Freund des Fürsten, der Fürst zum Ratgeber. Die Kluft zwischen dem Komponisten und dem Publikum konnte bereits deutlich spürbar sein. So war Mozart vielleicht der erste bedeutende Künstler, dessen Versuch, eine bürgerliche Existenz zu gründen, am Unverständnis seines Publikums scheiterte. Der Auftraggeber war nicht mehr der Dienstherr, der über Leben und Werk willkürlich entscheiden konnte, sondern eventuell nur noch ein Mäzen, der förderte, was ihm gefiel. Auf beiden Seiten setzte sich eine unberechenbare Note durch, der subjektive Geschmack des Publikums und der persönliche Wille des Komponisten.
Weitgehend war bereits der Adel vom Bürgertum als Förderer abgelöst worden. In Augsburg, Bern, Straßburg u. a. gab es schon zwischen 1710 und 1720 Unternehmerkonzerte. Gründungen in Frankfurt am Main 1723, in Leipzig 1743, in *Berlin* 1745, in *Wien* 1771 sorgten für eine geordnete Konzertpflege. Zwischen 1770 und 1800 dehnten sich die Konzerte auf Mittel- und Kleinstädte aus, wo insbesondere die Liebhaber auf ihre Kosten kamen. Dieses Konzertwesen verfiel jedoch teilweise wieder in der Folge der napoleonischen Kriege und mit der damit einhergehenden Verarmung bürgerlicher Schichten. Bis dahin hatte sich allerdings bereits die Musik in den gutbürgerlichen *Salons* festgesetzt, und selbst aus bescheidenen Heimen war die Hausmusik (*Musikinstrumente)* nicht mehr fortzudenken.
Die Kluft zwischen dem Liebhaber und dem Künstler darf nicht darüber hinwegtäuschen, daß die Komponisten der Tradition oft stärker verpflichtet waren als Schriftsteller oder Maler. Das Setzen von Tönen erforderte eine intensive Ausbildung, Schreiben und Malen waren viel eher auch ohne Schulung nach Lehrbuch auszuüben.
1772 schrieb Haydn im Streichquartett op. 20 zum erstenmal eine Fuge nach Bachs Vorbild. Mozart und Beethoven sollten ihm in dieser Übung folgen. Bach starb 1750, Haydn wurde 1732 geboren. Doch Haydn war kein Nachfolger Bachs, sondern benutzte die Fuge als ein historisches Element im Rahmen einer neuen Zielsetzung. Damit begann der *Historismus* in der Musik.
Nimmt man noch die »Stofflosigkeit« der Musik hinzu, so wird verständlich, warum die Musik in der Romantik den höchsten Stellenwert einnahm. Sie bot einen Kosmos an, der mit allen nur denkbaren Gefühlen und Ideen gefüllt werden konnte. Das begann schon vor *Wakkenroder*: Die Vermischung der Künste erlaubte, das Unsagbare in der Musik auszudrücken, die Musik war bereits im Zeitalter der Empfindsamkeit und des Sturms und Drangs ein Ventil übermächtiger Gefühle. 1780 veröffentlichte Jakob Johann Engel »Über die musikalische Malerei«, 1787 Friedrich von Dalberg »Blicke eines Tonkünstlers in die Musik der Geister«.
Der Weg führte letztlich zum *Gesamtkunstwerk. Runge* wollte, daß seine »Zeiten« zu passender Musik betrachtet würden, und träumte von einer »malerisch-phantastisch-musikalischen Dichtung mit Chören, einer Komposition für alle drei Künste zusammen, wofür die Baukunst ein ganz eigenes Gebäude aufführen sollte«. *Schinkel* ließ 1809 zu einer Ausstellung seiner Gemälde musizieren, um die Stimmung zu steigern – wie heute im Kaufhaus die Kauflust durch Musikberieselung gehoben werden soll.
Umgekehrt beeinflußte *Jean Paul* die Komponisten durch seine Prosa, deren Schwärmerei und Gefühlsseligkeit eine Quelle der Inspiration war, z. B. für *Schumann. Hoffmann* hingegen kann als der Theoretiker der romantischen Musik gelten. Er begründete nicht nur mit seiner Kritik von *Beethovens* 5. Symphonie und seinem Aufsatz über »Beetho-

vens Instrumentalmusik« den Vorrang der Instrumentalmusik vor der Vokalmusik, er spürte auch der Romantik bei Mozart und Haydn nach und prägte schließlich in seinen Erzählungen das Bild vom romantischen Musiker. Hoffmann war nicht nur ein bedeutender Schriftsteller, sondern auch ein ebenso belangvoller Musikkritiker und Komponist.
So war die Romantik gekennzeichnet durch ein ständiges Geben und Nehmen zwischen den Künstlern und zwischen den Künsten. Diese Entwicklung kulminierte später in dem Werk Richard Wagners (* 1813, † 1883), der 1847 *Tieck* kennenlernte, nachdem er von ihm die wesentliche Anregung zum »Tannhäuser« erhalten hatte. (Daß tatsächlich das ganze Werk Richard Wagners die Romantik in sich aufnahm und zu einem zweiten Höhepunkt führte, kann hier nur angedeutet werden.)
Die Kluft zwischen Publikum und Komponist brachte es auch mit, daß der Komponist dazu überging, sein Werk zu teilen: Leicht spielbare Stücke waren für den Liebhaber im Kreis der Familie gedacht, schwierige Stücke für das eigene Virtuosentum *(Beethoven, Schumann).* So, wie die schweren Stücke dazu dienen konnten, vor dem gaffenden Volk zu brillieren, aber auch dazu, die eigene Problematik auszudrücken oder zu verschleiern, so konnten die einfachen Stücke sowohl für den platten Geschmack bestimmt sein als auch für echte Intimität, für den Versuch, *Freundschaft* durch Musik zu überhöhen. Der größten Beliebtheit erfreuten sich *Lieder* und lyrische Stücke, deren Prototyp *Mendelssohns* »Lieder ohne Worte« waren. Die »Liedhaftigkeit« dieser Stücke wurde von der Melodie bestimmt: Sie war das herausragende Merkmal dieser Zeit *(Schubert).*
Gleichzeitig aber wurde seit *Hoffmann* die Instrumentalmusik, insbesondere die Symphonie, als die Krone der Musik betrachtet. Das hatten Kant und seine Zeitgenossen noch genau umgekehrt gesehen. *Tieck* und Hoffmann glaubten jedoch, daß mit der menschlichen Stimme ein materielles Moment in die Musik eindringe, das ihr die Absolutheit nehme. Auch hier war es wieder Wagner, der den Konflikt zu lösen suchte, indem er zum Muster der absoluten Musik *Beethovens* 9. Symphonie wählte, in der der Ton durch das Wort »erlöst« wurde.

LITERATUR: Epochen der Musikgeschichte. 1974 - Wilfried Mellers, Musik und Gesellschaft. 2 Bde. 1964/65. - D. Borchmeyer, Das Theater Richard Wagners. 1982.

Musikinstrumente
Die Instrumente, die mit der Romantik in Verbindung gebracht werden, sind die Flöte, das Horn und die Klarinette - also die Instrumente des Hirten bzw. des Jägers - und das Klavier sowie die Gitarre. Wer denkt nicht bei *Webers* »Freischütz« an den Jägerchor mit den Hörnerklängen? Weber ging so weit, den Hornisten zugleich blasen und singen zu lassen.
Er war zudem der fruchtbarste Komponist für die Klarinette, nicht zuletzt, weil er wie Mozart für den befreundeten Virtuosen Heinrich Baermann schrieb. (Die Klarinettenschule dessen Sohnes ist noch heute in Gebrauch.) Die Klarinette hatte gegenüber den anderen Blasinstrumenten den Vorzug, daß sie über zwei Register verfügt, über das Schalmeien-Register, mit dem sich gut dunkle Stimmungen wiedergeben lassen, und das Clairon-Register, das sich besonders für die Darstellung der Freude eignet. Sie verfügt deshalb nicht nur über mehr Oktaven, sondern kann auch besonders gut den psychischen Ausdruck der menschlichen Stimme widerspiegeln. In diesem Sinn wurde sie gern von Lied- und Opernkomponisten eingesetzt, von *Weber, Schubert,* Verdi u. a.
Das Klavier hingegen war nicht die Adaption eines »natürlichen« Instrumentes durch den Bürger, sondern das bürgerliche Instrument schlechthin. Es entwickelte sich parallel zur wachsenden Freizeit der Bürgersfrau, deren Status es bezeichnete. Es war auch das Instrument des Pietismus und der »Empfindsamkeit«. Beim Spiel konnte man seinen Empfindungen freien Lauf lassen. Ein Musterbeispiel lieferte Schillers Gedicht »Laura am Klavier«! Dementsprechend stieg der Absatz der Klaviere, dementsprechend schritt die technische Entwicklung voran, dementsprechend schrieben die Komponisten leichte Stücke für die Frauen und virtuose für sich selbst - das Publikum spaltete sich in Laien und Fachleute.

In Norddeutschland, wo das Klavier seinen Siegeslauf begann – anfangs natürlich in einfachen Ausführungen, wie z. B. dem Klavichord –, verkaufte ein Braunschweiger Klavierbauer 1721 bis 1726 je ein Klavier pro Jahr, 1752 bis 1756 aber insgesamt 23. Ein Augsburger Klavierbauer verkaufte 1750 bis 1790 700 Klaviere, sein Nachfolger von 1804 bis 1816 350. 1796 kostete ein Klavier in *Wien* zwischen 175 bis 650 Florins. Aus der Einkommensstatistik *(Gesellschaft)* ergibt sich, daß sich die wohlhabenden Schichten Wiens, 1/25 der Bevölkerung, tatsächlich durchaus ein Klavier leisten konnten.

Ein weiterer Vorzug des Klaviers bestand darin, daß es in so vorzüglicher Weise der Geselligkeit diente. Unendlich viele Stücke wurden ausdrücklich als Salonmusik komponiert und waren genauso belanglos wie oft das Salongeplauder.

Schließlich verhalf das Klavier auch, vierhändig gespielt, zum trauten Tête-à-tête. *Schubert*, der bedeutendste Komponist für vierhändige Stücke, war auf diesem Gebiet erfolgreich, was man von vielen seiner anderen Kompositionen damals nicht behaupten konnte. Schon Schiller ließ Luise in »Kabale und Liebe« 1784 auf der Bühne vierhändig mit Herrn von Walter spielen. Im Biedermeier wurden für die Damen Ärmelhalter erfunden, damit die riesigen Gebilde nicht beim Spiel störten.

Auf *Reisen* vertrat die Gitarre die Stelle des Klaviers. *Weber* komponierte für sie, spielte sie jedoch nicht; bei *Schubert* war es umgekehrt.

Mit der Entwicklung der Instrumente ging die Verbreitung der Hausmusik in den bürgerlichen Haushalten einher. Die Musik, die bisher der Repräsentation und Unterhaltung des Adels vorbehalten war, wurde nun ein elementarer Bestandteil der Intimität eines Haushalts. Dadurch erfuhr die Musik auch eine qualitative Bereicherung: Es gab kaum einen unmusikalischen Romantiker, viele spielten selbst ein Instrument, meistens Klavier; *Kleist* war ein guter Klarinettist. Das *Lied* war vielleicht der deutlichste Ausdruck einer innigen Verbindung von Hausmusik, Kunstmusik und Dichtung.

Literatur: A. Loesser, Men, Women and Pianos. New York 1954.

Nationalismus und Nationalisten

Bis zur Französischen Revolution 1789 war ein Patriot ein Mann, der im Rahmen seiner überschaubaren Heimat, z. B. im Rahmen eines »Patriotischen Vereins«, etwas Nützliches leistete. Dieser Patriotismus stand in keinem Gegensatz zum Weltbürgertum, denn was überall im kleinen geschah, kam letzten Endes in der Summe allen zugute. Doch während noch dieser Patriotismus geübt wurde, begann bereits etwas Neues zu entstehen, so z. B., wenn Herder (* 1744, † 1803) in seinen »Ideen zur Philosophie der Geschichte der Menschheit« 1784 bis 1791 darlegte, wie Nationalcharaktere sich im Laufe der Geschichte individuell ausprägten, oder wenn in vielen Wochenschriften jahrzehntelang der politische Begriff der Nation diskutiert wurde.

Im Unterschied zu Frankreich war Deutschland keine politische Nation, was zur Folge hatte, daß zwar nach 1789 fast überall die Bürger die Revolution begrüßten, aber politisch nichts unternahmen. Die Kräfte wurden vielmehr gesammelt, um wenigstens eine kulturelle Nation zu bilden, deren Mittelpunkt zeitweilig zweifellos *Goethe* in Weimar war – der jedoch seinerseits diesen modernen Nationalismus verabscheute. So hatte es seinen Sinn, wenn sich 1808 in Erfurt Goethe und Napoleon I. (* 1769, † 1821) begegneten – sie waren die Repräsentanten Deutschlands und Frankreichs –, wenn *Beethoven* in der ersten Begeisterung seine 3. Symphonie Napoleon widmete oder *Hegel* Napoleon als den »Weltgeist« ansprach. Da den Deutschen eine politische Verkörperung der Nation fehlte, sahen sie in Napoleon wenigstens die Verkörperung des Ideals der Revolution – Freiheit, Gleichheit, Brüderlichkeit –, der Macht o. ä.

Der Umschwung zum politischen Nationalismus kam erst mit der Niederlage Preußens 1806/07. Allerdings spaltete sich dieser Nationalismus sogleich in einen preußisch-deutschen, der hinfort dominierte, und in einen österreichisch-deutschen. Der preußisch-deutsche Nationalismus verband sich mit Namen wie Ernst Moritz *Arndt, Fichte, Görres,* Friedrich Ludwig Jahn (* 1778, † 1852), *Kleist* und Adam *Müller.*

Die weitestreichenden Folgen hatten *Fichtes* »Reden an die deutsche Nation«

1807/08, in denen versucht wurde, das Nationalgefühl als eine Art Religionsersatz aufzubauen – entsprechend der französischen Forderung, daß die Nation mehr sei als die Summe ihrer Geschichte, nämlich eine moralische Forderung an die Zukunft. Es lag ohnedies in der Natur der Fichteschen Philosophie, daß sie nicht beim Gedanken stehenblieb, sondern die Tat verlangte.

Adam *Müller,* ein Philosoph, der 1805 zum katholischen Glauben konvertierte, hielt 1806 in *Dresden* Vorlesungen, in denen er darlegte, warum die Welt am deutschen Geist genesen werde, und 1808/09, warum das, was die Nationen in ihrem Charakter voneinander trenne, das beste an ihnen sei. So peinlich manches heute zu lesen ist, so muß zu *Fichtes* und *Müllers* Ehre gesagt werden, daß bei ihnen der moralische Wert, den sie der deutschen Nation zulegten, noch nicht dazu verführte, andere Nationen gewaltsam zu unterdrücken.

Anders bei *Görres,* der manche seiner Pamphlete gegen die Franzosen wie mit Schaum vor dem Munde schrieb, und bei *Kleist,* der in seinem Drama »Hermannsschlacht« 1808 die Germanen so über die Römer siegen ließ, wie es die Deutschen über die Franzosen tun sollten, und der in seiner Ode »Germania an ihre Kinder« 1809 die berühmten Verse schrieb:

»Schlagt ihn tot! Das Weltgericht
Fragt Euch nach den Gründen nicht!«

Bei *Arndt,* der von der damals noch schwedischen Insel Rügen stammte, hieß es: »Die höchste Form der Religion ist es, das Vaterland leidenschaftlicher zu lieben als Gesetz und Fürst, Vater und Mutter, Weib und Kind.« In seinem berühmten Gedicht »Was ist des Deutschen Vaterland?«, das jahrzehntelang die Funktion einer Nationalhymne hatte, vergleichbar etwa der »Wacht am Rhein«, ging es nicht um die Frage, was im einzelnen zu Deutschland gehöre und ob es nun bis zum Belt reiche, sondern um die »Deutschheit« an sich.

Er warf, wohl als erster, Weltbürger und Juden *(Judenemanzipation)* in einen Topf und schrieb in vermeintlicher Kenntnis des göttlichen Willens, der natürlich mit einem so kernigen Deutschen war: »Verflucht aber sei die Humanität und der Kosmopolitismus, womit ihr prahlet! Jener allweltliche Judensinn, den ihr uns preist als den höchsten Gipfel menschlicher Bildung.«

Eine breitere Wirkung als *Arndt* erzielte Jahn, der »Turnvater«, der 1811 in Berlin den ersten Turnplatz gründete. Seine Bedeutung lag darin, daß sich in den von hier ausgehenden Turnvereinen zum ersten Mal Mitglieder aller Schichten des Volkes freiwillig ohne Rücksicht auf Stand oder Bildung begegnen konnten. Das Wort »turnen« war bewußt von dem mittelalterlichen Wort »Turnier« abgeleitet, entsprechend dem romantischen Glauben an das mittelalterliche Vorbild. Gedacht war an eine dem gesunden Geist adäquate Bildung des Körpers.

Doch von »fair play« war nicht die Rede: Im Hintergrund stand der militärische Gedanke – Turnen als Wehrertüchtigung –, wie man im Vergleich mit den gleichzeitigen, mehr spielerisch orientierten Sportvereinsgründungen in anderen Ländern sehen kann. Die Turner gehörten größtenteils zu dem Freiwilligenheer (28000 Mann), das 1814 Preußen zum ersten Mal zuströmte.

Nach 1815 geriet Jahn mit seinen Turnvereinen bald in Schwierigkeiten. Jahn war nämlich bei aller Deutschtümelei auch ein ursprünglicher Demokrat, der z. B. beim *Militär* die Offiziere durch die Mannschaften wählen lassen wollte. 1819 wurde daher die Turnerei unter staatliche Aufsicht gestellt und den Schulen eingegliedert.

Ähnlich schlecht erging es den Burschenschaften, die nicht zuletzt auf Jahns Initiative zurückgingen. Bisher hatte es an jeder *Universität* studentische Vereinigungen aufgrund der landsmannschaftlichen Abstammung gegeben. Nach 1810 geriet das studentische Verbindungswesen in Fluß, bis schließlich 1815 die Jenaer Urburschenschaft gegründet wurde, die, nach dem Vorbild des Lützowschen *Freikorps,* die Farben Schwarz-Rot-Gold trug. Die Studenten kreierten außerdem die »altdeutsche Tracht« *(Mode)* und bildeten, entsprechend *Arndts* Vorschlag, so etwas wie einen kleinen Staat im Staate.

Ihr Einfluß war seit den Befreiungskriegen groß. Nachdem sich Burschenschafter – insgesamt 468 Mann – verschiedener Universitäten 1817 zum 300jährigen Jubiläum der Reformation auf der Wartburg getroffen und zum Schluß der Feier »undeutsche« Schriften verbrannt hatten, versuchte der Deutsche Bund, die Burschenschaften zu verbieten, was nur an der Standfestigkeit des Weimarer Großherzogs, ihres Gastgebers, scheiterte. Bald darauf gaben die Burschenschaften sich eine gemeinsame Verfassung: Nichtdeutsche und Nichtchristen – gemeint waren Juden – wurden ausgeschlossen. Mitglieder mußten Mensuren schlagen, um auch in Friedenszeiten ihren wehrhaft deutschen Charakter zu beweisen.

Selbstverständlich dachten nicht alle Deutschen so wie *Arndt* oder Jahn. Sosehr die Blutbäder der Französischen Revolution in Deutschland Entsetzen hervorriefen und die antirevolutionäre, unpolitische Haltung eher verstärkten, sosehr begrüßten viele Deutsche die moderne Verwaltung, Justiz u. a., die Napoleons Satrapen in den von ihm besetzten Ländern einführten. Diese Errungenschaften wurden auch nicht verleugnet, als Napoleon geschlagen war, im Gegenteil, sie wurden letzten Endes für ganz Deutschland vorbildlich.

Die Bürger waren natürlich auch nicht mit allen Spintisierereien der Studenten einverstanden. Was sollten sie daran positiv finden, wenn eine militante Ideologie sich herausbildete, in deren Folge der Student Sand den »undeutschen« Unterhaltungsschriftsteller August von Kotzebue (* 1761, † 1819) ermordete?

Es wandten sich auch Romantiker, z. B. Steffens (* 1773, † 1845), gegen die Folgen einer gar zu provinziellen Deutschtümelei. Nach 1815 hob ein intensiver Streit darüber an, was denn nun der rechte Nationalismus sei.

LITERATUR: Paul Joachimsen, Vom deutschen Volk zum deutschen Staat. Eine Geschichte des deutschen Nationalbewußtseins. 1956. – Hans Kohn, Wege und Irrwege. Vom Geist des deutschen Bürgertums. 1962. – K. Peter (Hrsg.), Die politische Romantik in Deutschland. Eine Textsammlung. 1985.

Naturwissenschaften, Naturphilosophie

»Das ist keine Erfahrung, das ist eine Idee!« rief Schiller (* 1759, † 1805), als *Goethe* seine Lehre von der Metamorphose vortrug, und Goethe selbst sagte: »Die Idee muß über dem Ganzen walten und auf eine genetische Weise das allgemeine Bild abziehen.« Ziel seiner »Metamorphose« sei, »die mannigfaltigen besonderen Erscheinungen des herrlichen Weltgartens auf ein allgemeines einfaches Prinzip zurückzuführen«. Daß sich viele Romantiker in ähnlicher Weise mit der Natur befaßten, so z. B. *Arnim, Görres, Novalis, Ritter, Schelling,* Henrik Steffens (* 1773, † 1845), findet seine Erklärung darin, daß sich in ihren Augen die Literatur noch nicht von den Naturwissenschaften abgespalten hatte. Sie sahen die Künste und Wissenschaften noch als einen großen, mit der Natur unmittelbar verbundenen Kosmos, auch wenn sie paradoxerweise bereits selbst begannen, der Natur entfremdet gegenüberzutreten *(Friedrich).*

Darin standen sie früheren Naturforschern nicht fern: Der französische Philosoph René Descartes (* 1596, † 1650) hatte seine große mathematische Entdekkung in etwas erfahren, was man Traum, Vision oder Erleuchtung nennen könnte. Der englische Naturforscher Isaac Newton (* 1643, † 1727), ein religiöser Mensch, hatte die Hoffnung gehegt, das Welträtsel Gottes, das sich in der Natur offenbart, durch geistige Konzentration lösen zu können. Diese Hoffnung hatte ihn jedoch nicht daran gehindert, spekulative Ansätze durch Experimente genau zu kontrollieren. So hielt es auch Goethe.

Mit der Aufklärung war eine neue Auffassung von der Naturerforschung herangereift: Die Spekulation wurde zugunsten der experimentellen Erfahrung aufgegeben. Dieser Erkenntniszuwachs führte dazu, daß die Hierarchie der Natur sich auflöste. Daß die katholische Kirche die Erkenntnise Galileis, die er mittels des Teleskops gewonnen hatte, ablehnte, lag in dieser Auflösungstendenz begründet: die Gestirne mußten ihre angestammten Plätze räumen, vor dem Teleskop war ein jedes gleich. Genau deswegen lehnten auch viele Romantiker Instrumente und Experimente ab. Die mystisch-spekulative Tendenz begann wieder zu überwiegen. Die Romantiker pflegten das Ich als neues Zentrum, daß sich bei der Auflösung der natürlichen Hierarchie neu herausgebildet hatte.

Im 18. Jahrhundert wurden die Naturwissenschaften mitunter noch wie ein Spiel zur Unterhaltung der Gesellschaft betrieben. Diese spielerische Beschäfti-

III. Phantasie-Stücke

Philipp Otto Runge, »Die Lehrstunde der Nachtigall«, 1804/05. Hamburg, Kunsthalle.

Philipp Otto Runge, »Der kleine Morgen«, 1808.
Hamburg, Kunsthalle.

Moritz von Schwind, »Im Walde (Des Knaben Wunderhorn)«, um 1848.
München, Schack-Galerie.

Moritz von Schwind, »Die Symphonie«, 1852.
München, Neue Pinakothek.

gung hörte auf, als die Zahl der neuen Erfahrungen zu groß wurde, so daß neben die *Universitäten* Akademien traten, um den Ansturm der Neuigkeiten zu bewältigen, und Zeitschriften zur Verbreitung und Popularisierung neuer Erkenntnisse beitrugen.

Die Wissenschaften wurden institutionalisiert, der Wissenschaftler wurde zu einer Figur des öffentlichen Lebens. An Stelle einer statischen Betrachtung der Natur als einer gottgegebenen, unveränderlichen Ordnung trat die Erkenntnis, daß die Natur – genauso wie die Menschen und jeder einzelne Mensch – eine Geschichte hatte und daß der Weg zur Erkenntnis der Natur nur über die Kenntnis ihrer Geschichte führte. So drang das Element der Zeit in jede Versuchsanordnung ein: Es wurde im Verlauf des chemischen Experiments genauso erkannt wie in der Krankengeschichte.

Die Dynamik des wissenschaftlichen Fortschritts war in den Jahren zwischen 1775 und 1825 besonders groß, am stärksten auf den Gebieten der Chemie und der Biologie. (Der Begriff Biologie tauchte zwischen 1800 und 1802 auf.) Hier einige markante Beispiele: 1774 entwickelte Lavoisier seine Verbrennungslehre, ab 1786 entdeckte Galvani, daß das Gehirn über ein eigenes elektrisches System verfügt (der Galvanismus spielte in der romantischen Anschauung eine besondere Rolle), Rumford erkannte 1798 den Zusammenhang zwischen Hitze und Bewegung, ab 1801 entdeckte Gauß die Planetoiden, 1808 entwickelte Dalton seine Atomtheorie, im selben Jahr erklärte Gay-Lussac die Gasgesetze, 1815 wurden im Sonnenspektrum die Fraunhoferschen Linien entdeckt, ab 1815 beschäftigte sich Fresnel mit der Erforschung der Ätherwellen und der Beugung des Lichts, 1821 maß Fraunhofer zum erstenmal die Länge der Lichtwellen usw.

Die Summe der Entdeckungen oder einzelne besondere Ergebnisse wurden von den Zeitgenossen immer wieder mit den Umwälzungen der Französischen Revolution in Zusammenhang gebracht. 1740 waren 400 Tierarten bekannt, 1840 allein 400 verschiedene Arten von Schlupfwespen. Im 17. Jahrhundert war ein gutes Dutzend neutraler Salze bekannt, 1770 bis 1780 waren es mehrere Hundert. In der zweiten Hälfte des 18. Jahrhunderts wurden u. a. Kobalt, Mangan, Nickel und Platin entdeckt. Alle neuen Entdekkungen litten aber unter den Mängeln der alten Nomenklatur, die ja für eine ganz andere Art der Naturbetrachtung gedacht gewesen war.

1789 ließ *Goethe* an der Universität Jena die Chemie von der Medizin trennen und ein Laboratorium einrichten, 1792 ließ er die Botanik von der Medizin trennen – die Spezialisierung begann! –, 1793 wurde die »Naturforschende Gesellschaft« gegründet (in deren Rahmen Goethe und Schiller ihre Freundschaft begründeten), 1794 der Botanische Garten eröffnet, 1796 kam die Mineralogische Gesellschaft hinzu.

Allen diesen Bestrebungen, die Natur im Detail zu erfassen, versuchte die Romantik, obwohl selbst ein Produkt dieser Tendenzen, die Lehre von der Einheit der Natur entgegenzusetzen. Romantischer Ansicht nach bewies die Polarität in der Elektrizität, im Magnetismus, in der Verbrennung (Sauerstoff/Stickstoff) u. a., daß *ein* Gesetz der Natur zugrunde lag. Der Philosoph dieser Lehre war *Schelling*, ihr Physiker *Ritter*, der auch bedeutende Entdeckungen auf dem Gebiet der Elektrizität machte. Er schrieb zusammen mit *Novalis* Fragmente, die sich zum Teil untrennbar vermischten. Ebenso gehört der dänische Mineraloge Henrik Steffens (* 1773, † 1845), ein *Schelling*-Schüler, hierher, der, wie *Carus (Medizin)*, die gesamte romantische Bewegung begleitete und in seinen Erinnerungen anschaulich darüber berichtete.

Der Systematiker der Romantik war *Novalis*, der, so paradox das klingt, ein großartiges Geflecht von der Einheit und der Erkenntnis der Natur in Form von Fragmenten anbot. Auch der aufgeklärte Physiker Georg Christoph Lichtenberg (* 1742, † 1799) hatte viele Aphorismen geschrieben, aber er verwendete immer den Konjunktiv, wenn es galt, Vermutungen zu kennzeichnen. Novalis, der sozusagen die Welt aus dem Kopf erfand, benutzte ihn dafür nicht. Das war der Unterschied am kleinen Beispiel, der zwischen der romantischen Naturphilosophie und den modernen Naturwissenschaften stand.

LITERATUR: W. Lepenies, Das Ende der Naturgeschichte. Wandel kultureller Selbstverständlichkeiten in den Wissenschaften des 18. und 19. Jahrhunderts. 1976. – A. Schöne, Aufklärung aus dem Geist der Experimentalphysik. Lichtenbergsche Konjunktive. 1982. – Ch. Bernoulli/H. Kern, Romantische Naturphilosophie. 1926.

Nazarener

Zu Beginn des 19. Jahrhunderts befanden sich die Akademien fest in den Händen der Klassizisten. Der Unterricht wurde durch Satzungen und Lehrpläne genau geregelt, hatte allerdings nicht viel mit Kunst zu tun. Wie auf den meisten Schulen der Zeit war das Niveau niedrig, der Stoff wurde durch ewige Wiederholungen mechanisch angeeignet, der Betrieb ähnelte eher einer Kaserne als einem Atelier. Der Wiener Direktor, ein angesehener Mann, teilte mit, daß er nicht zur Kenntnis nehmen werde, was *Overbeck* schon gelernt hatte. Der Schüler werde einige Jahre sich im Zeichnen üben müssen, bevor er »zur Malerei und zu den höheren Teilen derselben übergehen kann«.

Overbeck und *Pforr* taten sich daher am 10. Juli 1808 in *Wien* mit vier anderen Künstlern zusammen und suchten auf eigene Faust gemeinsam neue Wege. Zum ersten Jahrestag gründeten sie einen regelrechten Bund mit Bundesbriefen, Wappen, Devise und Verpflichtung für jeden. Sie benannten ihn nach dem hl. Lukas, dem Schutzpatron der mittelalterlichen Maler, und in Erinnerung an die mittelalterlichen Lukasbruderschaften, die Malerzünfte. 1809 trennten sie sich gütlich von der Akademie und gingen 1810 nach Rom, wo sie schließlich gemeinsam in einem Kloster Unterkunft fanden und arbeiteten, bis Pforr 1812 starb.

In dieser Phase waren sie in erster Linie durch *Wackenroders* »Herzensergießungen« und durch die nationale Misere geprägt. Sie suchten in ihren Bildern das Mittelalter, das sie für die hohe Zeit der Deutschen hielten, zu beschwören, mit den Mitteln der italienischen Malerei, und wollten beides, Kunst und Nation, in der christlichen Religion vereinigt sehen.

Dabei folgte *Pforr* eher Dürer, *Overbeck* eher *Raffael*, Programme wie »Germania und Italia« oder »Der Triumph der Religion in den Künsten« waren typisch und sollten es bleiben. Von allem Anfang an war die Kunst der Nazarener Ideologie.

Nach *Pforrs* Tod erweiterte sich der Kreis. Der Bedeutendste neben *Overbeck* wurde nun *Cornelius*. Das gemeinsame Quartier im Kloster wurde aufgegeben. Doch trafen sich alle, auch andere Künstler, die nicht dazugehörten, wie z. B. *Koch*, im Café Greco. Dort unterschieden sie sich durch die Trachten voneinander. Die Lukasbrüder kleideten sich, national gesinnt, »altteutsch« *(Mode)* und trugen ihre Haare lang und in der Mitte gescheitelt. Einer von ihnen schrieb: »Ein phantastisches Sammetbarett auf lang abwallendem Haar, eine kurze schwarze Schaupe mit breit darüber gelegtem Hemdkragen und an einer eisernen Kette zwar kein Schwert, doch einen Dolch, dessen Ebenholzgriff auf silbernem Totenkopfe saß: das war mein Aufzug.«

Die Römer machten sich darüber lustig und benannten sie nach ihrer Haartracht »alla nazarena«. Doch die Künstler trugen diesen Spott mit Stolz, denn er erinnerte sie an Jesus von Nazareth, dem sie ohnedies nachfolgen wollten. Auch *Raffael*, ihr Vorbild, sollte ja Christus ähnlich gewesen sein.

Es waren unter ihnen Protestanten, die zum katholischen Glauben konvertierten, z. B. *Overbeck*, aber auch solche, die ihren Protestantismus pflegten, z. B. *Schnorr*. Zu anderen Gruppen unterhielten sie im allgemeinen freundschaftliche Beziehungen, z. B. zu der *Kochs*, es gab jedoch auch eine Antigruppe, die Kapitoliner, die allerdings nie Bedeutung erlangten.

Gemeinsam konnten sie am ehesten Freskenprogramme verwirklichen. *Schnorr* schrieb: »Besonders Werke al fresco auszuführen, sind zur Bildung des Künstlers geeignet, weil diese Art zu malen durchaus zum Wesentlichen der Kunst führt ... Während die Malerei sich sonst gewöhnlich in ein enges Rähmchen zwingen muß, bald hier in ein Schlafgemach, dort in ein Schreibzimmerchen verwiesen wird, ... tritt [die Freskomalerei] hier majestätisch, jung und üppig an ihrer Schwester Hand, der Architektur, einher ... sie erscheint ... als eine Göttin ..., zeigt ihm [dem Volk] seine Geschichte, die Taten seiner Väter und entflammt es zu edlem Streben, führt die heiligen Geschichten vor seine

Carl Philipp Fohr, »Peter von Cornelius«, 1818. Heidelberg, Kurpfälzisches Museum.

Augen und malt ihm in ergreifenden Bildern die heilige Botschaft.«
Glücklicherweise erhielten sie tatsächlich zwei große Aufträge: 1816/17 malten sie, nachdem sie mühsam mit Hilfe eines alten Maurers, der einmal bei Raphael Mengs (* 1728, † 1779) gearbeitet hatte, die Technik rekonstruiert hatten, die Casa Bartholdy des preußischen Diplomaten Jakob Bartholdy (* 1779, † 1825) mit der biblischen Josephs-Legende aus. Beteiligt waren *Cornelius, Overbeck,* Wilhelm Schadow und Philipp Veit *(Maler).* Anschließend folgte 1817 bis 1819 das Gartenhaus des Casino Massimo, das *Cornelius,* Führich, *Koch, Overbeck, Schnorr* und Veit mit Szenen aus Ariost, Dante und Tasso schmückten. In der Praxis arbeiteten sie allerdings nicht oft gemeinsam, sondern eher nebeneinanderher.
Das Fresko kam auch den formalen Möglichkeiten der meisten am weitesten entgegen: Denn wenn die Nazarener auch oft romantische Themen wählten, aus der Literatur-, Religions-, National- und Kunstgeschichte, so blieben sie meistens doch dem klassizistischen Figuralstil treu.
Die radikale Erneuerung der Kunst, die die Nazarener anstreben wollten, hielt sich in Grenzen, denn auch das Programm war rückwärts gewandt, wie schon *Goethe* verwundert und spottend feststellte:
»Von Cornelius und Overbeck haben mir Schlossers stupende Dinge geschickt. Der Fall tritt in der Kunstgeschichte zum ersten Mal [!] ein, daß bedeutende Talente Lust haben, sich rückwärts zu bilden, in den Schoß der Mutter zurückzukehren und so eine neue Kunstepoche zu begründen.«
Großartiges leisteten die Nazarener wie fast alle Romantiker auf dem Gebiet der Landschaftszeichnung *(Landschaftsmalerei).* Doch das waren Studien, nicht für die Öffentlichkeit bestimmt. Landschaften fanden sich bei ihnen im allgemeinen sonst nur in den Hintergründen ihrer Bilder, entsprechend ihren mittelalterlichen Vorbildern. Darin unterschieden sie sich deutlich von ihrem Freund *Koch,* aber auch von *Fohr, Friedrich* u. a. Eine Ausnahme bildete nur *Olivier.* Dagegen malten sie mit Leidenschaft die *Porträts* ihrer Freunde und Familienmitglieder, darin *Runge* verwandt *(Freundschaften).*
1819 verließ *Cornelius* als erster Rom und nahm in München eine offizielle Stellung an. Wieder blieb *Overbeck* als Führer der Gruppe allein zurück. Er war formal der starrste von allen, der auch dem religiösen Programm der Nazarener am konsequentesten treu blieb. Ihre programmatische Enge, sozusagen ihr »Geburtsfehler«, verstärkt durch Overbecks alleinige Führung in den 20er Jahren, hatte zur Folge, daß der Kreis um 1830 herum auseinanderfiel, seine Kunst in der zweiten Generation bereits erstarrte, aber ihre nach Deutschland zurückgekehrten Mitglieder, *Cornelius,* Schadow, *Schnorr,* Veit u. a. – und das war das eigentlich Bemerkenswerte daran –, die führenden deutschen Akademien beherrschten.
Der erfolgreichste wurde Wilhelm Schadow, der 1826 Direktor in Düsseldorf wurde und mit der realistischen (!) Düsseldorfer Malerschule Weltberühmtheit erlangte. Die nazarenischen Künstler selbst bekamen in Deutschland nicht nur großartige Aufträge *(Cornelius, Schnorr),* sie regten auch eine immense Produktion an religiösem Kitsch *(Overbeck, Schnorr)* an und beeinflußten zudem die italienische, französische und englische Kunst (Präraffaeliten).
LITERATUR: Die Nazarener. Katalog. 1977.

Novalis
* 2. Mai 1772 Oberwiederstedt, Mansfeld, † 25. März 1801 Weißenfels
Friedrich von Hardenberg nannte sich von dem Augenblick an, da er den Brüdern *Schlegel* für ihre Zeitschrift »Athenäum« 1798 seine »Blütenstaub«-Fragmente schickte, nach einem Vorfahren »Novalis«, was »der Neuland Bebauende« bedeuten sollte. Im gleichen Jahr erschien in den »Jahrbüchern der Preußischen Monarchie« die Fragmentsammlung »Blumen und Glauben und Liebe«. Schließlich brachte das »Athenäum« noch die Prosafassung der »Hymnen an die Nacht«. Das war alles, was zu Novalis' Lebzeiten erschien, trotzdem gilt er, zumindest heute, als der bedeutendste Dichter der Frühromantik. Er hinterließ aber auch bereits bei seinen Zeitgenossen einen tiefen Eindruck.
1790 besuchte er die Universität *Jena* und hörte u. a. bei Schiller Geschichtsvorlesungen. 1791 wechselte er nach Leipzig, wo er Jura, Mathematik und Philosophie studierte. 1793 ging er an die Universität Wittenberg, wo er 1794 sein juristisches Examen ablegte. Im Jahre darauf trat er in den Staatsdienst. Er wurde bei seinem Vater, der Salinendirektor in Weißenfels war, Akzessist (Praktikant mit Anwartschaft auf Anstellung). 1797 setzte er seine Studien in Freiberg, an der bedeutendsten Bergakademie, fort. 1799 wurde er Protokollant (Urkundenbeamter), wiederum an der Saline in Weißenfels. Wozu brauchte eine Saline einen Protokollanten? Eine Saline war zu dieser Zeit eine der größten technischen Anlagen, deren Salz dem Staat viel Geld einbrachte. 1800 wurde Novalis außerordentlicher Amtshauptmann für die Thüringischen Kreise. Seine berufliche Laufbahn war geradlinig, sie hielt ihn in täglichem Kontakt mit einem der Gegenstände seines intensivsten Interesses: mit der Erde und ihren Geheimnissen.
Zu seinem Bekanntenkreis zählten Schiller 1791, Friedrich *Schlegel* 1792, *Fichte, Hölderlin,* von Stolberg 1795, August Wilhelm *Schlegel* und die spätere Caroline *Schelling* 1797, Abraham G. Werner – der bedeutendste Geologe seiner Zeit –, *Goethe, Jean Paul* 1798, Herder, *Ritter,* Steffens, *Tieck* 1799. Er gehörte damit zum Kern der Romantik. 1794 lernte er Sophie von Kühn (* 1782, † 1797) kennen, die gerade zwölf Jahre alt war. Ein Jahr später verlobte er sich mit ihr, die kurz darauf, wie später Novalis, an Tuberkulose erkrankte und 1797 starb. Novalis verlobte sich 1798 mit Julie von Charpentier.
Seine Hauptwerke sind der unvollendete Roman »Heinrich von Ofterdingen«, das Romanfragment »Die Lehrlinge zu Sais«, beide 1802 erschienen, die »Hymnen an die Nacht« und ein umfangreiches Konvolut von Gedankensplittern, die unter dem Titel »Fragmente« zusammengefaßt sind (einschließlich des berühmten Essays »Die Christenheit oder Europa«) und ab 1802 erschienen.
Die beiden Romanbruchstücke kann man als die poetische Darstellung von Initiationsritualen bezeichnen. In beiden Texten geht es darum, junge Leute ein besonderes, eben romantisches Verständnis der Welt zu lehren. Vorbild war ursprünglich *Goethes* »Wilhelm Meisters Lehrjahre« (ab 1795), der anfangs alle Romantiker begeisterte. Novalis fand sich jedoch nach intensiver Beschäftigung mit *Fichte* und dem niederländischen Philosophen Franz Hemsterhuis (* 1721, † 1790) bald in einer anderen Position: Goethe lehrte Wilhelm Meister die Welt, wie sie war und wie er darin aktiv werden konnte. Novalis ging es darum, daß Heinrich von Ofterdingen oder die Lehrlinge zu Sais erfuhren, was hinter dem Augenschein lag, nämlich die Geheimnisse dieser Welt, die das Leben erst lebenswert machen.
Sinnbild dieser Geheimnisse ist die »Blaue Blume«, in der die mystische Rose in die Farbe des Traums gewendet erscheint. Von ihr träumt Heinrich, sie sucht er überall. Heinrich ist »von Natur zum Dichter geboren« – auch diese Idee wurde erst mit der Romantik möglich. Seine Suche nach dem Inbegriff der Wahrheit spielt in der als vorbildlich empfundenen Welt des Mittelalters, in der Ritterzeit. Die übliche Romanform wurde aufgelöst, und die verschiedensten Elemente wurden miteinander vermischt – Erzählung und Gedicht, Märchen und Gedanke. Unter den Gedichten findet sich sein wohl berühmtestes:

»Wenn nicht mehr Zahlen und Figuren
Sind Schlüssel aller Kreaturen
Wenn die, so singen oder küssen,
Mehr als die Tiefgelehrten wissen,

Wenn sich die Welt ins freie Leben,
Und in die (freie) Welt wird zurückbegeben,
Wenn dann sich wieder Licht und Schatten
Zu echter Klarheit wieder gatten
Und man in Märchen und Gedichten
Erkennt die (alten) wahren Weltgeschichten,
Dann fliegt vor *einem* geheimen Wort
Das ganze verkehrte Wesen fort.«

Der »Heinrich von Ofterdingen« ist für den modernen Leser leichter zu verstehen als »Die Lehrlinge von Sais« mit ihren vielfältigen mystischen Dunkelheiten.

Den größten Einfluß erzielte Novalis mit den »Hymnen an die Nacht«. Seit der Empfindsamkeit war die Nacht die Zeit des Nachdenkens und Träumens. In den Hymnen – Novalis war neben *Hölderlin* einer der wenigen, die zu dieser Zeit Hymnen schrieben – wertete Novalis als erster die Nacht radikal um: Nicht mehr das Licht (der Aufklärung) war die dem Menschen zugemessene Sphäre, sondern der mütterlich bergende Schoß der Nacht. Man hat für diese Idee Vorbilder gesucht, z. B. bei Jakob Böhme, Quirinus Kuhlmann, spanischen Mystikern u. a. Novalis dürfte sie aber im wesentlichen einem Erlebnis am Grabe seiner Braut verdanken, einer unio mystica im ursprünglichen Sinn. Diese unio wurde, wahrscheinlich durch Carlyles Vermittlung, fruchtbar für die französischen Symbolisten, aber auch für Richard Wagner und viele andere. Die moderne Psychologie wäre ohne diese »Erfindung« des Unbewußten, des mütterlichen Bereichs der Seele, nicht denkbar.

Seine »Fragmente« waren nicht, wie man vermuten könnte, Vorstufen zu einem großen philosophischen Werk, das nicht fertig geworden ist, sie waren vielmehr das Werk selbst. Zuerst beeindruckt die ungeheure Vielfalt des Wissens und der Gedankenreichtum. Vieles ist nicht auf Anhieb verständlich, manches erschließt sich erst nach ausführlichem Studium. Nichts ist nur so dahingeschrieben, wie manche gar zu flotten Fragmente von Friedrich *Schlegel.* Manches ist zum Aphorismus zugespitzt und weist, zumindest formal, auf Nietzsches Werk voraus. Das Ganze ist einer riesigen Symphonie vergleichbar, und tatsächlich bestand ja das Ziel dieses »Fragmente« benannten Unternehmens darin, die ganze Welt zu poetisieren, so daß alle Menschen und alle Dinge im gleichen Ton erklingen, wobei die Musik die Führung übernehmen sollte. So war es auch nur folgerichtig, wenn an Novalis' Fragmenten Friedrich *Schlegel* und Johann Wilhelm *Ritter* mitwirkten, so daß es einiger Mühe bedurfte festzustellen, was von wem stammte.

Zu den »Fragmenten« gehört auch der Essay »Die Christenheit oder Europa«, 1799 entstanden, im »Athenäum« wegen *Goethes* Einspruch nicht erschienen und erstmals 1826 veröffentlicht. Er stellte das Mittelalter als die Hohe Zeit Europas dar, untersuchte die negativen Folgen der Reformation, Aufklärung und Französischen Revolution, um schließlich die Zukunft in einem Rückgriff auf die religiöse Kultur des Mittelalters zu enthüllen. Diese Utopie hätte die Programmschrift der Romantik werden können, wäre sie eher erschienen.

Angemerkt sei noch, daß einige von Novalis' Liedern sich in den Gesangbüchern erhielten, so z. B. »Wenn ich ihn nur habe« und »Wenn alle untreu werden«.

LITERATUR: G. Schulz, N. in Selbstzeugnissen und Bilddokumenten. 1969.

Ferdinand **Olivier**

* 1. April 1785 Dessau, † 11. Februar 1841 München

Der Sohn eines namhaften Reformpädagogen begann 1804 seine Ausbildung in *Dresden* mit dem Studium idealer Landschaften und im Kontakt mit *Friedrich.* Von 1807 bis 1810 hatte er Gelegenheit, die Pariser Kunstschätze zu studieren, 1811 siedelte er nach *Wien* über, wo er im Kreis der Romantiker verkehrte. 1815 reiste er zum ersten Mal ins Salzburger Land, das er und Bettina von *Arnim* für die Romantik entdeckten. 1816 wurde er, der Protestant, in den Lukasbund aufgenommen, von 1816 bis 1820 lebte er in Rom, dann wieder in Wien, wo er das Zentrum der protestantischen Romantiker bildete. 1830 zog er nach München, wo er 1833 Professor für Kunstgeschichte und stellvertretender Generalsekretär der Akademie wurde.

Olivier war der einzige *Nazarener,* der sich nicht nur in Zeichnungen intensiv der Landschaft widmete. Sein Zyklus aus

dem Salzburger Land, 1818 bis 1822 aufgrund der Skizzen von 1815 bis 1817, diente jedoch auch dem höheren Lob Gottes: Die sieben Blätter waren außerdem Darstellungen der Wochentage und der Altersstufen. Eine »Zueignung« und ein »Schlußstein« zeugen davon, daß eine neue deutsche Kunst nur eine christliche sein dürfe. Der Anfang zeigt den Stammbaum dieser Kunst, von dem die Kritiker vertrieben werden. Auf dem Schlußblatt steht das Bibelwort: »Selig sind, die da nicht sehen und doch glauben«, das auch bei *Friedrich* auftaucht und sich auf die abgebildeten Bauern wie auf den Künstler bezieht.
Olivier gab in seinen altmeisterlichen Landschaften nicht wieder, was er sah, sondern seine ideale, gläubige Vision davon. So wirkten die Bauern auf diesen Blättern nicht wie schwer Arbeitende, sondern wie Heilige. Die Serie wurde eine Inkunabel der Lithographie.
Ferdinand hatte zwei Brüder, die im wesentlichen die gleiche Entwicklung nahmen: Friedrich, * 23. April 1791 Dessau, † 5. September 1859 Dessau, und Heinrich, * 1783 Dessau, * 3. März 1848 Berlin. Friedrich war der bedeutendere von beiden.
LITERATUR: L. Grote, Die Brüder O. und die deutsche Romantik. 1938.

Johann Friedrich **Overbeck**
* 3. Juli 1789 Lübeck, † 12. November 1869 Rom
Seit 1806 besuchte der Sohn eines Juristen und Dichters die Wiener Akademie, wo er mit *Pforr* und einigen anderen Künstlern den Lukasbund *(Nazarener)* gründete, 1809 aus der Akademie ausschied und mit den Brüdern nach Rom ging. Dort lebte er bis zu seinem Tode. 1813 konvertierte er zum katholischen Glauben. Er arbeitete an den Fresken in der Casa Bartholdy und in der Villa Massimo mit. Eine Berufung König Ludwigs I. nach München 1836 lehnte er ab. Anfangs war er neben *Pforr* der Anführer des Lukasbundes, später neben *Cornelius* der der Nazarener. Er blieb dem Programm dieser Bünde am engsten verhaftet. Eine Nachfolge fand er nicht. Er wurde erst, wie viele seiner Kollegen, nach der Jahrhundertausstellung 1906 wiederentdeckt.
In der Casa Bartholdy – Eigner und Auftraggeber war ein Onkel Mendelssohn Bartholdys, ein preußischer Diplomat – war Overbeck u. a. mit dem Verkauf Josephs aus der biblischen Josephs-Legende vertreten. Die Erzählung gab er in so fein abgestimmten Farben und Linien wieder, daß die Handlung hinter der Harmonie zurücktrat. In dem Programmbild »Germania und Italia«, das er 1811 für *Pforr* als Freundschaftsgabe zu malen begann, das aber erst 1828 fertig wurde, zeigte er die Vereinigung zweier Künste, der Italiens und der Deutschlands, zu einer neuen höheren Kunst. Schließlich erhielt er 1829 vom Städel den Auftrag für sein Hauptwerk, das 1840 fertig wurde, »Der Triumph der Religion in den Künsten«.
Es blieb ihm überlassen, das Programm zusammenzustellen. Was entstand, war bezeichnend für die Spätphase der *Nazarener,* auch wenn jedes Detail von ihren Anfängen an vorhanden gewesen war. Oben schwebte in einem Rundbogen eine Madonna, umgeben von den Gestalten des Alten und Neuen Testaments, zu ihren Füßen die Künstler, »die vorzugsweise ihre Gaben dem Dienste der Religion geweiht und in ihren Werken zugleich dem Geiste derselben am meisten entsprochen haben«. Alles diente dazu, »einer neu sich bildenden Kunstanstalt vor Augen zu halten, daß alle Kunst auf die Verherrlichung Gottes zielen und

Carl Philipp Fohr, »Friedrich Overbeck«, 1818. Heidelberg, Kurpfälzisches Museum.

zur Erbauung des Nächsten dienen muß, ja daß ohne dies Ziel gar keine eigentliche fortlebende Kunst gedacht werden kann«. *Raffael,* sein Vorbild, hatte jedoch in der »Schule von Athen« und in der »Disputa« in den Stanzen in Rom Personen dargestellt, keine Lehre. Im Vergleich damit bleiben Overbecks Bilder trocken. Der Devotionalienkitsch ging in erster Linie auf seine Muster zurück, besonders seitdem 1842 der »Verein zur Verbreitung religiöser Bilder« aktiv wurde.
Außerdem malte Overbeck eine Anzahl vorzüglicher Porträts, ebenfalls nach dem Vorbild alter Italiener *(Pforr).*
LITERATUR: C. G. Heise und K. K. Eberlein, O. und sein Kreis. 1928.

Panorama
1787 meldete der Engländer Robert Barker das Panorama zum Patent an. 1799 wurde das erste Panorama in Deutschland, und zwar in Hamburg gezeigt, Barkers Panorama von London.
Das Panorama führte in einer 360°-Rundumsicht eine berühmte oder malerische Stadt, wie z. B. London, Paris, Rom, Palermo u. a., oder auch eine Schlacht, wie z. B. die von Abukir 1798, vor. Damit der Betrachter das Panorama richtig genießen konnte, stand er in der Mitte des Panoramas auf einem erhöhten Podest, wie auf einem Kirchturm oder auf einem Berggipfel. Zur Aufstellung des Panoramas war daher eine besondere Architektur notwendig, die Rotunde, die, wie das Panorama selbst, meistens zerlegbar war, damit man mit ihr von einem Ort zum andern reisen konnte. Die Herstellung des Panoramas wie der Bau der Rotunde erforderten eine besondere Technik, damit die Ansicht so naturgetreu wie möglich war. Die meisten Panoramen sind verlorengegangen oder durch die Transporte verschlissen worden. Im deutschsprachigen Raum sind Panoramen noch erhalten in Altötting, Innsbruck, Salzburg, Einsiedeln, Luzern und Thun.
Panoramen wurden im allgemeinen auf Jahrmärkten gezeigt und wie Schauspiele in den Zeitungen besprochen. Ihr großer Zulauf erklärte sich aus der Bilderarmut der Zeit *(Kunst)* und aus der Ortsgebundenheit des breiten Publikums *(Reisen).* Auf den Jahrmärkten machte es den Bänkelsängern und Guckkästen Konkurrenz. Ein gutes Panorama ernährte seinen Mann. *Schinkel* wurde als Panoramamaler berühmt, konnte einen Hausstand gründen und sich schließlich auch als Architekt durchsetzen.
Ein Vorläufer des Panoramas war in der barocken Deckenmalerei zu erkennen. Das Publikum war auf das Panorama durch die Entdeckung der Horizontlinie in der zweiten Hälfte des 18. Jahrhunderts vorbereitet; gleichzeitig wurde es üblich, Kirchtürme und Alpengipfel zu besteigen (*Goethe!*) und die 360°-Rundumsicht zu genießen. Schließlich fand 1783 der Start des ersten Ballons statt. Wer die Möglichkeiten nutzte, seinen beschränkten Horizont zu erweitern, hatte nicht nur das Vergnügen, etwas Neues zu sehen, er genoß auch den Reiz des Sensationellen. Goethe besuchte 1800 ein Panorama in Leipzig, *Kleist* im selben Jahr in Berlin.
LITERATUR: S. Oettermann, Das Panorama. Die Geschichte eines Massenmediums. 1980.

Franz **Pforr**
*5. April 1788 Frankfurt a. Main, †16. Juni 1812 Rom
Der Malersohn ging nach seiner Ausbildung an der Kasseler Akademie nach *Wien,* wo er zusammen mit *Overbeck* und vier weiteren Freunden 1809 den Lukasbund *(Nazarener)* gründete, die Akademie verließ und nach Rom übersiedelte. Dort starb er an Tuberkulose. Am Sterbebett las ihm Overbeck die Leidensgeschichte Christi aus dem Markus-Evangelium vor.
Er illustrierte *Goethe,* Shakespeare und *Tieck,* am bekanntesten waren seine Zeichnungen zum »Götz von Berlichingen«. Hauptwerke sind »Der Graf von Habsburg und der Priester« 1809, »Hl. Georg, den Drachen tötend« 1809/10, »Der Einzug Kaiser Rudolfs von Habsburg in Basel 1273« 1810 und – das Gegenstück zu Overbecks »Germania und Italia« – »Sulamith und Maria« 1810.
Overbeck malte Pforr 1810 als einen Künstler, der Dürer näherstand als *Raffael,* wobei die Romantiker in Ermangelung genauer historischer Kenntnisse Dürer als Inbegriff des Mittelalters und der Gotik nahmen. Die Farbsymbolik –

die sich nicht nur in diesem Porträt ausdrückte – erfanden sie frei, und sie blieb daher nur für wenige Eingeweihte verständlich.

Pforrs Vorliebe für literarische und historische Stoffe war offensichtlich. Seine Malerei war vorzüglich, aber die scharfe lineare Eingrenzung und auffallend bunte Kolorierung der Details verrieten auch Künstelei in der Annäherung an die alten Legenden.

LITERATUR: F. H. Lehr, Die Blütezeit romantischer Bildkunst. 1924.

Philosophie

Es gab keine Philosophie der Romantik, auch wenn z. B. *Novalis* 1797 schrieb: »Mit Schelling bin ich sehr Freund geworden. Wir haben einige köstliche Stunden symphilosophiert.« Die gern beschworene Symphilosophie besagte nur, daß zwei verschiedene Persönlichkeiten im Geiste der *Freundschaft* ähnliche Ideen genossen. Die dichtenden Philosophen wie z. B. *Novalis* oder Friedrich *Schlegel* wollten nicht über Fragmente hinaus, und ihre Ideen waren oft verschieden, genauso verschieden wie die der Philosophen *Fichte, Hegel, Schelling* oder des Theologen *Schleiermacher* (auch *Erziehung, Politik, Religion).* Es gab zahlreiche philosophische Tendenzen, die anfangs noch nicht vom Katheder einer Universität verbreitet wurden, sondern erstmals in Zeitschriften *(Bücher), Salons,* wissenschaftlichen Sozietäten, Freimaurerlogen und Privatvorlesungen vorgetragen und popularisiert wurden.

Der Grundgedanke der Aufklärung und der Romantik, der beiden großen europäischen Geistesströmungen vor und nach der Französischen Revolution 1789, betraf den Glauben an die Veränderbarkeit des Menschen. Das Motto der Aufklärung (englisch = enlightment, französisch = siècle de lumières, italienisch = illuminismo) lautete »Fortschritt und Erziehung«, »Reform und Utopie«. Aber genausowenig wie man den Fortschritt in der Erkenntnis der Natur vorwegnehmen konnte, genausowenig konnte man die Zukunft des Menschen und der Gesellschaft mit Sicherheit vorherbestimmen. Man konnte nur, unabhängig von Höfen und Ständen, ein neues Ziel in eine unbekannte Zukunft hinein entwerfen und dadurch ein revolutionäres Potential schaffen. »Die Gegenwart geht mit der Zukunft schwanger«, sagte Leibniz. Eine Elite wagte es, die ersten Schritte in eine offene Zukunft zu tun, um eine bessere Gesellschaft zu schaffen.

Dadurch kam ein dynamisches, politisches Element in die Philosophie hinein. Das 18. Jahrhundert glaubte, das menschliche Dasein verbessern zu können. Das wesentliche Instrument dazu war die Kritik. Sie begann in Deutschland 1730 mit Johann Christoph Gottscheds (* 1700, † 1766) »Versuch einer kritischen Dichtkunst für die Deutschen« und führte über Lessing, Wieland und Herder zu der Literaturkritik Friedrich *Schlegels* und der Musikkritik Robert *Schumanns.* »Unser Zeitalter ist das eigentliche Zeitalter der Kritik, der sich alles zu unterwerfen hat«, sagte Immanuel Kant (* 1724, † 1804).

Die Kritik konnte jedoch schnell zum bloßen Instrument ohne Zielbewußtsein verkommen. Damit begann die reine Verstandeskultur ohne jeden metaphysischen Hintergrund, die die Romantiker so vehement bekämpften. Zuerst einmal aber war die Kritik das Element, das die bürgerliche Elite miteinander verband und sich u. a. auch gegen den absolutistischen Staat richtete.

Die politische Ohnmacht der Elite war einer der Gründe, warum sich die neuen Ideen oft nur in literarischer Form präsentierten. In Rousseaus »Bekenntnissen« 1765 bis 1770 stellte sich zum erstenmal ein leidenschaftlicher Mensch selbst vor, in Schillers »Räubern« 1781 und *Goethes* »Werther« 1774 wurden in der deutschen Literatur irrationale Gegenkräfte freigesetzt. Es lag auch das Zeitalter des Barock noch nicht allzu weit zurück und wurde überall noch lebendig erhalten. *Eichendorff* schloß in seinem Werk noch in vielem an die Welt des Rokoko an. Der Kronzeuge aller antiaufklärenden Bestrebungen wurde gegen Ende des 18. Jahrhunderts der deutsche Mystiker Jakob Böhme (* 1575, † 1624), der dem Rationalismus die innere Erleuchtung entgegenstellte. *Novalis, Tieck* u. a. wurden von Böhme stark beeinflußt.

Zwei Hauptthemen der Popularphilosophie, die hauptsächlich in den neugegründeten moralischen Wochenblättern zu Wort kamen, waren Freiheit und

Gleichheit. Freiheit war für Kant nicht Selbstzweck der Natur, sondern der Endzweck der Geschichte. Ihre Verwirklichung wurde während der Periode der Aufklärung und Romantik durch die Zensur behindert, denn die Staaten begriffen durchaus, welche Gefahr für sie durch die fortdauernde Diskussion der Freiheit in den Wochenblättern entstand. Andererseits war Freiheit ohne Öffentlichkeit nicht zu denken. Daher wurden genauso intensiv die derzeitigen Gründe der Unfreiheit diskutiert. Ihr Ausgangspunkt wurde besonders im Adel gesehen, die Last der Unfreiheit ruhte in erster Linie auf den Bauern.

Das zweite Thema, die Gleichheit, war unmittelbar mit der Freiheit verbunden. »Rang kömmt nicht in Frage«, hieß es in der Satzung einer der neuen Lesegesellschaften *(Bücher)*. Auch hier ging die wesentliche Anregung von Kant aus: »Und so war der Mensch in eine Gleichheit mit allen vernünftigen Wesen, von welchem Rang sie auch sein mögen, getreten: nämlich in Ansehung des Anspruchs, selbst Zweck zu sein, von jedem anderen auch als ein solcher geschätzt und von keinem bloß als Mittel zu anderen Zwekken gebraucht zu werden. Hierin ... steckt der Grund der so unbeschränkten Gleichheit des Menschen.« Diesen sittlichen Begriff der Gleichheit dehnte Friedrich *Schlegel* auf alle Gebiete der menschlichen Gesellschaft aus.

Die Aufklärung schuf jedoch nicht nur Wissen, sondern zugleich auch den Instinkt dafür, daß Wissen Macht ist. Auch wenn keine der aufklärerischen Gesellschaften den Umsturz plante, so gab es doch sehr bald Bestrebungen, Wissen geheimzuhalten, teils in Institutionen wie den Geheimgesellschaften, teils allein schon durch die Behauptung, das wirkliche Wissen sei nicht erlernbar, sondern nur durch mystische Erleuchtung erfahrbar. Hand in Hand damit ging eine Tendenz zur Bildung von Parteien und Cliquen und zur Radikalisierung. Die Romantiker bezeichneten sich selbst in diesen Auseinandersetzungen als »Partei« und wurden auch von ihren Gegnern so empfunden. Allen war bewußt, daß die Erziehung des Menschen das Mittel war, das seit der Aufklärung angestrebte sittliche Endziel der Gesellschaft zu erreichen. Daher die Bedeutung, die die Romantiker *Goethes* »Wilhelm Meisters Lehrjahren« (ab 1795) beimaßen. Die Konsequenzen der Erziehung zur »richtigen« Philosophie wurden bis hin zum Terrorismus durchdacht. So schrieb Karl Follen (* 1796, † 1840), ein radikaler Burschenschafter *(Nationalismus)*, daß der politische Mord »der Krieg einzelner gegen einzelne« sei. Die große Leistung der Philosophen des Idealismus, insbesondere *Hegels*, bestand darin, daß sie noch einmal, zum letzten Mal, all die auseinanderstrebenden Tendenzen des durch die Aufklärung freigesetzten Menschen und seines Erkenntnispotentials in einem Endzweck zusammenfaßten.

LITERATUR: M. Fischer, Die Aufklärung und ihr Gegenteil. Die Rolle der Geheimbünde in Wissenschaft und Politik. 1982.

Plastik

Nach landläufiger Ansicht gab es keine »romantischen« Plastiken. Da das »Romantische« jedoch eine Tendenz der Zeit zwischen 1790 und 1850 ist, kann man es sehr wohl in einer Reihe von Werken ausgedrückt finden. An Bildnisbüsten Johann Gottfried Schadows fällt auf, daß die dargestellten Personen genauso träumend und stimmungsvoll blikken wie auf romantischen Porträtzeichnungen (z. B. Selbstbildnis 1794, Friederike von Mecklenburg 1794, Friedrich Gilly 1801, Marianne Schlegel 1805). Den gleichen Ausdruck zeigen die Büsten von Christian Friedrich Tieck, Bruder von Ludwig *Tieck* (Clemens *Brentano* 1803).

Beide haben eine weitere Gemeinsamkeit: Das Spielbein wird leger vor dem Standbein gekreuzt und zeigt damit an, wie empfänglich für Wendungen, wie labil die Person ist (z. B. Schadows berühmtes Doppelbildnis der mecklenburgisch-preußischen Prinzessinnen Luise und Friederike 1795 bis 1797 oder »Muse und Bacchus« von Tieck 1802 bis 1805).

Johann Gottfried Schadow, * 20. Mai 1764 Berlin, † 28. Januar 1850 Berlin, Vater des Malers Wilhelm Schadow (*Malerei*). Viel gereist. Ab 1788 Leiter der Hofbildhauerwerkstatt und der Bildhauerei beim Oberhofbauamt in Berlin, 1805 Vizedirektor, 1815 Direktor der Berliner Akademie der Künste. Schuf eine Viel-

zahl von Porträtbüsten, Denkmälern u. a.
Christian Friedrich Tieck, * 14. August 1776 Berlin, † 12. Mai 1851 Berlin, Ludwig *Tiecks* Bruder, Schüler von Johann Gottfried Schadow, Jacques David (* 1748, † 1825) und Gottlieb Schick (* 1776, † 1812). Verkehrte in den Kreisen um *Goethe* und in denen der Romantiker. 1830 Direktor der Skulpturenabteilung der Berliner Museen. 1839 Vizedirektor, 1846 Direktor der Berliner Akademie. Viele Porträtbüsten u. a. in Berlin, Weimar und der Walhalla.
LITERATUR: G. von der Osten, Plastik seit 1800. 1961.

Politik
Henrik Steffens (* 1773, † 1845) schrieb: »Ich war 16 Jahre alt. Mein Vater kam begeistert nach Hause, er rief seine Söhne zu sich ...: ›Kinder, ... ihr seid zu beneiden, welch eine glückliche schöne Zeit liegt vor euch! ... Alle einengenden Verhältnisse des Standes, der Armut werden verschwinden, der Geringste wird mit dem bisher Mächtigsten den gleichen Kampf ... beginnen. Daß ich jung wäre wie ihr!‹ Die Rührung ergriff ihn mächtig, heftig weinend brauchte er einige Zeit, sich zu fassen.«
So erlebte ein dänischer Romantiker den Ausbruch der Französischen Revolution in Kopenhagen: »Es war eine wunderbare Zeit, ... es war eine europäische Revolution ... [Sie] war in allen freien Gemütern von Europa schon da, auch wo sie nicht ausbrach.« Über seine persönlichen Perspektiven hieß es: »Mich ergriff eine grenzenlose Hoffnung, meine ganze Zukunft ... war in einen andern, frischen, neuen Boden gepflanzt ... Mein ganzes Dasein hatte von nun an eine neue Richtung erhalten ...«
Nicht alle begrüßten die Revolution so enthusiastisch, viele standen ihr furchtsam oder ablehnend gegenüber, weil sie einen zu schnellen und radikalen Umbruch befürchteten. Selbst wer anfangs begeistert war, verfiel schnell einer um so tieferen Enttäuschung, als er hörte, in welchem Blutbad die Revolution sich innerhalb weniger Jahre selbst ertränkte. Doch sie markierte einen Wendepunkt, an dessen Bedeutung alle anderen Ereignisse gemessen wurden.
Die Revolution zog eine Serie von *Kriegen* nach sich, und im Rahmen dieser Kriege stieg eine Figur auf, die viele Deutsche für eine Erfüllung ihrer Träume hielten: Kaiser Napoleon I., der in dieses Chaos wieder Ordnung zu bringen schien, eine moderne Ordnung. Mit ihm begann eine Umgestaltung des Reiches von Grund auf: 1801 wurde beschlossen, die ehemaligen Herrscher über die an Frankreich verlorenen linksrheinischen Gebiete zu entschädigen, was eine Umverteilung des Restreiches zur Folgen haben mußte; 1803 nahm der Reichsdeputationshauptschluß diese Umverteilung tatsächlich vor, in erster Linie wurden die geistlichen Territorien und die Reichsstädte zerstört; 1806 legte Franz II. (* 1768, † 1835) die deutsche Kaiserkrone ab; das mittelalterliche Reich Karls des Großen hörte auf zu existieren; außerdem schlossen sich die neuernannten Könige von Bayern, Württemberg und Sachsen u. a. dem napoleonischen Rheinbund an; 1807 verlor Preußen die Hälfte seines Gebietes; gleichzeitig beseitigte es die Erbuntertänigkeit seiner Bauern; 1808 schaffte Preußen eine Städteordnung und bereitete die allgemeine Wehrpflicht vor; 1810 wurden Hannover und die Hansestädte zu Frankreich geschlagen usw.
Im Unterschied zur Französischen Revolution betrafen all diese gravierenden Änderungen die Deutschen direkt. Sie riefen bei vielen Verwirrung, Angst oder Resignation hervor. Letzten Endes stiegen schließlich aus diesem Chaos Preußen und Österreich-Ungarn als Sieger empor, die nach 1815 begannen, Deutschland ihren Vorstellungen entsprechend neu zu ordnen – indem sie so taten, als sei nichts gewesen.
Es wird immer wieder gefragt, wie eine solche Entwicklung in Deutschland möglich war, zu einer Zeit, da Deutschland über die hervorragendsten Köpfe verfügte. Diese Frage kann nicht eindeutig beantwortet werden, aber man kann eine Vielzahl von Punkten anführen, die letztlich zu diesem mageren politischen Ergebnis beitrugen. So blieb die Aufklärung in Deutschland immer eine moralische Aktion. Sie drängte zwar zur Politik, aber selbst wenn die Bürger politisch geschult und mündig gewesen wären, so fehlte ihnen im Reich mit seinen aberhundert Kleinstaaten der einheitliche

politische Raum und eine Schaltzentrale. Außerdem waren sich die Aufklärer selbst bereits uneins darüber, ob die Aufklärung überhaupt etwas zu einer politischen Aktivität beitragen könnte oder nicht vielmehr in einen ideellen Eskapismus mündete. Außerdem trugen die aufklärerischen Gesellschaften, in denen sich die tonangebenden Bürger versammelten, z. B. in den Lesekabinetten *(Bücher)* oder Freimaurerlogen, den Keim zur Abkapselung und zur Geheimnistuerei in sich: Der Zwang, sich vor der staatlichen Zensur zu verbergen, verführte dazu, die Geheimbündelei zum Selbstzweck zu machen.

Diese Last unbewältigter Probleme fanden die jungen Romantiker in den 90er Jahren bereits vor. Wo sollten sie ihre politischen Vorbilder finden? Die jahrelangen Grausamkeiten der Französischen Revolution hatten diesen Umbruch in den Augen vieler entwertet. Genauso wurden bald die Hoffnungen enttäuscht, die viele anfangs auf Napoleons Erscheinen setzten *(Beethoven)*. An das ferne Amerika, das sich von der britischen Herrschaft befreit hatte, dachten nur wenige. Aber der mißlungene Aufstand der Griechen 1770 beeindruckte viele Deutsche tief, so daß sie in den nächsten Jahrzehnten immer wieder ihre politischen Wünsche in antiker Verkleidung anboten, z. B. *Hölderlin* im »Hyperion« 1797 bis 1799.

Das zweite große Vorbild trat den Romantikern im deutschen Mittelalter entgegen, das aber keine Rezepte für die Gegenwart anbot. Es wundert daher nicht, daß Utopien der Romantiker meistens die äußere Form von (verfallenen) Schlössern annahmen, so z. B. bei *Arnim, Eichendorff, Novalis* und *Tieck*. Nur *Jean Paul* gab sich anscheinend mit seinen Kleinstädten à la Auenthal in einem realistisch-humoristischen Rahmen zufrieden. Die parodistische Antwort erteilte darauf 1803 August von Kotzebue (* 1761, † 1819), ein in Staatsgeschäften nicht ganz unerfahrener Mann, mit dem Entwurf von Krähwinkel in seinem Drama »Die deutschen Kleinstädter«.

Andererseits wäre es falsch zu behaupten, die Romantiker hätten sich nicht am politischen Leben beteiligt. *Eichendorff*, E. T. A. *Hoffmann* und *Novalis* waren Staatsbeamte, der erste in politischer Funktion, und er zog daraus auch Konsequenzen und gab seine Stellung auf, als sie ihm mit seinen Idealen nicht mehr vereinbar zu sein schien. Friedrich *Schlegel* und Adam *Müller* waren als konservative Diplomaten für Metternich (* 1773, † 1859) tätig, Jacob *Grimm* für Hessen-Kassel und Preußen.

Fichte griff mit seinen »Reden an die deutsche Nation« tief in das politische Leben Preußens ein, nicht minder *Arndt, Görres*, Jahn *(Nationalismus)*, die alle Bedeutendes zur Erweckung eines preußisch-deutschen Nationalgefühls beitrugen. Henrik Steffens löste 1814 durch seine Ansprache vor Studenten in Breslau vorzeitig die Erhebung Preußens aus. Viele Romantiker nahmen freiwillig an *Kriegen* teil, einige kamen darin um. Auch ihr großes Vorbild, *Goethe*, war aktiv politisch tätig, wenn auch als Minister eines Kleinstaates innerhalb der alten ständischen Ordnung. Man darf ferner davon ausgehen, daß *Hegel* die vielzitierte Flasche Rotwein an jedem Jahrestag der Französischen Revolution nicht trank, nur um seinen Kummer zu ersäufen. *Hölderlin* war wenigstens als Mitwisser in einen der wenigen politischen Umsturzversuche verwickelt.

Die Romantik war, zumindest in ihren Anfängen, eine Jugendbewegung und wie wohl alle Jugendbewegungen auch eine politische Bewegung. Ihre Anhänger und ihre Gegner verstanden sich anfangs als eine »revolutionäre Partei«, und sie meinten damit mehr als nur eine neue literarische Richtung. Karl August Varnhagen (* 1785, † 1858) schrieb 1811: »Die Brüder Schlegel sind echte Revolutionsmänner; sie haben die in Deutschland mögliche Umwälzung versucht und zum Teil auch bewirkt. Die Revolution, die in Frankreich den Staat, hat in Deutschland die Literatur erschüttert.« In Deutschland gab es keinen Staat, sie konnten daher nur versuchen, über die Literatur die Mentalität der Deutschen zu beeinflussen.

Was auch diesen Versuch nicht ganz glaubhaft erscheinen ließ, war die Tatsache, daß die Romantiker, als erste abendländische Künstler überhaupt, die existentielle Gefährdung des modernen Künstlers erfuhren. Ihre politischen Anspielungen in ihren Werken waren immer nur oberflächlicher Natur: Dahinter stand ein für sie viel ernsteres Problem. Ein Vergleich von *Friedrichs* Bild »Huttens Grab« um 1824 mit Davids »Marats Tod« (1793) oder der Karikaturen von *Runge* mit englischen Karikaturen – dort hatte sich bereits diese neue Kunstgattung voll entfaltet – kann den Unterschied verdeutlichen. Überdies muß die Frage gestellt werden, wie weit bestenfalls die politische Aktivität eines Künstlers reichen kann, eine Frage, die auch heute noch nicht eindeutig beantwortet ist.

Falsch wäre jedenfalls die Annahme, die Romantiker hätten sich den Forderungen des Tages entzogen, nur weil sie sich in ihren Werken gern Märchenschlössern und später Biedermeieridyllen zuwandten. Falsch wäre es auch, moderne politische Forderungen, aus der späteren Kenntnis der Geschichte heraus, an die Romantiker zu stellen. Falsch wäre es ebenso, ihre Unzufriedenheit mit sich selbst zum Maßstab ihres politischen Wirkens zu machen. Viele von ihnen leisteten im Rahmen des ihnen Möglichen Bedeutendes.

Freilich arbeiteten die Romantiker einem konservativ-reaktionären Trend zu, als sie den Gedanken des aufgeklärten Weltbürgertums ablegten und statt dessen die deutsche Nation auf christlich-mittelalterlicher Basis, wenn auch in einem europäisch-universalhistorischen Rahmen, kreierten. Sie strebten zweifellos nach all den Katastrophen eine neue Ordnung an. Einige begannen früh zu ahnen, daß es die alte sein würde, und einige sollten die Folgen der Reaktion scharf zu spüren bekommen. *Grillparzer*, alles andere als ein Nationalist (von ihm stammt der berühmte Vers:

»Der Weg der neueren Bildung geht
von Humanität
durch Nationalität
zur Bestialität.«),

mußte erleben, daß seine Werke jahrelang bei der Zensur herumlagen oder daß der Kaiser versuchte, ihm seine Manuskripte abzukaufen, damit sie nicht verbreitet wurden. Das System Metternichs beruhte auf dem Glauben, daß gar keine Gesinnung besser sei als eine loyale. So wollte Metternich vermeiden, daß noch einmal, wie schon 1789, alles ins Gleiten kam: Notfalls mußten Druck und Gewalt das Gleichgewicht der Kräfte erhalten. So ging die Romantik, nachdem Revolutionen und Kriege ihr Ende gefunden hatten, in die Ära des Biedermeier und der Restauration über.

LITERATUR: K. Peter (Hrsg.), Die politische Romantik in Deutschland. Eine Textsammlung. 1985.

Porträt

Dem höfischen Porträtmaler bis zum 18. Jahrhundert saß der Fürst nur kurze Zeit Modell, dann malte der Künstler das Bildnis nach Skizzen. Die Skizze verblieb in der Werkstatt, so daß der Maler in Zukunft jeden Wunsch nach weiteren Bildnissen, von der Ganzfigur bis zum Brustbild, jederzeit befriedigen konnte, ohne das Modell noch einmal bemühen zu müssen. War die Nachfrage groß, wurde eine Werkstatt gegründet, wie es als erster Lucas Cranach (* 1472, † 1553) getan hatte.

Neben diese höfische Porträtmalerei trat im 18. Jahrhundert das bürgerliche Porträt, das entsprechend den neuen Zeitströmungen den individuellen und privaten Zügen stärker Rechnung trug. Gleichzeitig drückte sich sowohl in den höfischen wie den bürgerlichen Porträts eine seelische Verfeinerung und Vertiefung aus, Folge der Empfindsamkeit. Doch in jedem Falle blieb Porträtkunst Auftragskunst: Das Lohn-Arbeits-Verhältnis war deutlich ausgeprägt.

Da jedoch viele Bürger auch einen einfachen Porträtisten nicht bezahlen konnten, wurde die Silhouette Mode, benannt nach dem französischen Finanzminister Étienne de Silhouette, der aus Sparsamkeit um 1757 anordnete, in Zukunft die Amtsstuben nicht mehr mit den gemalten Porträts des Fürsten zu dekorieren, sondern statt dessen die viel billigeren Schattenrisse zu verwenden. Der Schattenriß war der mit schwarzer Farbe ausgefüllte Umriß eines Kopfes, einer Figur, Szene u. a., in den eventuell noch weiße Linien eingezeichnet wurden. Zur Vereinfachung des Schattenreißens (reißen = zeichnen) wurden sinnreiche Apparate konstruiert, Vorläufer des Photoapparates, dessen Produkte nach dem Biedermeier die Silhouette ablösen sollten. Wenn der Schatten nicht gezeichnet, sondern aus farbigem Papier ausgeschnitten wurde, entstand der Scherenschnitt, wie ihn noch *Runge* übte.

Die Silhouette, Ende des 17. Jahrhunderts aus dem ostasiatischen Schattenspiel entwickelt, wurde als besonders naturnah empfunden, so seltsam diese Ansicht heute anmuten mag, und daher von Jean-Jacques Rousseau (* 1712, † 1778) und dem Goethe-Freund Johann Kaspar Lavater (* 1741, † 1801), der sich besonders mit der menschlichen Physiognomie beschäftigte, gepriesen. Außerdem glaubte man, seit Johann Joachim Winckelmann (* 1717, † 1768) die Archäologie begründet hatte, daß eine Verwandtschaft mit der schwarzfigurigen griechischen Vasenmalerei bestehe, und nannte daher die Silhouette auch »à la grecque«.

Der romantische Porträtist versuchte, sich vom Auftraggeber abzusetzen. Er wollte frei sein, kein Lohnsklave. Daher malte er, in der Nachfolge des bürgerlichen Porträts, nur noch seine Freunde *(Freundschaft)* und Familienmitglieder bzw. sich selbst. Der bedeutendste Porträtist war *Runge,* aber auch z. B. *Overbeck* war als Porträtmaler bekannt. Daneben gab es eine Vielzahl von Porträtzeichnungen der Freunde, oft in ganzen Serien, Erinnerungsbilder, in denen die Künstler der Epoche so umfassend festgehalten wurden wie zu keiner anderen Zeit.

Die Umrißlinie dieser Porträts setzte den Kopf scharf gegen den Hintergrund ab, das Vorbild des Schattenrisses bzw. der klassizistischen Lineatur wird auf diese Weise deutlich.

Neben Einzelpersonen wurden im Sinne der romantischen Freundschaft besonders Gruppenbilder gepflegt *(Fohr, Schnorr* u. a.). Farben und symbolische Details (z. B. Ritterrüstung) gaben dem Kenner Hinweise auf den Charakter der Dargestellten. Frauen wurden viel seltener abgebildet – kein Wunder in dieser Zeit der frommen Männerbündelei. Ab

Porträt: Philipp Otto Runge, »Die Hülsenbeckschen Kinder«, 1805. Hamburg, Kunsthalle.

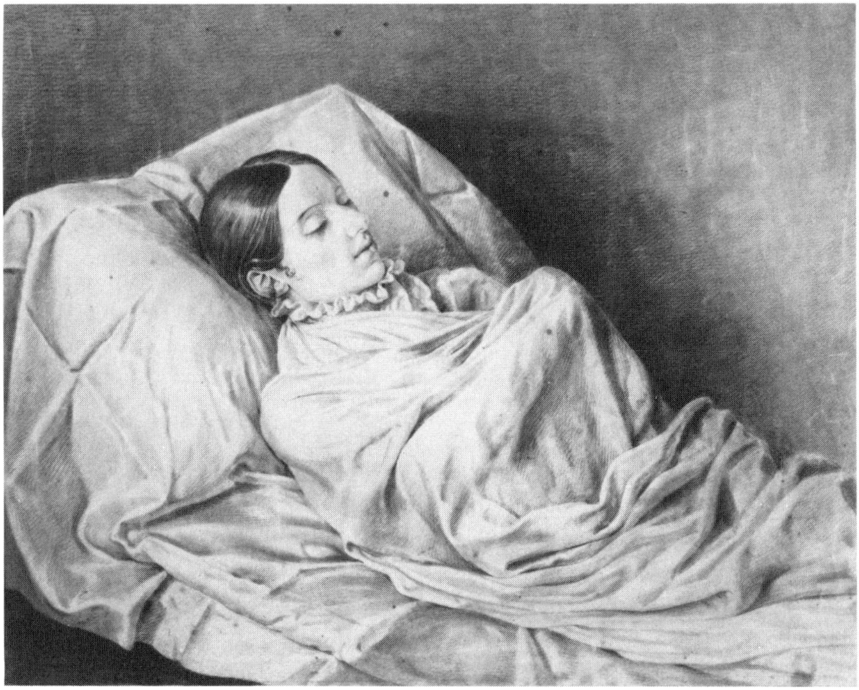

Porträt: Philipp Otto Runge, »Sophia Sieveking auf dem Totenbett«, 1810. Hamburg, Kunsthalle.

und zu finden sich ausgesprochen moderne Kinderbildnisse *(Runge).*

»Sei Du mir genannt mit Wehmut,
Fohr, Du schönes Jugendbild,
Das zu früh der Kunst, zu früh uns
in der Tiber unterging.«

dichtete Friedrich *Rückert* und traf damit einen wesentlichen Zug dieser Porträtkunst: Die Romantiker stellten sich als eine junge Generation dar, die sich alt fühlte. Eine merkwürdige Müdigkeit liegt auf den Gesichtern. Es ist, als ob sie alle träumten. Damit verbindet sich ein ausgesprochen sensibler Zug.
Ist der Unterschied im Vergleich zu den bürgerlich-empfindsamen Porträts des 18. Jahrhunderts bereits auffallend, so tritt er noch deutlicher im Vergleich zu Porträts der Reformationszeit hervor. Dürer und seine Zeitgenossen *(Gotik),* Vorbilder der Romantiker, zeichneten ebenso gern Köpfe. Doch damals trugen auch noch die Kranken und Alten männliche, aktive Züge. Die Romantiker hingegen malten sich als Menschen, die bereits durch die Beobachtung des Malers in ihrer Gefühlsstimmung verändert wurden.
Ein besonderes Problem stellte die Porträtmalerei den Freskanten *(Nazarener).* Auch das Fresko entsprach der Tendenz zur klassizistischen Linie »à la grecque«, aber es war mit einer Neigung zur Überhöhung verbunden, allein schon wegen seines großen Maßes und der Fernwirkung. Wurden die Gesichtszüge nur angedeutet, wirkte das Porträt, z. B. eines Raffael, leblos; führte man es möglichst deutlich aus, wurde aus dem Fresko schnell ein Genrebild. Im Unterschied zu *Raffael,* der lebendige Menschen gemalt hatte und nicht Vertreter historisierender Programme, fanden die Romantiker keine Lösung.

Raffael, eigentlich Raffaello Santi
*6. April 1483 Urbino, †6. April 1520 Rom
Bei seinem Tod, an einem Karfreitag, soll Rom gebebt haben. »Der Göttliche«,

der selbst von so vollkommener Gestalt wie Christus gewesen sein soll, beschäftigte seitdem die Nachwelt. *Goethe* und die Klassizisten bewunderten in erster Linie das der Antike näherstehende Spätwerk, auch Raffaels weltmännische Eleganz, während die Frühromantiker hauptsächlich das Wunderbare in der »Sixtinischen Madonna« sahen und ihre Nachfolger das Fromme und Harmonische im Frühwerk.

Die Auseinandersetzung der Romantiker begann mit *Wackenroders* »Herzensergießungen eines kunstliebenden Klosterbruders« 1796/97. Sie enthalten fünf biographische Abschnitte, fußend auf Vasaris berühmten Künstlerbiographien (ab 1546), zwei sind allein dem Raffael und eine Dürer gewidmet *(Gotik)*.

Die Gleichung sollte während der Romantik immer dieselbe bleiben: Grundlage des religiösen Gefühls war zwar die Bibel, aber am wirkungsvollsten wurde es durch Raffael erregt.

Eines der bedeutendsten Bilder Raffaels, die »Sixtinische Madonna« 1515 bis 1519, hing in Dresden und konnte auch besichtigt werden. Zu ihm setzte sich eine Wallfahrt in Gang, und jeder wurde von ihm wie unter einem hypnotischen Zwang »in der Mitte seines Wesens getroffen«, wie Caroline *Schelling (Frauenemanzipation)* in einem anderen Zusammenhang sagte. So schrieb z. B. der dänische Naturphilosoph Steffens, den die ungewohnte Bilderflut wie in Trance versetzt hatte:

»Eine weibliche Gestalt trat aus den Wolken hervor und trug ein wunderbares Kind. Der Moment überraschte mich, die seltsame Spannung, in der ich war, hatte den höchsten Gipfel erreicht ... Ein tiefes Gefühl durchdrang mich, und ich brach in Tränen aus, die unaufhaltsam flossen.« Der höchste Spannungszustand traf auf das göttliche Wunder – ihre außerordentliche Schönheit und Harmonie verlieh der Madonna die Fähigkeit, wunderbar zu schweben.

Runge war wohl der einzige, der sich nicht nur anregen ließ (z. B. die Gestalt der Morgenröte in den »Tageszeiten«), sondern auch ein Vorbild in Raffaels handwerklicher Organisation erkannte. Spätere Romantiker, insbesondere die

Raffael: Franz und Johannes Riepenhausen, »12 Umrisse zum Leben Raphaels von Urbino«, Blatt IV, Der Vater stellt Raffael dem Meister Pietro Perugino vor, 1833. Berlin (West), Staatliche Museen Preußischer Kulturbesitz, Kupferstichkabinett.

Nazarener, interessierten sich für den jungen Raffael und frühe Italiener, wie Giotto, Fra Angelico, Giovanni Bellini, Perugino, während *Goethe* Künstler wie Masaccio und Mantegna stärker schätzte, die, enger an die Antike angelehnt, den Körper kräftiger modellierten.

Die jungen Deutschen, die nach Rom kamen - zwischen 1800 und 1830 waren es 554 Künstler -, faszinierte nicht so sehr das sinnlich-körperliche Moment in Italien, sondern der Bildungsgedanke und ein frommes Gefühl. Sie malten nicht, sie zeichneten und kolorierten. Daher war auch das Interesse für Raffaels Kartons (den Vorstudien zu seinen Fresken, z. B. in den Stanzen) besonders groß. Auch sie sahen im Fresko eine ihrer Hauptaufgaben und waren sich dabei durchaus über ihr minderes künstlerisches Genie im klaren: Sie wollten nicht Raffael übertreffen oder ihm gleich sein, sondern nur ihm nachfolgen wie einst die Jünger Christus.

Wie übermächtig das Vorbild bzw. das Gefühl der eigenen Nichtigkeit war, wird in den kunsthistorischen Bildthemen sichtbar. So malte z. B. *Pforr* »Dürer und Raffael vor dem Thron der Kunst«. Das Bild versinnbildlicht gut die religiöse Aura, die die Romantiker der Kunst zulegten, markiert aber auch, vor 1821 gezeichnet, die Gründungsphase der Kunstgeschichte. *Rumohr*, der viele deutsche Künstler in Italien betreute, war der erste, der 1826 bis 1831 ein großes Werk über die italienische Kunst veröffentlichte. Johann David Passavant (* 1787, † 1861), ein Freund *Pforrs* und selbst Maler, wurde Raffaels erster Biograph (1839 bis 1858). Der Wechsel zwischen der Funktion des Künstlers und der des Kunsthistorikers war zu dieser Zeit häufig und für sie typisch. Es verdient auch festgehalten zu werden, daß diese ersten Werke der Kunstgeschichte, ohne Vorbild entstanden, bis heute ihren Wert behalten haben.

LITERATUR: W. Schöne, R. 1958.

Reformen

Die Reformen, die in erster Linie mit dem Namen des Reichsfreiherrn Karl vom und zum Stein (* 1757, † 1831) verbunden werden, wurden letztlich durch den Zusammenbruch des Ancien régime verursacht. Mit der Französischen Revolution 1789 war eine Epoche zu Ende gegangen, und 1806 sorgte Napoleon I. durch die Niederwerfung Preußens dafür, daß selbst die, die den Zusammenbruch nicht wahrhaben wollten, aufwachten. In Wirklichkeit wären Reformen schon längst fällig gewesen, und sei es nur, um das völlig veraltete Staatsgefüge wieder regierungsfähig zu machen und um - dies insbesondere - wieder zu Geld zu kommen.

Immerhin bot die Niederlage nun die günstige Gelegenheit, eine Erneuerung von Grund auf anzustreben. So umfaßten die preußischen Reformen u. a. eine Neuordnung der Regierung und Verwaltung, auch der Städte und Gemeinden, die »Bauernbefreiung« *(Landwirtschaft)*, die Einführung der Gewerbefreiheit, die Steuerreform, die Reorganisation des Heeres *(Militär)* und die Bildungsreform *(Universität)*. Es war keineswegs so, daß diese Reformen von der Bevölkerung überall begeistert aufgegriffen wurden, von der Reaktion des Adels und anderer in ihren Rechten Betroffener ganz zu schweigen. Schließlich war niemand auf diese zum Teil recht tiefgreifenden Änderungen vorbereitet.

Eine weitere Schwierigkeit der Reformen bestand darin, daß sie auf dem Glauben an einen neuen Menschen beruhten. Die preußische Reform war deswegen so einzigartig, weil sie in ihrem Kern auf die philosophisch-moralischen Lehren von Kant und *Fichte* aufbaute. Der neue, sich seiner Freiheit bewußte Mensch war noch nicht erzogen worden, wurde aber bereits vorausgesetzt. So reichten die Impulse nur dafür aus, die nationale Bewegung in Gang zu setzen.

Nachdem die Befreiung von der napoleonischen Herrschaft gelungen war, hatten es daher die Realpolitiker relativ leicht, die Reformen auf das ihnen genehme Maß wieder zurückzuschrauben. Doch gingen die Ideen und Impulse, die mit den Reformen freigesetzt worden waren, nicht völlig verloren, wie die Revolution von 1848 und die weitere Entwicklung zeigten.

Auch in den anderen deutschen Ländern wurde gründlich reformiert, allerdings von Land zu Land sehr unterschiedlich. Eine besondere Bedeutung kam in den mit Napoleon I. verbündeten Rheinbundstaaten der Verteilung vieler Fürstentümer und der geistlichen Territorien zu sowie dem modernen französischen Vorbild, das besonders im Westen des Reiches noch lange nachwirkte.

Reisen und Wandern

Die Straßen waren nach wie vor miserabel. Die Kutsche war das übliche Gefährt. Man mußte auf sandigen Strecken damit rechnen, daß man pro Tag nur drei deutsche Meilen, gut 22 Kilometer, schaffte, falls Achse oder Rad nicht brachen. Hinzu kam, daß in Kriegszeiten die Straßen verkamen. So berichtete Königin *Luise* ihrem Mann auf der Flucht nach Königsberg 1807, »daß ich mehr tot als lebendig angekommen bin, infolge der schrecklichen Wege, die ich gerade bei einem Regen, Sturm und Schmutz, von denen ich bis jetzt noch keine Ahnung hatte, zurücklegen mußte. Von Sanditten bis hierher brauchte ich acht Stunden, mitten auf dem Wege blieb ich im Schmutz stecken. Zwei Pferde sind im Kot fast umgekommen...« usw.

In Süddeutschland waren die Straßen im allgemeinen etwas besser. Das deutsche Straßensystem verdankte den napoleonischen *Kriegen* viel: Noch heute kann man in einigen Gegenden, z. B. in Westfalen, auf den alten Pappelalleen von Kirchturm zu Kirchturm fahren – wie in Frankreich.

Gereist wurde trotzdem in diesen Jahren außerordentlich viel. Das Leben deutscher Romantiker war ja bereits »an und für sich« eine Reise irgendwohin, Ausdruck andauernder Unstetigkeit, voll Sehnsucht nach der Heimat in einer unerreichbaren Ferne. Ging keine Kutsche oder fehlte das Geld dafür, so mußte »Schusters Rappen« herhalten. Nichts könnte diese Reiselust besser illustrieren als ein Itinerar ihrer Wege.

In keinem Punkt standen sie *Goethe* näher als in dieser Leidenschaft. Ob es sich um den Sonntagsausflug vor die Tore der Stadt handelte (z. B. zur Gerbermühle vor Frankfurt am Main), um die klassische Bildungstour nach Italien, um die moderne Bildungstour zu gotischen Denkmälern (z. B. zum Straßburger Münster) oder um die gefahrvolle Wanderung (z. B. die Brockenbesteigung im Winter) – das Reiseerlebnis war für den Romantiker kennzeichnend. Darin steht er dem Vagabunden nahe. Der normale Bürger mußte sich mit dem *Panorama* begnügen, der Künstler begab sich auf die obligate Reise nach Rom, der Schriftsteller nach Paris. Diese Aufenthalte dienten nicht nur dem Studium antiker Vorbilder und nun, in der Romantik, besonders dem der italienischen Maler wie *Raffael* und seiner Vorgänger, sondern auch einer reichen Produktion von Städteansichten und folkloristischen Bildern, durch deren Verkauf, an Touristen oder in Deutschland, die Künstler ihren Lebensunterhalt bestreiten wollten. Damals wurde auch das römische Hinterland entdeckt, Ortschaften wie z. B. Ole-

Fohr mit seinem Bernhardinerhund Grimsel auf dem Weg nach Italien, 1818. Feder und Bleistift. München, Privatbesitz.

vano in den Sabiner Bergen, wurden erst durch die Romantiker populär.
Ihr Kreis bildete in Rom eine eigene Kolonie, die sich im Café Greco traf. Er zeichnete sich durch eine gemeinsame Tracht *(Mode)* aus, die zum Vorbild der deutschen Künstlerkleidung im 19. Jahrhundert wurde. Selbst Kronprinz Ludwig, der spätere König Ludwig I. von Bayern (* 1786, † 1868), fühlte sich in ihr wohl: Franz Ludwig Catel *(Maler)* hielt den Kreis mit dem Kronprinzen 1824 in einem Gemälde fest. *Fohr* hat viele Einzelporträts aus diesem Kreis gezeichnet, sein Gruppenbild wurde jedoch vor seinem Tod nicht mehr fertig. Die Absicht war, derer in Freundschaft zu gedenken, die gerade nicht in Rom sein konnten, indem man ihr Bild an die Wand heftete. Die *Nazarener* wären ohne dieses Rom-Erlebnis nicht denkbar. Viele Künstler sind für lange Zeit in Rom geblieben, so z. B. *Koch.*
Die mondäne Reise nach Paris gehörte nicht zum Bildungsprogramm der Maler, sie war für Schriftsteller wie *Kleist* oder Friedrich *Schlegel* interessanter.
Zum Reiseerlebnis der Romantiker gehörte auch die Entdeckung neuer Landschaften. Da die Natur nicht mehr als selbstverständlich hingenommen, sondern subjektiver erlebt wurde, begann im 18. Jahrhundert der Tourismus, zuerst in die Schweiz *(Goethe!)*, um die Urwelt der Alpen mit ihren Steinriesen und Eisfeldern zu bestaunen. Erstbesteigungen wurden jetzt serienweise gemeldet, 1800 der Großglockner, 1802 der Chimborazo in den Anden, 1804 der Ortler u. a. Der Ausblick vom Gipfel, insbesondere bei Sonnenaufgang, kam in Mode. Wie in Italien war auch in der Schweiz die Darstellung mit der gleichzeitigen Entdeckung der bäuerlichen Folklore *(Landwirtschaft)* verbunden. So hielten es die Romantiker immer, wenn sie neue Landschaften entdeckten – wie z. B. Salzburg (Bettina von *Arnim, Olivier*), das Riesengebirge *(Friedrich)*, das märkische Land *(Blechen)*, Rügen *(Arndt* und *Friedrich*, die von dort stammten).
Diese Entdeckung der Landschaft wurde ergänzt durch die Entdeckung alter deutscher Kunststätten der *Gotik* und (!) des Barock. Damit begann die deutsche Romantik: mit den Wanderungen von *Tieck* und *Wackenroder* 1793 nach Nürnberg und nach Oberfranken (Bamberg, Pommersfelden, Banz), die sich schließlich in den »Herzensergießungen eines kunstliebenden Klosterbruders« (1796) niederschlugen. Ebenso bedeutend in der Wirkung war Friedrich *Schlegels* Reise von Paris über Belgien an den Niederrhein und nach Köln. Viele weitere Reisen schlossen sich unmittelbar an, *Brentano* nach Würzburg und *Wien*, die Brüder *Boisserée* nach Freiburg im Breisgau, Bettina von *Arnim* nach Salzburg u. a. Dabei übersahen sie in ihrer Begeisterung allerdings auch manches, so z. B. Vierzehnheiligen, denn das Auge war noch nicht kunstgeschichtlich geschult. Durch ihre Reisen trugen die Romantiker dazu bei, die kulturelle Kluft, die seit der Reformation zwischen Nord- und Süddeutschland bestand, zu schließen.
Gewandert wurde auch unter extremen Bedingungen. Auch hier lieferte *Goethe* mit seiner »Harzreise im Winter« (gemeint war eine gefährliche Brockenbesteigung 1777), das Vorbild. Steffens schildert in seiner Autobiographie, wie er bei minus 20 Grad in Sommerweste und Leibrock mit offener Brust von Freiberg nach Jena (Luftlinie 125 Kilometer) wanderte, ohne Schaden zu nehmen. In beiden Fällen ging es darum, die eigenen Grenzen zu suchen.
Ihre bedeutendste Darstellung fand das Wandermotiv in »Franz Sternbalds Wanderungen« von *Tieck* 1798 und in *Eichendorffs* »Aus dem Leben eines Taugenichts« 1826. In *Webers* Oper »Der Freischütz« 1821 wird zum erstenmal eine deutsche Landschaft und der Wald *(Land- und Forstwirtschaft)* zu einem Schauplatz der Handlung in der Musik. *Beethovens* Lebewohl-Sonate (op. 81a, 1811) drückte in den Satzbezeichnungen die Schmerzen des Abschieds und die Freuden der Rückkehr aus. Die großartigsten Schöpfungen stammen von *Schubert*, angefangen bei seiner »Wanderer-Phantasie« (D 760, 1822) bis zu seiner »Winterreise« (D 911, 1827) *(Lied)*. Die Maler hingegen zeigten eher den vereinsamten Menschen in der Landschaft, so z. B. *Friedrich.*
Demgegenüber trug der Sonntagsausflug vor die Tore der Stadt, wie ihn *Goethe* schon im »Urfaust« schilderte, bürgerliche Züge. Dieser Ausflug setzte voraus, daß bereits ein deutlicher Unterschied zwischen Stadt und Land bestand und daß man auf dem Land schöne

Punkte und gute Kneipen kannte, wo sich das gesellige Verweilen lohnte. Die Gitarre kam anstelle des Klaviers zu ihrem Recht. Besonders *Schuberts* Ausflüge sind hier zu erwähnen. Viele Wanderlieder entstanden in dieser Zeit, das beliebteste wurde das »Taugenichts«-Lied »Wem Gott will rechte Gunst erweisen«.

Auf die wanderlustigen Romantiker wird sich ein Jahrhundert später, 1897, der »Wandervogel« berufen, junge Menschen, die, frei wie die Zugvögel, der Großstadt entfliehen wollten. Sie waren mindestens ebenso patriotisch wie ihre Vorgänger, sie machten die Blaue Blume des *Novalis* zu ihrem Symbol, einer ihrer Hauptorte war ebenfalls *Heidelberg,* und sie waren auch Freunde des *Liedes* (»Zupfgeigenhansl« 1908). Sie negierten die Welt für die paar Stunden, in denen sie der Zivilisation entflohen.

Mit der Wanderlust verwandt ist auch Friedrich *Schlegels* Idee vom Müßiggang. 1799 schrieb er: »Des Menschen Trieb nach Ruhe ist eine Reliquie des verlorenen göttlichen Ebenbildes. – O Müßiggang! ... einziges Fragment von Gottähnlichkeit, das uns aus dem Paradiese geblieben ist!«

Während diesen Bestrebungen auch das dunkle Gefühl zugrunde lag, die Welt sei ein Gefängnis, dienten andere dazu, die Welt überhaupt erst einmal zu entdecken und zu erforschen. Georg Forster (* 1754, † 1794) war als Begleiter von James Cook (* 1728, † 1779) vorangegangen. 1799 bis 1804 bereiste Alexander von Humboldt (* 1769, † 1859), der größte Naturforscher seiner Zeit, Lateinamerika. Eine weitere Weltumseglung unternahm *Chamisso.* Das Interesse an der Exotik erfuhr einen ernormen Aufschwung durch Napoleons (* 1769, † 1821) Ägypten-Feldzug von 1798/99. Noch *Schinkels* Dekorationen für die »Zauberflöte« sind von den dort entstandenen Illustrationen inspiriert. Die Janitscharenmusik drang vor *(Militärmusik),* der farbige Trommler wurde ein Renommierstück vieler Regimenter. Pflanzen und Tiere fremder Länder wurden wis-

Reisen: Johann Martin von Rohden, »Blick auf Tivoli«. Essen, Folkwang-Museum.

senschaftlich untersucht und gemalt (*Blechen*).
All diese stolzen Eroberungen vermögen jedoch offensichtlich den grundsätzlichen Zweifel an sich selbst nicht zu beheben, wie ihn am eindrücklichsten *Friedrichs* Gemälde »Eismeer« 1821 zeigt: Das vom Packeis zerquetschte Schiff »Die gescheiterte Hoffnung« illustrierte offensichtlich mehr als nur ein kurz zuvor bekannt gewordenes Ereignis.
LITERATUR: Mit dem Auge des Touristen. Katalog. 1981. – Schöne, Götterzeichen, Liebeszauber, Satanskult. 1982. – Helwig, Die Blaue Blume des Wandervogels. 1960.

Religion
Deutschland war um 1800 nach wie vor ein konfessionell geteiltes Land. Es zerfiel, grob gesprochen, in einen protestantischen Norden und in einen katholischen Süden. Daran hatte die Aufklärung zwar gerüttelt, aber noch nichts endgültig zu ändern vermocht. Da die Aufklärung in erster Linie (genauso wie der Beginn der Romantik) vom protestantischen Norden getragen wurde, setzte sich dort auch am ehesten ihre Lehre von der Toleranz durch. Sie berührte den Süden, selbst zur Zeit Kaiser Josephs II. (* 1741, † 1790), weniger. Die frühen Romantiker (*Tieck, Wackenroder*) waren es, die den katholischen Süden, den süddeutschen Barock und die Rituale der katholischen Kirche für den protestantischen Norden neu entdeckten.
Später, als vielen Romantikern beim Balanceakt über dem Abgrund der Glaubenslosigkeit schwindelig wurde, flohen einige von ihnen in den Schoß der katholischen Kirche (*Freundschaft*): Die Konversion zum katholischen Glauben wurde ein signifikantes Merkmal der zweiten Phase der Romantik. Die katholische Kirche hatte zuvor in der öffentlichen Meinung einen großen Aufschwung erfahren durch das Konkordat, das sie 1801 mit Napoleon I. (* 1769, † 1821) für Frankreich abschloß: Sie erkannte darin ausdrücklich den Raub am Kirchenbesitz durch die Französische Revolution 1789 und den beamtenähnlichen Status der Geistlichkeit an: Der Konservativismus, getragen von Staat und Kirche, war damit auch für andere Länder vorgegeben. Im Werk der *Nazarener* könnte man vielleicht einen deutlichen Ausdruck einer entsprechenden christlichen Kunst sehen.
Wie auch immer: Zwischen dem Versuch der Konvertiten, in der Kirche Geborgenheit zu finden, und dem der *Nazarener*, das Christentum zu propagieren, einerseits und dem Glauben derjenigen, die, wie z. B. *Eichendorff*, von Kindesbeinen an fest in der Kirche standen, andererseits, blieben wesentliche Unterschiede bestehen.
Doch gerade *Eichendorffs* Werk zeigt, daß sich etwas Grundlegendes geändert hatte: Gottes Natur war ihm zwar nicht fremd geworden, aber sie war allüberall erfüllt mit neu-uralter Symbolik und Magie. Was sich, sozusagen hinter dem Rücken der Kirchen, in der Mentalität der Menschen veränderte, läßt sich am besten erfassen, wenn man von einer Notiz ausgeht, die *Jean Paul* am 3. August 1789, wenige Tage nach dem Ausbruch der Französischen Revolution, niederschrieb: »Schilderung des Atheismus. Er predigt, es ist kein Gott.« Daraus entwikkelte er im Laufe der Jahre seine Vision von der »Rede des toten Christus vom Weltgebäude« herab (1796 im »Siebenkäs«), die in der Frage gipfelte: »Jetzo sank eine hohe edle Gestalt mit einem unvergänglichen Schmerz aus der Höhe auf den Altar hernieder, und alle Toten riefen: ›Christus! ist kein Gott?‹ Er antwortete: ›Es ist keiner.‹« (Dieser Text und der Begriff »Nihilist« waren wohl das einzige, womit Jean Paul auch außerhalb Deutschlands wirksam wurde.)
Jean Paul war einer der wenigen, die das Gefühl, Gott sei aus der Welt gewichen, überbrücken konnten. Obwohl er genau begriff, daß mit der Aufklärung der Versuch des Menschen begonnen hatte, sein Heil selbst zu bestimmen, konnte er noch glauben. Viele Romantiker konnten es jedoch nicht mehr und fielen der Verzweiflung oder dem Wahnsinn anheim. Man könnte geradezu von Neid sprechen, wenn *Kleist* in einer Kirche einen Betenden beobachtete und daraufhin schrieb: »Ihn quälte kein Zweifel, er glaubt.«
Die Aufklärung (*Philosophie*) hatte dem Menschen eine offene Zukunft geschenkt. Vor ihm lagen nicht mehr das Letzte Gericht und Hölle oder Paradies, sondern der stetige Fortschritt in eine

bessere Welt. Die kosmologischen und metaphysischen Beziehungen hatten sich dadurch grundlegend geändert: Der Lebensplan wurde nicht mehr als von Gott bestimmt hingenommen. Die Zukunft des Menschen war nicht mehr absehbar, sondern offen. Doch war dieser Weg mit Ängsten gepflastert. Man glaubte nicht mehr an Gespenster (wozu auch viele Zeugnisse der katholischen Kirche gerechnet wurden, z. B. die Heiligen und ihre Reliquien), aber man fürchtete sich immer noch vor ihnen.

So wurden die Angst und die mit ihr entstehenden Träume und Visionen zu einer wesentlichen Kraft, die den Selbstzweifel und die Verzweiflung weckte. Sie war nicht allein Gebildeten vorbehalten, im Gegenteil: In Berlin waren zwischen 1781 und 1786 acht Prozent der Todesfälle Selbstmorde, darunter besonders arme Soldaten. Auch in den anderen Städten stieg mit der Verarmung die Selbstmordrate. Die »Melancholie«, was immer man darunter verstand, ergriff hauptsächlich Bauern. Sie galt bei vielen als unheilbar, die Betroffenen versanken in düsterer Apathie.

Die Romantiker versuchten anfangs, die offenbar gewordene Lücke zu schließen, indem sie eine neue Religion schufen. Friedrich *Schlegel* schrieb 1799 seinem Bruder: »Mit der Religion ... ist es uns keineswegs Scherz, sondern der bitterste Ernst, daß es an der Zeit ist, eine zu stiften.« In einem Fragment hieß es: »Jeder gute Mensch wird immer mehr und mehr Gott. Gott werden, Mensch sein, sich bilden, sind Ausdrücke, die einerlei bedeuten.« Nun waren längst nicht alle seiner Gesinnungsgenossen so hybrid. Aber selbst *Runge,* der fest im protestantischen Glauben wurzelte, sah in der Korrelation zwischen seinem Verständnis der Natur und seiner Kunstsymbolik etwas grundsätzlich Neues entstehen *(Landschaftsmalerei).*

Die Natur wurde zum Medium religiöser Gefühle, die Kunst zum Spiegel dieser subjektiv gestimmten Natur. So schuf jeder Romantiker in seiner Darstellung der Landschaft seine eigene Symbolsprache, auch *Eichendorff.* Der grundsätzliche Unterschied gegenüber *Goethe* bestand darin, daß für Goethe die Natur noch etwas objektiv Anschauliches war: Auch wenn seine Metamorphose der Pflanzen eine Idee war, so kontrollierte er sie dennoch durch Erfahrung. Die magisch erfüllte Natur der Romantiker war jedoch unanschaulich: Hinter den landschaftlichen Versatzstücken standen subjektive Stimmungen, unfaßbare Abstrakta.

Friedrich malte im »Eismeer« ein Schiff, das »Hoffnung« hieß und von den Eismassen zerdrückt wird. Solche Bilder der Hoffnungslosigkeit, der Verzweiflung standen immer wieder neben Versuchen, neuen Boden zu gewinnen, bis hin zu *Brentanos* Geste, die Visionen einer Heiligen aufzuzeichnen und sein Frühwerk zu verleugnen. Eines der bedeutendsten Zeugnisse war *Novalis'* Todessehnsucht, wie sie sich in seinen »Hymnen an die Nacht« ausdrückte.

Der Mangel an Glauben, der Versuch, die Todesangst in einem großen Anlauf zu überwinden, und sei es durch freiwillige Hingabe in die Arme des Todes, führte schließlich auch zur Entdeckung seelischer Ursymbole *(Medizin)*: Die Psychologie entstand. Der Doppelgänger, der Mann ohne Schatten u. ä. waren bedeutende Erfindungen romantischer Dichter. Das Paradies war verloren, Friedrich *Schlegel* propagierte den Müßiggang als die neue Form der Unschuld des höheren Menschen.

LITERATUR: W. Rehm, Experimentum medietatis. Studien zur Geistes- und Literaturgeschichte des 19. Jahrhunderts. 1947.

Adrian Ludwig **Richter**

*28. September 1803 Dresden, † 19. Juni 1884 Dresden

Der von seinem Vater unterrichtete Kupferstecher begegnete zwischen 1823 und 1826 in Rom *Koch* und den *Nazarenern* und studierte auf dem Rückweg die Sammlung *Boisserée.* Bis 1835 war er Zeichenlehrer an der Porzellanmanufaktur in *Dresden*, anschließend übernahm er das Landschaftsfach an der Dresdener Akademie.

1824 stellte er in Dresden sein erstes Meisterwerk, »Der Watzmann«, aus. Es übernahm das Gefüge von *Kochs* »Schmadribachfall«, aber die Symbolik von *Friedrich.* 1825 malte Friedrich dasselbe Thema aus genau demselben Blickwinkel – es sollte wohl eine Kritik an Richter sein, den er auf einem Irrweg sah. Richter seinerseits löste sich gleichzeitig ganz von Friedrich: »Friedrich fesselt uns an einen abstrakten Gedanken, gebraucht die Naturformen nur allegorisch, als Zeichen und Hieroglyphen, sie sollen das und das *bedeuten*; in der Natur spricht sich aber jedes Ding für sich selbst aus . . .«

Damit war jedoch noch nicht der Weg zum Realismus frei: Als er 1830 eine Folge über das Salzburger Land publizierte (bereits 1823 skizziert), zeigte er eine friedlich-fröhliche Landbevölkerung, der ihre Arbeit nur Spaß zu bereiten schien. Richter sollte für immer der Idylle treu bleiben, wie sich auch in einem weiteren Hauptwerk, der »Überfahrt über die Elbe am Schreckenstein« 1837 zeigte. Im Unterschied zu *Friedrich* waren hier Mensch und Natur innig miteinander verbunden, weder der drohende Felsen noch die einbrechende Nacht können die Harmonie stören. Das Glück, das seine Bilder verbreiten, kann den Betrachter, der sich hineinversenkt und mitschaut, mithorcht und mitträumt, vom Alltag befreien.

Am stärksten beschäftigt war und am populärsten wurde Richter durch seine Graphiken. Er illustrierte die Märchen von Andersen und Bechstein, Goethes »Reineke Fuchs«, Goldsmith' »Landprediger von Wakefield«, Liederbücher, Volkskalender, viele Zeitschriften für die Jugend und Illustrierten. Seine Bilder waren lange Zeit hindurch Vorbild jeder Zeitschriftenillustration, bis sie zuletzt durch viele schwächere Nachfolger völlig entwertet waren.

Bezeichnend für seine Kunst war »Der Schnitzelmann von Nürnberg« aus Scherers »Alte und neue Kinderlieder« 1849. Der alte Mann, der den Kindern gerade eine Kasperlepuppe vorführt, trägt Richters Züge, das Schild über ihm nennt verschlüsselt seinen Namen und weist darauf hin, daß er als Holzschneider hauptsächlich in Buchsbaumholz arbeitet. Die Liebe zu seiner Umwelt, die allerdings nur unter Kindern ungestört war, drückte sich nirgendwo anders so deutlich aus.

LITERATUR: Hans J. Neidhardt, L. Richter. ²1976.

Johann Wilhelm **Ritter**
* 16. Dezember 1776 Samitz/Schlesien,
† 23. Januar 1810 München

Der Pfarrerssohn erwarb als Apotheker in Liegnitz gute Kenntnisse in Chemie und Pharmazie, bevor er 1796 in *Jena* zu studieren begann. 1797 wurde er durch seine Studien über den damals modischen Galvanismus berühmt. 1801 entdeckte er die ultravioletten Strahlen, die Elektrolyse und die elektrokapillaren Erscheinungen des Quecksilbers, 1802 erfand er die »trockene Säule«, die Ladungssäule (eine Vorstufe des Akkumulators), und entdeckte die galvanische Polarisation, 1805 die Kirchhoffsche Stromverzweigung.

1804 folgte Ritter einem Ruf an die Münchener Akademie, wo er sich ab 1806 in der Erforschung der Wünschelrute (»Siderismus«) verlor. Große Schulden, Nachtarbeit, Versuche am eigenen Leib und Tuberkulose führten seinen frühen Tod herbei.

Seine Hauptwerke sind »Beweis, daß ein beständiger Galvanismus den Lebensprozeß in dem Tierreich begleite« 1798, »Die Physik als Kunst. Ein Versuch, die Tendenz der Physik aus ihrer Geschichte zu deuten« 1806, »Fragmente aus dem Nachlasse eines jungen Physikers« 1810.

Der bedeutendste Naturwissenschaftler der Romantik gilt als der Begründer der Elektrochemie. In Jena genoß er die Bewunderung aller Frühromantiker und *Goethes*. In München verkehrte er mit *Baader* und *Schelling*. Seine Fragmente *(Literarische Formen)* stehen *Novalis'*, mit dem ihn eine tiefe *Freundschaft* verband, nahe.

Doch die Bewunderung war früh gemischt mit Kritik an seinem dunklen Stil, seinem schlechten Haushalt und seiner Feindseligkeit. Seine Leistung als Forscher wurde bis heute durch seine Naturphilosophie überschattet, die *Novalis'* Gedanken fortführte. Unablässig kreiste er um den Zusammenhang zwischen »äußerer«, »innerer« und »literarischer« Biographie als eines Experiments zum Zwecke des inneren Wachstums. »Wir können nur durch die Geschichte eine Physik haben. Und das Moment aller Prozesse ist bloß das Moment der Zeit in ihnen.« Oder: »Alles, was der Mensch erfährt, ist nur die Anschauung seines Wachstums.«

LITERATUR: Heinrich Schipperges, Nachwort, in: R., Fragmente, Nachdruck. 1969.

Carl **Rottmann**
* 11. Januar 1797 Handschuhsheim bei Heidelberg, † 7. Juli 1850 München
Der Sohn eines Radierers wurde in erster Linie durch die Landschaften seines Landsmannes *Fohr,* durch *Koch* und durch die Sammlung *Boisserée* beeinflußt. 1826/27 war er zum ersten Mal in Italien und erhielt aufgrund seiner »Ansicht von Palermo« von König Ludwig I. von Bayern (* 1786, † 1868) den Auftrag, die Hofgartenarkaden mit einem Zyklus von 28 italienischen Landschaftsfresken auszumalen. Anschließend ging er im Auftrag des Königs nach Griechenland für einen zweiten Zyklus griechischer Fresken, der jedoch nicht mehr fertig wurde.
Carl Rottmann war nicht der erste deutsche Künstler, der Griechenland besuchte, aber er war zu dieser Zeit der bedeutendste, und seine Auffassung machte Schule. 1840 wurde er Hofmaler. Nach ihm wurde ein Aussichtspunkt genannt, die Rottmannshöhe bei Leoni am Starnberger See.
Sein erster Eindruck von den Alpen regte ihn dazu an, die elementare Kraft der Natur in seinen Bildern darzustellen. Dieser Wunsch wurde später gemildert, weil die Freskotechnik eine stärkere Tektonik verlangte und zur Idealisierung führte. Dieser Ansicht von der Natur entsprach eine ebenso elementare Darstellungsweise durch leuchtende Farben und eine lebhafte Pinselführung. Die Menschen traten in seinen Bildern zurück, sie wurden Teil der sie umgebenden Natur.
Seine Briefe und andere Dokumente vermitteln einen lebendigen Eindruck davon, welche wirtschaftlichen und gesellschaftlichen Probleme er zu lösen hatte und wie sein Verhältnis zu seinem Mäzen, König Ludwig I., war. In einem Brief aus dem Jahre 1826 an seine Frau aus Rom erörterte er lang das Für und Wider, das die Bewerbung um eine Professur in München mit sich bringen würde, auch im Hinblick auf seine Kollegen und Konkurrenten. Lohnte sich das? Brachte es einen höheren Sold? Wenigstens eine Witwenpension? usw. Nachdem er zu einem negativen Ergebnis gekommen war, schrieb er: »Darum steht dahin auch nicht meine Hoffnung, mein Zeitliches zu verbessern, es wird schon wo anders sich auftun. Es wäre ja zum Wundern und seltsam, wenn ich mal die Aufmerksamkeit und die gute Meinung des Königs hätte, und er sollte nichts für mich tun.«
Später, in München, wurde das »Rottmann, auf!«, mit dem der König kräftig an die Tür der Wohnung oder des Ateliers klopfte, stadtbekannt. Dann öffnete der Diener (!) die weiten Flügeltüren(!). (Daß der König sich auch einmal versehentlich auf die Palette setzte und Rottmann ihn abspachteln mußte, erhöhte nur den gemeinsamen Spaß an der Kunst.)
Von Rottmann führte ein direkter Weg zu den drei Münchner Malerfürsten am Ende des 19. Jahrhunderts: Lenbach, Kaulbach und Stuck.
LITERATUR: H. Decker, C. Rottmann. 1957.

Friedrich **Rückert**
* 16. Mai 1788 Schweinfurt, † 31. Januar 1866 Neuseß bei Coburg
Der Sohn des Vorstehers einer Kassenverwaltung studierte zuerst die Rechte, bevor er sich den Sprachen zuwandte und sich 1811 in *Jena* habilitierte. Es gelang ihm jedoch nicht gleich, als Universitäts- oder Gymnasiallehrer Fuß zu fassen. Nach einigen unruhigen Jahren ließ er sich 1819 in Coburg nieder. 1826 wurde er Professor für orientalische Sprachen in Erlangen, 1841 in *Berlin,* wo er sich jedoch nie heimisch fühlte, so daß er 1848 ins Coburger Land zurückkehrte.
Über seinem umfangreichen Werk könnte sein Ausspruch stehen: »Mir lebt jede Sprache, die Menschen schreiben.« Heute sind von seinem eigenen lyrischen Werk fast nur noch diejenigen Strophen bekannt, die vertont worden sind, wie zum Beispiel »Die Kindertotenlieder« von Gustav Mahler. Er hat überdies noch Jugenderinnerungen, Kindermärchen, historische Dramen und ein Leben Jesu geschrieben. Im Bewußtsein geblieben ist er jedoch durch seine virtuosen Übersetzungen der Lyrik orientalischer und asiatischer Dichter. Er hat mit staunenswerter Geschicklichkeit fremde Formen, wie zum Beispiel das Makame oder das Ghasel, der deutschen Sprache eingefügt und damit uns oft erst das Wesen dieser fremden Dichtungen nahegebracht.

Carl Friedrich von **Rumohr**
*6. Januar 1785 Reinhardsgrimma bei Dresden, †25. Juli 1843 Dresden
Der wohlhabende Privatgelehrte studierte in Göttingen Kunstgeschichte. 1804 bekam er in *Dresden* Kontakt mit Romantikern *(Runge, Tieck)*, 1805 reiste er zum ersten Mal nach Italien, wo er den Kreis von *Koch* kennenlernte. 1826 bis 1831 erschienen seine dreibändigen »Italienischen Forschungen« zur Kunstgeschichte. Neben weiteren kunstgeschichtlichen Beiträgen veröffentlichte er »Geist der Kochkunst« 1823, »Schule der Höflichkeit« 1834/35, einen Roman, Novellen und Gedichte.
Rumohr verkörperte den Universalgelehrten und Weltmann dieser Zeit im besten Sinn. Sein Gefühl für Qualität, sein Mißtrauen gegenüber allen Kunsttheorien, ob klassizistisch oder romantisch, seine adelige Erziehung und seine reiche Lebenserfahrung machten ihn zum idealen Mittelpunkt, Förderer und Mäzen *(Maler)* romantischer Künstler, mit denen er auch typische Charakteristika teilte: Er konvertierte zum katholischen Glauben, er zeichnete recht gut, er interessierte sich intensiv für Kunstgeschichte und zog wie ein Künstler umher. Das Dorf Olevano in den Sabiner Bergen bei Rom wurde nicht zuletzt durch ihn ein Begriff: Er wohnte dort längere Zeit.
In seinen kunstgeschichtlichen Forschungen waren zum ersten Mal Archivstudien und kritische Werkbetrachtung miteinander verbunden.
Sein »Geist der Kochkunst«, in Anspielung auf Montesquieu betitelt, stand damit durchaus im Zusammenhang: Caroline *Schelling* erkannte richtig, wenn auch kritisch: »Der Freßsinn ist ebenso vortrefflich bei ihm ausgebildet, es läßt sich gar nichts gegen seine Ansicht der Küche sagen, nur ist es abscheulich, einen Menschen über einen Seekrebs ebenso innig reden zu hören wie über einen kleinen Jesus.«
Von ihm stammte die Maxime: »Der Mensch ist, was er ißt.« Sein Kochbuch gliederte er in 3 Teile: Fleischküche, Pflanzenküche und Tischkultur. Seine Absicht war es, den »natürlichen« Geschmack zur Geltung zu bringen, ihn nicht durch Soßen, Überwürze oder zu langes Kochen zu töten.
Steffens (*1773, †1845) würdigte ihn: »Das Prinzip einer einfachen Kochkunst, durch welche die verschiedenen Nahrungsstoffe in ihrer reinen Eigentümlichkeit der natürlichen Zunge angenehm, dem unverdorbenen Magen zuträglich erscheinen, hervorgehoben zu haben, verdanken wir in der Tat v. Rumohr.« Er war in Deutschland das seltene Exemplar eines »gesellschaftlichen Schriftstellers«.
LITERATUR: W. Rehm, R.s Geist der Kochkunst und der Geist der Goethezeit, in: Späte Studien. 1964.

Philipp Otto **Runge**
*23. Juli 1777 Wolgast, Vorpommern, †2. Dezember 1810 Hamburg
Der oft kränkelnde Sohn eines Kaufmanns wurde 1795 von seinem Bruder Daniel nach Hamburg geholt, wo er lustlos eine kaufmännische Ausbildung in dessen Firma erfuhr. Dort lernte er u. a. den Buchhändler Friedrich Perthes (*1772, †1843) und den Dichter Matthias Claudius (*1740, †1815) kennen. Durch diese Begegnungen wurde er immer stärker zu einer künstlerischen Beschäftigung angeregt, besonders 1798 durch die Lektüre von *Tiecks* »Franz Sternbalds Wanderungen«, so daß er im selben Jahr tatsächlich eine Ausbildung zum Maler und Zeichner begann. In Zukunft wurde seine Existenz und die seiner Familie – 1804 heiratete er Pauline Bassenge – von seinem Bruder Daniel bestritten, dem er umgekehrt in Krisenzeiten zur Hand ging.
Nach dem Studium in Kopenhagen lebte er zeitweise in *Dresden,* wo er die Brüder *Schlegel,* Steffens (*1773, †1845) und *Tieck* kennenlernte. Später lebte er mit seiner Familie in Hamburg bzw. Wolgast. Seine Beziehungen zu *Goethe* begannen unglücklich, da der Klassiker seine Einsendungen für ein Preisausschreiben nicht prämierte, wurden aber später dank der gemeinsamen farbtheoretischen Interessen intensiv, auch wenn ein längerer Aufenthalt Runges in Weimar auf Goethes Einladung hin nicht zustande kam. Er starb an Tuberkulose.
Sein malerisches und schriftstellerisches Werk, um das sich sein Bruder weiterhin bemühte, wurde weitgehend vergessen und erst durch Alfred Lichtwark (*1852, †1914), der 1886 die Leitung der Hamburger Kunsthalle übernahm, nach und nach im Rahmen seiner Studien über

Hamburger Künstler dem Dunkeln entrissen. Runge erfuhr damit ein ähnliches Schicksal wie sein Landsmann *Friedrich*, neben ihm der bedeutendste romantische Künstler. Sie kannten sich, ohne daß Näheres über ihre Beziehung zu erfahren ist.

Runge ist heute weithin bekannt durch zwei verschiedenartige Werkgruppen: einmal durch seine Porträts, zum andern durch seine allegorischen Bilder, wie z. B. »Die Lehrstunde der Nachtigall« 1805 und insbesondere durch seine »Tageszeiten« 1802 bis 1810, die unvollendet sind. Dazu kommen seine kunsthistorischen Schriften und Briefe, die eine wahre Fundgrube für jeden Historiker der modernen *Kunst* bilden, denn hier wurde scharfsinnig bereits die gesamte Entwicklung des kommenden Jahrhunderts vorweggenommen. Schließlich lieferte Runge den Brüdern *Grimm (Märchen)* das Vorbild für ihren Märchenton, denn er zeichnete zwei plattdeutsche Märchen auf, »Von den Machandel Bohm« und »Von den Fischer und syner Fru«. Diese beiden Märchen, die *Arnim* in seiner »Zeitung für Einsiedler« abdruckte, gehören noch heute zum festen Bestand aller Märchenbücher.

Runge wollte kein Porträtmaler im üblichen Sinne sein, denn der Porträtmaler *(Porträt)* war seit langer Zeit nichts anders als ein Handwerker, der Aufträge genauso ausführte, wie man Fenster einsetzte. Ein Porträtmaler war kein »freier« Künstler, wie er im 18. Jahrhun-

Porträt: Philipp Otto Runge, »Selbstbildnis für Goethe«, Hamburg, Kunsthalle.

Porträt: Philipp Otto Runge, »Wir drei«, 1805. Berlin (Ost), Staatliche Museen, Sammlung der Zeichnungen in der Nationalgalerie.

Philipp Otto Runge, »Die Tageszeiten: Morgen«, 1803. Kupferstich. Hamburg, Kunsthalle.

dert sich langsam herausgebildet hatte und wie er nun für die Romantik typisch wurde. Im Unterschied zu vielen seiner Kollegen wollte aber Runge nie seine Beziehung und Abhängigkeit vom Kaufmann (seinem Bruder Daniel) als bloße Last empfinden. Er sah darin auch einen Ansporn, den »freien« Künstler wieder in die Gesellschaft einzubinden. Porträts aber malte er nur von Familienmitgliedern oder Freunden. Sie waren nicht für die Öffentlichkeit bestimmt, sondern nur für den Kreis, mit dem sich Runge identifizierte und mit dem er zusammenlebte.

Alle diese Porträts, ob es sich um Einzelbilder oder um Gruppen handelte, überzeugen besonders durch die Schlichtheit und Einfachheit der Personen. Ihnen entsprachen Runges malerische Mittel, die feste Kontur, die zurückhaltenden Farben. Als die bekanntesten Porträts seien genannt: seine Selbstbildnisse von 1802 und 1809/10, »Wir Drei« 1805, »Die Hülsenbeckschen Kinder« 1805, »Die Eltern des Künstlers« 1806, »Pauline mit dem zweijährigen Sohn Otto Sigismund« 1807, »Bildnis seiner Kinder Otto Sigismund und Maria Dorothea« 1809.

In diesen Porträts schuf Runge die Vorbilder für zwei neue oder zumindest neuartig aufgefaßte Themen: für das Freundschaftsbild und für das Kinderbild. Die *Freundschaft* bedeutete für den Romantiker die Geborgenheit im kleinen Kreis Gleichgesinnter, die in einer quasi religiösen Überzeugung gemeinsam, eventuell sogar unter einem Dach, lebten oder in einer Werkstatt oder an einem Werk arbeiteten. Ein Freundschaftsbild in diesem Sinne war daher nicht nur das berühmte »Wir Drei«, das 1931 in einer Romantiker-Ausstellung im Münchener Glaspalast verbrannte, sondern auch manches Einzelporträt, wie z. B. das von Johann Philipp Petersen 1809. Dieser Mann, der sein Landhaus dem kranken Runge zur Verfügung stellte, wurde von ihm zum Glauben bekehrt. Runge legte bei dem Porträt nach dem Vorbild alter Meister die hellen Far-

Philipp Otto Runge, »Die Tageszeiten: Abend«, 1803. Kupferstich. Hamburg, Kunsthalle.

ben unter die dunklen und sorgte durch seine Lasurtechnik dafür, daß der helle Untergrund durchschimmerte, was die »himmlische lichtvolle Leiblichkeit des Christus im verborgenen Menschen« (so formuliert es die Frau des Dargestellten) bedeutete.

Die formale Strenge, die Runges Bilder ausstrahlen, entsprach nicht nur seiner protestantischen Bewußtheit und klassizistischen Ausbildung, sondern auch seinem Interesse für die alten Meister und seiner immensen gedanklichen Vorarbeit. Sie hinderte ihn daran, religiöse Gefühle zu profanieren und in den frommen Kitsch abzurutschen, der wenige Jahrzehnte später im Gefolge der *Nazarener* das ganze 19. Jahrhundert bis zur Gegenwart durchzog.

Mit derselben Disziplin wurden auch Kinder dargestellt, und zwar in Relation zur Gesamtzahl der Porträts erstaunlich oft. Bis zum 18. Jahrhundert waren Kinder als kleine Erwachsene dargestellt worden: Soweit sie nicht überhaupt nur Beiwerk waren – etwas grotesk Kleines neben riesenhaften Erwachsenen –, verschwand ihre Individualität oft hinter ihren Repräsentationspflichten als Prinzen, Infanten u. a. Das bürgerliche und intime Kinderbild entstand erst langsam im Laufe des 18. Jahrhunderts und seiner aufklärerisch-pädagogischen Bemühungen. Eine weitere Entwicklung erfuhr es durch den Pietismus, die Empfindsamkeit und den Sturm und Drang. Man entdeckte jetzt nicht nur die Kindheit als einen besonderen Abschnitt im Ablauf des Lebens, sondern schließlich auch die Seele des Kindes. Trotzdem waren im 18. Jahrhundert noch Kinderbilder und auch Bilder von Kindern, etwa in Straßenszenen, völlig unterrepräsentiert. (Das änderte sich trotz der Romantiker grundsätzlich erst mit der Entwicklung der Photographie.)

Runge fußte auf dieser Entwicklung, besonders auf der spätbarocken und der englischen Malerei, aber er war der erste, bei dem das Kind ganz »emanzipiert« war. Für einen Augen-Blick beim Spiel unterbrochen, sehen die Hülsenbeck-

Philipp Otto Runge, »Die Tageszeiten: Tag«, 1803. Kupferstich. Hamburg, Kunsthalle.

schen Kinder den Betrachter an. Ihre Ausdruckskraft ist so stark, daß hier die Kinder, nicht mehr Objekt einer Erziehung, den Betrachter zu bannen scheinen. Sie bieten sich im hellen Licht als vollplastische Wesen dar, keineswegs nach Regeln schön, aber vollständige Individuen. Runge malte auch alte Leute – seine Eltern – in ihrem jeweils besonderen Stadium der Reife.

Von hier zu den religiösen und allegorischen Themen, besonders zu den »Tageszeiten«, die man auch ganz einfach »Zeiten« nennen könnte, war kein weiter Schritt mehr. Runge, der sich vorstellen konnte, daß es gut wäre, »wenn alle vorhandenen Kunstwerke mit einem Male vernichtet würden und die Kunst wieder von vorne anfangen müßte«, suchte einen Neubeginn:

»Ich glaube schwerlich, daß so etwas Schönes, wie es der höchste Punkt der historischen Kunst war, wieder entstehen wird, . . . es müßte denn auf einem ganz neuen Weg geschehen, und dieser liegt auch schon ziemlich klar da, und vielleicht käme bald die Zeit, wo eine recht schöne Kunst wieder erstehen könnte, das ist in der Landschaft.«

Darin war er sich mit allen Romantikern einig: in der Landschaft – nicht in einer bloßen Topographie, sondern in einer Landschaft, die subjektive Stimmungen und religiöse Gefühle ausdrückt *(Landschaftsmalerei).*

So war »Die Lehrstunde der Nachtigall« Unterricht in den Geheimnissen des Lebens, der Zeit, der Liebe und des Todes. Jede Einzelheit entsprach genau einem fixierten Programm (ohne daß das Bild deswegen »trocken« wirkt), nichts mehr war nur bloße Landschafterei. Im Gegenteil: So viel Landschaft ist gar nicht in dem Bild zu sehen. Den größten Raum beansprucht ohnedies die weibliche Figur (Pauline Bassenge, Runges Braut), aber die Pflanzen haben eine neue, bisher unbekannte Bedeutung erhalten. (*Tieck* machte Runge mit der Mystik Jakob Böhmes und hinduistischer Philosophie bekannt.) Ebenso versuchte »Die Ruhe auf der Flucht nach Ägypten« die

Philipp Otto Runge, »Die Tageszeiten: Nacht«, 1803.
Kupferstich. Hamburg, Kunsthalle.

individuelle historische Existenz mit dem Ablauf der Zeiten zu verbinden.
Noch deutlicher wurde der philosophische Hintergrund im »Zeiten«-Zyklus. Geplant waren »Der Morgen«, »Der Tag«, »Der Abend« und »Die Nacht«. Vollendet wurde jedoch nur »Der Morgen«.
Für alle Bilder gab es eine Fülle von Skizzen und graphischen Variationen, die bald populär wurden, auch wenn die Details ohne Kommentar nicht zu verstehen sind. Man spürt zuerst einmal, daß hier jemand am Werke war, der als Silhouettenschneider *(Porträt)* begonnen hatte, dann, daß alle die Zeichnungen genau durchdacht und konstruiert sind, entsprechend einer musikalischen Harmonielehre, und schließlich, daß ihrer Vollendung in Farbe ebenfalls eine genaue Theorie zugrunde lag. Tatsächlich entwickelte Runge eine Farbentheorie, zum ersten Mal reihten sich hier die Farbstufen in Kugelform, nicht mehr linear. Sie erschien im gleichen Jahr wie *Goethes* Farbenlehre, 1810.
In einem Brief an Runge schrieb 1810 Clemens *Brentano* das beste, was man über Runges Kunst und überhaupt über die Bestrebungen der Romantiker sagen kann:
»Der Weg, den Sie betreten haben, ist um so rühmlicher, als er wahrscheinlich ein einsamer bleiben muß; ja, was ist einsamer als die Philosophie, da sie sich selbst verlassen muß, um sich zu belauschen? Ihr Bestreben ist mir daher stets so achtungswert und rührend erschienen, da Sie gewissermaßen die Augen schließen, um in sich hinabzusteigen und zu sehen, wie Sie zum Sehen gekommen; denn an solchem Bestreben sehe ich, daß das Leben der Kunst wahrlich verloren ist, indem der Künstler sich umsehen muß in sich selbst, um das verlorne Paradies aus seiner Notwendigkeit zu konstruieren.«
Diese Aussage wollte wörtlich genommen sein.
LITERATUR: J. Traeger, Ph. O. Runge und sein Werk. 1975. – Runge in seiner Zeit. Katalog. 1977.

Salon

Der romantische Salon war eine französische Erfindung des 17. und 18. Jahrhunderts. Sein Schauplatz war das Gesellschafts- oder Empfangszimmer. Er wurde im allgemeinen von einer wohlhabenden Dame der Gesellschaft geführt, von deren Geist und Witz es abhing, ob der Salon sich auf Dauer durchsetzte und ein Magnet für die führenden Persönlichkeiten einer Stadt oder eines Staates wurde. Gesprächsthemen waren alle Aktualitäten des Tages aus *Politik* und Wissenschaften, *Kunst* und *Literatur*, die *Mode* und natürlich auch der Klatsch. Mit anderen Worten: Das Gespräch im Salon ersetzte die – noch nicht voll entwickelte – Zeitung. Die Form des Gesprächs erfuhr dadurch eine außerordentliche Entwicklung, wie aus anderen Gründen der Brief. Manche Damen gaben nur ab und zu eine Gesellschaft, andere jeden Abend, einige erwarteten vielleicht 14 oder 20 Gäste, wenige deren 5000.

Wie war es zu erklären, daß in dieser Männerwelt Frauen *(Frauenemanzipation)* den Salon führten? Gebildete Damen – allesamt Autodidaktinnen, denn Frauen besuchten im allgemeinen noch keine Schule – wurden bewußt im bürgerlichen gesellschaftlichen Leben exponiert, um die starre Welt des Barock, seines Protokolls und Hofzeremoniells, aufzulockern. Sie mußten in der Lage sein, sich jeder Situation anzupassen. Es verstand sich, daß hier auch Intrigen gesponnen wurden und die Liebe als Mittel zum Zweck eingesetzt wurde. Das entscheidende Moment im französischen Salon war immer das erotische *(Erotik)*.

Als der Salon in Frankreich den Höhepunkt überschritten hatte, kam er in Deutschland zwischen 1790 und 1840 zu neuer Blüte. Im Unterschied zur Französin politisierte jedoch die Deutsche im allgemeinen nicht. Metternich (* 1773, † 1859), der die Madame Staël (* 1766, † 1817) erlebte, war schockiert von deren politischen »Machenschaften«. Der deutsche Salon war überdies bürgerlicher, kleiner, bescheidener. Die berühmtesten Salons führten in *Berlin* Henriette *Herz*, Rahel Levin, spätere *Varnhagen*, und Bettina von *Arnim*, in *Wien* Caroline Pichler (* 1769, † 1843).

Die Salons waren nicht zu denken ohne die *Frauen-* und *Judenemanzipation*. Die jüdischen Salons wurden jedoch in ihrer Wirkung durch die nationalistische, antisemitische Welle nach 1815 zurückgedrängt.

Selbstverständlich diente der Salon auch dem Spiel, der *Musik* und anderen Vergnügungen. Die Leseklubs *(Bücher)* standen ihm nahe. Er war Vorbild für die Geselligkeit der bürgerlichen *Familie*, die sich im 18. Jahrhundert herausgebildet hatte und besonders in der ruhigen Zeit des Biedermeier stilbildend wirkte.

Im Unterschied zum Salon waren alle anderen gesellschaftlichen Vereinigungen der Zeit allein den Männern vorbehalten. Hier sind an erster Stelle die Patriotischen Vereine zu nennen, die von wohlhabenden Bürgern gegründet wurden, um den Wissenschaften oder den Künsten, der Sozialfürsorge oder der technischen Entwicklung, oft allem zugleich, zu dienen.

Noch älter waren die mit den Ursprüngen der Aufklärung verbundenen Freimaurerorden. Sie fielen jedoch bald dem Zwiespalt anheim zwischen aufklärerischem Streben einerseits und kultischer Geheimniskrämerei andererseits. So kam es, daß gegen Ende des 18. Jahrhunderts Freimaurer und ihre Gegner, wie z. B. die Illuminaten in Bayern, verfolgt wurden, weil die Fürsten in ihnen eine Quelle politischer Subversionen vermuteten. Damit lagen sie im Prinzip nicht falsch.

In diesem Zwist zwischen Freimaurern, die dem Fortschritt dienten, und denen, die aus ihrem Wissen ein elitäres Geheimnis machen wollten, erkennt man rückblickend die Ursprünge der modernen Parteien. Es war auch kein Zufall, daß sich die erste romantische Gruppierung in *Jena* eine »Partei« nannte und von ihren Gegnern ebenfalls so bezeichnet wurde. Tatsächlich war sie in ihrem moralischen Impetus eine Partei – für alle offen, auch für Frauen –, die allerdings genauso schnell wieder zerfiel, wie sie spontan entstanden war *(Freundschaft)*.

Friedrich Wilhelm Joseph von **Schelling**
* 27. Januar 1775 Leonberg, Württemberg, † 20. August 1854 Bad Ragaz, Schweiz

Der 23jährige, der zusammen mit *Hegel* und *Hölderlin* im Tübinger Stift Theolo-

gie studiert hatte, wurde auf *Fichtes* und *Goethes* Betreiben hin außerordentlicher Professor für Philosophie in *Jena.* »Es kommt darauf an, daß junge Männer, entschieden, alles zu wagen und zu unternehmen, sich vereinigen, um von verschiedenen Seiten her dasselbe Werk zu betreiben ..., und der Sieg ist gewonnen.« In Jena schloß er sich sofort der romantischen »Partei« an. 1803 heiratete er August Wilhelm *Schlegels* bisherige Frau Caroline *(Frauenemanzipation).*
1803 ging er an die Universität Würzburg, 1806 nach München als Generalsekretär der Akademie der Künste, 1827 wurde er trotz einiger Querelen in München Professor für Philosophie, 1840 folgte er einem Ruf nach *Berlin,* wo er sich nach anfänglicher Begeisterung enttäuscht und resigniert zurückzog.
Seine Hauptwerke sind »Ideen zu einer Philosophie der Natur« 1797, »Von der Weltseele« 1798, »System des transzendentalen Idealismus« 1800 und »Über das Wesen der menschlichen Freiheit« 1809.
So groß der Eindruck war, den Schelling anfangs auf seine Zeitgenossen machte, so ungehört verhallte sein Spätwerk. Obwohl die Romantik nach wie vor in Mode war, wurde der Philosoph Schelling wenig beachtet. Zu seinen Lebzeiten schuf er sich viele Feinde. Die Freundschaft mit *Hegel* zerbrach. Seine Kollegen übergossen ihn mit Hohn. Aber einer seiner Schüler schrieb: »In den großen klaren Augen lag eine geistig gebietende Macht«, und August Platen (* 1796, † 1835) berichtete von der »Totenstille«, die geherrscht habe, »als hätte die ganze Versammlung den Atem angehalten«. Schellings Denken durchschritt die verschiedensten Stufen, man nannte ihn einen »Proteus der Philosophie«, aber dahinter stand immer »eine rechte Urnatur, als Mineral betrachtet echter Granit«, wie seine Frau Caroline sagte.
Von *Fichte* ausgehend, dachte Schelling, daß der Mensch auf dem Grund seines Ichs das Absolute findet und daher gleichsam aus dem Blickpunkt Gottes philosophieren muß. Die Dinge um den Menschen herum, die nach Fichte nicht wirklich existierten, sondern nur vorgestellt sind, waren für Schelling, Herder und *Goethe* folgend, »Natur«, die mit dem Menschen im Ursprung des Lebens in einer Einheit verbunden ist. Leben verwirklicht sich in der Polarität, Ziel des daraus sich ergebenden Werdens ist der Geist. Natur und Geist sind »Glieder *eines* großen Organismus«, die Natur ist das bewußtlose Stadium, der Geist das bewußte. In allem waltet die schaffende Gottheit, die sich letzten Endes in der Kunst verwirklicht.
Wie aber war dieser Gott zu denken? Denn Schelling war sich der häßlichen und schrecklichen Seiten des Lebens bewußt. Diesen Widerspruch fand er in Gott selbst wieder. Gott ist für ihn ursprünglich ambivalent. Aus dieser Polarität erhob sich sein Werden, um aus der Selbstentfremdung zur Einheit zurückzufinden. Wendepunkt auf diesem Weg ist der Mensch, »in ihm ist der tiefste Abgrund und der höchste Himmel« erreicht. Die größte Möglichkeit der Abkehr birgt die größte Möglichkeit der Zuwendung zu Gott in sich.
Schelling verfolgte diese Gedanken jahrzehntelang mit größter Intensität, auch wenn sich niemand mehr dafür interessierte. Er gehört nicht nur zu den großen deutschen Philosophen, sondern auch zu den großen Mystikern, besonders in der Nachfolge Jakob Böhmes: »Wer wahrhaft philosophieren will, muß aller Hoffnung, alles Verlangens, aller Sehnsucht los sein, er muß nichts wollen, nichts wissen, sich ganz bloß und arm fühlen, alles dahingeben, um alles zu gewinnen. Schwer ist dieser Schritt, schwer, gleichsam noch vom letzten Ufer zu scheiden.«
LITERATUR: S. Dietzsch, F. W. J. Sch. 1978. – J. Kirchhoff, Sch. in Selbstzeugnissen und Bilddokumenten. 1982.

Caroline von **Schelling**
* 2. September 1763 Göttingen, † 7. September 1809 Maulbronn
Die Tochter des Orientalisten Michaelis heiratete 1784 den Bergarzt Böhmer, der 1788 starb. Sie ging 1790 nach Mainz, um sich den Anhängern der Französischen Revolution um Georg Forster anzuschließen, wurde 1793 nach der Eroberung von Mainz durch die Preußen inhaftiert, brachte heimlich das Kind eines französischen Offiziers zur Welt und wurde in *Jena* bis 1803 Mittelpunkt der Frühromantiker. Zuerst mit Friedrich *Schlegel* befreundet, heiratete sie August Wilhelm *Schlegel,* trennte sich in

Freundschaft von ihm und heiratete *Schelling*, mit dem sie nach Würzburg und München ging.
Sie arbeitete an den Werken August Wilhelm *Schlegels* und *Schellings* mit. Im übrigen haben wir Rezensionen von ihr und eine Fülle geistreicher, kraftvoller Briefe. Ihre Wirkung müssen wir in erster Linie aus der Korrespondenz erschließen. Die Frühromantiker sahen in ihr die weibliche Parallele zu einem vollkommenen Menschen wie Goethe. Sie war die bedeutendste Vertreterin der *Frauenemanzipation.* Schon vor ihrer ersten Ehe schrieb sie: »Ich würde, wenn ich ganz mein eigener Herr wäre und außerdem in einer anständigen und angenehmen Lage leben könnte, weit lieber gar nicht heiraten und auf andre Art der Welt zu nutzen suchen.«
LITERATUR: E. Kleßmann, Caroline Sch. 1975.

Karl Friedrich **Schinkel**
* 13. März 1781 Neuruppin, Mark Brandenburg, † 9. Oktober 1841 Berlin
Der Sohn eines evangelischen Geistlichen wurde 1797 Schüler von David und Friedrich Gilly *(Architektur)* und besuchte 1799 die neugegründete Berliner Bauakademie. 1803 unternahm er seine erste Italienreise, kehrte 1805 nach Berlin zurück und brachte sich u. a. als Maler (z. B. von *Panoramen)* durch, gefördert von Wilhelm von Humboldt (* 1767, † 1835) und Gneisenau (* 1760, † 1831). 1810 wurde er in die preußische Bauverwaltung übernommen, wo er auch denkmalpflegerische Aufgaben hatte. Seit 1815 arbeitete er als Bühnenmaler, doch erst 1817 setzte seine eigentliche Tätigkeit als Baumeister Preußens ein. 1826 reiste er nach Großbritannien und studierte die fortgeschrittene englische Technik mit großer Aufmerksamkeit. Auch als Innenarchitekt, Architekturtheoretiker u. a. leistete er Bedeutendes. Schinkel gilt als der größte deutsche Baumeister des 19. Jahrhunderts. Obwohl er, im Unterschied etwa zu *Klenze*, nicht für ganze Straßenzüge oder Plätze verantwortlich zeichnete, prägte er doch das Gesicht *Berlins* in der ersten Hälfte des Jahrhunderts.
Er wurde jedoch zuerst als Maler bekannt. Anfangs arbeitete er in der Art von *Koch*, seine späteren, sehr stimmungsvollen Bilder erinnern jedoch stark an *Friedrich.* Musik ist in ihnen immer gegenwärtig, auch die Symbolik ähnelt der Friedrichs. Ein auffallender Unterschied: Schinkel bevorzugte eine deutlich nationale Thematik und Symbolik. Seine neugotischen Dome, ein ferner Nachklang des Menschheitsdomes von Comenius (* 1592, † 1670), waren die religiösen Heiligtümer und Ver-

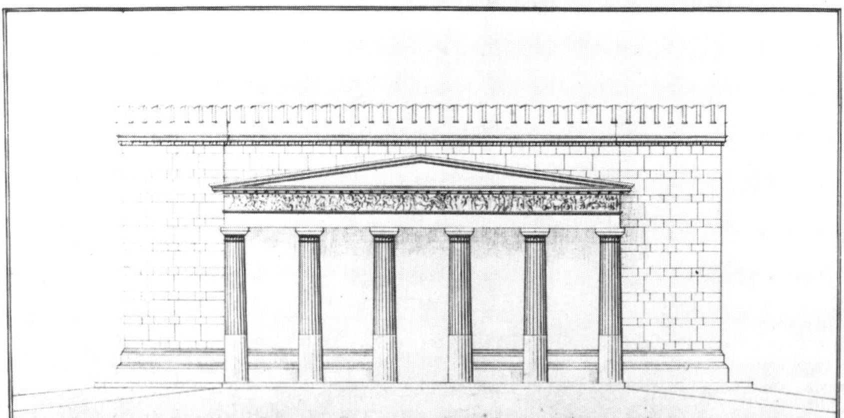

Karl Friedrich Schinkel, »Die Neue Wache«, 1817/18. Berlin (West), Staatliche Museen Preußischer Kulturbesitz, Kunstbibliothek mit Museum für Architektur, Modebild und Grafik-Design.

sammlungsstätten der neugeborenen Nation. Diese Anspielungen, die uns heute fremd sind und eher nach einem Versteckspiel aussehen, wurden zu seiner Zeit durchaus verstanden. Auch als Bühnenmaler trat er hervor. Besondere Berühmtheit erlangten seine Bühnenbildentwürfe zu Mozarts »Zauberflöte«, mit der 1816 in Berlin das Krönungs- und Friedensfest feierlich begangen wurde. Seine übrigen Dekorationen waren ebensogut.

Während Schinkel in seinen Bildern hauptsächlich gotische Bauwerke darstellte, gelang es ihm nur ein einziges Mal, selbst im Stil der *Gotik* zu bauen, nämlich die Friedrichwerdersche Kirche zu Berlin 1824 bis 1830, die nicht uneingeschränkt geglückt ist. Alle weiteren Projekte kamen nicht zustande. Nach seinen Plänen wurde schließlich posthum noch Schloß Kamenz 1840 bis 1873 in Schlesien ausgeführt.

Die meisten Bauten Schinkels beruhen auf antiken Vorbildern, die er jedoch frei und selbständig abwandelte. Seine Hauptwerke sind die Neue Wache 1816 bis 1818, das Schauspielhaus 1818 bis 1821, Schloß Tegel 1822 bis 1824, das Alte Museum 1823 bis 1830, um nur einige wenige zu nennen. Auf seiner Reise nach England sah er zum ersten Mal Industriebauten. Beeindruckt durch diese zweckorientierte, funktionale Architektur, versuchte auch Schinkel, in Berlin ein modernes Kaufhaus zu bauen, das in Stützen und Balken offen sichtbar die tragende Konstruktion zeigte. Seine technische Schwierigkeit bestand in *Berlin* besonders darin, daß er riesige Bauten auf Sand und zwischen Kanälen errichten mußte. Aber es gelang ihm, die »Vermählung des Hellenischen und des Vaterländischen« zu vollziehen, am besten vielleicht in der Bauakademie 1832 bis 1835.

Bei der Eröffnung des von ihm erbauten Alten Museums schrieb Schinkel, es diene dazu, »im Publikum den Sinn für bildende Kunst als einen der wichtigsten Zweige der menschlichen Kultur zu wekken, wo er noch schlummert, und wo er schon erwacht ist, ihm würdige Nahrung und Gelegenheit zu immer feinerer Ausbildung zu verschaffen. Alle anderen Zwecke sind diesem Hauptzweck unterzuordnen.«

Seine Werke sind im besten Sinne humanistische Architektur, die bewußte Bescheidenheit mit gemäßigter Kraft verbinden, und geben damit ein Bild vom Preußentum, wie es auch hätte sein können. Es war kein Zufall, wenn sein Schauspielhaus mit einem Prolog von *Goethe*, der in ihm einen Gesinnungsgenossen sah, eröffnet wurde.

Es war für Schinkel, der in Preußen auch den Eisenkunstguß zur Blüte brachte, eine Selbstverständlichkeit, auch dem Eisernen Kreuz den letzten Schliff zu geben und die Pickelhaube zu entwerfen, die ab 1842 zum Symbol des militärischen Preußens werden sollte. Doch es mußte kein Zweiter Weltkrieg kommen, um viele Werke Schinkels zu zerstören: Kaiser Wilhelm II. gewann kein Verhältnis zu ihnen und verhinderte ihre Beseitigung nicht.

LITERATUR: K. F. Schinkel, Katalog. Berlin (West). 1981. – K. F. Schinkel, Katalog. Berlin (Ost). 1982.

August Wilhelm **Schlegel**
* 5. September 1767 Hannover, † 12. Mai 1845 Bonn

Schlegel war als Sohn des dichtenden Theologen Johannes Adolf und Neffe des Dramatikers und Theoretikers Johann Elias Schlegel sozusagen in seinen Wirkungskreis hineingeboren; außerdem war er der ältere Bruder des berühmteren Friedrich *Schlegel*. August Wilhelm studierte zuerst Theologic, dann Philologie. Es folgten Hauslehrerjahre in Amsterdam.

1795 stieß er in *Jena* zum Kreis der Frühromantiker, wo er anfangs an den Zeitschriften der Klassiker mitarbeitete. 1796 heiratete er Caroline Michaelis, verwitwete Böhmer, die Geliebte seines Bruders Friedrich. 1803 trennte sie sich von ihm und heiratete *Schelling*.

1798 bis 1800 gab er zusammen mit seinem Bruder die Zeitschrift *(Bücher)* »Athenäum« heraus. Seit 1801 hielt er in *Berlin* Vorlesungen als Privatgelehrter, nachdem er zuvor in *Jena* 1798 ordentlicher Professor geworden war. Ab 1804 begleitete er viele Jahre lang Madame de Staël (* 1766, † 1817) auf ihren Reisen und nach Paris. Zwischendurch, 1808, hielt er Vorlesungen in *Wien*. 1818 erhielt er einen Lehrstuhl für Kunst- und Literaturgeschichte in Bonn.

Seine wichtigsten Werke sind Shake-

speare-Übersetzungen 1797 bis 1810, die Zeitschrift »Athenäum« 1798 bis 1800, Übersetzungen spanischer Dramatiker 1803 bis 1809, »Blumensträuße italienischer, spanischer und portugiesischer Poesie« 1804 und die Wiener Vorlesungen »Über dramatische Kunst und Literatur« 1809 bis 1811. Ein Großteil seiner kritischen und historischen Schriften wurde erst lange nach seinem Tode veröffentlicht.
Aus einem solchen Verzeichnis geht nicht hervor, daß seine Wirkung in erster Linie nicht auf seinen Schriften beruhte, sondern auf seinen Vorlesungen. In Berlin gab es 1801 noch keine Universität. Es handelte sich um die Privatveranstaltung eines Privatgelehrten, zu der sich bald das gesamte gebildete Berlin einfand. Inhaltlich bedeutender freilich waren seine Wiener Vorlesungen. In Bonn wurde er ein Lehrer Heinrich *Heines.*
Im Vergleich zu seinem Bruder war August Wilhelm Schlegel der ruhigere, sein Urteil abgewogener. Seine eigenen Dramen, besonders das von *Goethe* so geschätzte und 1802 unter großen Mühen aufgeführte »Ion«, sind heute so gut wie vergessen, ebenso seine Gedichte, von einigen Musterbeispielen für das Sonett, die Kanzone u. a. abgesehen – Formen aus dem romanischen Sprachbereich, die er im Deutschen heimisch machen wollte.
Seine Bedeutung für die heutige Zeit beruht vor allem auf seinen Übersetzungen und auf seinen literaturkritischen und -historischen Schriften. Hier sind an erster Stelle seine Shakespeare-Übersetzungen zu nennen. Shakespeare (* 1564, † 1616) war im 18. Jahrhundert bereits öfter ins Deutsche übersetzt worden. Besonders seit dem »Sturm und Drang« wußte man ihn zu schätzen. Diese älteren Übersetzungen waren zum Teil recht gut, hatten jedoch fast alle den Mangel, in Prosa geschrieben zu sein. Sie waren deswegen oft kraftlos. Schlegel meinte zu Recht: »Der wiederkehrende Rhythmus ist der Pulsschlag des Lebens.«
Sein Problem bestand darin, daß es noch keine deutsche Nation gab und eine Nationalliteratur gerade erst dank *Goethe* im Entstehen begriffen war. Seine Leistung bestand darin, daß er den Deutschen mit seiner Shakespeare-Übersetzung einen beachtlichen Teil ihrer Nationalsprache schenkte. Er übersetzte selbst insgesamt 13 Shakespeare-Dramen, darunter »Romeo und Julia«, »Hamlet« und »Was ihr wollt« sowie einen Großteil der Königsdramen. *Tieck* übertrug später u. a. »König Lear«, schließlich wurde die Shakespeare-Übersetzung von Tiecks Tochter Dorothea und Wolf Graf von Baudissin (* 1789, † 1878) zu Ende geführt. Schlegels Calderón-Übersetzung war keine ähnliche Wirkung beschieden, obwohl er die Sonette, Terzinen, Stanzen, Romanzen u. a. meisterhaft beherrschte.
Die Brüder Schlegel waren nicht die Erfinder der Literaturkritik. Die kritische Betrachtung der Literatur war untrennbar mit der Aufklärung verbunden, die ja aus der Kritik den Fortschritt in eine bessere, vernünftigere, von weniger Fehlern behaftete Zukunft gewinnen wollte. Die Leistung der Brüder Schlegel bestand in der Begründung der kritischen Literaturgeschichte. Sie, wie ihre Zeitgenossen auf anderen Gebieten, fügten damit dem wissenschaftlichen Weltbild eine weitere Dimension hinzu – die der Vergangenheit.
Die Folgen dieser Entdeckung eines neuen Zeitraumes waren für das allgemeine Lebensgefühl ebenso groß wie für die Wissenschaft selbst: Die deutsche Philologie wurde, wie die schon zuvor von Johann Joachim Winckelmann begründete Archäologie, führend in der Welt für viele Jahrzehnte, besonders in der Altphilologie und der von August Wilhelm Schlegel mitbegründeten Indologie und natürlich auch in der Germanistik *(Grimm).*
1799 erschien »ein Gespräch« mit dem Titel »Die Gemälde«, das Schlegel zusammen mit seiner Frau *(Caroline Schelling)* verfaßt hatte. Es beruhte auf Besuchen der Dresdner Gemäldegalerie, die sie zusammen mit *Friedrich, Fichte, Schelling, Novalis* u. a. im Jahr zuvor bei Fakkelschein unternommen hatten. Das Gespräch war eine in dieser Zeit beliebte und typische Form: Es spiegelte sich darin der aufklärerische Versuch, im geselligen Verkehr und vernünftigen Unterhaltungen ein Problem zu klären, hier die Stellung der einzelnen Künste zueinander *(Gesamtkunstwerk)* und ihre Beziehung zum Kunstliebhaber. Ein Ergebnis des Gesprächs bestand in der Erkenntnis, daß ein Kunstwerk durch die Inter-

pretationen ständig wachse und sich verändere.
In den späteren Privatvorlesungen, die ja auch, anders als heute, ein Gespräch, zumindest eine offene Begegnung zwischen Wissenschaftler und Publikum sein konnten, ging es nun u. a. darum, eine dem Kunstwerk angemessene Form der Interpretation zu finden. Dafür schlug Schlegel die historische Erklärung vor: »denn indem man erklärt, wie die Kunst wurde, zeigt man zugleich auf das einleuchtendste, was sie sein soll«.
Bei dieser Gelegenheit begründete Schlegel auch die »romantische Literatur« als moderne Literatur, die nicht nach dem Vorbild der Antike sich bildete, sondern universell und unvergänglich zu sein beanspruchte. Allerdings deutet sich schon hier an, welche Schwierigkeiten die Unterscheidung der Begriffe »klassisch« und »romantisch« bereitete: Friedrich *Schlegel* hatte kurz vorher eine andere Definition gegeben und gab bald danach noch eine andere *(Goethe)*.
LITERATUR: W. A. Richter, A. W. Sch. Wanderer zwischen Weltpoesie und altdeutscher Dichtung. 1954.

Friedrich **Schlegel**
* 10. März 1772 Hannover, † 12. Januar 1829 Dresden
August Wilhelm *Schlegels* jüngerer Bruder begann eine Kaufmannslehre in Leipzig, studierte kurz Jura in Göttingen, dann ab 1791 in Leipzig, wo er sich bald entschloß, wie sein Bruder Schriftsteller zu werden. Er beschäftigte sich in den kommenden Jahren in erster Linie mit Philosophie, Altphilologie und Kunstgeschichte. 1796 siedelte er nach *Jena* über, 1797 lernte er Dorothea Veit (* 1763, † 1839), die Tochter des jüdischen Philosophen Moses Mendelssohn (* 1729, † 1786), kennen, die ihren Mann verließ und mit Schlegel zusammenzog. Sie heirateten 1804. 1801 habilitierte er sich, 1802 zog er nach Paris, wo er das Studium der orientalischen und indischen Sprachen aufnahm. 1804 reiste er zusammen mit den Brüdern *Boisserée* über Belgien nach Köln *(Reisen)*. 1808 konvertierte er zusammen mit Dorothea zum katholischen Glauben. Im gleichen Jahr siedelte er nach *Wien* über, wo er in Zukunft studierte, Privatvorlesungen hielt und im Auftrag des Hofes (Metternich) diplomatische Aufgaben übernahm. 1815 wurde er geadelt und erhielt vom Papst den Christusorden.
Seine Hauptwerke sind »Über das Studium der griechischen Poesie« 1797, »Die Griechen und Römer« 1797, »Geschichte der Poesie der Griechen und Römer« 1798, der Roman »Lucinde« 1799, »Über die Sprache und Weisheit der Indier« 1808, »Philosophie des Lebens« 1828, »Philosophie der Geschichte« 1829.
Jeder Versuch, seine Person und sein Werk kurz und in einer Auswahl vorzustellen, scheitert an Schlegels Vielseitigkeit. Um einen Begriff davon zu vermitteln, sei das 116. Fragment aus der Zeitschrift »Athenäum« zitiert: »Die romantische Poesie ist eine progressive Universalpoesie. Ihre Bestimmung ist nicht bloß, alle getrennten Gattungen der Poesie wieder zu vereinigen ... Sie will und soll auch Poesie und Prosa, Genialität und Kritik ... bald mischen, bald verschmelzen, die Poesie lebendig und gesellig und das Leben und die Gesellschaft poetisch machen ...«
Diesem Ziel ist er auf vielen Wegen zu jeder Zeit treu geblieben. *Tieck* schrieb nach Schlegels Tod: »Aber Genüge ... fand er in keiner Wissenschaft und keinem Kunstwerk, auch im Glauben, in seinem Christentum nicht. Er mußte auch hier etwas Unbegreifliches aufbauen.«
So fing er vieles an, ließ vieles wieder liegen, reiste immerzu umher, regte an, eckte an – das Fragment, das unvollendete Werk war eine für ihn typische Form (noch 1963 erschien eine unbekannte Fragmentsammlung, 8000 Stück aus der so wichtigen Frühzeit 1796 bis 1806), ebenso die Form des literarischen Gesprächs, die *Freundschaft*, die Geselligkeit, die Cliquen und Parteien, die sich in immer neuen Zeitschriften *(Bücher)* zu Worte meldeten.
Schließlich war auch typisch für ihn eine ungewöhnliche Mischung von Fleiß und Intelligenz, mit der er sich quer durch die Weltliteratur und Philosophie hindurchlas – mit weitreichender Wirkung, denn schließlich wurde er auf diese Weise zu einem Begründer der deutschen Indologie. Seine Fähigkeit, sich fremde Sprachen anzueignen, sich in sie einzufühlen, war unbegreiflich groß, auch wenn er nicht wie sein Bruder als sprachschöpferischer Übersetzer wirkte.

Am Anfang seiner Laufbahn war Friedrich Schlegel, wie alle seine Freunde, ein *Goethe*-Verehrer – nicht nur, weil er in Goethes Roman »Wilhelm Meisters Lehrjahre« (ab 1795) sein großes Vorbild sah, sondern auch, weil er mit Goethe in der Bewunderung der Antike übereinstimmte, schließlich aber, weil Goethe der einzige in diesem zersplitterten deutschen Reich war, der so etwas wie die Einheit der deutschen Literatur verkörperte, wenn es schon keine Nation gab. Goethe war daher auch der einzige, der ihm und seinen Freunden allgemeine Anerkennung für die Schriftstellerei als Beruf leihen konnte. Der Bruch mit Goethe war zwar auch das Ergebnis von Schlegels allzu unbekümmerten Äußerungen, aber tatsächlich trennten sich bald die Wege, weil Schlegel die klassischen Normen nicht mehr für allein vorbildlich hielt.
Zur Klärung dessen, was er unter moderner, romantischer Poesie verstand, setzte er die Kategorie des Interessanten ein. Damit gab er den allgemeinverbindlichen Kanon von der antiken Schönheit auf zugunsten subjektiver Ansichten, frappanter Erscheinungen oder sogar der Häßlichkeit. Interessant war es für ihn z. B. auch, mit seinen Ideen herumzuspielen, immer neue Gedanken zu entwickeln, auch wenn dadurch alle Welt verwirrt wurde. Interessant war letzten Endes schon allein der Reiz, nicht unbedingt mehr die Durchführung eines Themas.
Aufschlußreich ist in dieser Hinsicht besonders sein Roman »Lucinde«. Schlegel war sich bewußt, daß der Roman die Literaturform der Zukunft sein würde – so, wie Bettina von *Arnim* ahnte, daß in *Beethovens* Symphonien sich etwas Zukünftiges ankündigte. Für ihn war daher »romanhaft« = »romantisch«, was auch der Herkunft des Begriffes »Romantik« in etwa entspricht. So wollte er nun in diesem Roman, ein *Gesamtkunstwerk* anstrebend, alle nur denkbaren Elemente mischen: die übliche fortschreitende Erzählung mit der Zustandsschilderung einer Lebensgemeinschaft, Briefe, Dialoge, Verse u. a. Doch der Roman blieb unvollendet, der zweite Teil wurde nie geschrieben.
Schlegel nahm mit dieser Mischung der Elemente den Roman des 20. Jahrhunderts vorweg: Die Handlung wurde ebenso atomisiert wie der »Held«, auf den es nicht mehr ankam. »Alle Romane sind revolutionär. – Nur ein Genie kann einen eigentlichen Roman schreiben.« Was ihm wichtig war, wurde durch den Ausdruck »Poesie« umschrieben, in der sich Kunst und Leben vereinigten: »Wie seine Kunst sich vollendete und ihm von selbst in ihr gelang, was er zuvor durch kein Streben und Arbeiten erringen konnte: so ward ihm auch sein Leben zum Kunstwerk, ohne daß er eigentlich wahrnahm, wie es geschah.«
LITERATUR: E. Behler, F. Sch. in Selbstzeugnissen und Bilddokumenten. 1966.

Friedrich Daniel Ernst **Schleiermacher**
*21. November 1768 Breslau, †12. Februar 1834 Berlin
Der Sohn eines Feldpredigers wurde von Herrnhutern im Geiste des Pietismus erzogen, studierte anschließend Theologie und wurde Hauslehrer. Nach Überwindung einer Glaubenskrise wurde er Prediger, ab 1796 in *Berlin,* wo er über Henriette *Herz' Salon* zu den Romantikern stieß. 1799 erregte er Aufsehen mit seinen »Reden über die Religion an die Gebildeten unter ihren Verächtern«, 1800 mit den »Monologen«, 1801 mit seinen »Vertrauten Briefen über Schlegels Lucinde«. 1802 verließ er Berlin wegen einer unglücklichen Liebe zur Frau eines Amtsbruders: Obwohl er Theologe, verwachsen und keine Schönheit war, bedeuteten ihm Frauen viel – und er beeindruckte sie. 1804 wurde er außerordentlicher Professor für Theologie in Halle, das er nach dem Sieg Napoleons (* 1769, †1821) verließ. 1809 wurde er wieder Prediger in *Berlin,* mit der Gründung der Universität 1810 übernahm er eine theologische Professur und wurde Dekan der Fakultät, las aber genauso über philosophische und pädagogische Themen.
In der Restaurationszeit wurde er von der Regierung umstürzlerischer Umtriebe verdächtigt, entfaltete jedoch trotzdem seine große Schaffenskraft weiterhin nach allen Seiten. Er war als Prediger wie als Lehrer ein Virtuose der freien Rede, der erst während des Sprechens aus dem Stegreif sowohl lebendig als auch systematisch seine Lehre entwickelte, so daß seine Bücher vielfach nach den Niederschriften seiner Hörer verfaßt wurden. Sein Einfluß war noch grö-

ßer als der *Hegels*, mit dem er sich nicht verstand. Er verband innigste Frömmigkeit mit schärfster Dialektik und vorurteilsloser Kritik.
Seine Hauptwerke sind außer den schon genannten Büchern: »Grundlinien der Kritik der bisherigen Sittenlehre« 1803, Übersetzung der Werke Platons 1804 bis 1810, »Der christliche Glaube nach den Grundsätzen der evangelischen Kirche im Zusammenhang dargestellt« 1821/22.
Als Philosoph wird Schleiermacher heute nicht besonders beachtet, da er im Schatten vor allem *Schellings* steht. Er gilt jedoch als der bedeutendste evangelische Theologe des Jahrhunderts, der die wissenschaftliche Hermeneutik begründete, und neben Herbart (* 1776, † 1841) als der Begründer der wissenschaftlichen Pädagogik. Seine theologische Leistung bestand darin, daß er im Unterschied zur Aufklärung und Orthodoxie einen scharfen Trennungsstrich zwischen der Religion einerseits und der Metaphysik und Ethik andererseits zog. Der Mensch ist schlechthin von Gott abhängig. Diese Abhängigkeit bildet die Grenze der von Kant und *Fichte* beschworenen Freiheit des Menschen. In der Geschichte erfahrbar ist sie durch das Erscheinen von Jesus Christus. Von ihm aus ist die jeweilige historische Form der Religion auf ihre Wahrheit hin zu prüfen.
Seine Theologie und Philosophie bildeten den Rahmen seiner Pädagogik. Seine beiden Fragen lauteten: »Was *soll* durch Erziehung bewirkt werden?« und: »Was *kann* durch dieselbige bewirkt werden?« Solange die Anthropologie keine sicheren Antworten über die Natur des Menschen geben kann, muß jede *Erziehung* notgedrungen so angelegt werden, daß, gleichgültig, wie eine Streitfrage beantwortet wird (z. B. Ist die Erziehung allmächtig? Sind alle Menschen von Natur aus gleich begabt?), den möglichen Antworten zufriedenstellend begegnet werden kann. Im übrigen fand Schleiermacher diese Unsicherheit der Anthropologie gut, denn andernfalls könnten sich die Menschen das Recht nehmen und über die weitere Zukunft des Kindes bestimmen. So aber kam es darauf an, dem Kind zu helfen, seine Fähigkeiten zu entdecken, damit es anschließend selbst um so besser über sich entscheiden könne: Die Pädagogik sollte nur die Aufgabe haben, die seit alters geübte Praxis der Erziehung bewußter zu machen, nicht aber, sie sich zu unterwerfen.
LITERATUR: W. Dilthey, Leben Schleiermachers, 1870f. – F. W. Kantzenbach, Sch. in Selbstzeugnissen und Bilddokumenten. 1967.

Julius **Schnorr von Carolsfeld**
* 26. März 1794 Leipzig, † 24. Mai 1872 Dresden
Der Malersohn besuchte ab 1811 die Wiener Akademie, wo er im Kreis von *Koch* und Friedrich *Schlegel* verkehrte und in Wohngemeinschaft mit *Olivier* lebte. 1817 wurde er in den Lukasbund *(Nazarener)* aufgenommen, 1818 reiste er nach Rom, wo er sich an den Fresken im Casino Massimo beteiligte (Ariost-Zimmer). 1825 folgte er einem Ruf König Ludwigs I. (* 1786, † 1868) nach München, wo er mit einem Bruder Ferdinand Oliviers zusammenzog und im Lauf der nächsten Jahrzehnte die Residenz mit Fresken zur Nibelungensage und zur Geschichte der deutschen Kaiser ausstattete. Ab 1852 erschien bei Cotta seine »Bibel in Bildern«, an der er seit 1825 arbeitete. 1846 ging er als Professor zur Dresdner Akademie, gleichzeitig wurde er Direktor der Gemäldegalerie.
Schnorrs sichere und ausdrucksstarke Linienführung kam dem Fresko entgegen, trotzdem war er nicht so erfolgreich wie *Cornelius*. Es erwies sich als außerordentlich schwierig, die Nibelungensage so zu gestalten, daß sie sich für fürstliche Repräsentationsräume eignete. Der Zusammenhang mit dem neuen Nationalgefühl der Deutschen, wie in früheren Nibelungen-Illustrationen gegeben, ging durch Schnorrs starke Individualisierung und Heroisierung der Personen verloren. Hegel urteilte daher stellvertretend für viele Zeitgenossen: »Die Burgunder, Kriemhilds Rache, Siegfrieds Taten ... das alles hat mit unserm ... Leben ... in nichts mehr irgendeinen lebendigen Zusammenhang.«
Populär wurde Schnorr jedoch mit seiner Bilderbibel. Die 240 Illustrationen wurden zum deutschen Kanon. Ihrer Verbreitung kam die industrielle Entfaltung des Buchdrucks entgegen. Sind Schnorrs Bilder bei aller Innigkeit und trotz aller Berechnung des Publikumsgeschmacks eindrucksvoll und Zeugnis gu-

Julius Schnorr von Carolsfeld, »Blick auf Olevano«, 1821. Federzeichnung. Dresden, Staatliche Kunstsammlungen, Kupferstichkabinett.

ter handwerklicher Arbeit, so trugen sie doch dazu bei – neben *Overbecks* religiösen Gemälden –, den religiösen Kitsch zu fördern.

LITERATUR: H. W. Singer, J. Schnorr von Carolsfeld. 1911.

Arthur **Schopenhauer**

* 22. Februar 1788 Danzig, † 21. September 1860 Frankfurt am Main

Der Sohn eines reichen Kaufmanns und der bekannten Schriftstellerin Johanna Schopenhauer wurde in großbürgerlichem Stil erzogen und privat unterrichtet.

Er gehört zu den wenigen Schriftstellern, die sich frühzeitig durch Bildungsreisen eine große Welterfahrung erwerben konnten, und trat gegenüber geachteten Persönlichkeiten gern als Mann von Welt auf. Er hauste jedoch wie ein ärmlicher Junggeselle, benahm sich gegen Personen niedrigen Standes unleidlich und konnte die meisten Mitmenschen, insbesondere seine Konkurrenz, die Philosophieprofessoren, nicht ausstehen. Er bezeichnete sich selbst als »Misanthropen« und hielt zum Schluß nur noch von seinem Pudel etwas.

1809 begann er in Göttingen Medizin zu studieren, wechselte jedoch bald zur Philosophie und hörte in Berlin bei *Fichte* und *Schleiermacher.* Seine Doktorarbeit »Über die vierfache Wurzel des Satzes vom zureichenden Grunde« enthält bereits den Kern seiner späteren Lehre. Nach einigen unruhigen Jahren, die er hauptsächlich in *Dresden,* München, Italien und *Berlin* verbrachte, wo seine Universitätskarriere 1825 scheiterte, siedelte er nach Frankfurt am Main über, wo er bis zu seinem Tode als Privatgelehrter vom elterlichen Vermögen lebte.

Sein Hauptwerk ist »Die Welt als Wille und Vorstellung« 1819. Es fand erst am Ende seines Lebens einige Beachtung. Heute gilt Schopenhauer international als einer der gewandtesten Stilisten der deutschen Sprache und als einer der bedeutendsten Philosophen überhaupt.

Sein Hauptwerk beginnt mit dem Satz: »Die Welt ist meine Vorstellung.« Seiner Ansicht nach trägt der Mensch die Dinge in sich und sieht sie in die Welt hinein. So wären alle Dinge nur Erscheinungen

subjektiver menschlicher Vorstellung, wenn nicht hinter den Erscheinungen etwas wäre, das erscheint. Was das ist, demonstriert Schopenhauer am Leib des Menschen. Dieser Leib ist zum einen ein vorgestelltes, angeschautes Objekt. Aber den Leib kann man auch unmittelbar fühlen, wenn man zum Beispiel Arme und Beine willentlich bewegt. So tritt neben die Vorstellung der Wille. Und der Wille bestimmt nicht nur das Wesen des Menschen, sondern das der ganzen Welt.
Doch der Urwille ist ursprünglich blind und ruft dadurch das Leiden in der Welt hervor. Gibt es für den Menschen überhaupt eine Möglichkeit, sich von diesem Leiden je zu befreien? Dazu ist es zuerst einmal notwendig, sich vom Willen nicht weiter drängen zu lassen, die Beschränktheit der eigenen Person zu übersteigen und sich zur reinen Anschauung zu erheben. Dann sieht der Mensch die Dinge in ihren Urformen, wie sie sind, bevor der Urwille sich auswirkt. Einen Begriff davon bekommt der Mensch in den Kunstwerken, besonders in der Musik. Auf die Dauer ist jedoch eine Erhebung zur reinen Anschauung der Dinge nur möglich, wenn der Mensch den Willen total verneint. Wenn er aufgibt, woran das Herz hängt, wird er wirklich frei.
Aber damit ist noch nicht alles getan. Der Mensch muß außerdem noch begreifen, daß er durch den Urwillen mit allen anderen Lebewesen Teil einer Gemeinschaft ist. Daher muß er sich letztlich dazu bereit finden, das Leiden der anderen durch sein Mitleiden zu lindern. In diesen Anschauungen wird Schopenhauers Beeinflussung durch den Buddhismus deutlich.
Die ungeheure Wirkung, die diese Philosophie seit der zweiten Hälfte des 19. Jahrhunderts ausübt, beruht sowohl auf Schopenhauers klarem Stil als auch auf seinem grenzenlosen Pessimismus, der in merkwürdiger Weise mit der Fortschrittsgläubigkeit dieser Zeit zusammenzuhängen scheint. Schopenhauer selbst erreichte die letzte Stufe seiner Philosophie nicht, denn sein Leben lang beklagte er sich voll Bitterkeit über diese Welt als eine »Neckerei«, einen »Schabernack«, eine »Komödie«, ein »Trauerspiel«. Das Leben erschien ihm »jammervoll und keineswegs wünschenswert« und die Welt – im Gegensatz zu Leibniz – als die schlechteste aller möglichen.

Franz **Schubert**
* 31. Januar 1797 Lichtenthal, Wien, † 19. November 1828 Wien
Der Sohn eines Lehrers, dessen musikalische Begabung früh erkannt und gefördert wurde (1808 Sängerknabe in der Hofkapelle, Freistelle im Stadtkonvikt u. a.), bereitete sich ebenfalls auf die Lehrerlaufbahn vor und gab bis 1818 lustlos Elementarunterricht. Danach arbeitete er bis zu seinem frühen Tod als »freier« Komponist; zweimal war er Musiklehrer beim Grafen Esterházy, ansonsten wurde er von seinem großen Freundeskreis und seiner Familie unterstützt. Erfolgreich waren zu seinen Lebzeiten in erster Linie die populären Tänze und Märsche, insbesondere die zu vier Händen. Seine anspruchsvolleren Werke wurden, soweit kammermusikalisch, im Freundeskreis gespielt. Er erlebte nur ein einziges größeres öffentliches Konzert seiner Werke. Viele Stücke wurden erst nach seinem Tod gedruckt und uraufgeführt, des öfteren durch *Schumanns* Einsatz.
Zu seinen bedeutendsten Werken zählen die 7. und 8. Symphonie (D 759, 1822 und D 944, 1826), einige Streichquartette, darunter »Der Tod und das Mädchen« (D 810, 1824 bis 1826), das »Forellenquintett« (D 667, 1819), das Oktett (D 803, 1824), die Klaviertrios (D 898 und 929, 1827), 15 Klaviersonaten, die »Wandererfantasie« (D 760, 1822), 6 Moments musicaux (D 780, 1828), 8 Impromptus (D 899 und 935, 1827) und über 600 *Lieder,* darunter die Zyklen »Die schöne Müllerin (D 795, 1823), »Winterreise« (D 911, 1827) und »Schwanengesang« (D 957, 1828).
»Sehen Sie sich genau die Schubertschen Tänze an und versuchen Sie sich in der Erfindung einfacher und achttaktiger Melodien«, wird später Johannes Brahms (* 1833, † 1897) zu Richard Strauss (* 1864, † 1949) sagen. Mit Schubert trat die formale Arbeit des Komponisten zugunsten der Entfaltung von Melodien zurück. Der lyrische Charakter der Stücke dominierte, Liedmelodien wurden zum Vorwurf instrumentaler Stücke, instrumentale Themen konnten auch gesungen werden. Mit Schubert be-

gann ein Zeitalter der »Liedhaftigkeit«. *Schumann* schrieb über die drei letzten Sonaten: »... als könne es gar kein Ende haben, nie verlegen um die Folge, immer musikalisch und gesangreich rieselt es von Seite zu Seite weiter, hier und da durch einzelne heftigere Regungen unterbrochen, die sich aber schnell wieder beruhigen«. Er sagte positiv aus, was Schubert zum Vorwurf gemacht wurde: Formlosigkeit und zum Mißbrauch führende Melodienseligkeit. Das »Dreimäderlhaus« und verwandte Operettengefälligkeiten auf Schubertscher Grundlage verhinderten lange eine gerechte Würdigung.
Schubert, der sich auch schriftstellerisch betätigte, schrieb in seiner Erzählung »Mein Traum« 1822: »... mit einem Herzen voll unendlicher Liebe für die, welche sie verschmähten, wanderte ich abermals in ferne Gegend. Lieder sang ich nun lange, lange Jahre [»Winterreise«!]. Wollte ich Liebe singen, ward sie mir zum Schmerz. Und wollte ich wieder Schmerz nur singen, ward er mir zur Liebe. So zerteilte mich die Liebe und der Schmerz.« An anderer Stelle hieß es: »Man glaubt immer zueinander zu gehen, und man geht immer nur nebeneinander« - ein merkwürdiger Satz für ein Genie der Geselligkeit.
Schubert arbeitete immer vormittags, nachmittags ging er mit Freunden spazieren, abends saß er mit ihnen, die ihn unterstützten, ihn und seine Musik liebten, zusammen. Mitunter kam es dann zu den berühmten »Schubertiaden«, bei denen gemeinsam gedichtet, gescherzt, gesungen, musiziert und getrunken wurde. So, wie Schubert ein Komponist der Freundschaft war, so war seine Musik Ausdruck von Fröhlichkeit aus Verzweiflung.
Man kann sein Werk in zwei Gruppen teilen, in Unterhaltungs- und ernsthafte Musik. Er könnte als der »Erfinder« der Hausmusik *(Musik)* gelten, der dem Klavier *(Musikinstrumente)* endgültig einen festen Platz im biedermeierlichen Haushalt verschaffte. Er war der »Erfinder« des modernen Kunstliedes *(Lied)*, aber er schrieb auch Symphonien, die angeblich unspielbar waren, die »Wandererfantasie«, die er selbst nur mit »teuflischem Beistand« bewältigen konnte, und so tragische Stücke wie »Der Tod und das Mädchen« oder »Winterreise«.
Schubert war den klassischen Kompositionsprinzipien zutiefst verpflichtet, aber ihm ging es im Unterschied zu *Beethoven* weniger um die Logik der motivischen Entwicklung als um die Entfaltung und Variation der melodischen Substanz. Das gelang ihm in seinen Klavierstücken und Liedern früher als etwa in den Symphonien, aber es gelang ihm schließlich auch in den Gattungen, wo ihn zweifellos Beethoven lange Zeit überragte. Seine größte Leistung ist in der Schöpfung des Kunstliedes *(Lied)* zu sehen.
LITERATUR: M. Schneider, Schubert in Selbstzeugnissen und Bilddokumenten. 1980.

Robert **Schumann**
* 8. Juni 1810 Zwickau, † 29. Juli 1856 Endenich bei Bonn
Sein Vater war ein Verlagsbuchhändler, der die deutschen Gesamtausgaben der Werke von George Byron (* 1788, † 1824) und Walter Scott (* 1771, † 1832) herausbrachte. So wurde der Sohn früh mit der Literatur der Klassik und Romantik vertraut. Seine besondere Liebe galt E. T. A. *Hoffmann* und *Jean Paul*. Trotz seiner auffallenden musikalisch-literarischen Doppelbegabung begann er 1826 mit dem Jurastudium. 1829 hörte er den Violinvirtuosen Niccolo Paganini (* 1782, † 1840) und entschloß sich, Klaviervirtuose zu werden. Sein Ehrgeiz verführte ihn zu gymnastischen Experimenten, die eine Lähmung des Ringfingers der rechten Hand bewirkten.
Daraufhin betätigte er sich als Rezensent - seine Bedeutung als Musikschriftsteller war für seine Zeitgenossen genauso groß wie die als Komponist - und gründete 1834 mit Erfolg die »Neue Zeitschrift für Musik«, die zum Sprachrohr der jungen Generation wurde. Schumann stellte darin u. a. zum ersten Mal Brahms (* 1833, † 1897) vor. 1840 erhielt er endlich nach jahrelangem Streit mit seinem künftigen Schwiegervater vom Gericht die Erlaubnis, Clara Wieck (* 1819, † 1896), eine berühmte Klaviervirtuosin, zu heiraten. 1843 berief ihn *Mendelssohn* an das Leipziger Konservatorium, doch schon 1845 ging er enttäuscht nach *Dresden* als Leiter der Liedertafel *(Lied)*, 1850 als Städtischer Musikdirektor nach Düsseldorf, wo es jedoch auch bald Probleme gab, weil er sich als Dirigent nicht

verständlich artikulieren konnte. Ab 1854 litt er unter Halluzinationen, unternahm einen Selbstmordversuch und begab sich ansschließend in eine Anstalt.
Seine bedeutendsten Werke sind vier Symphonien, das Klavierkonzert op. 54 (1841 bis 1845), eine große Zahl von Vokal- und Kammermusikwerken, viele Klavierwerke, die schon dadurch auffallen, daß sie nicht mehr einfach »Sonate« o. ä. heißen, sondern romantische Titel tragen, und einige Liederzyklen, insbesondere nach Gedichten von *Chamisso, Eichendorff, Goethe, Heine, Kerner, Lenau* und Friedrich *Rückert.*
An seinen Symphonien wurde oft ein Mangel an Handwerk bemerkt. Schumann war als Komponist Autodidakt. Doch ging es ihm, wie seinem Vorbild *Schubert,* nicht darum, Themen systematisch nach Beethovenschem Muster bis zu ihrer äußersten Grenze zu entwikkeln, er wollte vielmehr Stimmungen variieren. Der Angelpunkt einer Symphonie *Beethovens* liegt im thematischen Material, der von Schumann in der Subjektivität des Komponisten.
Diese Eigenart wird überdeutlich in den Klavierstücken. Da gibt es z. B. »Fantasiestücke« (op. 12, 1837) mit »Satz«-Bezeichnungen wie »Aufschwung«, »Traumeswirren« u. a. In den »Waldszenen« (op. 82, 1848/49) gibt es Titel wie »Verrufene Stelle« oder »Vogel als Prophet«, die beim Hörer programmatischen Assoziationen Vorschub leisten.
Tatsächlich muß man feststellen, daß die romantischen Komponisten – insbesondere Schumann aufgrund seiner schriftstellerisch-musikalischen Doppelbegabung und seiner Musikkritiken – dazu neigten, sich auch in der Sprache auszudrücken. *Weber, Schubert* und Schumann schrieben. Ihre Doppelbegabung war wohl eine Voraussetzung ihrer Kunstlieder *(Lied),* auch wenn sie sich dazu der Texte von Dichtern bedienten. Aber ihre Neigung, ihre Kompositionen mit passenden Texteinfällen zu begleiten (oder umgekehrt), war oft auch ein Mittel der Verschlüsselung, wie man gerade bei Schumann gut beobachten kann. Er liebte die Buchstabenrätsel, so z. B. in den Abegg-Variationen (op. 1, 1830) oder im »Carnaval« (op. 9, 1834/35). Er schrieb über Berlioz, könnte aber auch sich selbst meinen: »Man irrt sich gewiß, wenn man glaubt, die Komponisten legten sich Feder und Papier in der elenden Absicht zurecht, dies oder jenes auszudrücken, zu schildern und zu malen.«
So ist sein Werk immer auf die drei Fixpunkte Biographie, Literatur und Musik bezogen, aber nie eindeutig. Alles blieb in der Schwebe. Im Unterschied zu *Schubert* konnte er sagen: »Man muß den Leuten ... nicht das Herz zeigen, ein allgemeiner Eindruck des Kunstwerkes tut ihnen besser, sie stellen dann wenigstens keine falschen Vergleiche an.«
Schumanns Werke sind ohne die literarischen Bezüge zu *Jean Paul* und *Hoffmann* nicht zu denken, neben *Wackenroder* die musikalischsten Dichter der Romantik. Er schrieb: »Wenn ich Schubert spiele, so ist mir's, als läs' ich einen komponierten Roman von Jean Paul.« Bei Jean Paul habe er mehr Kontrapunkt gelernt als von seinem Musiklehrer. Seine »Papillons« (op. 2, 1830 bis 1832) zitieren den Larventanz aus *Jean Pauls* »Flegeljahren« (ab 1804), nach seinem Vorbild erfand er auch das gegensätzliche Zwillingspaar Eusebius und Florestan, Doppelgänger, wie sie auch bei *Hoffmann* und in der nachfolgenden Literatur immer wieder auftauchen. Die »Kreisleriana« (op. 16, 1838) wiederum verdankten ihre erste Idee der Hoffmannschen Gestalt des Kapellmeisters Kreisler in den »Lebensansichten des Katers Murr« (1820 bis 1822).
Diese geheimnisvolle Welt der Zitate und Beziehungen, die Schumann noch gerne durch seltsame Klangfarben unterstrich, wurde besonders deutlich in der Gründung des Davidsbundes, der ihm ursprünglich in seiner Zeitschrift dazu diente, in einer fiktiven Geheimgesellschaft von Freunden Ansichten auszutauschen. In den danach benannten »Davidsbündlertänzen« (op. 6, 1837) spiegeln sich verschiedene Facetten seiner Persönlichkeit, wieder versteckt im Zwillingsbrüderpaar und einer dritten Person, die deren Gegensätze harmonisch vereint. Schumanns Stücke erschließen sich jedoch auch, wenn man die Bezeichnungen nicht liest und die literarischen Anspielungen nicht kennt. Was Schumann beabsichtigt, ist, dem Hörer den Eindruck »poetischer Ganzheit« zu vermitteln *(Lied).*

LITERATUR: A. Boucourechliev, R. Schumann in Selbstzeugnissen und Bilddokumenten. 41970.

Gustav **Schwab**
* 19. Juni 1792 Stuttgart, † 4. November 1850 Stuttgart
Der Sohn eines Hofrates studierte Theologie, Philosophie und Philologie in Tübingen, bevor er 1817 Professor für alte Sprachen in Stuttgart wurde, dann 1827 bis 1837 Redakteur von Cottas »Morgenblatt« *(Hauff)* und 1833 bis 1838 vom »Deutschen Musenalmanach«. Anschließend schlug er die kirchliche Laufbahn ein und brachte es bis zum Oberkonsistorialrat.
Zu seiner Zeit unterstützte er freiheitliche Bestrebungen durch Griechen- und Polenlieder. Berühmter wurde er jedoch als Mitglied des Schwäbischen Dichterkreises *(Uhland, Kerner)*. Heute werden seine populären Lieder und Balladen (»Der Reiter und der Bodensee«, »Das Gewitter« u. a.) kaum mehr gelesen. Seine größten Leistungen liegen für uns auf literarhistorischem Gebiet, in der Herausgabe der »Deutschen Volksbücher«, besonders aber der »Schönsten Sagen des klassischen Alterthums« 1838 bis 1840, der Werke von Fleming, *Hauff, Hölderlin,* Wilhelm *Müller,* Rollenhagen, in der Übersetzung von Reisewerken der napoleonischen Zeit, von Lamartine und antiken Dichtern, sowie in der Förderung von *Chamisso* und Freiligrath.

Moritz von **Schwind**
* 21. Januar 1804 Wien, † 8. Februar 1871 München
Der angehende Philosoph entschloß sich 1821 zum Künstlerberuf und wurde Schüler *Schnorrs von Carolsfeld.* Er verkehrte mit *Schubert, Grillparzer, Lenau* und den Brüdern *Olivier.* Obwohl er sich 1829 vorläufig und 1847 für immer in München niederließ (nach Zwischenstationen in Karlsruhe und Frankfurt am Main), blieb er doch *Wien* immer eng

Moritz von Schwind, »Der Traum des Erwin von Steinbach«, 1822. München, Staatliche Graphische Sammlung.

verbunden. Eine Italienreise unternahm er erst 1835, sie hatte auf sein Werk keinen sehr großen Einfluß. Stärker war die Wirkung, die in München *Cornelius'* Freskomalerei auf ihn ausübte. 1847 wurde er Professor in München, 1855 in den österreichischen Ritterstand erhoben. Zu seinen Förderern und Auftraggebern gehörten u. a. König Ludwig I. von Bayern (* 1786, † 1868), das Städel in Frankfurt am Main und Graf Schack (* 1815, † 1894). Er war ein Freund und Briefpartner Eduard Mörikes (* 1804, † 1875).
Schwind unterhielt nicht zufällig so enge Beziehungen zu Dichtern und Musikern, denn er entnahm einen Großteil seiner Motive ihrer Welt und strebte in Bildern, wie z. B. »Die Symphonie« 1852, ein *Gesamtkunstwerk* an. Durch *Cornelius'* Einfluß gab er langsam den kleinteiligen, filigranartigen Illustrationsstil auf und entwickelte statt dessen eine großzügige Figurendarstellung: wenige Menschen, die sich in einem Raum ohne Tiefe eng mit dem Vordergrund verbinden. Berühmtes Beispiel dafür ist das Bild »Im Walde« 1848, das auch »Des Knaben Wunderhorn« genannt wird. Es vereinigt alle Vorzüge Schwinds: eine melodiöse Linienführung, eine warme Farbgebung, eine überschaubare Thematik, die sowohl die Poesie als auch die Musik beschwört. Schwind entdeckte auch das zur Abstraktion tendierende Thema der Wurzeln, in dem für ihn Ursprung und Natur des Menschen symbolisch zum Ausdruck kam.
Die für ihn typische Figurenkomposition zeigen auch seine Fresken, so z. B. für die Münchner Residenz (1832, *Tieck*-Saal), Schloß Rüdigsdorf bei Altenburg (»Amor und Psyche«), Villa Arthaber in Wien, das Karlsruher Ständehaus und die Kunsthalle, die Wartburg-Fresken (1853 bis 1855, u. a. Wettstreit der Minnesänger), die Wiener Oper (1863 bis 1867, »Zauberflöte« u. a.). Seit den 1830er Jahren kombinierte er mehrere verschiedenformatige Bilder und Rahmenelemente zu einem Ganzen, später entwickelte er eine der Ballade vergleichbare Form, z. B. Folgen von Reisebildern in kleinen Formaten, Werke, die nicht für die Öffentlichkeit bestimmt waren.
Seine Werke fanden viel Anklang. Er hatte die Popularität gesucht, aber darüber nicht seine konsequenten ästhetischen Forderungen vergessen. Man kann ihm zu Recht nachsagen, daß ihn aktuelle Themen nicht interessierten (in seiner Jugend zeichnete er zwar auch Karikaturen, aber wo ist etwa 1866 seine Stellungnahme zum Preußisch-Österreichischen Krieg oder zu den wirtschaftlichen Problemen der Großstädte, in denen er lebte?). Im Unterschied zu seinen Nachfolgern bewahrte er sich jedoch ein gutes Gefühl für Qualität.
LITERATUR: E. Kalkschmidt: M. v. Schwind. 1943.

Louis **Spohr**
* 5. April 1784 Braunschweig, † 22. Oktober 1859 Kassel
Der Arztsohn erhielt in Braunschweig seinen ersten Unterricht als Geiger und Komponist und bereiste als Violinvirtuose halb Europa, während er 1805 in Gotha Konzertmeister, dann 1812 Kapellmeister in *Wien,* 1817 in Frankfurt am Main und 1822 in Kassel wurde. 1857 wurde er wegen seiner politischen Gesinnung und seines Eintretens für Richard Wagner (* 1813, † 1883) zwangspensioniert.
Er war als Virtuose berühmt und bildete viele Geiger aus. Seine eigenen Kompositionen waren in einer klassizistischen Trockenheit befangen, auch wo sie romantische Züge trugen. Sein »Faust«, 1816 von *Weber* uraufgeführt, war, neben *Hoffmanns* »Undine«, die erste romantische Oper. Von seiner Kammermusik überlebten in erster Linie das Nonett 1814, einige Lieder, von seinen 15 Violinkonzerten nur das achte in »modo d'una scena cantate«. Wahrscheinlich würde jedoch eine genaue Prüfung des Werkes manchen Schatz zutage fördern, z. B. die vier Klarinettenkonzerte.
LITERATUR: H. Homburg, L. Sp. Bilder und Dokumente seiner Zeit. 1968.

Tanzmusik
Um 1750 nahm das Interesse an den höfischen Tänzen des Barock, an der Allemande, Courante, Sarabande u. a., ab. Nur das Menuett erfreute sich nach wie vor großer Beliebtheit. In diese Lücke drang nach und nach eine neue Tanzform, der Ländler aus den Alpen. Er hieß auch mißverständlicherweise Allemande oder Dreher und Deutscher Tanz. Diese

Tänze, die schließlich in den Walzer mündeten, hatten eines gemeinsam: Es waren Tänze der Bauern *(Land- und Forstwirtschaft)*; jeder konnte an ihnen teilnehmen; sie konnten überall und zu jeder Tageszeit getanzt werden; sie erforderten weder eine große Kapelle noch die Beachtung einer steifen Etikette; es waren Paartänze; und man konnte den Partner wechseln. Eine Revolution konnte nicht vollkommener sein. Daher nahm es auch nicht Wunder, daß der Ländler 1765 durch eine kaiserliche Verordnung in Acht und Bann getan wurde, weil er »sowohl der Gesundheit schädlich, als auch der Sünden halber sehr gefährlich« sei.

Im Jahre 1754 soll ein Hanswurst namens Bernardon auf einer *Wiener* Bühne zum ersten Mal das Wort »walzen« für die Drehbewegung benutzt haben. 1765 wurde das Walzen, wie gesagt, verboten, aber im selben Jahr wurde Kaiser Joseph II. (* 1741, † 1790) gekrönt, der Mann, der dem Walzer Tür und Tor öffnete, indem er ihn auf seinen Redouten zuließ. Von hier aus ergriff der Walzertaumel schnell ganz Wien.

1781 konnte der *Berliner* Verleger Friedrich Nicolai (* 1733, † 1811) überrascht feststellen, daß die Wiener Mittelklasse öffentliche Tanzhallen benutzte. Auch zu Hause und auf den Plätzen wurde jederzeit getanzt. Diese Tanzhäuser wurden 1808 durch das »Apollo« übertroffen: sechs Säle, 35 kleinere Räume und weitere Einrichtungen, gedacht für 6000 Besucher, die je fünf Gulden Eintritt zahlten und noch einmal je fünf Gulden für das billigste Menu ohne Wein. 1809 stellte der preußische Komponist Johann Friedrich Reichardt (* 1752, † 1814) fest, daß 95 Kellner an der Tafel bedienten; das Silberbesteck war 200 000 Gulden wert, es gab Grotten und Fontänen, Billardräume, Konditoreien u. a. Er zählte 7000 bis 8000 Besucher, davon weniger als 500 aus der feinen Gesellschaft. Viele waren Bauern mit Familie und Gesinde aus den umliegenden Dörfern. Gleichzeitig fand in der Hofburg ein Ball mit 4000 Teilnehmern statt. Insgesamt sollen in dieser Nacht 40 000 bis 45 000 Menschen öffentliche Bälle besucht haben – bei 250 000 Einwohnern. Wie man unter diesen Umständen noch Aufhebens von der Walzerseligkeit des Wiener Kongresses 1815 machen kann, oder davon, daß 1821 am Faschingsdonnerstag 1600 Bälle stattfanden, bleibt ein Rätsel.

Inzwischen war der Walzer längst in den Konzertsaal eingedrungen. Mozart, Haydn, *Beethoven* schrieben auch Kontretänze und Walzer für öffentliche Veranstaltungen. In den Trios der späten Mozartschen Kammermusik kann man Walzer hören. Viele gute Komponisten erkannten, daß sich mit Walzern schnell Geld machen ließ, darunter z. B. Johann Nepomuk Hummel (* 1778, † 1837) und Muzio Clementi (* 1752, † 1832). Alles wurde gedruckt und gekauft. Einer von ihnen wurde damit sogar unfreiwillig weltberühmt: Über ein Walzerthema von Anton Diabelli (* 1781, † 1858) schrieb Beethoven seine Diabelli-Variationen (op. 120, 1824). Endgültig wurde der Walzer zugelassen mit *Webers* genialer »Aufforderung zum Tanz« (op. 65, 1819). Takt 1–5: »1. Annäherung des Tänzers«, 5–9: »ausweichende Erwiderung der Dame«, 9–13: »dringender gestellte Aufforderung«, 13–16: »ihr Eingehen auf seinen Wunsch«. Es folgen eine kleine Unterhaltung und das Antreten zum Tanz, dann zehn Schlußtakte: »Dank, Erwiderung, Zurücktreten.« Diese Introduktion machte auch in *Wien* Furore, wo *Schubert* eine Unzahl von Walzern und Tänzen aller Art schrieb.

Anfangs unterschied sich der Walzer in seiner behäbigen Bewegung kaum vom Ländler. Das Paar drehte sich rechts- und linksherum im ¾-Takt, um die eigene Achse durch die Länge des Saales. Aber mit der Zeit nahm die Akzentuierung des zweiten Viertels zu, das Tempo wurde schneller. Seine Meister waren Joseph Lanner (* 1801, † 1843) und Johann Strauß (Vater, * 1804, † 1849).

Im allgemeinen folgten auf eine Introduktion fünf Walzer, die meistens in der Form ABA aufgebaut waren. In einer Koda klangen alle Themen zum krönenden Abschluß noch einmal an. Im Rahmen dieser Möglichkeiten, die einerseits *Weber* und *Schubert* absteckten, andererseits Lanner und Strauß, sollte der Walzer das gesamte 19. Jahrhundert zutiefst prägen.

Theater

Gespielt wurde zumeist, was dem Publikum gefiel. Das galt auch für Weimar, wo *Goethe* noch das anspruchsvollste

Programm anbot. Unter seiner Leitung wurden 87 Stücke von Kotzebue (* 1761, † 1819), 46 seines Schwagers Vulpius (* 1762, † 1827), 31 von Iffland (* 1759, † 1814), 22 von Friedrich Ludwig Schröder (* 1744, † 1816), 15 von Goethe, zehn von Schiller (* 1759, † 1805), acht von Shakespeare (* 1564, † 1616), vier von Lessing (* 1729, † 1781) u. a. gezeigt. Hinter dem »u. a.« verbergen sich z. B. die vielen Bearbeitungen und Übersetzungen der beiden Klassiker und auch Goethes Bemühungen um die Stücke der Brüder *Schlegel.*

Romantische Dramen kamen jedoch weder in Weimar noch woanders zur Geltung. *Kleist* wurde praktisch nicht zur Kenntnis genommen, *Tieck* las seine Stücke lieber vor, *Grillparzer* und Zacharias *Werner* hatten in Norddeutschland nicht viel Erfolg. Manche romantischen Dramen, insbesondere die von Kleist, sollten erst viel später einen festen Platz im Repertoire erwerben.

Trotz dieses Mißerfolges der romantischen Dichter besaß das Theater in der Romantik einen großen Stellenwert. Lessings Schritt, das Theater als politische Anstalt zur moralischen Besserung der Menschen zu nutzen, war in einer Zeit des höfischen Theaters in der Nachfolge des Barock revolutionär. Dieser Forderung der Zeit konnten sich aufgeklärte Fürsten nicht entziehen. So wurde das *Wiener* Burgtheater 1776 zum Nationaltheater erklärt, 1779 folgte Mannheim, 1786 *Berlin.*

Mit anderen Worten: die repräsentativen Theater wurden dem allgemeinen Publikum geöffnet, allerdings nach wie vor vom Hof unterhalten. In bürgerlichen Städten ohne Hof, wie z. B. Frankfurt, Hamburg oder Leipzig, schlossen sich die wohlhabenden Bürger zusammen, um feste Theater zu ermöglichen. Auch diese bürgerlichen Bühnen nannten sich mitunter Nationaltheater, um ihren Anspruch zu verdeutlichen, oft aber schlicht Stadttheater.

Durch die Einrichtung fester Bühnen wurden die Schauspieler von der Straße geholt, die Wanderbühnen nahmen ab, der Beruf des Schauspielers wurde respektabel, eine Blütezeit des Theaters begann. Mit ihr war eine zunehmende Spezialisierung verbunden. So wurde in *Wien* 1810 die Oper vom Schauspiel getrennt, ab 1781 waren berühmte Vorstadtbühnen entstanden, die in Konkurrenz zum Hofburg-Nationaltheater traten, dessen antike und romantische Stoffe sie zur Belustigung des Volkes parodierten.

Eine solche Entwicklung war jedoch nur in Wien möglich, wo immerhin 250000 Menschen lebten. Andere Städte, wie etwa Weimar mit 7000 Einwohnern, waren dafür viel zu klein. Hier mußten fortlaufend neue Inszenierungen herausgebracht (u. U. 20 in einem Monat!) und Gastspielreisen unternommen werden. Auch ging man davon aus, daß jeder Bürger, der sich überhaupt Theaterbilletts leisten konnte, mehrfach im Monat das Theater besuchte: Das Theater war der gesellschaftliche Treffpunkt der gebildeten Minderheit (neben Lesegesellschaften, *Kunst-* und *Musik*vereinen und Männersozietäten, wie z. B. den Freimaurern). Die Hof-, National- und Stadttheater waren nur dank Subventionen lebensfähig, die Unternehmertheater, wie z. B. die Wiener Vorstadtbühnen, die dem Vergnügen aller dienten, mußten sich selbst erhalten, brachten aber trotzdem nicht unbedingt ein Programm, das den Vergleich mit den offiziellen Bühnen scheuen mußte.

Mit dieser Hebung des Theaters und der Verbürgerlichung des Schauspielberufes wurde es für den bürgerlichen Autor eher möglich, seine Helden Schauspieler werden zu lassen, damit sie auf dem Theater das erlebten, was ihnen das Leben verwehrte. Solche Rollen schrieben z. B. *Goethe* in »Wilhelm Meisters Lehrjahre« (ab 1795), *Jean Paul* im »Titan« 1800 bis 1803, *Arnim* in »Hollins Liebeleben« 1802 und *Bonaventura* in seinen »Nachtwachen« 1804.

Das Vorbild aller war Shakespeares »Hamlet«, wo Theater im Theater spielt, eine Idee, die gerade den Romantikern besonders einleuchtete. Bei *Brentano, Tieck* u. a. begannen die Versuche, das Theater zum Gegenstand des Theaters zu machen, um eine unwirkliche Atmosphäre zu schaffen, in der jede Überraschung glaubhaft wurde. Schießlich gehörten die romantischen Märchen- und Zauberspiele zum festen Repertoire der Zeit, neben Stoffen aus der Antike, dem christlichen Mittelalter und den Schauerstücken (die ihre Parallelen im *Unterhaltungsroman* hatten).

Am bezeichnendsten für den Geist der

Zeit war vielleicht die Erfindung des Kasperls. Die Aufklärung hatte die Figur des Hanswursts ihrer Fortschrittsideologie geopfert – kein Mensch durfte so stereotyp dumm und ungeschickt sein, daß nicht doch eine Hoffnung auf Entwicklung bestand. Entwicklung nun war Kasperls Metier. Mit ihm konnte sich schon das kindliche Gemüt identifizieren, er war Autor, Regisseur und Publikum in einer Person, eine gewitzte Allmachtsfigur, die alles Unmögliche möglich machte.

Ludwig **Tieck**
*31. Mai 1773 Berlin, †28. April 1853 Berlin
Der Sohn eines Seilermeisters, der schon als Schüler an Kolportageromanen mitarbeitete, studierte auf Wunsch seiner Eltern in Halle, Göttingen und Erlangen Theologie, bevor er sich 1794 dazu entschloß, als freier Schriftsteller zu leben. 1793 hatte er bereits zusammen mit *Wakkenroder* Franken *(Reisen)* erwandert. Das Ergebnis dieser Reise, die »Herzensergießungen eines kunstliebenden Klosterbruders« (1796), vollendete er an Stelle des verstorbenen Freundes. In den Folgejahren wechselte er oft den Wohnort. Alle Bemühungen, eine feste Anstellung zu erreichen, z. B. als Universitätsprofessor, scheiterten, bis er schließlich 1825 als Dramaturg ans Dresdener Hoftheater ging. 1841 wurde er Vorleser des preußischen Königs.
Tieck war vielleicht der vielseitigste Romantiker: Lyriker, Erzähler, Dramatiker, Übersetzer und Herausgeber. Seinen Zeitgenossen war er jedoch als Vorleser am vertrautesten. Zu seiner Zeit blühte noch die Kultur des Vorlesens: Es war üblich, *Bücher,* z. B. im Familienkreise, vorzulesen. *Schelling* schrieb über Tiecks besondere Begabung: »Er ist und bleibt ein anmutiger, liebenswürdiger Mensch. Sein Talent, Komödien und Tragödien nicht sowohl vorzulesen, als leibhaft zu agieren und tragieren, hat den höchsten Grad der Vollkommenheit erreicht.«
Diese Beobachtung traf: Tieck spielte immer und überall jeden Aspekt seiner Stimmungen und Gefühle durch. Er steckte selbst in jeder Figur. Er war daher auch kein Dichter, der aufgrund einer Theorie schrieb, sondern ein Spiegelbild aller Moden und Interessen seiner Zeit. Genauso rege wie Friedrich *Schlegel,* ebenso vertraut mit allen romantischen Kreisen, war er nicht so bedeutend als kritischer Anreger, sondern als Verwandler literarischer Ideen in Literatur.
So stand er immer zwischen Traditionalismus und Modernismus. Sein erstes bedeutendes und vollkommen romantisches Werk waren »Franz Sternbalds Wanderungen« 1798. »Wenn Ihr ... von der Kunst entzückt werdet, wenn Ihr einen Trieb in Euch spüret, der Euer Herz den großen Meisterwerken oder den Helden der Vorzeit entgegendrängt, wenn Ihr Euer Vaterland liebt, ... wenn Ihr Euren großen Geist von großscheinenden Gegenständen zurückziehen und auch Kleinigkeiten mit Liebe betrachten könnt, so habe ich für Euch geschrieben.« Die religiöse Kunstschwärmerei in diesem Roman verband anschaulich und effektvoll die Sehnsucht nach dem Mittelalter mit der Vaterlandsliebe und der romantischen Kunstanschauung. Sie war gleichzeitig eine Absage an die beim Publikum viel beliebteren *Unterhaltungsromane,* an deren Produktion Tieck früher fleißig mitgewirkt hatte und deren Mittel er beherrschte.
Er sollte mit diesem Buch weitreichenden Einfluß haben, insbesondere auf die *Nazarener,* die sich ja auch seines Genoveva-Dramas (1800) mit Vorliebe annahmen. Die Einfalt, die Tieck in all seinen Werken an den Tag legte, war nie echt, immer gespielt und wurde trotzdem von einfacheren Gemütern leicht für bare Münze genommen. Das zeigte sich besonders an zwei Stichwörtern, »Waldeinsamkeit« und »mondbeglänzte Zaubernacht«, die er lieferte und die in seiner Nachfolge wie Versatzstücke gebraucht wurden, wenn romantische Stimmung gefragt war.
Beide Stichworte sind Gedichten entnommen. Als Lyriker wäre jedoch Tieck heute nicht mehr bekannt, hätte nicht Johannes Brahms (*1833, †1897) einige seiner Texte vertont. Genauso erging es im allgemeinen seinen Dramen, obwohl u. a. der Regisseur Jürgen Fehling (*1885, †1968) zeigte, daß sie sehr wohl ihr Publikum begeistern können. Von seinen 14 vollendeten Dramen wurde kaum eines zu seinen Lebzeiten gespielt, und wenn, dann ohne Erfolg. Tieck, der sich über die Schwierigkeiten seiner

Stücke im klaren war, nahm sein Schicksal gelassen hin. Er kannte die Kluft zwischen Dichter und Publikum genau, aber im Unterschied etwa zu *Hölderlin* oder *Kleist* scheiterte er daran nicht. In seinen Dramen machte er vielmehr diese Kluft zum Thema seiner Szenen, denn bei ihm spielte alles mit: der Autor, der Regisseur, das Publikum.
Diese virtuosen Fähigkeiten, die er der italienischen Komödie entnahm und zum rein literarischen Spiel weiterentwickelte, sollten einen großen Einfluß auf spätere Dramatiker haben: Christian Dietrich Grabbe (* 1801, † 1836), Frank Wedekind (* 1864, † 1918) und Carl Sternheim (* 1878, † 1942) nutzten diese Mittel, die Plattitüden bürgerlichen Lebens zu verspotten. Die Auflösung der dramatischen Handlung, die mit diesen Spielen im Spiel verbunden war, führte direkt zu den surrealistischen Stücken der Gegenwart.
Tieck bewährte sich auch immer wieder als Herausgeber. 1797 veröffentlichte er unter dem Pseudonym Peter Leberecht drei Bände mit Volksmärchen. Darunter befanden sich jedoch nicht nur alte *Märchen*, die Tieck frei bearbeitete, sondern auch eigene Stücke - genauso großzügig sollten später *Arnim* und *Brentano* bei ihrer Volksliedersammlung verfahren. In Tiecks Sammlung finden sich so berühmte Stücke wie die »Wundersame Liebesgeschichte der schönen Magelone«, die Komödie »Der gestiefelte Kater«, die Novelle »Der blonde Eckbert« und das Drama »Ritter Blaubart«.
Diese Mischung der Formen und von Altem und Neuem war Absicht: Tieck wünschte sich Leser, die sich all diesen Erzeugnissen der Phantasie willig hingaben. Er schrieb dazu: »Wir sollten es nur einmal versuchen, uns das Gewöhnliche fremd zu machen, und wir würden darüber staunen, wie nahe uns so manche Belehrung, so manche Ergötzung liegt, die wir in einer weiten, mühsamen Ferne suchen. Das wunderbare Utopien liegt oft dicht vor unsern Füßen, aber wir sehen mit unsern Teleskopen darüber hinweg.«
Seine Vielseitigkeit prädestinierte ihn auch zum Übersetzer. Er übertrug nicht nur Shakespeare-Dramen, sondern u. a. auch Cervantes' »Don Quijote«. Ferner wurde er als Herausgeber von Werken seiner Freunde *Kleist*, Lenz (* 1751, † 1792), *Novalis* und *Wackenroder* tätig.
1823 trat er jedoch mit etwas völlig Neuem hervor, mit Gesellschaftsnovellen, den ersten ihrer Art in Deutschland, denen er mit gewohnter Virtuosität zahlreiche weitere folgen ließ. Sie weisen bereits auf die realistische Dichtung des Vormärz voraus.
Seine Lebenszeit umschloß mehrere Epochen: 1789 lernte er noch Mozart (* 1756, † 1791) kennen, 1847 Richard Wagner (* 1813, † 1883), den er mit seiner Novelle »Der getreue Eckart und der Tannhäuser« 1800 zur Oper »Tannhäuser« (1842 bis 1845) inspiriert hatte.
Seine wichtigsten Werke sind die Romane »Geschichte des Herrn William Lovell« 1795, »Franz Sternbalds Wanderungen« 1798, die Märchenspiele »Ritter Blaubart« 1797, »Der gestiefelte Kater« 1797, »Prinz Zerbino« 1799, »Leben und Tod der heiligen Genoveva« 1800, die Übersetzungen und Bearbeitungen »Volksmärchen« 1797, »Don Quijote« 1799 bis 1801, »Minnelieder aus dem Schwäbischen Zeitalter« 1803 und Novellen ab 1823.
LITERATUR: K. Günzel (Hrsg.), König der Romantik. Das Leben des Dichters L. T. in Briefen, Selbstzeugnissen und Berichten. 1981.

Ludwig **Uhland**
* 26. April 1787 Tübingen, † 13. November 1862 Tübingen
Der Sohn des Universitätssekretärs begann 1804 das Studium der Philologie, 1805 das der Rechte. Nach der juristischen Promotion reiste er nach Paris, aber nicht, wie ursprünglich geplant, zum Studium des Code Napoléon, sondern zum Studium mittelalterlicher Handschriften. Er sollte später, besonders zwischen 1837 und 1854, noch viele derartige Forschungsreisen unternehmen. Ab 1811 arbeitete er zeitweise als freier Advokat oder als Justizbeamter. 1819 wurde er Abgeordneter in der verfassungsgebenden Versammlung der württembergischen Landstände, 1833 Abgeordneter des Landtages in Stuttgart, 1848 der Nationalversammlung in Frankfurt am Main. 1829 wurde er zum außerordentlichen Professor für deutsche Literatur an die Universität Tübingen berufen, gab jedoch 1833 die Lehrtätigkeit zugunsten der politischen auf.

Seine Hauptwerke sind »Gedichte« 1815 (mehrfach um neue Gedichte erweitert, bis 1862 40 Auflagen!), die Monographie »Walther von der Vogelweide« 1822, »Sagenforschungen« 1836, »Alte hoch- und niederdeutsche Volkslieder« ab 1844.

Uhland könnte, wie *Eichendorff*, als Beispiel dafür angeführt werden, daß ein romantischer Dichter keineswegs krank, unstet, verschuldet, unglücklich verliebt, unpolitisch usw. sein *mußte*. Im Gegenteil: er bot ein Bild fester Männlichkeit. Allerdings versagte in der zweiten Hälfte seines Lebens seine dichterische Kraft, aber nicht, wie seine Zeitgenossen meinten, weil sich politische Tätigkeit nicht mit Poesie vertrage, sondern weil der romantische Aufschwung überholt war und sein philologisches Interesse stärker wurde.

Als liberaler Politiker vertrat Uhland humane Ziele, nicht Gruppeninteressen. In der Paulskirche hielt er Reden in einer herrlichen Sprache, vertrat aber Ideen, die heute töricht erscheinen.

Die Germanisten sehen in ihm – neben den Brüdern *Grimm* – den Begründer ihrer Wissenschaft. Er schrieb die erste Monographie über einen mittelhochdeutschen Dichter, gab nach *Arnim* und *Brentano* die bedeutendste Sammlung deutscher Volkslieder heraus und betrieb wissenschaftliche Sagenforschung. Seine Dramen sind zu Recht vergessen, aber seine Romanzen und Balladen sind noch heute populär (z. B. »Die Rache«, »Des Sängers Fluch«, »Schwäbische Kunde«, »Bertran de Born«, »Das Glück von Edenhall«), ebenso einige seiner volksliedhaften Gedichte (z. B. »Die Kapelle«, »Der gute Kamerad«, »Der Wirtin Töchterlein«), die von *Schubert, Schumann*, Franz Liszt (* 1811, † 1886) und Johannes Brahms (* 1833, † 1897) vertont wurden.

Die Themenvielfalt und den Formenreichtum verdankte er seinen philologischen Studien. Die Einfachheit seiner besten Stücke beruht auf intensiver Sprachpflege, bewußter Ausfeilung. Romantische Erschütterungen seines Ichs sind nicht spürbar, schon früh wandte er sich von der Sehnsucht nach dem Unendlichen ab und suchte lieber im Irdischen das Überirdische. Christian Friedrich Hebbel (* 1813, † 1863) schrieb: »Er verstand alles, selbst das Wunderbare und Mystische, auf das Einfach-Menschliche zurückzuführen.«

LITERATUR: K. Mayer, U., seine Freunde und Zeitgenossen. 2Bde. 1867.

Universitäten und Studenten

Die romantische Bewegung entstand in den 1790er Jahren an der Universität *Jena* und wurde anfangs von Studenten und einigen jungen Professoren getragen. Es waren, selbst wenn man die bedeutenden Frauen hinzuzählt, eine Handvoll Leute, die den Anstoß gaben, nämlich *Fichte* (von 1794 bis 1799), *Schelling* (von 1798 bis 1803), dessen spätere Frau Caroline (von 1796 bis 1803), *Hegel* (von 1800 bis 1806), Friedrich *Schlegel* (von 1796 bis 1797, 1800 bis 1802), August Wilhelm *Schlegel* (1796 bis 1801), *Ritter* (von 1796 bis 1804), Steffens (von 1797 bis 1800), dazu einige, die oft nach Jena kamen und sich dem Kreis verbunden fühlten, wie *Novalis, Tieck, Wackenroder* u. a. Nicht zu vergessen waren Schiller, der seit 1789 dort als außerordentlicher Universitätsprofessor wirkte, und *Goethe* im 25 Kilometer entfernt gelegenen Weimar als der für die Universität zuständige Minister, der gerne nach Jena herüberkam, nicht nur Schillers wegen, sondern weil sich seit den 80er Jahren an der übel verrufenen Universität wieder etwas tat.

Auch in Zukunft fühlten sich die Romantiker von den Universitäten angezogen, nicht zuletzt, weil sie auf eine Professur hofften, die sie von ihrem materiell so unsicheren »freien« Künstlerdasein erlöste. Viele schafften diesen Sprung und sollten durch ihre Forschung und Lehre die deutsche Universität prägen. Alle geisteswissenschaftlichen Fächer verdankten ihnen wesentliche Anregungen, wenn nicht gar ihre Begründung. Es ist sogar behauptet worden, die deutsche Romantik sei ihrem Ursprung nach nichts anderes als der Aufstand einiger hochgestimmter junger Akademiker ohne Aussicht auf eine sichere Zukunft, die sie aber ihrer eigenen Ansicht nach verdient hätten. Diese Behauptung ist zwar einseitig, entbehrt aber nicht jeder Berechtigung.

Im Jahre 1792 gab es im deutschen Sprachraum 42 Universitäten, davon erlosch bis 1818 mehr als die Hälfte. Bis 1788, als in Preußen das Abitur einge-

IV.
Die Nazarener

*Peter Cornelius, »Die Wiedererkennung Josephs durch seine Brüder«,
Fresko aus der Casa Bartholdy in Rom, 1816/17.
Berlin (Ost), Staatliche Museen, Nationalgalerie.*

Friedrich Overbeck, »Porträt des Malers Franz Pforr«, um 1810.
Berlin (West), Staatliche Museen Preußischer Kulturbesitz,
Nationalgalerie.

Heinrich Olivier, »Die heilige Allianz«, 1815.
Dessau, Staatliche Galerie.

Franz Pforr, »Sulamith und Maria«, 1810.
Nürnberg, Germanisches Nationalmuseum,
Sammlung Georg Schäfer.

führt wurde, konnte jeder mit 16 Jahren eine Universität beziehen. Sie war für einen jungen Mann – Frauen blieben noch lange ausgeschlossen – attraktiv, weil der Student außerhalb der bürgerlichen Rechtsordnung stand. Er konnte dort ein »freies« Leben führen. Außerdem stand er außerhalb der Militärpflicht. Diese Regelungen führten dazu, daß – nach damaligen Maßstäben – die Universitäten überfüllt waren, und zwar mit Halbstarken, die in Kneipen saßen, sich duellierten und Bürger und Professoren tyrannisierten.

Von einem Professor wurde verlangt, daß er in seinen Vorlesungen den gesamten Umfang seiner Fakultät darstellen konnte. Im Schnitt las er 20 bis 24 Stunden in der Woche, Kant (* 1724, † 1804) kündigte einmal sogar 34 Stunden an und las mindestens 26 bis 28 Stunden. Das Honorar war miserabel: Der bestbezahlte Professor, der Theologe, lag auf dem Niveau eines durchschnittlichen Handwerksmeisters. Nur Juristen und Mediziner hatten naheliegende Möglichkeiten für Nebenverdienste. Alle anderen behalfen sich mit bezahlten Privatvorlesungen oder ihre Frau beherbergte Pensionsgäste, wie es schon Katharina Luther (* 1499, † 1552) getan hatte. Außerordentliche Professoren erhielten kein Gehalt. 1775 gab es an den vier preußischen Universitäten 80 Professoren, dazu an den Gymnasien mit mehr als fünf Klassen 490. 1804 war die Zahl der Universitätsprofessoren auf 135 an inzwischen fünf preußischen Universitäten gestiegen. Es waren 130 Studenten für die Geisteswissenschaften und Mathematik eingeschrieben, von denen jedoch nur die Hälfte eine Chance auf eine feste Anstellung hatte. Im 18. Jahrhundert hatten die Fürsten die Hörerzahlen beschränkt, um die Universitäten besser disziplinieren zu können und die Entstehung eines akademischen Proletariats zu verhindern. Um 1800 lagen die durchschnittlichen Hörerzahlen der großen Universitäten bei 500 bis 700, kleine hatten keine 50. Daß trotzdem meistens nur ein schulischer Paukbetrieb geboten wurde, war den sozialen Umständen zuzuschreiben.

Nach *Jena* wurde *Heidelberg* zu einem Zentrum der Romantik. Schließlich gründete Wilhelm von Humboldt (* 1767, † 1835) 1810 die Universität *Berlin*, an der viele Romantiker lehrten, z. B. *Fichte, Hegel,* die Brüder *Grimm,* Ranke, Savigny *(Historiker), Schelling* und *Schleiermacher.* Diese neue Universität war Teil der preußischen Bildungsreform, die die »höhere Bildung« vom »Brotstudium« trennte. So wurde höhere Bildung – nicht in den praktischen, nützlichen Dingen, sondern in den historischen Wissenschaften – zu einer Ersatzreligion, deren Gebote aus der Antike abgeleitet waren. Diese Bildungsreform kam aber auch dem romantischen Streben entgegen, sich im zweckfreien, ästhetischen Spiel zu erschöpfen. Nach ihrem Muster wurden in Zukunft alle alten und neuen deutschen Universitäten geformt.

Ein anderes Modell boten die Fachhochschulen an, die, stärker der Aufklärung verpflichtet, auf Nützlichkeit ausgerichtet waren: so z. B. das Collegium Medico-Chirurgicum in *Berlin* 1724, die Bergakademien in *Berlin* 1770, in Clausthal-Zellerfeld 1775 und in Freiberg 1776, die Tierarzneischule 1790, die Pepinière für Militärärzte 1795, die Bauakademie 1799 und das Ackerbauinstitut 1806 in Berlin.

LITERATUR: H. Schelsky, Einsamkeit und Freiheit. Idee und Gestalt der deutschen Universität und ihrer Reformen. 1963. – K. Kiwus, Universität, in Berlin zwischen 1789 und 1848. Facetten einer Epoche. Katalog 1981.

Unterhaltungsroman

»Der Punkt, wo die Literatur das gesellige Leben am unmittelbarsten berührt, ist der Roman«, schrieb August Wilhelm *Schlegel.* Zwar wurde der Roman als ein Stiefkind der Poesie angesehen, zwar ließen die meisten Autoren ihre Romane noch anonym erscheinen, aber der Roman war trotzdem diejenige Gattung, die zahlenmäßig den größten Aufschwung erfuhr und von den Romantikern als besonders zukunftsträchtig angesehen wurde. Im Jahr 1750 erschienen 28 neue Romane, im Jahr 1800 375. Zwischen 1750 und 1790 erschienen 2500 neue erzählende Bücher, im folgenden Jahrzehnt genausoviel.

Unter diesen Büchern findet sich eine Gruppe, die die Tradition der Aufklärung fortsetzt. Man könnte sie unter dem Motto »erbauen, belehren, unter-

halten!« zusammenfassen. Es waren im allgemeinen die Frauen-, die politischen und philanthropischen und die Familienromane.
Eine zweite Gruppe umfaßte die experimentellen Romane romantischer Autoren (z. B. *Bonaventura, Brentano, Hölderlin, Novalis* und *Schlegel*). Sie war nicht erfolgreich, aber für die weitere Entwicklung des Romans von Bedeutung. Die Schriftsteller dieser Gruppe und ihre Freunde erhoben den Anspruch, die kulturelle Elite der Nation zu stellen, was nur dazu beitrug, ihre Erfolgschancen zu mindern. Es entstand dadurch die Kluft zwischen dem Dichter, der unabhängig sein wollte, aber auf ein Publikum angewiesen blieb, und dem Publikum, dem solche Ansprüche fremd waren.
Die dritte Gruppe schließlich umfaßte die modernen Unterhaltungsromane, die den Leser durch effektvoll erzählte Abenteuer, durch die Entführung in eine exotische oder geheimnisvoll mittelalterliche Welt, durch die Zitierung von Geistern, Räubern oder Geheimbünden auf die Folter spannen wollten. Ihre Vorbilder kamen im wesentlichen aus England. Das erste große Buch in dieser Richtung veröffentlichte Horace Walpole (* 1717, † 1797): »The Castle of Otranto« 1765. Die erste deutsche Übersetzung erschien 1768; 1800 erschien auch eine Übersetzung von August Wilhelm *Schlegel.* Ein heute noch bekannter Vertreter dieser Gattung ist Walter Scott (* 1771, † 1832) mit seinen Ritterromanen (»Ivanhoe« 1819 u. a.).
Gegen 1795 waren alle Elemente dieser Romane fertig ausgebildet und konnten nun von jedem deutschen Romanschriftsteller benutzt werden. Zu den bekanntesten gehörte neben August von Kotzebue (* 1761, † 1819) Goethes Schwager Christian Vulpius (* 1762, † 1827), besonders mit »Rinaldo Rinaldini der Räuberhauptmann. Eine romantische Geschichte unseres Jahrhunderts« 1799 bis 1800. Der Autor arbeitete mit *Goethe* in Weimar zusammen und kannte die Romantiker in *Jena,* wo er auch 1803 zum Ehrendoktor promoviert wurde. Sein Buch erlebte seinerzeit 35 Übersetzungen. Genauso wie seine Kollegen war er ein Vielschreiber. Viele der Autoren veröffentlichten mehrere Romane pro Jahr, einige waren Hausfrauen.
Die Themen dieser Romane besaßen einen realen Hintergrund: Es war das Zeitalter der Räuberbanden, die in der Folge der allgemeinen Verarmung aufgrund der vielen Revolutionen, Kriege und Hungersnöte durch die Lande zogen; große Expeditionen wurden von England, Frankreich und Rußland durch die weite Welt geschickt, um die seltsamen Sitten fremder Völker zu studieren; seriöse Sozietäten beherrschten das gesellschaftliche Leben, aber unter ihnen befanden sich auch einige, die, wie z. B. die Illuminaten, im Untergrund wirkten, und andere, wie z. B. die Freimaurer, die im Geruch gefährlicher Umtriebe standen; Gaukler und Wunderheiler, wie z. B. Alexander Cagliostro (* 1743, † 1795) oder Franz Anton Mesmer (* 1734, † 1815), erregten das größte Aufsehen, und schließlich wurde seit Johann Gottfried Herder (* 1744, † 1803) das Mittelalter mehr und mehr mit System erforscht.
Trotzdem boten all diese Romane – und auch die Theaterstücke *(Theater)* – mehr als nur Realität. Ihre Funktion bestand ja gerade darin, Bruchstücke der Realität so neu zu gestalten, daß dem Leser Angst und Schrecken eingejagt wurden, woraus ihn schließlich der Autor mit Hilfe irgendwelcher Wunder, Zauber und *Märchen* wieder erlöste. Seitdem das helle Licht der Aufklärung in die letzten Winkel eingedrungen war und alle Gespenster vertrieben und alle Geheimnisse aufgelöst hatte, war ein Bedürfnis entstanden, neben der Helligkeit des Verstandes das Zauberreich der Romantik im Roman zu etablieren – eine der Ableitungen des Wortes »romantisch« führt auf den »Roman« zurück. Zum Ausgleich für die prosaischen Anstrengungen des Alltags wurde nun erstmals der Leser in das Reich moderner Märchen entführt – nicht umsonst enthalten viele romantische Romane auch *Märchen,* nicht zufällig wurden zur gleichen Zeit die Volksmärchen entdeckt.
Wie sich schon die Aufklärer darüber stritten, ob die Lektüre ihrer Bücher wirklich den angestrebten Nutzen habe, so stritten sich jetzt die Romantiker über den Nutzen der Romane, die sie trotzdem fleißig weiterschrieben. *Brentano* 1797: »Ich sehe nach und nach immer mehr ein, daß durch sie (Romane) eine Menge unsrer Handlungen unwillkürlich bestimmt werden und daß Frauen-

zimmer am Ende ihres Lebens nichts als Kopien der Romancharaktere waren, die ihnen die Lesebibliotheken ihres Ortes dargeboten haben.« *Goethe* bedauert die Kluft, die zwischen »Zerstreuung« und »Sammlung«, zwischen extensiver und intensiver Lektüre entstand.

Doch die Entwicklung des Romans schritt fort. Die Romantiker der zweiten Generation wie *Eichendorff* oder E. T. A. *Hoffmann* verstanden es, die Elemente des Unterhaltungsromans so geschickt aufzunehmen, daß einige ihrer Bücher auch Erfolg hatten. Hoffmann war wohl der erste, der in seinen Romanen die unmittelbare Gegenwart geheimnisvoll verfremdete.

Am Rande sei bemerkt, daß es auch eine Lyrik für den breiten Geschmack gab, da jeder Dilettant nun Gedichte schrieb und in den Musenalmanachen veröffentlichen konnte, die an Zahl rasch zunahmen.

LITERATUR: R. Alewyn, Die Lust an der Angst, in: Probleme und Gestalten. Essays. 1974. – Marion Beaujean, Frauen-, Familien-, Abenteuer-, Schauerromane, in: H. A. Glaser, Deutsche Literatur. Eine Sozialgeschichte. Bd. 5. 1980.

Rahel **Varnhagen von Ense**

*26. Mai 1771 Berlin, †7. März 1833 Berlin

Die Tochter eines jüdischen Kaufmanns, eine begeisterte Anhängerin der Französischen Revolution, hielt in *Berlin Salon (Juden-, Frauenemanzipation),* zu Beginn ihres Jahrhunderts in einer Dachstube, später, ab 1819, als Frau von Karl August Varnhagen von Ense (*1785, †1858), den sie 1814 geheiratet hatte, nach der Rückkehr nach Berlin in Räumlichkeiten, die unseren Vorstellungen von einem Salon entsprechen. Zu ihren Freunden zählten u. a. Bettina von *Arnim, Brentano,* Friedrich Gentz, *Heine,* die Brüder Humboldt, *Fouqué, Kleist,* Prinz Louis Ferdinand von Preußen und seine Geliebte Pauline Wiesel, Henriette *Herz,* Alexander von der Marwitz, Fürst Pückler-Muskau, Leopold von Ranke, *Tieck.*

Bei ihrem Tode hinterließ sie nicht literarische Werke im üblichen Sinne, sondern Briefe an ihre Freunde, in denen sie sich als die erste und bedeutendste jüdische Autorin in der deutschen Literatur vorstellte (»Rahel. Ein Buch des Andenkens für ihre Freunde«, 1833/34). Weitere Ausgaben ihrer Briefe aus dem Nachlaß festigten ihren Ruf.

Ihr Leben lang empfand sie ihre jüdische Herkunft wie einen Fluch, den sie nicht abschütteln konnte. »Jüdin, nicht hübsch, ignorant, ohne grâce, sans talents et sans instruction«, charakterisierte sie sich selbst. Und trotzdem schrieb einer ihrer Freunde, Wilhelm von Humboldt (*1767, †1835), nach ihrem Tod über ihre Briefe: »Vorzüglich merkwürdig aber ist das darin waltende Leben. Ich kenne kein Buch, in welchem so wie in diesem kein Buchstabe ein toter ist.« Doch waren die Briefe wiederum nur ein Ersatz für die Salongespräche, von denen andere schwärmten wie von Liebesnächten.

»Die Rahel« gehörte zu den Menschen, die sich nur ganz im Gespräch und im Umgang mit anderen Menschen erfuhren. In ihren Briefen wird am deutlichsten offenbar, daß die Kunst zu ihrer Zeit Äußerung des Lebens sein wollte. Das tragende Element damaliger freundschaftlicher und erotischer Beziehungen war der Wunsch, nichts in sich hineinzufressen, dem andern nichts zu verbergen, sein Innerstes für wert zu erachten, es mitzuteilen. In dem stolzen Ton, der für sie typisch ist, schrieb sie: »Der Mensch ist ein Geist; *der* soll *nicht* vom Baum der Erkenntnis fressen wollen! Wovon soll er *denn* fressen? Das wäre *noch* schöner!« Die Wahrheit strebte sie an, und zwar mit aller Kraft. Ein Freund nannte sie einen »ganzen Menschen« und »ein unendlich produzierendes Wesen«.

So gehörte sie zu den vielen Frauen der Romantik, die den Männern zumindest ebenbürtig erschienen. Die Idee eines Franz von *Baader,* daß erst der androgyne Mensch ein ganzer sei, stand ihr vor Augen. Ein solches Ideal glaubte sie in ihrem lebenslangen Ideal, in *Goethe* – »Dieser vollständige Mensch!« –, zu erblicken.

Ihre Briefe offenbaren eine unnachahmliche Mischung von Spiritualität und Körperlichkeit: »Es ist göttlich, daß der Mensch aus seiner Brust einem andern Menschen wohltun kann: wäre es auch nur durch Anteil und Güte: schade, daß sie's beinah nie einander erlauben!« In ihren momentanen Stimmungen, die sich direkt in ihren Briefen niederschlugen, fühlte sie sich immer als Teil der Natur:

»Unsere Naturen stehen – Gott! welcher Frevel! – über dem Schicksal, außer seinem Gebiet; wir gehören der großen, dunklen, hellen, Leben und immer Leben wirkenden Natur!«
Ihre einzigartige Sensibilität und ihre für eine Frau ihrer Zeit unerhörte Fähigkeit zur Reflexion gab ihren Briefen eine Unmittelbarkeit, die sich noch heute mitteilt: »Auf frischen, kleinen, abstrakten Wegen wollen wir gehen, die wir selbst noch nicht kannten: und auch auf diesen noch dem Wolkenspiele folgen, den Lichtzauber genießen, und auch dem Dunkel, wenn es reizt, nachziehen!«
LITERATUR: H. Arendt, Rahel Varnhagen. Lebensgeschichte einer deutschen Jüdin aus der Romantik. 1959.

Wilhelm Heinrich **Wackenroder**
* 13. Juli 1773 Berlin, † 13. Februar 1798 Berlin
Der Sohn eines Justizministers schrieb mehrere Bücher, bevor er mit den »Herzensergießungen eines kunstliebenden Klosterbruders«, 1797 von *Tieck* vollendet, die Romantik einleitete. Der junge Mann, musikalisch und literarhistorisch hoch gebildet, unternahm 1793 mit Tieck zusammen eine Fußwanderung durch Franken *(Reisen)*. Bei dieser Gelegenheit entdeckten sie die »altteutsche« Kunst und das katholische Barock, insbesondere auch die Kirchenmusik, für den protestantischen Norden wieder. »Als ich in diese ehrwürdige Kirche hineintrat, fand ich sie schon ziemlich angefüllt; ich drängte mich bis vor den Hochaltar und erwartete nun die feierliche Szene. Oh! und wahrlich, ich hatte nicht zu viel erwartet. Alles war mir neu, und die Zeremonien, die in jeder Minute immer bestimmt wechselten, machten, je geheimnisvoller und unverständlicher sie mir waren, einen desto stärkeren und wunderbareren Eindruck auf mich.«
Aus diesen Erlebnissen wuchs ein Büchlein, in dem bereits alle inhaltlichen und formalen Elemente der Romantik auftraten: die Kunst als Religionsersatz (ein Aufsatz darin ist z. B. betitelt: »Wie und auf welche Weise man die Werke der großen Künstler der Erde eigentlich betrachten und zum Wohle seiner Seele gebrauchen müsse«); die Betonung der bisher verachteten »altteutschen« Kunst (so wurde Nürnberg bewußt gegen das benachbarte modernere Fürth gestellt, Dürer neben die bisher höher geschätzten Italiener – in genauer Erkenntnis der Bedeutung dieses Schrittes wurde gerade das Dürer-Kapitel vorabgedruckt); die Darstellung des Künstlers als einer Existenz, die scheitern muß, da ihn sein Publikum verkennt (»Er war stets einsam und still für sich und weidete sich nur an seinen inneren Phantasien«); die Betonung der *Musik* als der höchsten aller Künste (die Hauptfigur ist Komponist und stirbt nach Vollendung einer Passionsmusik); die Mischung verschiedener formaler Elemente (das Buch setzt sich zusammen aus Malerbiographien, erzählt fast im Stil alter Heiligenviten – natürlich befindet sich auch *Raffael* darunter –, drei kunsttheoretischen Betrachtungen, lyrischen Elementen und der Erzählung der Lebensgeschichte des »Tonkünstlers« Joseph Berglinger).
Wie so viele romantische Bücher blieb auch dies ein Fragment. *Goethe* lehnte es entschieden ab. Wie die frühen Bücher von *Tieck* waren auch die »Herzensergießungen« sowohl für die frühen Romantiker um Friedrich *Schlegel* von großer Bedeutung wie später für die *Nazarener.*
LITERATUR: B. Tecchi, W. H. W. 1962.

Carl Maria von **Weber**
* 18. (?) November 1786 Eutin, † 5. Juni 1826 London
»Ich bin den 18. November zu Eutin im Holsteinischen geboren. Ich genoß der sorgfältigsten Erziehung mit besonderer Vorliebe für die schönen Künste, da mein Vater selbst ausgezeichnet Violine spielte. Die eingezogene Weise, in der meine Familie lebte, der stete Umgang mit erwachsenen, gebildeten Menschen, die ängstliche Vorsicht, mir keine andere verwildernde Jugendgesellschaft zuzulassen, lehrten mich früh, mehr in mir selbst und in der Phantasiewelt zu leben und in ihr meine Beschäftigung und mein Glück zu suchen. Malerei und Musik teilten sich hauptsächlich in meine Zeit.«
So schrieb Weber selbst, der zu den romantischen Doppelbegabungen gehörte und auch ein beachtlicher Schriftsteller war, aber ganz so beschützt kann seine Jugend nicht gewesen sein. Der Kapellmeistersohn mußte in seiner Jugend ein

unruhiges Wanderleben führen, das ihn kreuz und quer durch ganz Deutschland und Österreich führte. 1813 wurde er schließlich Operndirektor in Prag, wo er in dreieinhalb Jahren 62 verschiedene Opern aufführte. 1816 wurde er Hofkapellmeister und Musikdirektor in *Dresden,* das eine der bedeutendsten Bühnen hatte. 1821 wurde in *Berlin* der »Freischütz« aufgeführt: Weber wurde schlagartig ein berühmter Mann. 1823 folgte »Euryanthe« in *Wien* und 1826 »Oberon« in London, beide waren aber nicht so erfolgreich wie der »Freischütz«. Weber starb an Tuberkulose. Sein Sarg wurde 1844 auf Betreiben Richard Wagners, der 1843 sein Nachfolger in Dresden wurde, nach Dresden überführt.

Seine Klavierwerke schrieb er hauptsächlich für den eigenen Gebrauch als Virtuose. Zum Standardrepertoire gehört heute noch die »Aufforderung zum Tanz« (1819), in der zum ersten Mal ein Walzer *(Tanzmusik)* in eine freie poetische Szene übersetzt wurde. Von seinen vielen weiteren Kompositionen werden noch die Klarinettenstücke viel gespielt *(Musikinstrumente),* von den Opern jedoch fast nur noch die Ouvertüren und der »Freischütz«. Seine Lieder werden meistens von der Gitarre begleitet; unter ihnen ist das berühmte Stück »Wenn ich ein Vöglein wär«.

Mit dem »Freischütz« gelang es ihm, *die* zeitgemäße deutsche Oper zu komponieren. Zwar sind die einzelnen musikalischen Elemente der traditionellen französischen und italienischen Oper entnommen, aber der Stoff, die Klangfarben und die Brillanz, mit der Weber das alles zu verschmelzen wußte, versetzten das Publikum in Taumel. Wagner, der schon als neunjähriger die Oper erstmals sah, berichtete später, daß die Oper von allen bewundert wurde, »von den Anhängern der ›Kritik der reinen Vernunft‹ Kants bis zu den Lesern des Wiener ›Mode-Journals‹. Es lallte der Berliner Philosoph: ›Wir winden dir den Jungfernkranz‹; der Polizeidirektor wiederholte mit Begeisterung: ›Durch die Wälder durch die Auen‹; während der Hoflakai mit heiserer Stimme: ›Was gleicht wohl auf Erden‹ sang. Der österreichische Grenadier marschierte nach dem Jägerchor, Fürst Metternich tanzte nach dem Ländler der böhmischen Bauern, und die Jenaer Studenten sangen ihrem Professor den Spottchor vor. Die verschiedensten Richtungen des politischen Lebens trafen hier in einem gemeinsamen Punkt zusammen: von einem Ende Deutschlands zum andern wurde der ›Freischütz‹ gehört, gesungen, getanzt.« Diese Schilderung war nicht übertrieben.

Der Erfolg war einmal im Stoff begründet: das Wunderbare, vermischt mit dem ideal gedachten Leben der Bauern *(Landwirtschaft).* Außerdem war Weber der erste, der entdeckte, daß die extremen Höhen und Tiefen der Instrumente besonders dazu geeignet waren, mit ihren spezifischen Klangfarben Personen und Ereignisse zu charakterisieren.

In »Euryanthe« ging er in seinen Erfindungen noch weiter: So stellte er z. B. ein »helles« und ein »dunkles« Paar einander gegenüber, ließ den Chor in die Handlung eingreifen, spiegelte die Entwicklung der Charaktere in den Melodien oder ließ die Bläser vordergründige Harmonien stören – das psychologische Moment drang in die Oper ein. Weber war auch in der Lage, zu seinen Konzerten nachträglich psychologisierende Handlungen zu erfinden. Um so merkwürdiger ist es, daß alle seine Opern, mit Ausnahme des »Freischütz«, unter miserablen Libretti zu leiden haben.

Weber führte auch für das Orchester Regeln ein, die heute noch gelten: Geprobt wurde nach einem festen Plan, der Dirigent stand auf einem Pult und benutzte einen Taktstock, das Orchester hatte eine feste Sitzordnung, und der Chor wurde vergrößert. Als Orchestererzieher hatte er einen Rang wie nach ihm Gustav Mahler (* 1860, † 1911), der übrigens Versuche unternahm, »Euryanthe« zu retten, und die komische Oper »Die drei Pintos« vollendete. Doch vor ihm führten erst einmal Berlioz (* 1803, † 1869) und Wagner, die beide Weber rühmten, sein Werk fort.

LITERATUR: M. Leinert, C. M. v. Weber in Selbstzeugnissen und Bilddokumenten. 1978.

Zacharias **Werner**
* 18. November 1768 Königsberg, † 17. Januar 1823 Wien

Der Sohn eines Historikers und einer geisteskranken Mutter studierte Jura, wurde Beamter, heiratete dreimal unglücklich, gab seine Stellung auf, reiste ruhelos in Europa umher und trat schließlich 1810 zum katholischen Glauben über, studierte Theologie und wurde 1814 Priester. In *Wien* war er während des Kongresses die Sensation als Kanzelredner. Er starb an Tuberkulose.

Seine Lyrik ist unbedeutend. Im Anschluß an Schiller erfand er die romantische Schicksalstragödie. Er war der einzige zu Lebzeiten erfolgreiche Dramatiker der Romantik. Auch *Goethe* führte seine Stücke auf. Nach seiner Konversion widerrief er seine früheren Werke. Heute werden seine Dramen nicht mehr gespielt. So zeittypisch er selbst und sein Werk sind, die Mischung aus Schwulst und Theatralik, Mystik und Erotik macht sein Werk ungenießbar.

Seine Hauptwerke sind die Tragödien »Martin Luther oder die Weihe der Kraft« 1807, »Wanda, Königin der Sarmaten« 1810, »Der 24. Februar« 1825. Das letzte dieser Stücke ist literarhistorisch bedeutsam, weil es das erste deutsche Schicksalsdrama ist.

Wien

Die Hauptstadt des Reiches hatte im Jahre 1800 fast 250000 Einwohner und war somit bei weitem seine größte Stadt. Allerdings lag die jährliche Zuwachsrate mit 1,2 Prozent weit unter der Berlins oder der Industriestädte in West- oder Mitteldeutschland. 1806 mußte der Kaiser das seit 962 existierende Reich unter dem Druck Napoleons I. (* 1769, † 1821) liquidieren und sich auf Österreich-Ungarn beschränken. 1809 wurde Wien sogar von Napoleon erobert und seine Befestigung geschleift. Es blieb aber auch für die Zukunft die bedeutendste katholische und Barockstadt der deutschsprachigen Länder und dank Metternich (* 1773, † 1859), der in der Krise die Staatsgeschäfte übernahm, auch eine der großen Metropolen Europas. Schließlich wurde Wien als Tagungsort des Wiener Kongresses 1815 für alle Welt zum Inbegriff der Politik der kommenden Jahre, die mit den drei Worten Realpolitik, Restauration und Reaktion umschrieben werden kann. Der große nationale Aufschwung der Romantik war vorbei, die *Reformen* waren verpufft oder wurden annulliert.

Wien wurde für die Romantik erst wichtig, nachdem bei einigen ihrer Mitglieder die katholische Phase eingesetzt hatte. Es stellten sich hier Friedrich *Schlegel* mit seiner Familie ein, Adam *Müller* und der Dramatiker Zacharias *Werner,* alle drei Konvertiten. Schlegel avancierte sogar zu Metternichs Berater, er und Müller hielten in Wien (außerhalb der Universität) berühmte Vorlesungen. Werner kam in den Ruf eines hinreißenden Predigers, nicht zuletzt, da er das Kunststück fertigbrachte, von der Kanzel Obszönitäten zu verbreiten.

Es war auch absolut kein Zufall, daß von Wien die Lukasbruderschaft *(Nazarener)* ausging.

Das Wiener Klima verband problemlos Frömmigkeit mit Sinnlichkeit, im Unterschied zu *Berlin,* das in dem Geruch stand, der Vernunft, wenn nicht gar dem bloßen Verstand zu frönen. Wien war und blieb daher auch eine Hauptstadt des *Theaters* und insbesondere der *Musik,* obwohl die großen Persönlichkeiten wie *Grillparzer, Beethoven, Schubert* nur sehr begrenzt akzeptiert wurden, oder nur darum, weil das Angebot weit mehr umfaßte als das klassische oder romantische Repertoire. Die Romantik war in Wien nichts Revolutionäres, sondern etwas, was sich der ungebrochenen kulturellen Tradition einfügte oder anpassen mußte.

LITERATUR: Wien 1800 bis 1850. Empire und Biedermeier. Katalog Wien o. J.

Bibliographie

I. Quellen
Autoren, die zur Zeit der Romantik gelebt und sie unmittelbar oder aus der Rückschau beschrieben haben.
J. F. *Abegg,* Reisetagebuch von 1798. 1976.
Ernst Moritz *Arndt,* Erinnerungen aus dem äußeren Leben. 1840.
Bettina v. *Arnim,* Dies Buch gehört dem König. 1843.
–, Goethes Briefwechsel mit einem Kinde. 1835.
–, Die Günderode. 1840.
Sulpiz *Boisserée,* Selbstbiographie, Briefe u. a. 1862.
K. W. *Böttiger* (Hrsg.), Karl August Böttiger. Literarische Zustände und Zeitgenossen. 1838.
Clemens *Brentano,* Der Philister vor, in und nach der Geschichte. 1852.
Carl Gustav *Carus,* Lebenserinnerungen und Denkwürdigkeiten. 1865/66.
L. *Clarus,* Wanderungen und Heimkehr eines christlichen Forschers. 1862/63.
G. Fr. *Daumer,* Meine Conversion. 1860.
Wilhelm *Dorow,* Erlebtes aus den Jahren 1813–20. 1843–45.
Friedrich de la Motte-*Fouqué,* Lebensgeschichte. 1840.
Z. *Funck,* Erinnerungen aus meinem Leben. Bd. 1. 1836. (über *Hoffmann* und Wetzel).
Heinrich *Heine,* Die romantische Schule. Neuausgabe 1976.
–, Briefe aus Berlin. 1822.
–, Französische Zustände. 1833.
E. T. A. *Hoffmann,* Aus dessen Leben und Nachlaß. Hrsg. v. J. E. *Hitzig.* 1823.
Friedrich Ludwig *Jahn,* Denknisse eines Deutschen oder Fahrten des Alten im Bart. 1835.
–, Das deutsche Volksthum. 1928.
Justinus *Kerner,* Das Bilderbuch aus meiner Knabenzeit. 1849.
–, Franz Anton Mesmer aus Schwaben. Erinnerungen. 1856.
Theobald *Kerner,* Das Kernerhaus und seine Gäste. 1894.
Wenzel *Kremer,* Erinnerungen eines alten Lützower Jägers (1779 bis 1819). o. J.
Wilhelm von *Kügelgen,* Erinnerungen. Bd. 1: Jugenderinnerungen eines alten Mannes. 1925.
Alexander *Pagenstecher,* Als Student und Burschenschaftler in Heidelberg von 1816–1819. 1913.
Caroline *Pichler,* Denkwürdigkeiten aus meinem Leben. 1769–1843. 1844.
Ludwig *Richter,* Lebenserinnerungen eines deutschen Malers. 1885.
Emilie *Ringseis,* Erinnerungen des Doktor Johann Nepomuk von Ringseis. 1886–1891.
Joseph *Rossi,* Denkbuch für Fürst und Vaterland. 1814.
Wilhelm von *Schadow,* Der moderne Vasari. 1854.
Ch. von *Schmid,* Erinnerungen und Briefe. 1968.
Gotthilf Heinrich von *Schubert,* Der Erwerb aus einem vergangenen und die Erwartungen von einem zukünftigen Leben. Eine Selbstbiographie. 1854–56.
Germaine de *Staël,* Über Deutschland. Neuausgabe 1962.
Henrik *Steffens,* Was ich erlebte. 1956.
Zacharias *Werner,* Lebens-Abriß. Hrsg. v. J. E. *Hitzig.* 1823.

Aus der Romantik sind sehr viele *Briefwechsel* erhalten, die einen tiefen Einblick in die Zeit und ihre Personen gewähren. An dieser Stelle sei auf eine Auswahl hingewiesen.

W. *Koch* (Hrsg.), Briefe deutscher Romantiker. Wiesbaden o.J.

II. Sekundärliteratur
Bücher, die nach den Stichworten aufgeführt sind, werden hier im allgemeinen nicht nochmals genannt.
R. *Alewyn,* Probleme und Gestalten. Essays. 1974.
K. O. v. *Aretin,* Vom Deutschen Reich zum Deutschen Bund. 1980.
H. *Beenken,* Das 19. Jahrhundert in der deutschen Kunst. Aufgaben und Gehalte. Versuch einer Rechenschaft. 1944.
R. *Benz,* Die deutsche Romantik. Geschichte einer geistigen Bewegung. [5]1956.
H. *Börsch-Supan,* Deutsche Romantiker.

Deutsche Maler zwischen 1800 und 1850. 1972.
W. *Bossenbrook,* Geschichte des deutschen Geistes. 1963.
G. *Brandes,* Die romantische Schule in Deutschland. 1872.
W. *Bruford,* Kultur und Gesellschaft im klassischen Weimar. 1775–1806. 1966.
H. *Brunschwig,* Gesellschaft und Romantik in Preußen im 18. Jahrhundert. Die Krise des preußischen Staates am Ende des 18. Jahrhunderts und die Entstehung der romantischen Mentalität. 1975.
G. A. *Craig,* Über die Deutschen. 1982.
H. v. *Einem,* Deutsche Malerei des Klassizismus und der Romantik. 1760–1840. 1978.
Epochen der Musikgeschichte in Einzeldarstellungen. 1974.
H.-W. *Ewers,* Kinder- und Jugendliteratur der Romantik. Eine Textsammlung. 1984.
E. *Fehrenbach,* Vom Ancien Régime zum Wiener Kongreß. 1981.
M. *Fischer,* Die Aufklärung und ihr Gegenteil. Die Rolle der Geheimbünde in Wissenschaft und Politik. 1982.
W. *Frühwald* (Hrsg.), Gedichte der Romantik. 1984.
S. *Giedion,* Die Herrschaft der Mechanisierung. Ein Beitrag zur anonymen Geschichte. 1982.
H. A. *Glaser,* Deutsche Literatur. Eine Sozialgeschichte. Bd. 5: Zwischen Revolution und Restauration: Klassik, Romantik. 1786 bis 1815. 1980.
R. *Haym,* Die romantische Schule. 1871.
H. *Hettner,* Die romantische Schule in ihrem inneren Zusammenhang mit Goethe und Schiller. 1850.
A. *Hauser,* Sozialgeschichte der Kunst und Literatur. Bd. 2. 1953.
W. *Hofmann,* Das Irdische Paradies. Kunst im 19. Jahrhundert. 1960.
M. *Horkheimer*/T. W. *Adorno,* Dialektik der Aufklärung. Philosophische Fragmente. 1947.
R. *Huch,* Die Romantik. Ausbreitung, Blütezeit und Verfall. 1899–1902.
U. *Im Hof,* Das gesellige Jahrhundert. Gesellschaft und Gesellschaften im Zeitalter der Aufklärung. 1982.
K. *Kaiser,* Deutsche Malerei um 1800. 1959.
H. *Kiesel*/ P. *Münch,* Gesellschaft und Literatur im 18. Jahrhundert. Voraussetzungen und Entstehung des literarischen Markts in Deutschland. 1977.
E. *Klessmann,* Die Welt der Romantik. 1969.
P. *Kluckhohn,* Das Ideengut der deutschen Romantik. ⁴1961.
W. *Kohlschmidt,* Geschichte der deutschen Literatur vom Barock bis zur Klassik. 1965.
–, Geschichte der deutschen Literatur von der Romantik bis zum späten Goethe. 1974.
M. *Kommerell,* Dame Dichterin und andere Essays. 1967.
H. A. *Korff,* Geist der Goethezeit. Versuch einer ideellen Entwicklung der klassisch-romantischen Literaturgeschichte. 1958–62.
H. *Kunze,* Gelesen und geliebt. Aus erfolgreichen Büchern 1750–1850. 1959.
V. *Lange,* Das klassische Zeitalter der deutschen Literatur. 1740–1815. 1983.
W. *Lepenies,* Das Ende der Naturgeschichte. Wandel kultureller Selbstverständlichkeiten in den Wissenschaften des 18. und 19. Jahrhunderts. 1976.
H. *Lutz,* Zwischen Habsburg und Preußen. Deutschland 1815–1866. 1985.
E. C. *Mason,* Deutsche und englische Romantik. Eine Gegenüberstellung. 1959.
W. *Mellers,* Musik und Gesellschaft. 2 Bde. 1964/65.
S. v. *Moisy,* Von der Aufklärung zur Romantik. Geistige Strömungen in München. 1984.
J. *Nadler,* Literaturgeschichte der deutschen Stämme und Landschaften. 1912–28.
T. *Nipperdey,* Deutsche Geschichte. 1800–1866. 1983.
K. *Peter* (Hrsg.), Die politische Romantik in Deutschland. Eine Textsammlung. 1985.
H. *Pleticha* (Hrsg.), Aufklärung und Ende des Deutschen Reiches. 1740–1815. 1984.
–, Von der Restauration zur Reichsgründung. 1815–1871. 1984.
M. *Praz,* Liebe, Tod und Teufel. Die schwarze Romantik. 1963.
W. *Rehm,* Experimentum medietatis. Studien zur Geistes- und Literaturgeschichte des 19. Jahrhunderts. 1947.
–, Späte Studien. 1964.
R. *Rürup,* Deutschland im 19. Jahrhundert 1815–1871. 1984.

F. *Schnabel,* Deutsche Geschichte im 19. Jahrhundert. 1964.
P. E. *Schramm,* 9 Generationen. 300 Jahre deutscher »Kulturgeschichte« im Lichte der Schicksale einer Hamburger Bürgerfamilie. (1648–1948). 1. Bd. 1963.
G. *Schulz,* Die deutsche Literatur zwischen Französischer Revolution und Restauration. 1. Teil: Das Zeitalter der Französischen Revolution 1789–1806. 1983.
H. *Sedlmayr,* Der Verlust der Mitte. Die bildende Kunst des 19. und 20. Jahrhunderts als Symptom und Symbol der Zeit. 1948.
C. P. *Snow,* Die 2 Kulturen. 1967.
H. *Steffen* (Hrsg.), Die Deutsche Romantik. Poetik, Formen und Motive. 1978.
G. *Storz,* Klassik und Romantik. Eine stilgeschichtliche Darstellung. 1972.
F. *Strich,* Deutsche Klassik und Romantik oder Vollendung und Unendlichkeit. Ein Vergleich. ³1928.
S. *Vietta* (Hrsg.), Die literarische Frühromantik. 1983.
O. *Walzel,* Deutsche Romantik. 1923–26.
W. *Weidlé,* Die Sterblichkeit der Musen. Betrachtungen über Dichtung und Kunst in unserer Zeit. 1958.
R. *Wellek,* Geschichte der Literaturkritik 1750–1830. Bd. 1. 1959.

III. Ausstellungskataloge

Berlin zwischen 1789 und 1848. Facetten einer Epoche. 1981.
Fünf Architekten des Klassizismus in Deutschland. 1977.
J. *Glaesemer* (Hrsg.), Traum und Wahrheit. Deutsche Romantik aus Museen der DDR. 1985.
Die nützlichen Künste. Gestaltende Technik und Bildende Kunst seit der Industriellen Revolution. 1981.
Preußen. Versuch einer Bilanz. 1981.
The Romantic Movement. 1959.
Wien 1800–1850. Empire und Biedermeier. 1969.

Essay

ECKART KLESSMANN

Die deutsche Romantik und ihre Folgen

»Ach, teurer Freund, ich wollte, die Romantik wäre lieber gar nicht erfunden worden!«

Joseph v. Eichendorff, »Dichter und ihre Gesellen« (1834)

I.

Charles Baudelaire, der große französische Lyriker und Erbe der deutschen Romantik, zog um die Mitte des 19. Jahrhunderts das Fazit: »Die Romantik ist ein himmlischer oder teuflischer Segen, dem wir ewige Wundmale verdanken.«

Wie immer wir die eigentliche Zeitdauer der deutschen Romantik ansetzen – und für die abweichenden Eingrenzungen gibt es durchaus plausible Begründungen –, so ist unbestreitbar, daß die Auseinandersetzung um das Gedankengut der Romantik inzwischen weit über 150 Jahre währt, ja gerade in unseren Tagen erneut angefacht worden ist, auch wenn der Begriff »Romantik« oft gar nicht gebraucht wird.

Die Romantik ist nie unumstritten gewesen. Sie wurde schon in ihren Anfängen von so unterschiedlichen Persönlichkeiten wie etwa Kotzebue oder Schiller attackiert und schließlich auch nachhaltig von Goethe ins Visier genommen und bekämpft. Als Goethe in die Diskussion eingriff, war die ursprüngliche, literarisch-philosophische Romantik fast überwunden; romantischer Geist zeigte sich im wesentlichen nur noch in der Malerei und in der Musik. Aber eine so vieldiskutierte Geisteshaltung war natürlich nicht schon damit am Ende, weil manche ihrer Vertreter nicht mehr lebten (wie etwa Novalis, Ritter, Caroline Schelling) oder sich einem literarischen Realismus (Tieck) oder einem erzkonservativen Katholizismus (Friedrich Schlegel) verschrieben hatten.

Romantisches Gedankengut hatte den längst sich selbst überlebenden Klassizismus anachronistisch werden lassen, Grund genug für Goethes Zorn. Goethe, der unbeirrt einem museal gewordenen Klassikerideal anhing, verdroß die »neukatholische Sentimentalität« und das »klosterbrudrisierende sternbaldisierende Unwesen«, womit er Wilhelm Heinrich Wackenroders »Herzensergießungen ei-

nes kunstliebenden Klosterbruders« (1796) und Ludwigs Tiecks »Franz Sternbalds Wanderungen« (1798) meinte. Ihn ergrimmte der »Narrenwust dieser letzten Tage«, nämlich die Rückbesinnung auf die konservativen Werte eines idealen Mittelalters, die Nachahmung der Malerei der Frührenaissance durch die Nazarener (». . . in 50 Jahren begreift kein Mensch diese Seuche . . .«), das ihm verdächtige Interesse der Romantiker an den »Nachtseiten« der menschlichen Psyche. Die auffällige Anteilnahme an allem, was Goethe ganz pauschal »krank« nannte, machte ihm, der sich als Repräsentanten des »Gesunden« verstand, gehörig zu schaffen. Er, der selbst an Leib und Seele Höchstgefährdete und Verwundbare, wußte sehr wohl, warum er aus Selbstschutz dem vermeintlich Klassisch-Gesunden die Treue halten mußte. Spürbar angewidert sagte er 1808 zu Friedrich Wilhelm Riemer:
»Das Romantische ist kein Natürliches, Ursprüngliches, sondern ein Gemachtes, ein Gesuchtes, Gesteigertes, Übertriebenes, Bizarres, bis ins Fratzenhafte und Karikaturartige. Kommt vor wie ein Redoutenwesen, eine Maskerade, grelle Lichterbeleuchtung . . .« Des weiteren schalt er das Romantische »absurd und phantastisch«, ihm fehle das »Ernste und Würdige« der Antike, und es sei ohne Geschmack. Die romantische Poesie freilich fasziniere die jungen Leute, »weil sie der Willkür, der Sinnlichkeit, dem Hange nach Ungebundenheit, kurz der Neigung der Jugend schmeichelt«.
Heinrich Heine, der von diesen Äußerungen Goethes nichts wissen konnte und als Dichter selber Nutznießer der deutschen Romantik war, definierte seine Abneigung anders, zumal sich seine große Abrechnung »Die Romantische Schule« (1836) an die Franzosen richtete. Zu einer Zeit, da das Gedankengut der deutschen Romantik den Rhein überquerte und in Frankreich geradezu begeistert aufgenommen wurde, empfand es Heine als seine Aufgabe, die Franzosen nachdrücklich vor dieser Spielart deutschen Denkens zu warnen. Heines Position war dabei ganz klar umrissen, und ihm ging es wahrlich nicht um die Bewahrung der schon Jahrzehnte zuvor fragwürdig gewordenen klassischen Positionen. Heine hatte sich mit zwei prägenden Eindrücken seines Lebens auseinanderzusetzen, die sehr eng miteinander verflochten waren: seinem Judentum und dem Kampf der Deutschen gegen Napoleon.
Die deutschen Juden dankten ihre Emanzipation und bürgerliche Gleichstellung Napoleon und seiner Gesetzgebung, die durch die französische Besetzung Deutschlands auch hier Geltung bekam. Das erklärt die im Judentum tiefverwurzelte pronapoleonische Gesinnung, die sich bei Heine zu einer fast göttlichen Verehrung des großen Kaisers steigerte. So war für ihn der Kampf der Deutschen gegen Napoleon nicht nur ein Kampf für die erneute Unterdrückung des Judentums (die ja auch tatsächlich sofort einsetzte und sich bis zu den Pogromen von 1819 steigerte), sondern ein Kampf aller irrationalen Kräfte gegen die Rationalität, die Napoleon mit den Ideen der Französischen Revolution in Deutschland verbreitet hatte. Wer aber stand – für Heine – hinter den Kräften des Irrationalismus und der blindwütigen Deutschtümelei? Die Romantiker. Sie hatten, argumentiert Heine, in kritikloser Verehrung des Mittelalters den Neokatholizismus befördert, ihre Ideologie paßte vortrefflich ins Konzept jener politischen Kräfte, die den Weg ins altdeutsche Dunkel suchten, in die politische Reaktion, in die Unfreiheit:
»In der Periode, wo dieser Kampf vorbereitet wurde, mußte eine Schule, die dem französischen Wesen feindlich gesinnt war und alles deutsch Volkstümliche in

Kunst und Leben hervorrühmte, ihr trefflichstes Gedeihen finden. Die romantische Schule ging damals Hand in Hand mit dem Streben der Regierungen und der geheimen Gesellschaften, und Herr A. W. Schlegel konspirierte gegen Racine zu demselben Ziel, wie der Minister Stein gegen Napoleon konspirierte. Die Schule schwamm mit dem Strom der Zeit, nämlich mit dem Strom, der nach seiner Quelle zurückströmte. Als endlich der deutsche Patriotismus und die deutsche Nationalität vollständig siegte, triumphierte auch definitiv die volkstümlich germanisch christlich romantische Schule, die ›neudeutsch-religiös-patriotische Kunst‹. Napoleon, der große Klassiker, der so klassisch wie Alexander und Cäsar, stürzte zu Boden, und die Herren August Wilhelm und Friedrich Schlegel, die kleinen Romantiker, die ebenso romantisch wie das Däumchen und der gestiefelte Kater, erhoben sich als Sieger.«

Wie sehr hätte sich Heine bestätigt gefunden, wäre ihm jene Zeichnung bekannt gewesen, die Heinrich Olivier, ein markanter Vertreter der deutschen romantischen Kunst, 1815 entwarf. Sie trägt den Titel »Die Heilige Allianz« und meint damit jenes gleichnamige Bündnis zwischen Rußland, Österreich und Preußen, das sich nach dem Sturz Napoleons scheinbar zum Ziel gesetzt hatte, die Staaten nach christlichen Prinzipien zu regieren; tatsächlich aber war es ein Pakt zur gemeinsamen Unterdrückung aller freiheitlichen Bestrebungen, gleich, ob sie die Freiheit des Geistes oder den Freiheitskampf unterdrückter Völker zum Ziel hatten. Oliviers Blatt (S. 206) zeigt drei Geharnischte in einer gotischen Kirche; die Verehrung für das christliche Mittelalter wurde hier gleichgesetzt mit dem festen Bündnis aus gepanzertem Dunkelmännertum und blutiger Despotie.

Heine wurde nicht müde, die Franzosen vor diesem deutschen Irrationalismus, den er mit »Romantik« gleichsetzt, zu warnen (übrigens ganz vergebens). Wie weit die deutsche Romantik tatsächlich verantwortlich zu machen ist für jenes Obskurantentum, das Heine bekämpfte, wird auf diesen Seiten noch zu zeigen sein.

Die historische Romantik war, als Heines »Romantische Schule« erschien (1836), längst ein Kapitel Kulturgeschichte geworden. Mit dem Ende der Herrschaft Napoleons 1815 begann die Epoche des Biedermeier. In der Literatur bildete das Werk Josephs von Eichendorff – dessen erstes Buch, der Roman »Ahnung und Gegenwart« 1815 erschien – den Schwanengesang. Einzig Malerei und Musik behaupteten sich noch einige Jahre im romantischen Geist, denn jetzt erst begann Schuberts kurzes, aber umfangreiches Schaffen, mit der »Undine« schuf E. T. A. Hoffmann die erste romantische Oper (1816), der fünf Jahre später Carl Maria von Webers »Freischütz« folgte. Doch schon im Schaffen von Felix Mendelssohn Bartholdy (*1809, †1847) wird die Tonsprache der Romantik vom Biedermeier abgelöst. Um die Mitte des 19. Jahrhunderts war die deutsche Romantik nahezu vergessen, und sofern man ihrer überhaupt noch gedachte, da geschah es eher geringschätzig, zuweilen auch verächtlich. Das Wort »romantisch« bekam eine pejorativen Beigeschmack.

Daß der romantische Gedanke aber gerade um die Mitte des 19. Jahrhunderts dennoch recht wirksam sein konnte, zeigte sich im Werk Richard Wagners. Denn sein Traum vom »Gesamtkunstwerk« ist romantisch durch und durch. Schon 1799 hatte Caroline Schlegel in der Zeitschrift »Athenäum« (im Aufsatz »Die Gemälde«) geschrieben: »Und so sollte man die Künste einander nähern und Übergänge aus einer in die andere suchen. Bildsäulen beleben sich vielleicht zu Gemälden (verstehen Sie mich recht, es sollte eine Verwandlung von Grund aus sein, nicht wie manche Schüler ihre steinernen Akademien in ein Bild bringen), Gemälde würden zu Gedichten, Gedichte zu Musiken; und wer weiß? so eine feierliche Kirchenmusik stiege auf einmal wieder als ein Tempel in die Luft.«

Denn das romantische Zauberwort, mit dem die ganze Richtung begonnen hatte, hieß ja »entgrenzen«, und wo Grenzen und Schranken nicht mehr anerkannt werden, können und sollen sich die Künste einander nähern. Nicht nur, daß im romantischen Roman stets viel gesungen und musiziert wird, er ist auch durchsetzt von Lyrik, die immer wieder den Duktus der Prosa unterbricht.

In der Malerei mochte Philipp Otto Runge die Begrenzung auf die Leinwand nicht akzeptieren. Über den von ihm geplanten Zyklus der »Tageszeiten« schrieb er 1803 an seinen Bruder: »Es wird eine abstrakte, malerische, phantastisch-musikalische Dichtung mit Chören, eine Komposition für alle drei Künste zusammen, wofür die Baukunst ein ganz eigenes Gebäude aufführen – sollte.« Und wenige Monate später: »Bei der Meißner Kirche ist mir ein Gebäude für meine Bilder recht wieder eingefallen; auf die Art müßte es eigentlich sein. – Wenn sich die Leute bei den Kirchhöfen vor der Stadt Hamburg irgendwo doch so eine Kapelle bauen lassen und mir den Auftrag geben, das sollte doch noch ein Gebäude werden ... Am Ende erfinde ich noch eine neue Baukunst, die aber gewiß mehr eine Fortsetzung der gotischen wie der griechischen wäre.« In dieser Zeit sprach Friedrich Wilhelm Schelling in einer Vorlesung von der Architektur als »erstarrter Musik«, und fast gleichzeitig schrieb Friedrich Schlegel in seiner Zeitschrift »Europa« in seinem Aufsatz »Nachricht von den Gemälden in Paris«: »Sollte ich aber noch mehr davon sagen, so könnte es nur in einem Gedichte geschehen, vielleicht wäre dies überall die beste und natürlichste Art, von Gemälden und anderen Kunstwerken zu reden. Denn ist nicht jede richtige in das Innere ganz eindringende und auch alles Einzelne aufmerksam angreifende Anschauung eines organischen Ganzen durchaus Poesie!«

Man sieht: Die Idee des Wagnerschen Gesamtkunstwerks wurde geboren aus dem Geist der Romantik und ihrem Wunsch nach Verschmelzung aller Künste, und es ist ja auch bezeichnend, daß die Stoffe von Wagners Opern aus Mythos und Sage auf romantische Quellen zurückgehen, genauer: auf Stoffe, die erst von den Romantikern entdeckt und erschlossen worden waren. Selbst die »Meistersinger von Nürnberg« wurzeln in einem Werk romantischer Poesie, nämlich in E. T. A. Hoffmanns Erzählung »Meister Martin der Küfner und seine Gesellen« (1818), angesiedelt im Nürnberg der Dürer und Hans Sachs. Sogar das musikalische Leitmotiv ist romantisches Erbe: Wir begegnen ihm erstmals in E. T. A. Hoffmanns Oper »Undine«, die 1816 in Berlin uraufgeführt wurde.

II.

Das 19. Jahrhundert war noch nicht vorüber, da fand die deutsche Romantik erneut Interesse, nachdem sie im Nachbarland Frankreich die kräftigsten Spuren hinterlassen hatte (Victor Hugo, Gérard de Nerval, Charles Baudelaire, Eugène Delacroix u. a.), und das zu einer Zeit, da sie in ihrer Heimat eher vergessen war. Nun aber fand sie erneut Aufmerksamkeit. Es erschien 1870 das grundlegende Werk von Rudolf Haym »Die romantische Schule« (Heines Titel aufgreifend), das allerdings wohl nur von der Germanistik zur Kenntnis genommen wurde; es erschien dann jenes Buch, das endlich auch in die Breite wirkte: Ricarda Huchs »Die Romantik – Blütezeit, Ausbreitung und Verfall« (1899 und 1902). Was dem Wissenschaftler versagt blieb, gelang dieser exzellenten Schriftstellerin: der fast vergessenen, nicht mehr recht ernstgenommenen, ja teilweise verachteten Romantik ein ganz neues Interesse zu erwecken. Denn Ricarda Huch beschränkte sich keineswegs auf die Geschichte der romantischen Literatur, sie versuchte auch die romantische Weltsicht, das romantische Denken zu erfassen und dem Leser zu vermitteln und sprach dementsprechend auch über die Bereiche von Religion, Wissenschaft, Medizin u. a., ohne die freilich die romantische Weltanschauung gar nicht begriffen werden kann.

Nun war der Zeitpunkt des Erscheinens von Ricarda Huchs Darstellung überaus günstig, denn immer mehr Menschen suchten nach neuen Formen sinnvoller Lebensgestaltung, weg von dem geistig starren und übersättigten Lebensstil des wilhelminischen Deutschland, weg auch vom hemmungslosen Materialismus der herrschenden Wissenschaft und der Vergötzung eines positivistischen Denkens.

Unter den Gruppierungen, die sich jetzt bildeten, war die um 1900 entstandene Jugendbewegung eine der wichtigsten. Sie wandte sich ab vom versteinerten Kulturverständnis eines geltungssüchtigen Bürgertums, sie stellte die längst verkrusteten Formen von Familie und Schule nachhaltig in Frage. Auf Wanderungen und im freien Lagerleben, beim Erleben der Natur und in der unbefangenen Begegnung der Geschlechter, befreit von herkömmlicher Verkapselung, wurde jetzt ein ganz neues, fast revolutionäres Aufbruchs- und Umbruchsdenken deutlich, das im Oktober 1913 beim ersten großen Treffen der bündischen Jugend auf dem Hohen Meißner der Öffentlichkeit kundgetan wurde. Die »Wandervögel«, wie sie sich nannten, pflegten Volkslied, Volkstanz und Laienspiel, gesundheitsbewußte Ernährung, zweckmäßige freie und das Jugendliche betonende Kleidung, und wie in der Romantik die wiederentdeckte Gitarre, so bekam jetzt die Klampfe geradezu Symbolcharakter.

Auf der Suche nach Leitbildern und geistigen Ahnen stieß die Jugendbewegung ganz selbstverständlich auf die um diese Zeit nun wiederentdeckte Romantik und wählte sich als Wahrzeichen die »Blaue Blume« aus dem Roman »Heinrich von Ofterdingen« des Novalis. »Und wer die Blaue Blume finden will, / Der muß ein Wandervogel sein«, hieß es in einem vielgesungenen Lied dieser Bewegung. Überhaupt: Wandern, Wald, Natur und freies Schweifen des Körpers und des Geistes – wo in der deutschen Geistesgeschichte hätte man dafür schönere Leitbilder finden können als in der als wesensverwandt empfundenen Romantik?

»Durch den Garten, durch die Lüfte / Hör ich Wandervögel ziehn«, dichtete Eichendorff, und er lieferte auch den Text zu einem der meistgesungenen Lieder der Jugendbewegung (die 1908 von Hans Breuer im »Zupfgeigenhansel« gesammelt wurden): »Mich brennt's in meinen Reiseschuhn / Fort mit der Zeit zu schreiten ...«

Eichendorffs »O Täler weit, o Höhen« (1810) besang genau jene Wald-Ideologie, von der nun geschwärmt wurde: »Da steht im Wald geschrieben, / Ein stilles, ernstes Wort / Von rechtem Tun und Lieben, / Und was des Menschen Hort ...« Und wie Eichendorffs »Glücksritter« wäre auch die Jugendbewegung wohl am liebsten »in den Wäldern selig verschollen«, statt dessen aber verblutete ein großer Teil von ihr auf den Schlachtfeldern des Ersten Weltkriegs, in den sie in irregeleiteter Opferbereitschaft so begeistert gezogen war. In manchen Köpfen spukte dabei die Erinnerung an die als »romantisch« empfundenen Lützower Jäger von 1813, deren einer Joseph von Eichendorff gewesen war.

Auch wenn diese Jugend tief ernüchtert aus den Schützengräben des Ersten Weltkriegs heimgekommen war, so blieb sie dennoch ihrer romantischen Bewegung treu. Aber die noch im Oktober 1913 auf dem Hohen Meißner beschworene Geschlossenheit war dahin, die Jugendbewegung zerfiel in mehrere Einzelgruppierungen von sehr verschiedenen Gesinnungen. Neben weltfernen Schwärmern entstanden nun auch politisch orientierte Bünde sowohl rechts wie links auf dem Spektrum.

Mit Romantik hatte das alles nicht mehr viel zu tun, zumal die Jugendbewegung schon bei ihrer Entstehung einem sehr einseitig verstandenen Romantik-Ideal verschworen war. Zuvörderst betonte sie jene Gemütswerte, wie man sie in reichem Maße bei Eichendorff fand; die romantische Ironie behagte weit weniger, und es ist bezeichnend, daß ein Dichter wie E. T. A. Hoffmann dort, wo er die Abgründe der menschlichen Psyche offenbarte, nie zum Eideshelfer dieser Neo-Romantiker avancieren konnte, dazu war er ja auch noch ein Großstädter, dem es an rechtem Naturverständnis gebrach, vor allem einem, dem ideologische Züge zugesprochen wurden.

Hitlers Blutherrschaft machte der Jugendbewegung ein brutales Ende, aber die 1933 in Kraft tretende Staatsideologie des Nationalsozialismus wußte sich gleichfalls des romantischen Gedankenguts zu bedienen oder dessen, was man dafür hielt.

III.

In der Tat bot die deutsche Romantik Hitlers Nationalsozialismus einige Grundmuster, die sich für die Zwecke dieser Ideologie zurechtbiegen ließen. So gab es einen höchst widerwärtigen Antisemitismus, der sich in der 1811 gegründeten Berliner »Christlich-deutschen Tischgesellschaft« artikulierte.

In diese Vereinigung durften auch getaufte Juden nicht aufgenommen werden. Hier ließ sich Clemens Brentano für eine dümmliche Hetzrede gegen die Juden (»diese von den ägyptischen Plagen übriggebliebenen Fliegen«) feiern, und hier führte der ärgste Antisemit unter den deutschen Romantikern, Achim von Arnim, das Wort, Brentanos Freund, Schwager und christlich-deutscher Tischgenosse. Das hinderte das Freundespaar indes nicht, im Salon der Jüdin Rahel Levin zu verkehren. Als sich Brentano später wieder dem Christentum zuwandte, hat er seine antisemitischen Tiraden bereut und alle diesbezüglichen Anspielungen aus seinem berühmten Märchen »Gockel, Hinkel und Gackeleia« getilgt. Es entbehrt nicht der Ironie, daß der antisemitische Literaturhistoriker Adolf Bartels 1903 unterstellte, Brentano sei Jude gewesen, und daß der von den Nazis hochgeschätzte Houston Stewart Chamberlain in seinem Goethebuch 1912 die Brentanos als »syro-semitische Bastardfamilie« beschimpfte. Nach 1933 hatte man einige Mühe, diese Verdächtigungen nazistischer Eiferer zu zerstreuen, um einen der prononcierten romantischen Antisemiten für den »Rassenkampf« retten zu können. Es wäre ja auch recht peinlich gewesen, wäre der märkische Junker und Judenhasser Achim von Arnim der Freund eines Juden und Ehemann einer Jüdin (Bettina Brentano) gewesen. Übrigens standen die beiden in ihrem Judenwahn nicht allein; sie nutzten nur die antisemitische Konjunktur jener Jahre, die soweit ging, daß 1815 gefordert wurde, den »hebräischen Feind« durch einen gelben Fleck auf der Kleidung zu kennzeichnen. Caroline von Humboldt fand es an der Zeit, ihren Mann Wilhelm damals wissen zu lassen, wenn sie etwas zu sagen hätte, wären »in 50 Jahren die Juden als Juden ausgetilgt«, was der Humanist Humboldt »göttlich« fand.

Gewiß kann man für das antijüdische Mordprogramm Hitlers nicht die Romantik verantwortlich machen. Antisemitismus gab es schon weit früher, zum Teil mit vertrautem Vokabular. Die Juden seien »Ungeziefer«, das es »auszurotten« gelte, hatte im 17. Jahrhundert ein Hamburger Pastor in der Sonntagspredigt verlangt. Der Nationalsozialismus bezog seine Munition von einigen Rassefanatikern, die erst in der zweiten Hälfte des 19. Jahrhunderts auftraten. Aber natürlich freute man sich, auch in der deutschen Romantik Eideshelfer zu finden, diente doch jedes Zeugnis dazu, den Haß auf die Juden und ihre spätere physische Vernichtung ideologisch zu untermauern. Ein Mann wie E. T. A. Hoffmann freilich, der mit mehreren Juden befreundet war, paßte natürlich nicht ins Konzept, war auch sonst schwer ideologisch zu vereinnahmen.

Antisemitismus ist stets ein Zeichen auch geistiger Verengung. Wer ein sogenanntes »fremdes Element« – und sei es auch nur scheinbar vorhanden – aus seinem Weltbild ausgrenzen möchte, handelt beschränkt, und das gilt auch für sonst ganz gescheite Leute wie die Brüder Grimm, die zwar keine gestandenen Antisemiten waren, sich aber doch einige äußerst törichte diesbezügliche Äußerungen entschlüpfen ließen. Der romantische Antisemitismus, der angeblich »Fremdes« bekämpfte, handelte gegen die eigene geistige Grundkonzeption, nämlich Beschränkung, Begrenzung, nicht zu akzeptieren. Romantik, wie ihre Gründer sie verstanden, bedeutet ja immer Entgrenzung und Offensein. Wenn man sich in die Natur verlor, »in Wäldern selig verschollen« zu sein wünschte, so geschah das in der Romantik keineswegs aus Zivilisationsstreß, wie wir das heute gern nennen, sondern weil man Begrenztheiten – z. B. von Städten, von Staaten, von einengender Gesellschaftsordnung – überwinden wollte. Wenn man sich lustig machte über eine zum platten Rationalismus heruntergekommene Aufklärung, so nicht darum, weil nun Irrationalität Trumpf sein sollte, sondern weil auch der menschliche Geist entgrenzt werden sollte: Die Welt besteht nicht einzig aus dem, was unser beschränkter Verstand, unsere begrenzten Sinne wahrzunehmen vermögen.

Gewiß, daß sich die deutschen Romantiker – ganz sicher auch im scharfen geistigen Widerstand gegen die napoleonische Unterdrückung – auf Volkslieder, Volksmärchen, Volksbücher besannen, hatte viel mit dem neugeweckten Nationalgefühl zu tun, noch mehr aber wohl damit, daß hier der Literatur ein ganz neuer Zweig und eine Fülle von künstlerischen Anregungen hinzugewonnen werden konnten.

Und durchaus folgerichtig erschloß sich die Romantik auch den außerdeutschen Sprachraum. Das Wort »Weltliteratur« hat Goethe, der Verächter der Romantik, geprägt; Weltliteratur eingebracht in den deutschen Sprachraum, in die deutsche Geistesgeschichte, haben in umfassender Weise die deutschen Romantiker als vielseitig interessierte, sprachmächtige Übersetzer: Shakespeare, Calderón, Cervantes, provençalische Poesie, indische Dichtung und Mythologie.

Der Nationalsozialismus hingegen verstand unter »Romantik« ein verschwärmtes Glück im Winkel, Idyllik, Zivilisationshaß, Rassenwahn, Deutsch- und Volkstümelei, Irrationalismus. Zweifellos gibt es dafür auch Keime in der deutschen Romantik, Ansätze, aber sie machen ganz und gar nicht ihr Wesen aus. Es ist bemerkenswert, daß ausgerechnet Eichendorff – dessen Name so gern als Synonym verwandt wird für weltfremde Idyllik – die Gefahr gesehen hat, die aus der Verquickung der »in Deutschland unsterblichen Sentimentalität in beständigem Handgemenge mit dem Terrorismus einer groben Vaterländerei« entstehen würde.

Schwerer aber wiegt etwas anderes: die gelegentlich auftretende Todessehnsucht, ja Todessüchtigkeit und Todesmystik der Romantik, deren Gedankengut vom Hitler-Regime auf besonders schauerliche Weise mißbraucht wurde.

Für viele Romantiker war ihr Reich nicht von dieser Welt, und Todeswünsche und Jenseitigkeit findet man – wenn auch auf verschiedene Weise sich artikulierend – bei Novalis, Friedrich Schlegel und Eichendorff ausgesprochen. Als biographisches Element kommt hinzu, daß viele Romantiker schon als junge Menschen gestorben sind, wenngleich da immer gern ein bißchen Legendenbildung betrieben worden ist um die sogenannten »Frühvollendeten«.

Gewiß, die Liste der junggestorbenen Romantiker ist so beeindruckend wie bedrückend: Mit 23 Jahren Carl Philipp Fohr, mit 24 Franz Pforr, mit 25 Wilhelm Heinrich Wackenroder, mit 26 Franz Horny, mit 27 Johann Scheffer von Leonhartshoff, mit 29 Novalis, mit 31 Franz Schubert, mit 32 Ernst Fries, mit 33 Philipp Otto Runge, mit 34 Jahren Johann Wilhelm Ritter. Demgegenüber steht aber, daß Peter Cornelius und Philipp Veit das für jene Zeit ungewöhnlich hohe Alter von 84 Jahren erreicht haben, daß Ludwig Tieck und Johann Friedrich Overbeck mit 80 starben, Friedrich Wilhelm Schelling mit 79, Julius Schnorr von Carolsfeld mit 78, August Wilhelm Schlegel mit 77 und Joseph Görres mit 72 Jahren.

Hier hat ganz offensichtlich zur Legendenbildung die Tatsache beigetragen, daß die Romantik ihren Ruhm in jungen Jahren erreichte, von jungen Menschen inspiriert. Wie der Expressionismus des 20. Jahrhunderts war auch die Romantik eine Jugendbewegung, die sich bei fortschreitendem Alter selbst überlebte. Stefan Zweigs reichlich vollmundige Bemerkung, das 19. Jahrhundert habe seine Jugend nicht geliebt, entbehrt der Grundlage.

Doch anders steht es mit der sich hier und da artikulierenden Todesmystik und Todessüchtigkeit. Tod und Sterben in der Literatur: Es bedürfte hier eines eigenen, den Rahmen dieses Beitrags weit sprengenden Exkurses zu diesem Thema, aber soviel kann in der gebotenen Kürze gesagt werden, daß es vor der Romantik diese Faszination durch den Tod nicht in der deutschen Poesie gegeben hat, gemeint ist die ästhetische Faszination, nicht die einzig glaubensbedingte christliche Todesmystik. Wohl kennt die Lyrik auch früher schon den Wunsch der Erlösung vom Leiden (auch des Liebesleids) durch den Tod, aber der Tod selbst ist ohne Anziehungskraft. Auch wenn man bei Novalis nie übersehen darf, wie sehr bei ihm christliche Frömmigkeit das Bild von Tod und Jenseits bestimmt: Unstreitig wird in seinen »Hymnen an die Nacht« der Tod als erotisches Mysterium gefeiert, das Einssein mit der im Sterben vorangegangenen Geliebten wird erst durch den eigenen Tod ermöglicht. Der Tod verschmilzt die Liebenden im Mysterium höchster Wollust. Auch bei dem wesentlich jüngeren Eichendorff wird oft genug der Todeswunsch ausgesprochen, aber hier offenbart sich die Jenseitshoffnung des gläubigen Katholiken. Der nachtodliche Zustand als erotisches Mysterium hätte den frommen Eichendorff wohl eher befremdet.

Für Novalis wie auch für andere Romantiker ist die Liebe zwischen Mann und Frau innigst dem Tode verschwistert. In seinem Gedicht »Weihe des Alten« sagt Friedrich Schlegel:

»Steige, mein Freund, in den Schacht
Kühn des Todes hinab!
Dunkel rieselt da unten
Heimlich der Liebesquell.«

Eindeutiger ist diese romantische Todeserotik kaum zu formulieren. Auch Novalis setzt Tod und Eros zueinander in Beziehung: »Im Tode ist die Liebe am süßesten, für den Liebenden ist der Tod eine Brautnacht, ein Geheimnis süßer Mysterien.« Für den Physiker Johann Wilhelm Ritter, einen Freund des Novalis, ist der Tod »die Pforte des Lebens«, denn: »Sterben und lieben sind Synonyme. In beiden wird die Individualität aufgehoben.«

Auch für E. T. A. Hoffmann bringt erst der Tod die Erfüllung der Liebe. Geradezu programmatisch heißt es in der Einleitung seines Romans »Die Elixiere des Teufels«:

»Aber auch du, du mir im Innern Verwandter, auch du glaubst es, daß der Liebe höchste Seligkeit, die Erfüllung des Geheimnisses im Tode aufgeht. – So verkünden es uns die dunklen weissagenden Stimmen, die aus jener, keinem irdischen Maßstab meßlichen Urzeit zu uns herübertönen, und wie in den Mysterien, die die Säuglinge der Natur feierten, ist uns ja auch der Tod das Weihefest der Liebe!«

Auch Hoffmanns letztes Märchen, »Meister Floh«, spricht aus: »Das Mysterium ist erschlossen, der höchste Augenblick alles erfüllten Sehnens war auch der Augenblick deines Todes.«

Wo aber die Individualität aufgehoben wird in romantischer Entgrenzung, ist der Wunsch, im Kollektiv auf- und unterzugehen, nicht mehr fern. So reimte Achim von Arnim in seinem »Chor der Krieger«:

Uns ziehet zum Tode dunkle Bahn,
Geschlossen ziehn wir hinunter;
Drum wütet so rasch des Schwertes Zahn,
Mit vielen ist es dort munter.

Das einsame Sterben hassen wir,
Wir wollen zusammen verderben,
Wir wollen die Freuden schlürfen hier,
Und wollen Seligkeit erben.

Drum froh in die Nacht des Todes gesehn,
Denn heller glüht dann das Leben;
Den Frieden hier haben wir nie ersehn,
Wir wollen im Tod ihn erleben.

Und Friedrich Schlegel verstieg sich schließlich zu der Behauptung: »In der Begeisterung des Vernichtens offenbart sich zuerst der Sinn göttlicher Schöpfung. Nur in der Mitte des Todes entzündet sich der Blitz des ewigen Lebens.«

Die dem Todesrausch und dem Todeswahn verfallene Ideologie des Nationalsozialismus hätte es nicht viel anders formulieren können. Die ganze Hitler-Barbarei war ja von Anfang an nicht nur auf das Ausrotten der anderen bedacht; die eigene Selbstzerstörung, ja die tiefeingewurzelte Sehnsucht nach einer allvernichtenden, auch sich selber verzehrenden Götterdämmerung lag diesem Wahn immer schon unbewußt im Blute. Morden und Zerstören – an etwas anderes hatten diese Schergen des Blutrausches nie gedacht, und liest man nun diese Romantiker-Zitate, so erscheinen deren Verfasser dem bestürzten Blick wie heimliche Ziehväter der mörderischen Nachfahren.

Gewiß ist es aber unzulässig, hier simplifizierende Parallelen zu ziehen. Bei aller romantischen Todesmystik: Kein deutscher Romantiker hätte sich auch nur annähernd vorstellen können, was sich hundert Jahre später in Deutschland abspielen würde (»Es wird ein Stück aufgeführt werden in Deutschland, wogegen die französische Revolution nur wie eine harmlose Idylle erscheinen möchte«, hatte der prophetisch begabte Heinrich Heine formuliert), und auch die Antisemiten unter den Romantikern hätten dem hundert Jahre später praktizierten Ausrottungswahn mit fassungslosem Entsetzen zugesehen, und wohl noch mehr hätte es sie geschaudert, als geistige Väter des Massenmords bezichtigt zu werden.

So unsinnig es also wäre, die Romantiker als Wegbereiter Hitlerscher Wahnideen anzuklagen, so muß doch gesagt werden, daß in der deutschen Romantik Ideen und Gedankenspiele sich entwickelten, auf die sich die mordlüsternen Nachfahren zunächst scheinbar berufen durften. Deutschtümelei, Fremdenhaß, Antisemitismus, Volksverherrlichung, Bewunderung für das Irrationale, Naturkult und Todessehnsucht – all diese Elemente, die zwar nicht das Wesentliche der Romantik ausmachen, von ihr aber auch nicht abzulösen sind, kamen dem Nationalsozialismus als eine Bündelung von Werten, die sie als solche erkannten, nur allzu gelegen und ihren Vorstellungen entgegen, dazu noch abgesegnet durch Poetenwort, Malerei und Musik. Nur so ist es zu verstehen, daß der Engländer D. S. Stirk 1941 Adolf Hitler einen »Erzromantiker« nennen konnte, und auch Heinrich Heine hat instinktiv gespürt, zu welch schauerlichem Mißbrauch die deutsche Nachwelt fähig sein würde; die geistigen, aber auch blutigen Exzesse während des Kampfs gegen Napoleon und die Franzosen hatten ihm einen gehörigen Vorgeschmack gegeben.

Dennoch gehörten aber gerade zur Romantik auch noch sehr andere Werte: Der Wunsch etwa, nicht nationalistisch zu erstarren, sondern sich hier wie überall zu entgrenzen und durch das Übersetzen von Weltliteratur sich ein Stück Welt in die Enge der deutschen Provinz zu holen. Dazu gehörte auch die romantische Ironie, die fähig macht, Probleme zu relativieren, und der Humor, jene wie E. T. A. Hoffmann es ausdrückt »wunderbare, aus der tiefsten Anschauung der Natur geborene Kraft des Gedankens, seinen eigenen ironischen Doppelgänger zu machen, an dessen seltsamlichen Faxen er die seinigen und – ich will das freche Wort beibehalten – die Faxen des ganzen Seins hienieden erkennt und sich daran ergötzt«. Und schließlich gehört dazu der eigentliche Wurzelgrund der deutschen Romantik, nämlich ihre tiefe und humane Religiosität, von der gerade auch ein Dichter wie E. T. A. Hoffmann erfüllt gewesen ist, auch wenn er dem Kirchenglauben sehr ferne stand.

Gerade in diesen romantischen Grundwerten war für den Nationalsozialismus ganz und gar nichts zu gewinnen, im Gegenteil, und entsprechend entstellend mußte auch dann staatlicherseits zwischen 1933 und 1945 die deutsche Romantik dargestellt werden, wollte man sie unter die geistigen Ahnen subsumieren.

IV.

Als man nach dem Höllensturz des Hitlerreichs im westlichen wie östlichen Teil des besiegten Deutschland daranging, die Hinterlassenschaft zu sichten, suchten sich beide ideologischen Lager neue (alte) Eideshelfer aus der Vergangenheit und fragten sich ebenso – im Osten allerdings mehr als im Westen –, wer und was aus deutscher Geistesgeschichte in den vergangenen zwölf Jahren so verhängnisvoll gewirkt haben mochte. Die beredten Anklagen Ferdinand Lions (»Romantik und deutsches Schicksal«, 1947) zeigten im westlichen Teil Deutschlands keine Wirkung. Hier wurden weiterhin Romantikertexte neu aufgelegt, aber zunächst kaum eine Romantikforschung betrieben. In der DDR wurde die Romantik nahezu ignoriert oder mit äußerstem Mißtrauen betrachtet. Fixiert auf einen sehr verengten Realismusbegriff, wonach der realistische Erzähler stets die Abhängigkeit des Menschen von seiner Umwelt und die Möglichkeiten, diese Umwelt handelnd zu verändern, zu zeigen habe, stand man der Romantik äußerst skeptisch, ja vielfach feindselig gegenüber. Vor allem E. T. A. Hoffmann, der »Begründer der Dekadenz und des Mystizismus der aristokratischen Salons« (Andrej Alexandrowitsch Schdanow) bereitete Schwierigkeiten, denn er verstand es zwar durchaus, seine Gegenwart auch mit realistischen Mitteln darzustellen, wartete aber nicht mit »realistischen« Lösungsmöglichkeiten zur Veränderung der Umwelt auf. Die Widersprüche, die Hoffmanns Dichtungen darstellen in Konflikten zwischen einer Alltagswelt und einer jenseitigen Sphäre, können vom Standpunkt eines sozialistischen Realismus aus nur so gedeutet werden, »daß dieser Widerspruch sich im wesentlichen aus einer verfehlten gesellschaftlichen Entwicklung in Deutschland ergab und infolgedessen auch nur durch eine Änderung der gesellschaftlichen Bedingungen zu lösen war«, so der Hoffmann-Biograph Hans-Georg Werner 1971. Da war es immerhin noch tröstlich, daß Hoffmann – worauf der Schriftsteller Franz Fühmann in der DDR hinwies – der Lieblingsschriftsteller von Karl Marx gewesen sei. Es sei aber nicht verschwiegen, daß sich in den letzten Jahren eine wesentliche Neubeurteilung der deutschen Romantik in der DDR vollzogen hat, die nicht mehr jedes Phänomen in das Prokrustesbett der Ideologie zwängt.

In der von einem stürmischen Wiederaufbau-Rausch befallenen Bundesrepublik gab es für die deutsche Romantik, ihre Idee und ihre Mentalität keinen Platz. Der besungene deutsche Wald wurde rücksichtslos abgeholzt, sobald er Großprojekten des Straßenbaus oder des gewinnbringenden Handels im Wege stand, Flüsse begradigt und einbetoniert, wie sich denn überhaupt die Natur dem radikalen Nützlichkeitsdenken einer nur noch profitorientierten Industriegesellschaft anzubequemen hatte. Zaghafte Einwände wurden sofort niedergeschlagen. »Anglerromantik« spottete ein deutscher Industrieller, als 1970 erstmals eine Zeitschrift in einem umfangreichen Bericht auf die katastrophale Gewässerverschmutzung aufmerksam machte.

Es scheint mir daher auch gar nicht so zufällig zu sein, daß bis zum Ende der sechziger Jahre in der Bundesrepublik alles Barocke Trumpf war. Denn der harsche Umgang des Barockzeitalters mit der Natur, die bedenkenlos nach der Schnur reglementiert wurde, entsprach ja ganz der Nachkriegsmentalität. Die Straßenplaner, die ihre Autobahnen und Schnellstraßen durch Wälder oder Wohnviertel trieben oder die herrlichsten alten Alleen der angeblichen Sicherheit zuliebe fällten, handelten durchaus dem Barock adäquat, auch wenn ihnen das Formgefühl und der ästhetische Rang der älteren Planer restlos abging. So war es also recht bezeichnend, daß mit Beginn der siebziger Jahre, als Natur- und Umweltschutz zu einem immer mehr in den Vordergrund drängenden Thema wurden (ziemlich genau ist das in der Presse von 1970 an zu beobachten), die Neuentdeckung und Neubewertung auch der deutschen Romantik einsetzte, was an der rapide gewachsenen Zahl der Veröffentlichungen seither abzulesen ist. Es ist nicht minder bezeichnend, daß zwar Politiker durchaus hier und da von einem »übertriebenen Umweltschutz« oder von »Umweltschutzhysterie« polemisch reden, sich aber nicht mehr des Wortes »romantisch« zur Disqualifizierung bedienen.

Aber es war ja nicht nur das veränderte Naturbewußtsein: Auch das Menschenbild verwandelte sich, wurde anders gesehen. So wie die Romantik die Macht des Unbewußten entdeckt hatte und darüber nachdachte, in welchem Maße die psychische Befindlichkeit und psychisches Leiden mit organischer Erkrankung als Folge zu tun haben könnten, so begann man nun auch mit den siebziger Jahren, sich mit der Therapie einer »alternativen Medizin« zu beschäftigen, sich auf irrationales Gedankengut einzulassen, auch sich okkulten Strömungen nicht länger zu verschließen. Es war die unausweichliche Reaktion auf die Herrschaft eines jahrelang unangefochten dominierenden Rationalismus, der alles und jedes glaubte deuten und bewältigen zu können.

Diese Reaktion, so verständlich sie ist, hatte aber auch fatale Folgen. Wenn die Romantik gegen die Aufklärung polemisierte, so hatte sie dabei nicht Männer wie etwa Kant oder Lessing im Visier, sondern jene heruntergekommene Vulgäraufklärung, als deren Hauptrepräsentanten die Romantiker – hier einmal sogar im Bunde mit Goethe – den Berliner Verleger und Schriftsteller Nicolai sahen, eine platt-rationale, durch und durch materialistische Aufklärung, wie sie E. T. A. Hoffmann in seinem Märchen »Klein Zaches genannt Zinnober« (1819) so hinreißend verspottet hatte. Und wenn die Romantiker den Reiz des Irrationalen entdeckten, wenn sie sich darüber Gedanken machten, in welchem Maße das Unbewußte (das Wort hat Carl Gustav Carus geprägt) Einfluß hat auf das Bewußte, dann hieß das noch lange nicht, daß sie Vernunft und Wissenschaft verachtet hätten oder sich blindlings jeglicher okkulter Strömung hingegeben hätten. Gerade ein Schriftsteller wie E. T. A. Hoffmann, dem man das so alberne wie unsinnige Etikett »Gespenster-Hoffmann« aufgeklebt hatte, wußte sehr genau zu unterscheiden zwischen den geistigen Offenbarungen einer transzendentalen Welt und spiritistischer Alfanzerei.

Man darf auch nicht vergessen, daß die Entdeckung von altem Volks- und Brauchtum, das Sammeln und Publizieren von Volksliedern, Märchen, Sagen, Volksbüchern zwar niemals den Mißbrauch durch eine dumpfe Volkstümelei ausschloß, aber andererseits die von den Brüdern Jacob und Wilhelm Grimm ins Leben gerufene Wissenschaft der Germanistik zur Folge hatte, oder daß es der Physiker Johann Wilhelm Ritter war, ein bedeutender Vertreter romantischen Denkens, der die ultravioletten Strahlen entdeckte.

Wie die Romantik quasi alle Hände voll zu tun hatte, das von ihr Entdeckte und Angeregte zu sichten und zu scheiden, so werden wir in einer neoromantischen Phase (die zwar ähnliche Ursachen, aber sehr andere Wirkungen erkennen läßt) neben vernünftigen Alternativen auch irrationale Exzesse erleben und bei der Masse dessen, was sich da jetzt »alternativ« oder »biologisch« etikettiert, sehr genau sichten und scheiden müssen. Aber war es nicht immer so?

V.

Parallelen aus der Historie in die Gegenwart zu ziehen, ist zwar sehr reizvoll und verlockend, bleibt aber immer höchst gefährlich. Die Geschichte kennt gewisse Ähnlichkeiten, aber niemals Wiederholungen. Das kann auch gar nicht anders sein, denn jede Epoche besitzt ihre eigene, sich aus tausend Quellen speisende Mentalität. Was die Romantik mit der alternativen Bewegung von heute – nennen wir sie der Einfachheit halber so – verbindet, ist die Protesthaltung, ist der Versuch, eine herrschende Gesellschaftsmoral gewaltlos zu verändern. Dabei sind die modernen Romantiker – wenn dieser vereinfachende Terminus gestattet ist – in einer ungleich schwierigeren Lage. Zwischen dem neuen Naturgefühl der Romantik (Eichendorff: »Da steht im Wald geschrieben . . .«) und der entwickelten Technik jener Epoche bestand noch kein Widerspruch: Im vorindustriellen Zeitalter konnte es keinen Gegensatz von »hier Natur – dort Industrie« geben. Im Gegenteil: In Eichendorffs Roman »Ahnung und Gegenwart« (1815) dringt in die mondbeschienene Waldnacht nicht einmal unmelodisch das Geräusch eines »Eisenhammers«, d.h. eines metallverarbeitenden Unternehmens.

Der Gegensatz heute ist meist eher bestimmt von einem Kontrast, der den alten Romantikern unbekannt sein mußte, nämlich dem Widerspruch zwischen einer hochtechnisierten industriellen Leistungsgesellschaft und einer mehr agrarorientierten, die Natur bewahrenden Gruppierung, die es sich zum Ziel setzt, die dem Menschen auferlegte Entfremdung von der Natur rückgängig zu machen. Der Prozeß der Auseinandersetzung ist in vollem Gange, und es zeichnet sich noch nicht ab, was an seinem Ende stehen wird. Ein Kompromiß wie meist? Sicher nicht ein Zurück in die fünfziger Jahre, dafür ist nicht nur das Umweltbewußtsein zu empfindlich geworden, den angerichteten Schaden übersteht am Ende auch eine industriefixierte Gesellschaft nicht.

Niemand möchte heute »Romantiker« genannt werden, ebensowenig »Konservativer«. Dabei waren die Romantiker echte Konservative, d.h., sie wollten einerseits alle für gut erkannten Traditionen bewahren und bewußter als alle ihre Vorgänger das historische Erbe pflegen, waren zugleich aber für alles Neue aufgeschlossen und im Denken und als Vertreter der Künste experimentierfreudig. Sie wollten Altes mit Neuem verbinden und sahen zwischen beidem keine Kluft, denn für sie war ja das Neue aus dem Alten gewachsen.

Wohl nie vor der deutschen Romantik hat sich eine geistige Bewegung so bewußt an der Vergangenheit orientiert, mit dem erklärten Ziel indes, etwas Neues zu schaffen. Darin lag aber auch zugleich die Gefahr von Anfang an. In den ersten Jahren war der Elan, die Aufbruchsstimmung noch groß genug, nach vorn zu blicken, Neues zu entwerfen, Avantgarde zu sein, sich auf Traditionen zu beziehen, ohne dabei restaurativ zu werden. Aber diese Kraft ließ nach, und die Schwäche wurde noch verstärkt durch die politischen Zeitumstände, die dem weltoffenen Gedanken das deutschnationale Gift zusetzte.

Verfolgt man den Weg, der zwischen 1795 und 1815 die deutsche Romantik allmählich ins gesellschaftspolitische Abseits führte, in Reaktion, Restauration und Biedermeier, dann mag man die deutsche Romantik – gemessen an dem Anspruch, mit dem sie zunächst antrat – als gescheitert ansehen, zumal ihr eben jene in den Alltag wirkenden politischen Impulse fehlten, die von der englischen und noch weit mehr von der französischen Romantik ausgegangen sind.

Die deutsche Romantik ist aber nicht eine abgeschlossene, an ihrem Ende geistig erstarrte Epoche der Geschichte geblieben. Sie hat mächtige Impulse gegeben, sie hat Künste und Wissenschaften beeinflußt und zum Teil sogar auch verändert. Seit der Landschaftsmalerei der Romantik ist der Blick des Malers für die Landschaft verändert worden; seit Schubert und Weber haben sich Lied und Oper nachhaltig gewandelt, ist auch erstmals das Interesse für alte Musik geweckt worden. Die romantische Poesie hat uns gelehrt, uns und unsere Umgebung anders zu sehen und anders zu empfinden. Das romantische Denken, entgrenzt und alle Bereiche des Geistes mit- und untereinander verbindend, hat unser gesamtes Weltbild in einem Maße verändert, wie wir es uns heute nur noch schwer vorstellen können.

Das betrifft auch das Verhältnis der Geschlechter zueinander. Die von einer Gruppe junger Männer entwickelte Romantik war feminin. Man kann heute sehr leicht darüber spotten, wie sehr auch die Romantiker gegenüber der Frau in traditionellen Denkmustern befangen waren, wenn sie also etwa der Frau die »Natur«, dem Mann aber den »Geist« zusprachen, als seien solche künstlichen Polaritäten von Natur aus an ein Geschlecht gebunden. Grundsätzlich ist aber festzuhalten, daß die Romantik bemüht war, die Frauen aus ihrer aufgezwungenen geistigen Unmündigkeit zu befreien, und das ist ihr auch partiell gelungen. Erinnert sei nur an die Bedeutung, die sich mit Namen wie Caroline Schlegel-Schelling, Rahel Varnhagen, Dorothea Schlegel, Bettina von Arnim, Sophie Mereau, Caroline von Günderrode verbindet. Die »Idee zu einem Katechismus der Vernunft für edle Frauen«, die Friedrich Schleiermacher 1800 in der von den Brüdern Schlegel herausgegebenen Zeitschrift »Athenäum« veröffentlichte, ist geradezu als eine Grundsatzerklärung der Romantik für die Frau zu werten. Daß die Entwicklung sich dann aber doch gegen die Frauen wendete und im Lauf des 19. Jahrhunderts fast frauenfeindlicher denn je wurde, läßt sich nicht der Romantik anlasten.

Die in der Bundesrepublik mit den siebziger Jahren einsetzende feministische Diskussion fügt sich sehr gut in die damals einsetzende Neoromantik, wozu auch gehört, daß man sich nun zunehmend auch mit den Frauen der Romantik beschäftigt, über sie schreibt und ihre Arbeiten herausgibt. Hier liegt nicht ein unmittelbarer Einfluß der historischen Romantik auf die Gegenwart vor, sondern hier artikuliert sich ein Denken, das sich aus ähnlichen Überlegungen speist wie jenes um 1800, nur daß der Feminismus heute viel entschiedener die Veränderung des sozialen und politischen Verhaltens fordert, woran in der Romantik überhaupt nicht gedacht worden ist.

Es mag schon sein, daß wir, wie Baudelaire meinte, der Romantik »ewige Wundmale« verdanken. Aber es wäre ungerecht, wollten wir uns auf diese »Wundmale« fixieren. In der Romantik um 1800 haben junge Menschen versucht, anders zu denken, anders zu leben, ein neues Weltbild zu entwerfen. Und tatsächlich ist es diesen wenigen gelungen, ihre Zeit nachhaltig zu beeinflussen. Erst als sie sich nicht mehr bewegten und im Erreichten verharrten, begann die Erstarrung, wurde aus romantischem Aufbruch biedermeierliche Restauration – und ihr galt eigentlich die eindringliche, an Frankreich gerichtete Warnung Heines.

Wenn die deutsche Romantik nichts anderes erreicht hätte, als uns überzeugend vor Augen zu führen, welche Folgen es haben kann, auf ganz neue, unbefangene Weise zu denken und Vorgegebenes ständig in Frage zu stellen, dann hätte sie schon Beachtliches geleistet, ganz zu schweigen von dem Beitrag, den sie der

Kunst in der ganzen Welt gegeben hat. Romantik bedeutet eben auch, den Geist in ständiger Bewegung zu halten, den Intellekt der Phantasie zu verschwistern, auf daß sich beide unausgesetzt inspirieren.

Geradezu hellsichtig hat 1821 der englische romantische Dichter Percy Bysshe Shelley am Beginn des industriellen Zeitalters die kommenden Gefahren erkannt. In einem großen Essay sagt er als die eigentliche Bedrohung der sich immer mehr vervollkommenden Technik voraus, daß in dem Maße, wie der technische Fortschritt wachse, die menschliche Phantasie verkümmern werde und dem Menschen dabei das verlorengehe, was ihn vor allen anderen Geschöpfen auszeichne.

Anderthalb Jahrhunderte nach Shelley hat sich seine Voraussage auf bestürzende Weise erfüllt. Der englische Poet hatte gefragt, was denn der Mensch mit der freien Zeit, die ihm die Maschinen bescheren würden, anzufangen gedenke, wenn niemand mehr seine schöpferische Phantasie pflege, die allein ihn den richtigen Umgang mit der Technik lehre. Auf die Frage, was dann aus dem Menschen würde, müßte man dem Dichter heute antworten: Der perfekte Konsument; ein Wort, das er gar nicht verstanden hätte. Ganz zu schweigen von der verantwortungslosen Spielerei mit immer neuen Techniken, über deren Folgen und Möglichkeiten gar nicht nachgedacht wird, weil eben die Imaginationskraft des Menschen brachliegt. Wer sich nichts mehr selber vorstellen kann, kann sich auch eine Bedrohung der Zukunft und der eigenen Art nicht mehr vorstellen. Zwar reichte auch Shelleys Phantasie 1821 noch nicht so weit, sich solches auszumalen, aber der Gedanke läßt sich aus seinen Darlegungen schlüssig entwikkeln.

Die historische Romantik hat sich sonst nicht eben viel Gedanken über die Zukunft der Menschheit gemacht, weil sie viel zu sehr mit ihrer Gegenwart beschäftigt war und mit der innigen Rückbesinnung auf die Vergangenheit. Eine neue Romantik wird – in der Gegenwart tätig und nicht nur philosophierend – sehr genau die Zukunft im Blick haben müssen, wenn es denn eine Zukunft noch geben soll.

Sach- und Namenregister

kursive Ziffern verweisen auf Abbildungen, **halbfette** auf Stichwörter im Lexikon.

ABBILDUNGSNACHWEIS

Farbe: Artothek, Planegg – Joachim Blauel (1) – Blauel/Gnamm (2); Bayerische Staatsgemäldesammlungen, München (1); Bildarchiv Preußischer Kulturbesitz, Berlin (1) – Jörg P. Anders (1) – Steinkopf (1); Hamburger Kunsthalle, Hamburg – Ralph Kleinhempel (2); Bildarchiv Jürgens, Köln (1); LEXIKOTHEK Verlag, Gütersloh (1); Niedersächsisches Landesmuseum, Hannover (1); Gerhard Reinhold, Leipzig-Mölkau (2); Sammlung Georg Schäfer, Euerbach (1); Staatliche Galerie, Dessau (1); Staatliche Kunsthalle, Karlsruhe (1); Staatliche Museen zu Berlin, Berlin (Ost) – Christa Begall (1); Städtisches Museum, Regensburg – Wilkin Spitta (1).
Schwarzweiss: Bildarchiv Preußischer Kulturbesitz, Berlin – Jörg P. Anders (1); – Knud Petersen (2); Freies Deutsches Hochstift, Frankfurt – Ursula Edelmann (5); Hamburger Kunsthalle – Ralph Kleinhempel (8); Kurpfälzisches Museum, Heidelberg (4); LEXIKOTHEK Verlag, Gütersloh (1); Rheinisches Bildarchiv, Köln (1); Staatliche Graphische Sammlung, München (2); Staatliche Kunstsammlungen, Dresden (2); Staatliche Museen zu Berlin, Berlin (Ost) (1); Städelsches Kunstinstitut, Frankfurt – Ursula Edelmann (2); Stadt Essen, Zentrale Museumsverwaltung, Essen (1); Städtisches Museum, Trier (1).

Inhalt